Die

Rechtsverhältnisse

der

preußischen Elementarlehrer.

Ein unentbehrliches Handbuch

für Lehrer, Schulinspektoren, Schuldeputationen, Schulvorstände etc.

Herausgegeben

von

Michael Daugschat.

Zweite, vermehrte und verbesserte Auflage.

Berlin.

J. J. Heines Verlag.

1886.

Vorwort zur zweiten Auflage.

Bei der Herausgabe der vorliegenden zweiten Auflage der „Rechtsverhältnisse für preußische Elementarlehrer" haben die einschlägigen Verordnungen und Gesetze bis auf die neueste Zeit eine eingehende Berücksichtigung gefunden. Der Abschnitt IV. über die „**Emeritierung**" der Lehrer hat eine ganz veränderte Gestalt erhalten. An Stelle des bisherigen Materials ist nämlich das Gesetz vom 6. Juli 1885 „**betreffend die Pensionierung der Lehrer und Lehrerinnen an öffentlichen Volksschulen**" getreten, wobei in den erläuternden Bemerkungen die behufs Ausführung dieses Gesetzes erlassenen Instruktionen des Herrn Ministers der geistl. Angelegenheiten die gebührende Beachtung fanden. Auch andere für die persönlichen Verhältnisse der Lehrer weniger wichtige Verordnungen sind schonungslos ausgeschieden, um dem umfangreichen neuen, aber durchaus wichtigen Material Platz zu schaffen, zumal nicht außer Acht gelassen werden durfte, daß das Werk einen mäßigen Umfang nicht überschreiten darf.

Um die Benutzung des Werkes zu erleichtern, sind die einzelnen Abschnitte desselben durch Bemerkungen in innigere Beziehung gesetzt und der Text mit erläuternden Zusätzen versehen, wobei wiederum die amtlichen Verordnungen in erster Reihe verwertet wurden.

Indem wir nun die zweite Auflage der „Rechtsverhältnisse" der Öffentlichkeit übergeben, verbinden wir gleichzeitig den Wunsch, daß auch ihr dieselbe Anerkennung und dasselbe Wohlwollen zuteil wird, wie es bei der ersten Auflage der Fall war.

Gleichzeitig mache ich auf das inzwischen vom Autor des vorliegenden Werkes herausgegebene, ebenfalls bei J. J. Heine in Berlin erschienene Buch „die Schulverwaltung" aufmerksam, da beide Werke sich gewissermaßen gegenseitig ergänzen und vervollständigen.

Insterburg, im August 1886.

Der Herausgeber

Vorwort zur ersten Auflage.

Die vorliegenden „**Rechtsverhältnisse**“ sind in der Absicht entstanden, ein Werk speciell **für die Hand der Lehrer** aus dem reichen Material der Verordnungen und Gesetze, welche über die amtliche und persönliche Stellung der preußischen Elementarlehrer erlassen worden sind, zu schaffen. Darum hat der Verfasser des vorliegenden Werkes sich bei der Bearbeitung desselben hauptsächlich von der Rücksicht leiten lassen, alle diejenigen Gesetze und Verordnungen in der möglichst größten Vollständigkeit zusammenzutragen, welche in die amtlichen und persönlichen Verhältnisse der Elementar- oder Volksschullehrer direkt eingreifen. Um einen mäßigen Umfang des Werkchens nicht zu überschreiten und damit zugleich die Möglichkeit der weitesten Verbreitung desselben in den Lehrerkreisen durch den dadurch nötig werdenden höhern Absatzpreis nicht zu gefährden, haben deshalb die Verordnungen, welche speciell für die Handhabung des Unterrichts erlassen worden sind, sowie die Bestimmungen über die Errichtung und Unterhaltung von Elementarschulen keine Aufnahme gefunden.

So möge denn dieses Werkchen den gehegten Erwartungen entsprechen, sich des Wohlwollens der hohen Behörden und der Herren Lehrer erfreuen und insonderheit zur Hebung der Volksschule und zur Kräftigung der Standesehre unter den Lehrern ein Scherflein beitragen!

Der Verfasser.

Inhalts-Verzeichnis.

I. Die Lehrerbildung.

§ 1. Gegenwärtige Grundlage für die Lehrerbildung.

A. Aufnahme in ein Seminar.

§ 2. Vorbemerkung.
§ 3. Lebensalter und Vorbildung für die Aufnahmeprüfung.
§ 4. Verhütung eines ungerechtfertigten Austritts aus dem Seminar.
§ 5. Revers für Präparanden.

B. Die Lehrerprüfungen.

§ 6. Vorbemerkung.
§ 7. Verbindung der Prüfung der Lehramtsbewerber mit derjenigen der Seminar-abiturienten.
§ 8. Prüfung der Schulamtsbewerber aus dem Fürstentum Waldeck.
§ 9. Zeitdauer für die Prüfung.
§ 10. Prüfung katholischer Schulamtskandidaten in der Religionslehre.
§ 11. Die Ablegung der **zweiten** Prüfung vor der definitiven Anstellung.
§ 12. **Zweck** der **zweiten** Prüfung.
§ 12.a Einrichtung der zweiten Prüfung.
§ 13. Notwendigkeit der **zweiten** Prüfung außerpreußischer Schulamtskandidaten in Preußen.
§ 14. Ausschluß der nicht in Preußen angestellten Elementarlehrer von der **zweiten** Prüfung.
§ 15. Notwendigkeit der **zweiten** Prüfung für die Elementarlehrer höherer Schulen.
§ 16. Zulassung zur zweiten Prüfung beim Übertritt an Taubstummenanstalten. (1—2.)
§ 17. Giltigkeit der Prüfungsordnungen für Lauenburg.
§ 18. Ausschluß von der zweiten Prüfung wegen tadelnswerter Führung.
§ 19. Anfertigung schriftlicher Arbeiten seitens der Lehrer.
§ 20. Begründung von Kreis-Lehrerbibliotheken.

C. Prüfung für Mittelschullehrer.

§ 21. Allgemeine Bemerkungen.
§ 22. Anforderung in der Prüfung 2c.
§ 23. Berechtigung der Lehrer, welche früher pro schola et rectoratu geprüft worden sind.
§ 24. Prüfungsfächer in der Prüfung für Lehrer an Mittelschulen.
§ 25. Zulassung der Kandidaten der Theologie und der Philosophie.
§ 26. Übergangsbestimmungen für ältere Lehrer.
§ 27. Berechtigung der Lehrer, welche in den Jahren 1873/75 im Seminar zu Berlin die fremdsprachliche Prüfung bestanden haben.
§ 28. Ausschluß der Prüfung bei Ascension der seit dem 15. Oktober 1872 definitiv angestellten Lehrer.
§ 29. Zulassung anhaltischer Staatsangehöriger zur Mittelschullehrer- und Rektorats-prüfung zu Magdeburg.
§ 30. Erlangung der Befähigung für Mittelschulen 2c. durch Zeugnis einer wissenschaft-lichen Prüfungskommission.
§ 31. Termin zur Einziehung der Prüfungsgebühren.

D. Rektoratsprüfung.

§ 32. Über Rektoratsprüfung im allgemeinen.
§ 32a. Bedeutung und Zweck der Rektoratsprüfung.
§ 33. Schulvorsteherprüfung in Berlin.
§ 34. Zulassung der Kandidaten des Predigtamts zur Rektoratsprüfung.
§ 35. Prüfung für das Amt eines Hauptlehrers an den Gemeindeschulen in Berlin.
§ 36. Notwendigkeit eines Nachweises der Kenntnis fremder Sprachen in der Rektorats-prüfung.
§ 37. Beschränkung der Rektoratsprüfung für Seminarlehrer und Präparandenanstalts-vorsteher. (1—2.)

§ 38. Zulassung eines vor dem 15. Oktober 1872 an einer Mittelschule angestellten Lehrers zur Rektoratsprüfung.
§ 39. Zulassung der Seminarlehrer zur Rektoratsprüfung unter Dispensation von der Mittelschullehrerprüfung.

E. Ausbildung in der Musik und im Turnen.

§ 40. Aufnahme in das Königliche Institut für Kirchenmusik in Berlin.
§ 41. Bedingung für die Aufnahme in die Central-Turnanstalt.
§ 42. Reglement für die Prüfung der Turnlehrer.

II. Anstellung.

§ 43. Über die Anstellung im allgemeinen.
§ 44. Übertritt der Seminarzöglinge in Privatverhältnisse.
§ 45. Zulassung der aus dem Seminar verwiesenen Zöglinge zum Schuldienst.
§ 46. Verpflichtung des Schulamtskandidaten, sich 3 Jahre zur Verfügung der Regierung zu stellen.
§ 47. Dreijähriges Verbleiben in dem betreffenden Regierungsbezirk. (1—2.)
§ 48. Wiederanstellung entlassener Lehrer.
§ 49. Provisorische und **definitive** Anstellung.
§ 50. Unzulässigkeit der kommissarischen Anstellung der Elementarlehrer.
§ 51. Dauer provisorischer Anstellung.
§ 52. Provisorische Berufung bereits definitiv angestellter Lehrer.
§ 53. Dienstunfähigkeit durch Krankheit.
§ 54. Anstellung sogenannter nicht examinierter Seminaristen.
§ 55. Bestimmungen über das dreijährige Verbleiben im Schulamte in Brandenburg.
§ 56. Rückzahlungen durch ehemalige Seminaristen.
§ 57. Notwendigkeit der Ableistung der Militärpflicht vor der definitiven Anstellung.
§ 58. Berufung durch einen Privatpatron.
§ 59. **Vokation** für Lehrer an Privatpatronatsstellen.
§ 60. Bedeutung der Vokation in Bezug auf Gehaltsfestsetzung.
§ 61. Notwendigkeit der Ausstellung einer Berufungsurkunde auch für provisorisch angestellen Lehrer.
§ 62. Unzulässigkeit der Verzichtleistung auf Pensionsberechtigung in der Vokation.
§ 63. Stempelpflichtigkeit der Vokation. (1—3.)
§ 64. Form der Entlassung provisorisch angestellter Lehrer. (1—2.)
§ 65. Vokation für Lehrer an städtischen mehrklassigen Schulen.
§ 66. Berufung eines Lehrers für eine bestimmte Klasse.
§ 67. Verpflichtungen für Klassenlehrer an mehrklassigen Schulen zur Übernahme von Lehrstunden in andern Klassen.
§ 68. Berufung für eine bestimmte Stelle an Königlichen Anstalten.
§ 69. Ausschluß der Ernennung für eine bestimmte Stelle.
§ 69a. Zeitweise Verwaltung erledigter Lehrerstellen, bezw. Vertretung von Lehrern an benachbarten Schulen.
§ 69b. Die Berufungsurkunde, welche bei Gelegenheit der Einführung durch den Schulvorstand dem Lehrer ausgehändigt werden soll, ist dem Schulpatron zuzufertigen.
§ 70. Form der Anstellung der Lehrer an städtischen Schulen.
§ 71. Kompetenz bezüglich der Anstellung und Entlassung.
§ 72. Die Anstellung eines Lehrers wird erst dadurch rechtsverbindlich, daß er das betreffende Lehramt wirklich antritt.
§ 73. Vor der Anstellung von Lehrern aus anderen Bezirken ist über deren bisheriges Verhalten Rückfrage zu halten.

III. Besoldung der Lehrer.

§ 74. Gewährleistung eines festen Einkommens durch den Staat.

A. Auskömmliche Besoldung.

§ 75. Sorge der Regierung für auskömmliche Besoldung.
§ 75a. Bemessung der Besoldung eines Lehrers nach den örtlichen Verhältnissen.
§ 76. Festsetzung und exekutivische Beitreibung von Gehaltszulagen.
§ 77. Erhöhung der Lehrerbesoldung.
§ 78. Verpflichtung zur Gewährung ausreichender Lehrerbesoldung.
§ 79. Notwendigkeit und Zulässigkeit fortschreitender Verbesserung. (1—2.)
§ 80. Befriedigung der Elementarschulbedürfnisse seitens der Stadtgemeinde.
§ 81. Verbesserung der Besoldung in den Städten.

§ 82. Gewährung eines standesgemäßen Einkommens für Elementarlehrer.
§ 83. Feststellung der Höhe der Lehrerbesoldung durch die Regierung in Preußen.
§ 84. Feststellung des Lehrereinkommens durch die Regierung in der Provinz Schlesien.
§ 85. Unzulässigkeit eines Abkommens zwischen Gemeinde und Lehrer bezüglich des Einkommens.
§ 86. Anrechnung auswärtiger Dienstzeit bei der Bemessung der Besoldung.
§ 87. Unzulässigkeit des Rechtswegs bei Erhöhung des Lehrergehalts.
§ 88. Zwangsweises Beitreiben des von der Regierung festgesetzten Zuschusses. (1—2.)
§ 88a. Grundsätze bei Anstellung, Beförderung und Einkommensverbesserung an mehrklassigen Schulen.

B. Besoldungsverhältnisse in Verbindung mit kirchlichen Nebenämtern.

§ 89. Anrechnung der Einkünfte aus kirchlichen Ämtern.
§ 90. Organische Verbindung eines Lehrer- und eines kirchlichen Amts. (1—3.)
§ 91. Anrechnung der unfixierten Einnahmen aus kirchlichen Ämtern in Schlesien.
§ 92. Normierung der Lehrerbesoldungen bei Verbindung mit Nebenämtern.
§ 93. Anrechnung des Einkommens aus kirchlichen Ämtern in Schlesien.
§ 94. Dotation vereinigter Lehrer- und Küsterstellen in Preußen.
§ 94a. Bezüge aus Nebenämtern sind bei Normierung des Einkommens einer Lehrerstelle nicht in Anrechnung zu bringen.
§ 95. Abschaffung der Sing- und Bittumgänge der Lehrer mit Schulkindern.

C. Besoldung während der Dauer des Kriegsdienstes.

§ 96. Diensteinkommen der Kommunalbeamten während der Dauer des Kriegsdienstes.
§ 97. Aufbringung der Kosten für die Vertretung während der Kriegszeit.
§ 98. Diensteinkommen der Lehrer während ihrer Stellung bei der Armee.
§ 99. Fortdauer des Gehaltsbezuges für die Zeit der Militärdienstleistung. (1—2.)
§ 100. Dotation einer Lehrerstelle bei geringer Stundenzahl.

D. Dienstwohnung und Wirtschaftsräume.

§ 101. Notwendigkeit der Beschaffung von Lehrerwohnungen.
§ 102. Vollständigkeit von Lehrerwohnungen.
§ 103. Heizbarmachung von Lehrerwohnungen.
§ 104. Benutzung der Lehrerwohnung.
§ 105. Anrechnung der Dienstwohnung auf Lehrereinkommen.
§ 106. Gewährung freier Wohnung neben dem Bargehalt des Lehrers.
§ 107. Wirtschaftsgebäude. Raumbedürfnisse.
§ 108. Beschaffung der Wirtschaftsräume in Preußen.

E. Deputatholz.

§ 109. Brennholzquantum in der Provinz Preußen.
§ 110. Qualität des Deputatholzes.
§ 111. Brennmaterial für die Lehrerwohnung und für die Schulstube.
§ 112. Verwendung des Brenndeputats.
§ 113. Erhöhung des Deputats nach baulicher Veränderung.
§ 114. Beschaffenheit des fiskalischerseits zu liefernden Brenndeputats.
§ 115. Verwendung des einem Lehrer zustehenden Brennholzes. (1—2.)
§ 116. Untersagung einer eigenmächtigen Veräußerung in der Provinz Preußen.
§ 117. Anfuhr des Brennholzes für den Lehrer und das Schulzimmer.
§ 118. Ermittelung des Brennbedarfs nach dem neuen Maß.
§ 119. Art des Brennmaterials in Ost- und Westpreußen.
§ 119a. Aufbringung des Schläger-, Fuhr- und Hauerlohns.

F. Das Schulland.

§ 120. Berechtigung des Lehrers zur Nutzung des Schullandes.
§ 121. Festsetzung des Einkommens in Rücksicht auf den Ertrag des Schullandes.
§ 122. Bestellungskosten für den kulmischen Morgen in der Provinz Preußen.
§ 123. Verpflichtung zur Bestellung des Schulmorgens.
§ 124. Rechtzeitige Bestellung des Schullandes.
§ 125. Bestellung des Schullandes in Preußen. (1—5.)
§ 126. Beschränkung der Düngungsarbeiten auf das Schulland.
§ 127. Beschaffenheit der Weide in der Provinz Preußen.
§ 128. Anlegung besonderer Schulbrunnen.

G. Alterszulagen. (Aufsteigende Lehrergehälter.)

§ 129. Kompetenzverhältnisse bei Bewilligungen von Zulagen.
§ 130. System der Alterszulagen.

§ 131. Unzulässigkeit einer förmlichen Zusicherung von Einkommensverbesserungen in den Vokationen.
§ 132. Anrechnung der im öffentlichen Schulamte zugebrachten Zeit.
§ 133. Nichtanrechnung der an Privatschulen zugebrachten Zeit.
§ 134. Anrechnung der Zeit provisorischer Anstellung in Bezug auf die Dienstalterszulagen.
§ 135. Ausschluß einer Anrechnung außerpr. Schuldienstes bei Bestimmung über die Dienstalterszulage.
§ 136. Ausschluß der Nachzahlung einer Dienstalterszulage an einen suspendierten Lehrer.
§ 137. Berechnung der Dienstzeit bei Unterbrechung der Amtsthätigkeit.
§ 138. Nichtanrechnung der an einer Privatschule zugebrachten Zeit.
§ 139. Zeitpunkt für den Beginn der Zahlung der Alterszulagen.
§ 140. Voraussetzung für die Zulässigkeit der Gewährung staatlicher Dienstalterszulagen.

H. Staatszuschüsse.

§ 141. Charakter der Staatszuschüsse zu Lehrerbesoldungen.
§ 142. Gewährung zeitweiliger Gehaltszulagen an ältere Lehrer.
§ 143. Zeit für den Beginn der Bewilligung ꝛc.
§ 144. Veranlassung zur Entziehung der Dienstalterszulage.
§ 145. Unzulässigkeit der Zulage an einen bereits emeritierten Lehrer.
§ 146. Unzulässigkeit der Zahlung eines Staatszuschusses an einen mit der Stelle betrauten Präparanden.
§ 147. Bezüge eines Präparanden bei der Verwaltung einer Lehrerstelle.
§ 148. Remuneration für einen Präparanden.

J. Zahlungstermin für Lehrergehälter.

§ 149. Zahlungstermin für Lehrerbesoldungen und Staatszuschüsse.
§ 150. Vorauszahlung der Lehrergehälter.
§ 151. Zahlungstermin für interimistisch angestellte Lehrer.
§ 152. Zahlungstermin für Zulagen der Lehrer.
§ 153. Termin für Zahlung von Lehrerbesoldungszulagen aus Staatsfonds.
§ 154. Termin für Zahlung von Dienstalterszulagen. Wegfall beim Tode, der Emeritierung oder Versetzung des Empfängers.
§ 155. Nichtverpflichtung einer Gemeinde zur Zahlung des Zuschusses für die Vergangenheit. (1—2.)

K. Gehaltsverhältnisse während der Amtssuspension.

§ 156. Einziehung des rückständigen Gehalts eines vom Amte suspendiert gewesenen Lehrers im Verwaltungswege.
§ 157. Aufbringung des Lehrergehaltes, insbesondere Verwendung des Staatszuschusses bei Amtssuspension.
§ 158. Anspruch auf die Hälfte des Gehalts während der Amtssuspension. Wegfall der Zulagen aus Staatsfonds.
§ 159. Gehaltszahlung an suspendierte Lehrer während der Entfernung vom bisherigen Amtssitze.
§ 160. Disziplinarische Aufsicht. Gehaltszahlung während der Entfernung vom bisherigen Amtssitz.
§ 161. Beschaffung der Stellvertretungskosten bei Amtssuspension.

L. Verschiedenes.

§ 162. Schornsteinfegerlohn in Lehrerwohnungen.
§ 163. Anzugskosten der Elementarlehrer.
§ 164. Auseinandersetzung.
§ 165. Instruktion über das Verfahren bei Auseinandersetzungen.
§ 166. Auseinandersetzung im Geltungsbereich der Schulordnung vom 11. Dezember 1845.
§ 167. Nutzung der Obstbäume.
§ 168. Nutzung der Grundstücke.
§ 169. Remuneration für Vertretung einer vakanten Lehrerstelle.
§ 170. Die Remuneration kann aus dem vakanten Gehalte genommen werden.
§ 171. Nichtgewährung einer Remuneration für angebliche Mehrleistung normalmäßig besoldeter Elementarlehrer.

M. Gnadenzeit für Hinterbliebene.

§ 172. Allerhöchste Kabinetsordre vom 27. April 1816.
§ 173. Gnadenkompetenz der Hinterbliebenen.
§ 174. Ausschluß der Gnadenzeit von der Dienstalterszulage.

N. Heizung und Reinigung der Schulstube.

§ 175. Entschädigung für die Beheizung. (1—3.)
§ 176. Verpflichtung zur Reinigung und Heizung des Schulzimmers; Heranziehung der Schulkinder.
§ 177. Für die Heizung der Schulstuben haben diejenigen zu sorgen, welche zur Aufbringung der Schulunterhaltungskosten verpflichtet sind.
§ 178. Besorgung des Heizens der Schullokale.
§ 179. Annahme eines besondern Heizers.
§ 180. Heizungsanlagen.

IV. Emeritierung.

§ 181. Gesetz, betreffend die Pensionierung der Lehrer und Lehrerinnen v. 6. Juli 1885.
§ 182. Verfahren bei unfreiwilliger Emeritierung.
§ 183. Entscheidung über Pensionierung.
§ 184. Ärztliches Attest für den Nachweis der Dienstunfähigkeit.
§ 185. Verpflichtung zur Aufbringung der Stellvertretungskosten während der Amtssuspension und des Emeritengehalts.
§ 186. Beschlagnahme von Besoldungen und Pensionen.

V. Persönliche Verhältnisse des Lehrers.

A. Militärverhältnisse.

§ 187. Auszug aus der deutschen Wehrordnung.
§ 188. Ausstellung der Unabkömmlichkeitsatteste.
§ 189. Unabkömmlichkeitserklärung an mehrklassigen Volksschulen.
§ 190. Militärpflicht der als Lehrer fungierenden Theologen der Bruder-Unität.

B. Nebenämter und Nebenbeschäftigungen.

§ 191. Begriff.
§ 192. Erteilung von Privatunterricht. (1—2.)
§ 193. Zur Erteilung von Privatunterricht ist die Erlaubnis der Behörde nötig.
§ 194. Unzulässigkeit einer übermäßigen Beschäftigung mit Privatunterricht.
§ 195. Agenturen von Feuer- und Hagelversicherungsgesellschaften.
§ 196. Gewerbebetrieb seitens der Lehrer und der Angehörigen derselben.
§ 197. Kompetenz bei Gestattung der Übernahme von Nebenämtern.
§ 198. Nebenverdienst für Privatunterricht und Lehrereinkommen.
§ 199. Elementarlehrer als **Schiedsmänner**.
§ 200. Unzulässigkeit der Übertragung des **Schulzenamtes** an einen Lehrer.
§ 201. Untersagung **ärztlicher Praxis** durch die Lehrer.
§ 202. Die Beteiligung an **Auswanderungsgeschäften** ist den Lehrern verboten.
§ 203. Elementarlehrer als Kreistagsabgeordnete.
§ 204. Ausschluß des Lehrers vom Kreisausschuß.
§ 205. Ausschluß der Lehrer vom passiven kommunalen Wahlrecht.
§ 206. Übernahme der Funktionen eines Amtssekretärs seitens der Lehrer.
§ 207. Bestellung von Lehrern als Standesbeamte und Stellvertreter derselben.
§ 208. Wahl des Lehrers in den Gemeindekirchenrat.
§ 209. Verbot der Ausübung der Jagd. (1—3).

C. Disziplinarverfahren gegen Elementarlehrer.

§ 210. Gesetz, betreffend die Dienstvergehen der nicht richterlichen Beamten.
§ 211. Bedingungen für Einleitung des Disziplinarverfahrens gegen Lehrer 2c.
§ 212. Kompetenzverhältnisse bezüglich der Disziplinargewalt.
§ 213. Disziplinarbehörden über Elementarlehrer.
§ 214. Verfahren bei Entscheidung in Disziplinarsachen wider nicht richterliche Beamte.
§ 215. Einstellung des Disziplinarverfahrens gegen Lehrer im Laufe der Untersuchung.
§ 216. Verfahren, nachdem der Angeschuldigte außer Verfolgung gesetzt worden ist.
§ 217. Freisprechende Urteile schließen das freie Ermessen der Disziplinarbehörden nicht aus.
§ 218. Verfahren beim Todesfall des Angeschuldigten.
§ 219. Verfahren bei Disziplinaruntersuchungen in Hannover.
§ 220. Berufungsfrist in Disziplinaruntersuchungssachen. (1—3.)
§ 221. Unzulässigkeit der Berufung gegen eine vom Ressortchef verhängte Ordnungsstrafe.
§ 222. Deckung der Kosten in Disziplinaruntersuchungssachen.
§ 223. Verfahren wider Lehrer, welche zugleich ein kirchliches Amt bekleiden.
§ 224. Verbot der Teilnahme an gewissen Vereinen. (1—3.)
§ 225. Verbot der Beteiligung an öffentlichen Demonstrationen und Agitation gegen die Regierung.

D. Amtssuspension.

§ 226. Zahlung der Gehaltshälfte an suspendierte Lehrer.
§ 227. Gehaltszahlung an suspendierte Lehrer während eines nicht nachgesuchten Urlaubs.
§ 228. Stellvertretungskosten während der Amtssuspension.
§ 229. Wenn auf strafrechtliche Freisprechung Entlassung folgt, wird der einbehaltene Teil des Gehalts nicht ausgezahlt.

E. Versetzung der Elementarlehrer im Interesse des Dienstes.

§ 230. Zulassung der Versetzung in ein anderes Amt von nicht geringerem Range. (1—2.)
§ 231. Auch bei vorwurfsfreier Verwaltung einer Stelle kann der Lehrer im Interesse des Dienstes versetzt werden.
§ 232. Unzulässigkeit einer Strafversetzung.

F. Kündigungsfrist.

§ 233. Zulassung des Austritts vor Ablauf der dreimonatlichen Frist.
§ 234. Unzulässigkeit einer sechsmonatlichen Kündigungsfrist an Elementarschulen.
§ 235. Berechtigung der Aufsichtsbehörde, die Kündigungsfrist zu kürzen.
§ 236. Unzulässigkeit des Vorbehalts einer längern Kündigungsfrist.
§ 237. Unzulässigkeit einer längeren als sechsmonatlichen Kündigungsfrist.
§ 238. Einhaltung einer ev. sechsmonatlichen Kündigungsfrist beim Dienstaustritt.
§ 239. Austritt am Schluß des Semesters.
§ 240. Kompetenzverhältnisse bei Kündigung provisorisch angestellter Lehrer.

G. Verschiedene Angelegenheiten.

§ 241. Anzeige bei Vorladung als Sachverständiger oder Zeuge.
§ 242. Heranziehung der Lehrer zur Einquartierungslast.
§ 243. Zulässigkeit der Heranziehung zu den Einquartierungslasten.
§ 244. Freilassung von persönlichen Schulbeiträgen rücksichtlich des Diensteinkommens.
§ 245. Heranziehung der Elementarlehrer zu kirchlichen Steuern.
§ 246. Freilassung von Schulsocietätslasten, nicht vom Schulgeld.
§ 247. Heranziehung der Lehrer zur Unterhaltung der Societätslasten. (1—2.)
§ 248. Eine Erhöhung des Lehrereinkommens infolge Verminderung desselben durch Heranziehung zu den Schulsteuern ist nicht zu vermeiden.
§ 249. Die Lehrer sind als Hausväter der Schulsocietät zu den Schulunterhaltungsbeiträgen heranzuziehen.
§ 250. Schulgeldzahlung der Lehrer für eigene Kinder.
§ 251. Der Lehrer ist zur Unterhaltung der Societätsschulen beitragspflichtig, der Rechtsweg auf die Beitragspflicht ist ausgeschlossen.
§ 252. Freilassung der Elementarlehrer von direkten Kommunalauflagen.
§ 253. Lehrer von Mittel- und höheren oder mittleren Mädchenschulen sind kommunalsteuerpflichtig.
§ 254. Verkauf von Schreibmaterialien seitens der Lehrer. (1—2.)
§ 255. Verkauf von Schulbüchern durch die Lehrer.
§ 256. Hinsichtlich der staatsbürgerlichen Rechte und Pflichten nimmt der Lehrer keine Ausnahmestellung ein.
§ 257. Die Zulassung der Elementarlehrer zur Prüfung pro facultate docendi ist ausgeschlossen. (1–2.)
§ 258. Verleihung von Titeln.
§ 259. Maximalzahl der Pflichtstunden.
§ 260. Beteiligung der Lehrer bei Kirchenvisitationen.
§ 261. Zulässigkeit der Wahl eines Lehrers in den Schulvorstand in der Prov. Hannover.
§ 262. Nichtzulassung der Rektoren als vollberechtigte Mitglieder einer Schuldeputation.
§ 263. Zuziehung des Rektors zu den Sitzungen der Schuldeputation.
§ 264. Zulassung der Lehrer zu den Sitzungen der Schulvorstände.
§ 265. Unzulässigkeit der Verpflichtung der Lehrer, den Kindern anderer Konfession den Religionsunterricht zu erteilen.
§ 266. Weg für die Anbringung von Unterstützungsgesuchen seitens der Lehrer.
§ 267. Annahme eines Präparanden zur Hilfe des Lehrers.
§ 268. Vermietung eines Teils der Lehrerwohnung.
§ 269. Zur Vermietung der Dienstwohnung bedarf es der Zustimmung der Gemeinde, sowie der Genehmigung der Schulaufsichtsbehörde.
§ 270. Urlaubsnachsuchungen für Lehrer.
§ 271. Verpflichtung zur Anschaffung der Geige für die Volksschule.
§ 272. Kompetenzverhältnisse bei Einführung neuer Bücher.
§ 273. Einführung neuer Lehrbücher.
§ 274. Vereidigung des Lehrers.

§ 275. Unzulässigkeit von Geldsammlungen zu Geburtstagsgeschenken.
§ 276. Benutzung von Schullokalen zum Impfgeschäft.
§ 277. Unbefugtes Betreten des Schulzimmers.
§ 278. Eingriffe in die Disziplin.
§ 279. Kompetenz der Landräte in Bezug auf die Lehrer.
§ 280. Kompetenzverhältnisse des Landrats und Schulinspektors.
§ 281. Gegen die Lehrer kann nur die Regierung Ordnungsstrafe verhängen.
§ 282. Kollektiveingaben von Lehrerinnen sind nicht gestattet.
§ 283. Die Ablehnung der Annahme eines dienstlichen Bescheides wegen Portokosten ist nicht zulässig. (1—2.)

H. Angelegenheiten der Witwen- und Waisenkassen.

§ 284. Gesetz vom 22. Dezember 1869.
§ 285. Gesetz, betreffend Abänderung des Gesetzes 2c. Vom 24. Februar 1881.
§ 286. Zusammenstellung derjenigen Punkte, über welche in den revidierten Statuten der Lehrerwittwen- und Waisenkasse Bestimmungen zu treffen sind.
§ 287. Von einer Lehrerstelle, welche definitiv mit einer Lehrerin besetzt wird, sind Witwenkassenbeiträge nicht zu erheben.
§ 288. Witwenpension wird nicht gewährt, wenn eine Witwe demnächst mit einem nicht dem Lehrerstande angehörigen Manne verheiratet gewesen ist.
§ 289. Berechtigung der provisorisch angestellten Lehrer auf die Mitgliedschaft bei den Lehrerwitwen- und Waisenkassen.
§ 290. Fürsorge der in andere Stellungen des Lehrerstandes übergehenden Elementarlehrer für die dereinstigen Witwen.
§ 291. Die Kuratoren der Lehrerwitwenkassen sind in allen das Kassenvermögen betreffenden Fragen zu hören.

VI. Züchtigungsrecht und Schulzucht.

A. Züchtigungsrecht.

§ 292. Dem Lehrer steht das Recht der Züchtigung zu. (A.-L.-R.)
§ 293. Die Allerhöchste Kabinetsordre vom 14. Mai 1825.
§ 294. Auszug aus dem Strafgesetzbuch für das deutsche Reich.
§ 295. Vorschriften über körperliche Züchtigung.
§ 296. Dienstaufsicht über Lehrer in Bezug auf Ausübung der Schulzucht.
§ 297 und 298. Kompetenzverhältnisse bei Beschwerden über Mißbrauch des Züchtigungsrechts. (1—9.)
§ 299. Anderweitige Entscheidungen auf Grund des Gesetzes vom 13. Februar 1854.
§ 299a. Die gerichtliche Verfolgung eines Lehrers wegen Beleidigung eines Schulkindes aus Anlaß von Vorhaltungen oder Rügen bei Ausübung der Schulzucht ist unzulässig. (1—2.)

B. Schulzucht überhaupt.

§ 300. Schulzucht bei Vergehen von Kindern unter 12 Jahren.
§ 301. Auszug aus dem Strafgesetzbuch.
§ 302. Züchtigungsrecht der Schüler auch außerhalb der Schule.
§ 303. Bestrafung der Schulkinder wegen Holzdiebstahls.
§ 304. Unterbringung verwahrloster Kinder. (Gesetz vom 13. März 1878.)
§ 305. Beschädigung gemeinnütziger Anstalten.
§ 306. Verwendung der Kinder zu öffentlichen Schaustellungen.
§ 307. Schutz nützlicher Tiere.

VII. Schulaufsicht.

§ 308. Gesetz vom 11. März 1872.
§ 309. Ausführung des Schulaufsichtsgesetzes.
§ 310. Weitere Ausführung desselben.
§ 310a. Bei Bewerbungen sind keine Zeugnisse auszustellen.

Behörden und Organe der Schulaufsicht.

A. Die Regierung.

§ 311. Allerhöchste Instruktion, die Geschäftsführung der Regierung betreffend.

B. Der Kreisschulinspektor.

§ 312 und 313. Instruktion. — Rechte. — Pflichten 2c.

C. Lokalschulinspektor.

§ 314. Pflichten der Schulaufseher.
§ 315. Amtliche Stellung der städtischen Lokalschulinspektoren.
§ 316. Vertretung beurlaubter Prediger in der Schulinspektion.

D. Schuldeputationen.

§ 317. Organisation der städtischen Schuldeputation.
§ 318. Geschäftskreis der Schuldeputation.
§ 319. Geschäftsverteilung in den Schuldeputationen.
§ 320. Stellung der städtischen Schuldeputation zu Staat und Gemeinde.
§ 321. Stellung des Bürgermeisters zur städtischen Schuldeputation.
§ 321a. Besuch der Schule seitens einzelner Mitglieder der Schuldeputation.

E. Der Schulvorstand.

§ 322. Geschäftskreis des Schulvorstandes.
§ 323. Ausschluß einer Mitwirkung des Schulvorstandes auf die inneren Angelegenheiten.
§ 324. Jüdische Hausväter als Mitglieder des Schulvorstandes.
§ 325. Die einzelnen Mitglieder des Schulvorstandes sind berechtigt, das Schullokal zu betreten.

F. Stadtverordnetenversammlung.

§ 326. Stellung der Stadtverordnetenversammlung zu den städtischen Schulangelegenheiten. (1—2).

G. Die Landräte.

§ 327. Beteiligung der Landräte an den Schulrevisionen. (1—2.)

H. Hauptlehrer und Rektoren.

§ 328. Das Verhältnis der Klassenlehrer zum Hauptlehrer (Rektor).
§ 329. Instruktion für Hauptlehrer (Rektoren).
§ 330. Stundenzahl für Rektoren.

VIII. Die Schulverwaltung.

A. Die Gesundheitspflege.

§ 331. Impfwesen (Gesetz vom 8. April 1874).
§ 332. Verfahren bei ansteckenden Krankheiten.
§ 333. Desinfektion.
§ 333a. Gesundheitspflege in der Volksschule.

B. Schulzwang.

§ 334. Vorschriften des Allgemeinen Landrechts.
§ 335. Allerhöchste Kabinetsordre vom 14. Mai 1825.
§ 336. Zwangsweises Gestellen zur Schule.

C. Beschäftigung der Kinder in Fabriken.

§ 337. Abänderung der Gewerbeordnungsgesetze vom 17. Juli 1878.

D. Das Hütewesen.

§ 338. Bedingungen für die Erteilung von Hütescheinen.
§ 339. Schulunterricht der Hütekinder. (1—3).
§ 340. Beschulung der Hütekinder.
§ 341. Einrichtung von Halbtagsschulen aus Anlaß wirtschaftlicher Verhältnisse, insbesondere der Erteilung von Hütescheinen.
§ 342. Erlaubnisscheine zum Dienen oder Hüten an schulpflichtige Kinder dürfen nicht erteilt werden.

Anhang.

1) Schulordnung für die Elementarschulen der Provinz Preußen.
2) Schulreglement für die niederen katholischen Schulen in den Städten und auf dem platten Lande von Schlesien und der Grafschaft Glatz vom 18. Mai 1801.
3) Vereinsgesetz vom 11. März 1850.
4) Gesetz betreffend die Anstellung und das Dienstverhältnis der Lehrer und Lehrerinnen an den öffentlichen Volksschulen im Gebiet der Provinzen Posen und Westpreußen.

I. Die Lehrerbildung.

§ 1. Gegenwärtige Grundlage für die Bildung preußischer Lehrer.

Als Grundlage für die Bildung der preußischen Lehrer dienen gegenwärtig die „Allgemeinen Bestimmungen des Königlichen preußischen Ministers der geistlichen, Unterrichts- und Medizinal-Angelegenheiten vom 15. Oktober 1872, betreffend das Volksschul-Präparanden- und Seminarwesen" und die Prüfungsordnung für Volksschullehrer, Lehrer an Mittelschulen und Rektoren.

A. Vorbildung in einem Seminar.

§ 2. Vorbemerkung.

Die in ein preußisches Lehrerseminar aufzunehmenden Zöglinge müssen 17 Jahre alt sein; doch können auch solche Aspiranten, welche körperlich genügend entwickelt sind, zur Teilnahme an der Prüfung zugelassen werden, wenn ihnen bis zum Prüfungstermine nicht mehr als drei Monate fehlen. Fehlen ihnen mehr als drei Monate, so bedarf es zu ihrer Teilnahme an der Prüfung der Genehmigung des Herrn Ministers.

Um den beliebigen Austritt aus dem Seminar zu verhüten, sind die Zöglinge bei ihrem Eintritte gehalten, einen Revers zu unterschreiben, nach welchem sie sich verpflichten, bei einem freiwilligen Austritt, oder bei einer verschuldeten Entlassung aus der Anstalt die dem Seminar verursachten Kosten zurückzuerstatten.

§ 3. Lebensalter und Vorbildung für die Zulassung zur Seminar-Aufnahmeprüfung.

In Berücksichtigung der im Bericht vom 21. v. Mts. vorgetragenen besonderen Umstände will ich genehmigen, daß diejenigen sechs Seminar-Aspiranten, welche die Aufnahmeprüfung bestanden, aber das vorschriftsmäßige Alter noch nicht erreicht haben, in das Seminar zu N. aufgenommen werden.

Für künftige Fälle bestimme ich bis auf weiteres, daß Präparanden, welche körperlich gehörig entwickelt sind und hoffen lassen, daß sie die Prüfung mit befriedigendem Erfolge bestehen werden, zu derselben von dem Königlichen Provinzial-Schulkollegium zugelassen werden dürfen, wenn ihnen bis zum Prüfungstermin an dem vorschriftsmäßigen Alter von 17 Jahren nicht mehr als drei Monate fehlen. Fehlen mehr als drei Monate, so bedarf es für die Zulassung zur Aufnahmeprüfung meiner Genehmigung. Aspiranten, die das vorschriftsmäßige Alter erst sechs Monate nach dem Prüfungstermin erreichen, sowie solche, bei denen die eine oder die andere der beiden oben erwähnten Voraussetzungen nicht zutrifft, sind ohne weiteres von der Teilnahme an der Prüfung auszuschließen.

M.-Erl. v. 3. Mai 1873 (Ctrbl. 1873, S. 279).

§ 4. Verhütung eines ungerechtfertigten Austritts aus dem Seminar.

Auf den die Behandlung der Seminaristen bei ihrem außergewöhnlichen Austritt aus dem Schullehrerseminar betreffenden Bericht vom 10. Februar d. J. erkläre ich mich damit einverstanden, daß für den Verwaltungsbezirk des Königlichen Provinzial-Schulkollegiums behufs Verhütung eines ungerechtfertigten Austritts aus dem Seminar Präventivmaßregeln getroffen werden.

Der beabsichtigte Zweck wird sich am ehesten erreichen lassen, wenn die in das Seminar eintretenden Zöglinge einen dem in Abschrift beigefügten Formular entsprechenden, von ihrem Vater resp. Vormund zu genehmigenden Revers ausstellen, mittels dessen sie sich verpflichten, alle ihnen von der Anstalt gewährten Unterstützungen zurückzuerstatten und für den genossenen Unterricht pro Semester 10 Thaler zu zahlen, falls sie den im Revers angegebenen Bedingungen nicht genügen, vor der Beendigung ihrer Ausbildung im Seminar, ohne durch Gesundheitsrücksichten dazu gezwungen zu sein, aus eigenem Willen austreten oder durch ihre Führung ihre unfreiwillige Entfernung aus der Anstalt herbeiführen. Eine derartige Einrichtung besteht bereits in den Verwaltungsbezirken einiger Provinzial-Schulkollegien, hat sich dort bewährt, 2c.

Es ist ferner selbstverständlich, daß in **besonderen** Fällen von der Einziehung der betreffenden Beträge nach wie vor Abstand genommen werden kann.

M.-Erl. v. 17. August 1872 (Ctrbl. 1872, S. 561).

Aus dem Revers ist folgende Stelle besonders zu merken:

„Endlich bekenne ich auch, mit der Bestimmung bekannt zu sein, nach welcher alle Seminaristen nur mit Zustimmung derjenigen Königl. Regierung, in deren und für deren Bezirk sie ausgebildet sind, ihre erste öffentliche Anstellung erhalten dürfen."

Der Vater des Seminaristen übernimmt durch seine Unterschrift die von demselben eingegangenen Verpflichtungen als Selbstschuldner.

§ 5. Revers für Präparanden.

Zöglinge einer Präparanden-Anstalt sind von der Ausstellung eines Reverses ausgeschlossen.

M.-Erl. v. 26. Septbr. 1872 (Ctrbl. 1872, S. 694).

B. Lehrerprüfungen.

§ 6. Vorbemerkungen.

Um die **Anstellungsfähigkeit** als Lehrer zu erlangen, haben sich sowohl die Seminarzöglinge als auch die sonstigen Lehramtskandidaten einer Prüfung zu unterziehen. Letztere wird derart gehandhabt, daß für die schriftliche Prüfung drei volle Tage angesetzt werden, worauf dann ein voller freier Tag folgt, an dem sich die Examinanden zur Lehrprobe vorzubereiten haben. — Die katholischen Schulamtskandidaten werden erst durch den Auftrag des Bischofs zur Erteilung des Religionsunterrichts befähigt.

Behufs **definitiver Anstellung** haben die Volksschullehrer eine **zweite** Prüfung zu absolvieren, welche nach zwei, spätestens nach 5 Jahren nach der Ablegung der ersten Prüfung bestanden sein muß. Diese Prüfung hat den Zweck, das Maß der methodischen Fortbildung und der gewonnenen praktischen Selbständigkeit des Examinanden festzustellen. Die Lehrprobe bildet darum das wesentlichste Stück der Prüfung. Die zweite Prüfung wird in gleichem Maße auch von denjenigen Elementarlehrern verlangt, welche sowohl an **höheren Schulen**, als auch an **Taubstummenanstalten** Anstellung gefunden haben. Wegen tadelnswerter Führung kann einem Lehrer die Zulassung zur zweiten Prüfung versagt werden.

§ 7. Verbindung der Prüfung der nicht im Seminar gebildeten Lehramtskandidaten mit derjenigen der Seminarabiturienten.

1.

(Auszug.) Die Prüfung der nicht im Seminar gebildeten Lehramtskandidaten wird mit denjenigen der Seminarabiturienten verbunden. Bei der schriftlichen Prüfung, welche der mündlichen unmittelbar vorangeht, haben alle Examinanden dieselbe Aufgabe gleichzeitig zu lösen.

M.=Erl. v. 25. Januar 1873 (Ctrbl. 1873, S. 99).

2.

Beschränkung der Zulassung zur Lehrerprüfung. Auf den Bericht 2c., erkläre ich mich damit einverstanden, daß Lehramtsbewerbern, welche weder zu den Seminarabiturienten gehören, noch in einem Lehramte komissarisch beschäftigt sind, die Zulassung zur Prüfung für Volksschullehrer versagt werde, wenn sie bereits dreimal den Versuch, die Prüfung abzulegen, ohne Erfolg gemacht haben.

M.=Erl. v. 25. Mai 1882 (Ctrbl. 1882, S. 563).

§ 8. Prüfung der Schulamtsbewerber aus dem Fürstentum Waldeck.

(Auszug.) Die Lehramtsbewerber des Fürstentums Waldeck können je nach ihrer Konfession die Volksschullehrer=Prüfung an den Seminarien zu **Homburg**, **Fulda** oder **Kassel** ablegen.

M.=Erl. v. 31. Januar 1873 (Ctrbl. 1873, S. 99).

§ 9. Zeitdauer für die Prüfung.

(Auszug.) Es empfiehlt sich für die schriftlichen Prüfungsarbeiten drei volle Tage anzusetzen, darnach aber einen vollen Tag frei zu geben, an welchem die Lehrer die Korrektur der Arbeiten besorgen, während die Examinanden sich zur Lehrprobe vorbereiten.

M.=Erl. v. 28. Februar 1873 (Ctrbl. 1873, S. 158).

§ 10. Prüfung katholischer Schulamtskandidaten in der Religionslehre.

„Se. Majestät haben ausdrücklich erklärt: daß erst der Auftrag des Bischofs die Lehrer und Lehrerinnen zur Erteilung des Religionsunterrichtes befähige.“

(Ctrbl. 1877, S. 609.)

§ 11. Allgemeine Giltigkeit der Vorschrift über Ablegung der zweiten Prüfung vor definitiver Anstellung.

Bei Rückgabe der Anlage des Gesuchs vom 28. v. Mts. eröffne ich Ihnen, daß nach den bestehenden Bestimmungen die definitive Anstellung der Lehrer von der Absolvierung einer zweiten Prüfung abhängig ist.

(cfr. Allg. Best. v. 15. Oktober 1872, Prüfungs=Ord. I, § 16 ff.)

Diese Bestimmung gilt für alle Lehrer, also auch die jüdischen, und macht es keinen Unterschied, mit welchem Prädikat die erste Prüfung bestanden ist, auch nicht, woher das Einkommen der Schulstelle fließt, an welcher die Anstellung erfolgt.

M.=Erl. v. 26. Novbr. 1873 (Ctrbl. 1874, S. 204).

§ 12. Zweck der zweiten Lehrerprüfung.

(Auszug.) Die Prüfungsordnung vom 6. Oktober 1854 hatte eine Nachprüfung der Schulamtsbewerber angeordnet, welche in der Cirkularverfügung vom 30. März 1857 auch als Wiederholungsprüfung bezeichnet wird. Durch diese Ausdrücke waren indes einzelne Prüfungs-Kommissionen zu einem Verfahren verleitet worden, welches selbst mit dem materiellen Inhalt der früheren Verfügung im direkten Widerspruche stand, indem dieselben nicht, wie wörtlich vorgeschrieben war, das Maß der materiellen, formellen und methodischen Fortbildung und der gewonnenen praktischen Selbständigkeit des Examinanden feststellten, sondern mit einer gewissen Peinlichkeit ihr Hauptaugenmerk darauf richteten, ob derselbe auch noch im Besitze desselben Maßes positiver Kenntnisse sei, welches er bei seiner ersten Prüfung in jedem einzelnen Gegenstande dargethan hatte.

Um derartige irrige Auffassungen zu verhüten, sind in den §§ 21—26 I. der Prüfungsordnung vom 15. Oktober 1872 Bestimmungen bezüglich der zweiten Prüfung erlassen worden, welche die Aufgabe derselben außer Zweifel stellen, und ist insbesondere durch § 23 al. 2 der bezeichneten Prüfungsordnung die Ablegung der Lehrprobe als das wesentlichste Stück der Prüfung angegeben worden.

Dadurch erhält diese Prüfung aber einen durchaus selbständigen Charakter und wird demgemäß auch in § 16 ausdrücklich als **zweite Prüfung** bezeichnet. Zur Vermeidung von Mißverständnissen, welche auch in neuester Zeit nicht ausgeblieben sind, wird es von Belang sein, daß die Königliche Regierung für die bezeichnete Prüfung die Namen „Nachprüfung, Wiederholungsprüfung" vermeidet und vielmehr lediglich die Bezeichnung „zweite Prüfung" anwendet.

M.-Erl. v. 26. Septbr. 1874 (Ctrbl. 1874, S. 657).

§ 12 a. Einrichtung der zweiten Volksschullehrerprüfung.

Unter Bezugnahme auf die Verfügung vom 26. September 1874 erinnere ich daran, daß die nächste Aufgabe der Prüfung darin besteht, festzustellen, ob der Kandidat nach seiner bisherigen Amtsführung und dem auf seine weitere Bildung verwendeten Fleiße sich der definitiven Anstellung würdig gemacht habe. Festzustellen, ob der betreffende Lehrer das bei der Seminar-Entlassungsprüfung nachgewiesene Wissen in allen Gegenständen in demselben Maße noch besitze, ist nicht Aufgabe der zweiten Prüfung. Jedenfalls können einzelne in dieser Beziehung wahrgenommene Mängel nicht ohne weiteres Grund für die Versagung der definitiven Anstellungsfähigkeit sein.

Dagegen kommt es darauf an, zu ermitteln, ob der Kandidat zunächst in der Unterrichtserteilung selbst ausreichend geschickt geworden sei, sich eine genügende Einsicht in die Methode der einzelnen Unterrichtsgegenstände erworben habe, und ob ihm die für letztere wichtigen Lehr- und Lernmittel bekannt seien, insbesondere, ob er die Schulkunde, die Schulpraxis, die Grundsätze der Volksschulerziehung, von welchen er bei seinem Austritte aus dem Seminare fast nur eine theoretische Kenntnis besessen hat, verstehe. Ferner wird auch darauf Gewicht zu legen sein, daß er eine genaue Kenntnis der in dem Bezirke seiner Amtsthätigkeit geltenden Verordnungen über Schuldisciplin, Schulversäumnisse, Dispension vom Schulbesuche, Ferien, Schulentlassung, Sprachunterricht in den utraquistischen Schulen und sonstiger bei Versehung einer Lehrerstelle wesentlicher Bestimmungen der Schulverwaltung besitze.

M.-Erl. v. 3. März 1883 (Ctrbl. 1883, S. 509).

§ 13. Notwendigkeit der zweiten Prüfung außerpreußischer Schulamtskandidaten in Preußen.

Auf den Bericht der Königlichen Regierung vom 2. d. Mts. will ich genehmigen, daß Schulamtskandidaten und Lehrer, welche ihre Befähigung nur durch Prüfungszeugnisse außerpreußischer Prüfungsbehörden des Deutschen Reichs darthun, im diesseitigen Schuldienst unter Erlaß der ersten Prüfung provisorisch aber unter der Bedingung angestellt werden können, daß seitens derselben die in Preußen vorgeschriebene zweite Prüfung nach Maßgabe der für dieselbe geltenden Bestimmungen vor einer preußischen Prüfungsbehörde abgelegt wird.

M.=Erl. v. 31. Januar 1877 (Ctrbl. 1877, S. 151).

Vergl. M.=Erl, v. 5. Juni 1877 (Ctrbl. 1877, S. 343).

§ 14. Ausschluß der nicht in Preußen angestellten Elementarlehrer von der zweiten Prüfung.

Auf die Eingabe vom 26. v. Mts. eröffne ich Ihnen, daß Sie zu der zweiten Elementarlehrerprüfung in Preußen nicht zugelassen werden können. Nach § 16 der diesseitigen Prüfungsordnung für Volksschullehrer vom 15. Oktober 1872 wird diese Prüfung an einem Seminar desjenigen Regierungsbezirks abgelegt, in welchem der Bewerber angestellt ist. Die Zulassung zu der Prüfung setzt somit die provisorische Anstellung des Aspiranten innerhalb des preußischen Staates voraus, und diese Bedingung ist bei Ihnen nicht erfüllt.

M.=Erl. v. 4. Oktober 1877 (Ctrbl. 1877, S. 632).

§ 15. Die an höheren Schulen angestellten Elementarlehrer haben ebenfalls die zweite Prüfung abzulegen.

Dem von dem Königlichen Provinzial=Schulkollegium in dem Berichte vom 5. d. Mts. gestellten Antrage, daß der Elementar= und technische Lehrer N. an die höhere Bürgerschule zu N. unter Erlassung der zweiten Prüfung definitiv angestellt werde, kann nicht Folge gegeben werden. Für die definitive Anstellungsfähigkeit der Volksschullehrer ist das Bestehen der zweiten Prüfung eine unbedingt giltige Forderung; die Begrenzung des Bereiches der Fälle, in welchen eine Abstandnahme von der zweiten Prüfung zulässig ist (Erlaß vom 31. März 1873 — Ctrbl. 1873, S. 280), beweist nur die unbedingte Giltigkeit der Forderung. Eine Rücksicht aus Gründen wie sie in dem Berichte aufgeführt sind, würde eine allgemeine Aufhebung der zweiten Prüfung nahe bringen; sollte aber die definitive Anstellung der Elementarlehrer an höheren Schulen von minderen Forderungen abhängig gemacht werden, als die definitive Anstellung der Volksschullehrer, so würde hierdurch das Interesse der höheren Schulen auf das schwerste geschädigt werden. Die in der Eingabe des Dirigenten der höheren Bürgerschule zur Empfehlung des Antrages gemachte Bemerkung, daß der p. N. beabsichtige, die Prüfung für Lehrer an Mittelschulen zu bestehen, beruht auf einem Irrtume, da nach § 2 der betreffenden Prüfungsordnung die Zulassung zu dieser Prüfung durch die bereits erfolgte Ablegung der zweiten Prüfung für Volksschullehrer bedingt ist.

Es kann hiernach dem p. N. nur empfohlen werden, daß er die Ablegung der zweiten Prüfung nicht aufschiebe.

M.=Erl. v. 18. September 1878 (Ctrbl. 1878, S. 608).

Vergl. M.=Erl. v. 17. März 1879 (Ctrbl. 1879, S. 277).

§ 16. **Übertritt von Lehramtsbewerbern an Taubstummenanstalten. Reversalische Verpflichtungen zum dreijährigen Volksschuldienste. Zulassung zur zweiten Prüfung (in der Provinz Schleswig-Holstein und Posen).**

1.

Ew. Excellenz erwidere ich auf den gefl. Bericht vom 13. v. Mts. ergebenst, daß die Aufhebung der Bestimmung in § 2 der Prüfungsordnung vom 27. Juni v. J., nach welcher Volksschullehrer erst nach Ablegung der zweiten Elementarlehrerprüfung zu der Prüfung als Lehrer an Taubstummenanstalten zuzulassen sind, nicht in Aussicht genommen werden kann.

Es bestehen aber keine Bedenken dagegen, Schulamtskandidaten sogleich nach Erlangung des Seminar-Reifezeugnisses zum Dienste an einer öffentlichen Taubstummenanstalt zuzulassen und die hier von ihnen zugebrachte Dienstzeit derjenigen an einer Volksschule als gleichgeltend ebensowohl bezüglich der reversalischen Verpflichtung zu dreijährigem Volksschuldienste, als in Beziehung auf die Zulassung zur zweiten Volksschullehrerprüfung anzuerkennen, so daß Hilfslehrer bei Taubstummenanstalten, ohne an einer Volksschule thätig gewesen zu sein, in der durch § 16 der Prüfungsordnung I. vom 15. Oktober 1872 festgesetzten Frist die zweite Elementarlehrerprüfung ablegen können.

Bei solchem Verfahren, welches ich für die dortige Provinz hiermit ausdrücklich gestatte, wird es der Taubstummenanstalt zu Schleswig voraussichtlich nicht an Hilfslehrern fehlen.

M.-Erl. v. 28. Februar 1879 (Ctrbl. 1879, S. 284).

2.

In meinem Erlasse vom 25. Januar d. J. habe ich mir eine Entschließung über den Antrag wegen Abänderung des § 2 der Prüfungsordnung für Lehrer und Vorsteher von Taubstummenanstalten vom 27. Juni v. J. bezüglich der zweiten Prüfung der Elementarlehrer nach der Prüfungsordnung vom 15. Oktober 1872 vorbehalten.

Dieselbe Frage war von dem Herrn Oberpräsidenten der Provinz Schleswig-Holstein zu meiner Entscheidung gebracht. Indem ich Abschrift meines hierauf ergangenen Erlasses vom 28. Februar 1879 beifüge, will ich das in demselben bezeichnete Verfahren auch für die dortige Provinz hiermit ausdrücklich gestatten.

M.-Erl. v. 7. April 1879 (Ctrbl. 1879, S. 488).

§ 17. **Giltigkeit der Prüfungsordnungen für Lauenburg.**

Die Prüfungsordnungen für Volksschullehrer, Lehrer an Mittelschulen und Rektoren vom 15. Oktober 1872, sowie die Prüfungsordnung für Lehrerinnen und Schulvorsteherinnen vom 24. April 1874 haben nach der Vereinigung des Herzogtums **Lauenburg** mit dem preußischen Staate auch für den Kreis Herzogtum Lauenburg Giltigkeit.

Verfg. der Kgl. Reg. zu Schleswig v. 14. Dezember 1878 (Ctrbl. 1879, S. 199).

§ 18. **Wegen tadelnswerter Führung wird ein Lehrer von der zweiten Prüfung ausgeschlossen.**

Das Cirkularreskript vom 6. Oktober 1854 ordnet an, daß die Wiederholungsprüfung (zweite Prüfung) unter angemessener Berücksichtigung der über die amtliche und sittliche Führung sprechenden Zeugnisse stattfinden solle. Das Reskript vom 22. September 1870 erläutert dies dahin, daß, wenn die bezüglichen Zeugnisse erhebliche Mängel erkennen lassen, Zulassung zur Prüfung zu versagen sei.

Im vorliegenden Fall ist der Königlichen Regierung bekannt, daß sich der Lehrer N. seit seiner Anstellung im Jahre 1868 in und außer dem Amte tadelnswert geführt hat, und dieselbe hat ihn infolgedessen in Ordnungsstrafe genommen, versetzt und ihm seine jetzige Stellung zum 1. Juli cr. gekündigt. Unter diesen Umständen erscheint der p. N. zur Ableistung der Wiederholungsprüfung (zweite Prüfung) nicht qualifiziert.

Wird er nicht zugelassen, und sieht er also seine ganze definitive Anstellung und somit auch seine ganze Lehrerlaufbahn in Frage gestellt, so liegt hierin der stärkste Antrieb für ihn, sich für das Amt tüchtig zu machen.

Dies Mittel hätte die Königliche Regierung nicht aus der Hand geben sollen.

M.-Erl. v. 4. Mai 1872 (Ctrbl. 1872, S. 357).

§ 19. Anfertigung schriftlicher Arbeiten seitens der Lehrer.

Die Königliche Regierung zu Oppeln hat mittels Verfügung vom 31. August 1874 — K. A. 1400 b — die Einrichtung getroffen, wonach **die jüngeren Lehrer zu periodisch wiederkehrender Anfertigung von schriftlichen Arbeiten** über Aufgaben aus der Unterrichts- und Erziehungskunde, wie aus dem praktischen Schulleben angehalten werden sollen, um ihnen eine amtliche Anregung zur Fortbildung in ihrem Berufe zu geben. Im weitern Verfolg hat dieselbe Königliche Regierung durch Verfügung vom 13. März 1875 angeordnet, **daß die Kreis-Schulinspektoren die von ihnen korrigierten und censierten Arbeiten der betreffenden Lehrer bei der Meldung zur zweiten Prüfung dem Königlichen Provinzial-Schulkollegium mit einreichen sollen.**

Der Herr Oberpräsident der Provinz Schlesien bezeichnet in seiner Verfügung vom 7. Dezember 1875 diese Anordnung als eine sehr zweckmäßige und spricht den Wunsch aus, daß dieselbe in der ganzen Provinz gleichmäßig zur Anwendung komme. Gleichzeitig wird an die Königliche Regierung das Ersuchen gerichtet, dahingehende Anordnungen zu treffen, **daß die jüngeren Lehrer zur Fortsetzung von deutscher Lektüre verstärkte Anregung erhalten.** — Der Aufwand des Fleißes und der Wert der schriftlichen Arbeiten soll behufs Entscheidung über Zulassung zur Prüfung besonders in Betracht gezogen werden.

§ 20. Begründung von Kreis-Lehrerbibliotheken.

Die Königliche Regierung zu **Posen** spricht durch Cirkular-Verfügung vom 11. Dezember 1875 die Erwartung aus, daß alle Lehrer des bezüglichen Kreises ohne Unterschied der Konfession bezw. Religion sich an der Begründung und Benutzung der Kreis-Lehrerbibliothek willig beteiligen werden. Die weltlichen Herren Kreis-Schulinspektoren werden an die Spitze der Verwaltung dieser Bibliotheken gestellt.

Eine Verfügung ähnlichen Inhalts ist auch durch die königliche Regierung zu **Oppeln** unterm 16. September 1875 erlassen worden. Dieselbe bestimmt hinsichtlich der Beiträge folgendes:

„Nachdem die äußere Lage aller Lehrer eine sehr erhebliche Aufbesserung erfahren hat, kann es von ihnen nicht ferner mehr als ein besonderes Opfer bezeichnet werden, wenn ihnen die Darbietung eines mäßigen jährlichen Betrags zu ihren Lehrerbibliotheken zugemutet wird.“

C. Prüfung für Mittelschullehrer.

§ 21. Allgemeine Bemerkungen.

Zur Erlangung der Anstellungsfähigkeit als Lehrer an den oberen Klassen von Mittelschulen und höheren Mädchenschulen ist die Ablegung einer besonderen Prüfung erforderlich, die sich auf umfassendere Kenntnisse in der Pädagogik und in zwei Unterrichtsgegenständen erstreckt. Indessen steht es dem Examinanden frei, die Prüfung außer für die in der Prüfungs-Ordnung paarweise zusammengestellten Prüfungsfächer noch für einen dritten oder vierten Gegenstand zu beantragen.

Diejenigen Lehrer, welche vor Erlaß der Prüfungsordnung vom 15. Oktober 1872 an derartigen Schulen definitiv angestellt waren, sowie diejenigen, welche früher die Prüfung pro schola et rectoratu bestanden haben, sind von der Ablegung einer weiteren Prüfung befreit.

§ 22. Anforderungen in der Prüfung für Lehrer an Mittelschulen.

In der Prüfungsordnung für Lehrer an Mittelschulen und höheren Mädchenschulen vom 15. Oktober v. J. sind an die Examinanden der Natur der Sache gemäß Anforderungen gestellt worden, welche sich nur von denjenigen erfüllen lassen, die in die einzelnen Lehrgegenstände tiefer eingedrungen sind. Es muß daher von der Forderung einer allgemeinen und gleichmäßigen Bildung, wie sie bei der Entlassungsprüfung sowohl der Seminaristen, wie der Gymnasien gefordert wird, abgesehen und den Bewerbern frei gegeben werden, diejenigen Gegenstände zu wählen, in denen sie den bezeichneten Bildungsgrad nachzuweisen wünschen.

Die Prüfungsordnung bezeichnet daher die zusammengehörigen Disciplinen, wie es in § 12 a. bis d. geschehen ist. Selbstverständlich darf es aber bei der Ausführung der Bestimmungen niemandem versagt werden, einen weiteren Umfang der Qualifikation, also beispielsweise neben der Prüfung in Religion und Deutsch, auch diejenige in der Geschichte oder in einem der mathematischen oder der naturwissenschaftlichen Fächer zu beantragen. Hieraus lösen sich die von dem Königlichen Provinzial-Schulkollegium in dem Berichte vom 25. v. Mts. angeregten Zweifel.

Nach dem klaren Wortlaut von § 10 und 12 a. bis c. kann ein Examinand die Qualifikation für den Unterricht an Mittelschulen und höheren Mädchenschulen erwerben, wenn er die Kenntnisse eines Seminarabiturienten, zu denen fremde Sprachen nicht notwendig gehören, besitzt und außerdem in den dort angegebenen Gegenständen eine umfassendere und gründlichere Bildung erworben hat. Es kann demnach ein Examinand, welcher in keiner fremden Sprache geprüft ist, das Zeugnis als Mittelschullehrer erwerben; es kann aber auch ein solcher neben einer der unter a. bis c. bezeichneten Qualifikation noch die Prüfung in **einer** fremden Sprache beantragen. Mit Bezug hierauf ordnet § 8 **eine schriftliche Prüfung in derjenigen fremden Sprache an, in welcher der Examinand eine Qualifikation zu erlangen wünscht.** Sucht derselbe, was bei Litteraten nicht selten geschehen wird, eine solche für alle drei in § 12 unter 9 genannten Sprachen, so muß er in allen dreien schriftliche Arbeiten machen.

Die Geographie ist der gegenwärtigen Richtung dieser Wissenschaft entsprechend den mathematisch-naturwissenschaftlichen Fächern zugerechnet worden. Sie mit der Geschichte zusammen in eine besondere Gruppe zu stellen, war schon darum unthunlich, weil der Lektionsplan für diese beiden Gegenstände zusammen nur 14 Stunden ersetzt.

M.-Erl. v. 9. Mai 1873 (Ctrbl. 1873, S. 333).

§ 23. Lehrern rc., welche früher die Prüfung pro schola et rectoratu bestanden haben, steht die Berechtigung auf den Unterricht an Mittelschulen oder die Leitung solcher Anstalten zu.

Auf den Bericht vom 3. d. Mts. erwidere ich dem Königlichen Provinzial-Schulkollegium, daß, wie dasselbe mit Recht annimmt, denjenigen Lehrern, welche in der bisherigen Rektoratsprüfung die Berechtigung zum Unterrichte an einer allgemeinen Stadtschule oder zur Leitung einer solchen erworben haben, solche in entsprechender Weise auch in Bezug auf den Unterricht an Mittelschulen oder auf die Leitung solcher Anstalten zusteht. Indes haben diejenigen Lehrer, welche gelegentlich ihrer Rektoratsprüfung kein Examen in einer fremden Sprache abgelegt haben oder wie das vor der Prüfungskommission hier geschah, in derselben nur schriftlich geprüft worden sind, wenn sie fremdsprachlichen Unterricht übernehmen wollen, die Berechtigung dazu noch nachträglich zu erwerben. Die betreffende Prüfung beschränkt sich selbstverständlich auf diejenige Sprache, bezw. diejenigen Sprachen, in denen Examinand unterrichten will.

M.-Erl. v. 25. Mai 1873 (Ctrbl. 1873, S. 334).

§ 24. Prüfungsfächer in der Prüfung für Lehrer an Mittelschulen.

Auf den Bericht vom 3. d. Mts. trete ich der Auffassung des Königlichen Provinzial-Schulkollegiums dahin bei, daß die in der Prüfungsordnung für Lehrer an Mittelschulen vom 15. Oktober 1872 § 12 unter a. bis d. gegebene Zusammenstellung von Fächern nicht beispielsweise, sondern abschließend erfolgt ist. In der von dem Lehrer N. erwähnten Verfügung an das Königliche Provinzial-Schulkollegium zu N. ist nur zugelassen, daß zu den nach dem angeführten § 12 zusammengehörigen und darum paarweise zusammengestellten Prüfungsfächern ein drittes hinzugenommen, keineswegs aber statt des einen dieser Fächer ein anderes substituiert werde. In gleichem Sinne spricht sich übrigens meine Cirkular-Verfügung vom 9. Mai 1873, U. 17541, Centralblatt der Unterrichts-Verwaltung, S. 333 in al. 2 aus.*)

M.-Erl. v. 17. Juni 1875 (Ctrbl. 1875, S. 478).

§ 25. Zulassung der Kandidaten der Theologie und der Philologie zur Prüfung als Lehrer an Mittelschulen.

Das Königliche Provinzial-Schulkollegium geht in der an den Kandidaten N. zu N. erlassenen Verfügung vom 19. Dezember v. J. von der Annahme aus, daß nur solche Kandidaten der Theologie oder Philologie zur Prüfung als Lehrer an Mittelschulen zuzulassen seien, welche ihre theologische und philologische Prüfung bestanden haben.

Diese Voraussetzung trifft nicht zu; es sind vielmehr diejenigen Kandidaten, welche mit dem Zeugnisse der Reife die Universität bezogen und auf derselben mindestens drei Jahre hindurch Theologie studiert haben, zur Prüfung als Lehrer an Mittelschulen zuzulassen. Daß eine vorgängige anderweitige Prüfung nicht von ihnen verlangt werden soll, erhellt aus § 2 des Abschnitts II. der Prüfungsordnung vom 15. Oktober 1872, wo bezüglich ihrer keine Bedingung gestellt ist, während von den Volksschullehrern die vorgängige Ablegung der zweiten Prüfung verlangt wird, ferner aus Abschnitt III. § 2 Absatz 1 daselbst, wo ausdrücklich ausgesprochen wird, daß Kandidaten der Philologie, welche die Prüfung für das höhere Lehramt abgelegt haben, zur Prüfung als Rektoren zuzulassen sind, ohne daß von ihnen noch die Ablegung einer Prüfung als Lehrer an Mittelschulen verlangt werde, endlich aus Abschnitt III. § 2 Absatz 2 daselbst, wo Bedingungen angegeben

*) cfr. § 22.

werden, unter welchen Kandidaten sogar ausnahmsweise die sofortige Ablegung der Rektoratsprüfung gestattet werden kann.

Wenn in § 4 des Abschnitts II. der erwähnten Prüfungsordnung von den Personen, welche sich zur Ablegung der Prüfung als Lehrer an Mittelschulen melden, die Einreichung der Zeugnisse über die bisher abgelegten theologischen, philologischen oder Seminarprüfungen gefordert wird, so entspricht dies dem allgemeinen Grundsatze, nach welchem der Prüfungs-Kommission eine möglichst genaue Einsicht in den Bildungsgang des Examinanden gegeben werden soll. Auch findet diese Bestimmung ihre Ergänzung im § 10 Absatz 2 des Abschnitts II. der Prüfungsordnung, wo die Kommission ermächtigt wird, dem Kandidaten auf Grund der Zeugnisse über früher abgelegte Prüfungen einen wesentlichen Teil des mündlichen Examens zu erlassen.

M.-Erl. v. 10. Februar 1875 (Ctrbl. 1875, S. 98).

§ 26. Übergangsbestimmungen für ältere Lehrer.

Auf den Bericht vom 13. d. Mts., betreffend die Beschwerde des Magistrats von N. wegen der von Aufsichtswegen inhibierten Dienstentlassung des Lehrers N. nach vorgängiger Kündigung, will ich die Königliche Regierung zwar ermächtigen, den Magistrat unter Beziehung auf die Verfügung vom 6. Februar und 14. Juli 1864 und vom 2. Oktober 1868 mit ablehnendem Bescheide zu versehen, nehme aber doch zugleich Veranlassung, die Königliche Regierung darauf aufmerksam zu machen, daß die Verfügung vom 3. Februar v. J., in welcher dieselbe die provisorische Anstellung von der Ableistung der Prüfung für Lehrer an Mittelschulen abhängig macht, nicht gerechtfertigt war. Die Erwägung, daß eine umfassender und gründlicher ausgebildete Lehrkraft der ganzen Schulanstalt, an welcher sie steht, zur Förderung gereichen kann, darf nicht dahin führen, daß den Bewerbern um eine Lehrstelle zur Bedingung ihrer Anstellung der Nachweis einer **höheren** Befähigung gemacht wird, als durch die allgemeinen Vorschriften bestimmt ist. Die Königliche Regierung hätte deshalb von vornherein dem Anspruche des Magistrats von N., daß von den Bewerbern um eine einfache Volksschullehrerstelle der Nachweis der Befähigung für den Unterricht an Mittelschulen verlangt würde, entgegentreten und damit dem vorliegenden Konflikte vorbeugen sollen.

Wenn ferner die Königliche Regierung angiebt, daß der p. N. in der mit ihm abgehaltenen Prüfung in manchen Beziehungen, z. B. in der Aussprache des Französischen, Mängel gezeigt habe, daß aber die Prüfungs-Kommission im Ausdrucke der Anerkennung dafür einstimmig gewesen sei, daß er ein nicht zu unterschätzendes Maß von Kenntnissen, Eifer und Fleiß der Fortbildung bekundet habe, so scheint die Prüfungs-Kommission die Bestimmung in der Verfügung vom 15. Oktober 1872 außer acht gelassen zu haben, nach welcher bei Beurteilung der Leistungen der Examinanden so lange ein milderer Maßstab anzulegen ist, bis den Kandidaten eine völlig ausreichende Gelegenheit geboten sein wird, die gegenwärtig geforderten Kenntnisse und Fertigkeiten zu erlangen. Damit diese Bestimmung nicht außer acht gelassen und den an sich durchaus berechtigten Ansprüchen der Examinatoren in den einzelnen Gegenständen gegenüber das Interesse und das Bedürfnis des Volks- bezw. Mittelschulwesens der Provinz wahrgenommen werde, ist im § 5 der Prüfungsordnung für Lehrer an Mittelschulen die Hinzuziehung von zwei Regierungs-Schulräten zu diesen Prüfungen angeordnet. Die Königliche Regierung wolle daraus Veranlassung nehmen, das Mitglied Ihres Kollegiums, welches an der Prüfung teilnimmt, zu beauftragen, einer einseitigen und äußerlichen Auffassung und Anwendung der

Bestimmungen der Prüfungsordnung vom 15. Oktober 1872 möglichst entgegen zu wirken.
M.-Erl. v. 30. November 1874 (Ctrbl. 1875, S. 47).

§ 27. **Berechtigungen der Lehrer, welche in den Jahren 1873/75 im Seminar zu Berlin die fremdsprachliche Prüfung abgelegt haben.**

In Erwiderung auf den Bericht des Königlichen Provinzial-Schulkollegiums vom 17. d. Mts. will ich genehmigen, daß denjenigen Lehrern, welche in den Jahren 1873, 1874 und 1875 die fremdsprachliche Prüfung im hiesigen Königlichen Seminar für Stadtschulen bestanden und in demselben die Censur „gut" erlangt haben, nicht nur die Qualifikation für ein Lehramt an Mittelschulen, sondern auch die Berechtigung zuerkannt werde, zur Rektoratsprüfung zugelassen zu werden.
M.-Erl. v. 30. Juni 1875 (Ctrbl. 1875, S. 541).

§ 28. **Ausschluß einer Prüfung bei Ascension der bei Erlaß der Prüfungsordnung vom 15. Oktober 1872 definitiv angestellten Lehrer.**

Auf die Vorstellung vom 10. März d. J. eröffne ich Ew. Wohlgeboren nach Anhörung der Königlichen Regierung zu N. das Folgende: Nach den „Allgemeinen Bestimmungen vom 15. Oktober 1872" B. Nr. 2315 behalten die definitiv angestellten Lehrer ihre bisherige Berechtigung in vollem Umfange. Sie können daher auch innerhalb der Grenzen derselben ascendieren, ohne daß von ihnen die Ablegung einer neuen Prüfung gefordert wird. Wenn daher der dortige Magistrat den Lehrer A., der bereits Inhaber einer der Oberstellen an der dortigen höheren Töchterschule war, aus der zweiten in die erste Lehrerstelle an dieser Anstalt aufrücken ließ, und wenn die Königliche Regierung dies bestätigte, so sind bestehende Bestimmungen nicht verletzt worden, und muß es daher bei dem Ihnen von der Königlichen Regierung erteilten Bescheide vom 14. Februar d. J. sein Bewenden behalten.
M.-Erl. v. 23. Mai 1876 (Ctrbl. 1876, S. 369).

§ 29. **Zulassung anhaltischer Staatsangehöriger zur Rektoren- und Mittelschullehrerprüfung zu Magdeburg; Anstellung der Geprüften in Preußen.**

Im Anschluß an mein Schreiben vom 18. v. M. erkläre ich mich nach dem Wunsche des Herzoglichen Staatsministeriums mit der Zulassung anhaltischer Staatsangehöriger zu den in Magdeburg stattfindenden Prüfungen für Mittelschullehrer und Rektoren unter denselben Bedingungen, welche in der Prüfungsordnung vom 15. Oktober 1872 für preußische Staatsangehörige vorgeschrieben sind, und mit der Maßgabe einverstanden, daß die in Anhalt bestandenen Prüfungen der Volksschullehrer, sowie der Kandidaten des höheren Lehr- und des Predigtamtes den entsprechenden preußischen Prüfungen in Beziehung auf die Erfüllung der Vorbedingungen zur Anmeldung gleichgeachtet werden. Die in § 10 al. 2 der Prüfungsordnung II. für Mittelschullehrer ausgesprochene Befugnis zur Dispensation von der Prüfung in den obligatorischen Lehrgegenständen des Seminarunterrichts wird nicht von dem Provinizial-Schulkollegium, sondern von der Prüfungskommission ausgeübt. Dagegen liegt nach § 2 Nr. 2 der Bestimmungen III. über die Rektoratsprüfung die Befugnis zur Dispensation von Ablegung der Prüfung für Mittelschullehrer diesseits in der Hand der Provinzial-Schulkollegien, und es versteht sich von selbst, daß an Stelle der letzteren bei anhaltischen Staatsangehörigen, welche dort in eines der in § 1 bezeichneten Ämter berufen worden sind, die Herzoglich anhaltische Regierung, Abteilung für das Schulwesen, tritt. Im Übrigen werden die anhaltischen ganz wie die preußischen Staatsangehörigen die formellen und materiellen Bestimmungen der Prüfungsordnung vom 15. Oktober 1872 zu erfüllen und ihre Meldungen in vorgeschriebener Weise unmittelbar bei dem Königlichen Provinzial-Schulkollegium zu Magdeburg, nicht durch die Herzogliche Regierung, einzureichen haben. Durch Ablegung der Mittelschullehrer- und der Rektoratsprüfung erlangen die anhaltischen Staatsangehörigen in dem diesseitigen Staatsgebiete die gleiche Anstellungsfähigkeit wie preußische Staatsangehörige. Es ergiebt sich dieses aus dem verfassungsmäßigen Indigenat und den bisher schon diesseits befolgten Grundsätzen. Zu meiner Genugthuung befinde ich mich in der Lage, den Wünschen des Herzoglichen Staats-Ministeriums vollständig entgegenkommen zu können.

M.-Erl. v. 10. Juni 1876 (Ctrbl. 1876, S. 441).

§ 30. Erlangung der Befähigung zum Unterrichte an den Oberklassen der Mittelschulen und der höheren Mädchenschulen durch Zeugnis einer wissenschaftlichen Prüfungskommission.

Wenn § 1 der Prüfungs-Ordnung für Lehrer an Mittelschulen vom 15. Oktober 1872 vorschreibt, daß die Befähigung zum Unterrichte an den Oberklassen der Mittelschulen und der höheren Mädchenschulen durch Ablegung der Prüfung für Lehrer an Mittelschulen erworben werden, so hat dadurch keineswegs ausgeschlossen werden sollen, daß diese Befähigung auch durch Ablegung der Prüfung für das höhere Lehramt vor einer wissenschaftlichen Prüfungskommission erlangt werden könne. Hiermit stehen die §§ 2 und 4 dieser Prüfungsordnung, welche die Zulassung von Kandidaten der Philologie zur Prüfung als Lehrer an Mittelschulen vorschreiben und die Vorlegung der Zeugnisse über die bisher abgelegten philologischen Prüfungen anordnen, in keinem Widerspruche. Durch dieselben soll vielmehr denjenigen Kandidaten der Philologie, welche entweder gar keine Prüfung vor der wissenschaftlichen Prüfungskommission abgelegt oder von derselben nur unzureichende Befähigungen erlangt haben, die Möglichkeit gewährt werden, durch Ablegung der Prüfung für Lehrer an Mittelschulen die Befähigung zur Anstellung an solchen oder an höheren Mädchenschulen zu erwerben. Der Bestätigung des Kandidaten N., welcher vor der wissenschaftlichen Prüfungskommission zu N. ein Zeugnis ersten Grades erworben hat, als Lehrer an der dortigen höheren Mädchenschule steht also kein Bedenken entgegen und ist eine weitere Prüfung ihm nicht aufzuerlegen.

M.-Erl. v. 26. Februar 1878 (Ctrbl. 1878, S. 239).

§ 31. Termin für Einziehung, Anlaß zum Verfallen der Prüfungsgebühren. Rückerstattung derselben.

Die Einziehung der Prüfungsgebühren bei der Prüfung der Lehrer an Mittelschulen und der Rektoren betreffend will ich in Ergänzung des § 15, bezw. des § 8 der Prüfungsordnung vom 15. Oktober 1872 hierdurch genehmigen,

1) daß die Prüfungsgebühren seitens der Prüfungskommission bereits bei dem die Annahme der Meldung erklärenden Bescheide, bezw. bei Zustellung der Aufgabe für die häusliche Arbeit eingezogen werden;
2) daß, wenn ein Examinand innerhalb der gestellten Frist, bezw. Nachfrist die häusliche schriftliche Arbeit nicht eingereicht hat, die gestellte Aufgabe erlischt und damit zugleich die eingezahlten Gebühren verfallen;
3) daß die gleichen Folgen bezüglich des Verfallens der Prüfungsgebühren auch eintreten, wenn ein Examinand nach rechtzeitiger Einlieferung der Arbeit doch ohne genügende Entschuldigung zu der mündlichen Prüfung an dem festgesetzten Termine nicht erscheint.

Diese Bestimmungen sind in künftigen Fällen zur Anwendung zu bringen.

M.-Erl. v. 9. Februar 1882 (Ctrbl. 1882, S. 421).

Eine **Rückerstattung** derselben findet nur dann statt, wenn der Examinand nachweisen kann, daß Krankheit oder sonst erhebliche Gründe ohne sein Verschulden ihn daran gehindert haben, zur Prüfung zu erscheinen. Hierüber entscheidet die betreffende Prüfungskommission selbständig.

M.-Erl. v. 17. Mai 1882 (Ctrbl. 1882, S. 564).

D. Rektoratsprüfung.

§ 32. Über Rektoratsprüfung im allgemeinen.

Zur Erlangung einer unbeschränkten Qualifikation als Rektor ist der Nachweis der Kenntnis fremder Sprachen erforderlich. Letztere Anforderung wird auch an diejenigen Seminarlehrer gestellt, welche behufs Anstellung als solche die Rektoratsprüfung ablegen müssen. Wird die Kenntnis der fremden Sprachen von einem Examinanden bei der Rektorprüfung nicht nachgewiesen, so erhält derselbe nur ein Qualifikationszeugnis pro loco oder für das Rektorat an einer Schule, welche geringere Ziele als die Mittelschule verfolgt. Bezüglich des Maßes der bei der Rektoratsprüfung nachzuweisenden Kenntnisse in fremden Sprachen gelten gegenwärtig die Bestimmungen, daß die Anforderungen über „allgemeine Kenntnisse, ohne welche ein Verständnis der Methode des betreffenden Unterrichts nicht möglich ist,“ nicht hinausgehen dürfen.

Die Zulassung zur Rektoratsprüfung erstreckt sich auch auf diejenigen Lehrer, welche vor Erlaß der „Allg. Best.“ vom 15. Oktober 1872 an einer Mittelschule ohne Ablegung der Mittelschullehrerprüfung definitiv angestellt worden sind.

§ 32a. Bedeutung und Zweck der Rektoratsprüfung. Unzulässigkeit eines Dispenses.

Bei der Rektoratsprüfung handelt es sich, wie § 6 der Prüfungsordnung erkennen läßt, nicht um den Nachweis eines gewissen Maßes positiver Kenntnisse, sondern um die Ermittelung, ob der Examinand die Erfahrungen gesammelt und die Einsicht in die Organisation der Schule gewonnen, sich namentlich auch die Sicherheit in Handhabung der Schulzucht angeeignet habe, welche erwarten lassen, daß die von ihm geleitete Schule ihre erziehlichen und unterrichtlichen Aufgaben erfüllen würde.

In der früheren Ablegung wissenschaftlicher Prüfungen, sowie in einer, wenn auch vorzüglichen bloßen Lehrthätigkeit, liegt eine Bürgschaft dafür noch nicht. Es ist daher auch in der Prüfungsordnung die Zulässigkeit eines Dispenses von der Prüfung für designierte Rektoren nicht ausgesprochen.

M.-Erl. v. 7. Juni 1882 (Ctrbl. 1882, S. 662). (U. III. a. 14725.)

§ 33. Schulvorsteherprüfung in Berlin.

In Verfolg der Verfügung vom 4. Februar d. J. erkläre ich mich damit einverstanden, daß die bisherige Schulvorsteherprüfung hier in Wegfall kommt. Es entspricht, wie das Königliche Provinzial-Schulkollegium in dem Berichte vom 24. Januar d. J. mit Recht geltend macht, den Bestimmungen der Prüfungsordnung vom 15. Oktober 1872, daß von denjenigen Lehrern, welche die Leitung einer Privatschule übernehmen wollen, die Ablegung der Rektoratsprüfung gefordert wird. Dabei haben diejenigen Lehrer, deren Anstalten den Charakter von Mittelschulen besitzen, zunächst die Befähigung für den Unterricht nachzuweisen, während diejenigen, welche Privatelementarschulen leiten wollen, nach Maßgabe von III. § 2 Nr. 3 der Prüfungsordnung geprüft werden. Sollten während der Übergangszeit von der städtischen Schuldeputation Lehrer, welche die Prüfung als Mittelschullehrer noch nicht abgelegt haben, zur Übernahme von solchen vorgeschlagen werden, so sehe ich einem Antrage auf deren ausnahmsweise Zulassung zur Rektorenprüfung entgegen. Es würden bei letzterer in diesem Falle nach Maßgabe von III. § 6 al. 3 der Prüfungsordnung auch die positiven Kenntnisse des Examinanden innerhalb der durch den Lehrplan der Anstalt bestimmten Grenzen zu erforschen sein. Da bei den Schulvorsteherprüfungen ein Kommissarius der städtischen Schuldeputation anwesend gewesen ist, so wird es sich empfehlen, einen solchen auch zu denjenigen Rektorenprüfungen einzuladen, an denen designierte Schulvorsteher teilnehmen. Die Befugnis hierzu liegt in den Bestimmungen I. § 4 und III. § 3 der Prüfungsordnung vom 15. Oktober v. J.

M.-Erl. v. 24. Mai 1873 (Ctrbl. 1873, S. 418).

§ 34. **Dispensation der Kandidaten des evangel. Predigtamts von dem sechswöchentlichen Besuche eines Schullehrerseminars — Zulassung derselben zur Rektoratsprüfung.**

Der mir von dem evangel. Oberkirchenrat behufs Erklärung des Einverständnisses vorgelegte, mit Anlagen ergebenst wieder beigeschlossene Entwurf eines Bescheides an den Kandidaten der Theologie N. in N., die Dispensation desselben vom sechswöchentlichen Seminarkursus betreffend, giebt mir Veranlassung, das Folgende ergebenst zu bemerken.

Durch die „Allg. Best." vom 15. Oktober 1872 sind die bisherigen Bestimmungen über die Prüfung der Volksschullehrer und Lehrer an Mittelschulen, sowie Rektoren der Stadtschulen aufgehoben worden, und ist an deren Stelle die Prüfungsordnung von demselben Tage sub I., II. und III. getreten. Das Cirkularreskript vom 29. März 1827 ließ die Kandidaten des Predigtamts ohne weiteres zur Rektorats- resp. pro schola-Prüfung zu. Mit Rücksicht hierauf konnte auch unterm 7. November 1859 (Ctrbl. pro 1859, S. 745 bis 746) und 13. Januar 1862 (Ctrbl. pro 1862, S. 97) bestimmt werden, daß von der durch das Reskript vom 30. Januar 1842 ausgesprochenen Verpflichtung der Kandidaten der Theologie, zwischen der ersten und zweiten Prüfung einen sechs- bis achtwöchentlichen Kursus bei einem Schullehrerseminar zu absolvieren, diejenigen Kandidaten, welche das Examen pro schola bestanden und ein Jahr lang das Lehramt an öffentlichen Volksschulen oder Bürgerschulen verwaltet haben, dispensiert werden dürfen. Wenn dagegen jetzt sub III. § 2 der Prüfungsordnung vom 15. Oktober v. J. bestimmt worden ist, daß zur Rektoratsprüfung zugelassen werden:

1) Geistliche, Lehrer, Kandidaten der Theologie oder der Philologie, welche das Examen als Lehrer an Mittelschulen oder dasjenige für das höhere Lehramt bestanden haben und wenigstens drei Jahre im öffentlichen Schuldienste thätig gewesen sind;
2) Geistliche, Lehrer, Kandidaten der Theologie oder der Philologie, welche in eines der im § 1 bezeichneten Ämter berufen und auf Grund anderweitig nachgewiesenen Tüchtigkeit mit Genehmigung des Provinzial-Schulkollegiums von der vorgängigen Prüfung für Mittelschullehrer entbunden worden sind;
3) Geistliche, Lehrer, Kandidaten der Theologie oder der Philologie, welche zur Leitung einer Schule berufen worden sind, die geringere Ziele als

die Mittelschule verfolgt, aber herkömmlich von einem Rektor geleitet wird, sowie Vorsteher von Privatschulen, welche den Charakter von Volksschulen haben;

so ergiebt sich, daß die Zulassung zu der betreffenden Prüfung an Bedingungen geknüpft wird, deren Erfüllung von den Kandidaten der Theologie, welche den sechswöchentlichen Kursus zu absolvieren haben, nicht gefordert werden kann, und an Voraussetzungen, welche in den seltensten Fällen zutreffen werden. So steht es im vorliegenden Fall mit dem Kandidaten N., der zu der Rektoratsprüfung nicht zugelassen werden kann und dem daher für die Erlangung der Dispensation vom sechswöchentlichen Seminarkursus die Bedingungen, diese Prüfung zu absolvieren, nicht auferlegt werden darf.

Es wird aber der Absicht der früheren Bestimmungen für die Verpflichtung der Kandidaten der Theologie zur Absolvierung eines sechswöchentlichen Seminarkursus, bezw. über die Dispensation von demselben entsprochen, wenn nunmehr für die Erteilung der letzteren die Bedingung gestellt wird, daß ein Kandidat, der die fragliche Dispensation erlangen will, außer einer mindestens einjährigen Lehrthätigkeit an einer Volks- oder Bürgerschule die Prüfung der Lehrer an Mittelschulen bestanden haben muß. Zu dieser Prüfung werden Kandidaten der Theologie ohne weiteres zugelassen (cfr. Prüfungsordnung vom 15. Oktober pr. II. § 2) und unterliegt es keinem Bedenken, die Absolvierung derselben in allen ähnlichen Fällen zu fordern.

Ich stelle ergebenst anheim, den p. N. von der veränderten Sachlage in Kenntnis zu setzen, indem ich zugleich bezüglich der anderen Dispensationsbedingungen mein Einverständnis mit dem evangel. Oberkirchenrat dahin erkläre, daß dieselbe als erfüllt anzusehen ist, wenn der p. N. sich ein Jahr lang in seiner Lehrthätigkeit an der Kadettenanstalt zu N. bewährt hat.

M.-Erl. v. 9. Oktober 1873 (Ctrbl. 1873, S. 664).

§ 35. Prüfung für das Amt eines Hauptlehrers an den Gemeindeschulen in Berlin.

Nach dem Antrage des Königlichen Provinzial-Schulkollegiums vom 18. d. M. will ich die in dem Erlasse vom 15. Oktober 1872 enthaltene Bestimmung wegen Prüfung der Hauptlehrer an hiesigen Gemeindeschulen dahin abändern, daß von Ostern 1876 an nur solche Gemeindeschullehrer, welche die Prüfung für Mittelschulen bestanden haben, von Ostern 1878 ab nur solche, welche außerdem die Prüfung pro rectoratu abgeleistet haben, zu Hauptlehrern an hiesigen Gemeindeschulen befördert werden dürfen.

M.-Erl. v. 17. August 1874 (Ctrbl. 1874, S. 536).

§ 36. Notwendigkeit des Nachweises der Kenntnis fremder Sprachen in der Rektoratsprüfung.

In § 6 des auf die Prüfung der Rektoren bezüglichen Abschnitts der Prüfungsordnung vom 15. Oktober 1872 ist vorgeschrieben, daß sich die mündliche Prüfung vorzüglich über **spezielle Methodik**, über Schulpraxis, über **Lehrmittel**, Volks- und Jugendschriften zu verbreiten habe. Selbstverständlich handelt es sich dabei um die Lehrmittel für sämtliche Lehrgegenstände, welche in dem Lehrplane der Seminare, der Präparandenanstalten, der Mittelschulen und der höheren Mädchenschulen vorkommen, sowie um die methodische Behandlung derselben. Es liegt in der Natur der Sache, daß eine gründliche Ermittelung der Einsicht eines Examinanden in die Methodik dieser Gegenstände nicht möglich ist, wo nicht in diese selbst eingegangen ist, und es wird gerade in dem Maße, wie der betreffende Examinand veranlaßt wird, seine Kenntnis der Methode nachzuweisen, demselben

Gelegenheit gegeben, auch seine Bekanntschaft mit dem bezüglichen Gegenstande selbst darzuthun.

Die Annahme des königlichen Provinzial-Schulkollegiums, es könne in Gemäßheit der Prüfungsordnung vom 15. Oktober 1872 einem Lehrer, welcher keine fremden Sprachen kennt, die Befähigung zugesprochen werden, Schulen zu leiten, in deren Lehrplan fremde Sprachen eine Stelle haben, trifft also nicht zu. Ich habe daher keine Veranlassung, dem mittels des Berichts vom 24. September d. J. näher ausgeführten Antrage auf Abänderung der Prüfungsordnung vom 15. Oktober 1872 Folge zu geben. Es wird vielmehr nur darauf ankommen, dieselbe richtig zu handhaben und insbesondere also in dem Falle, wo die Qualifikation für den Unterricht in den fremden Sprachen früher nicht nachgewiesen worden ist, die Rektorprüfung auch auf diese Unterrichtsgegenstände selbst zu richten, wenn auch nicht in dem Umfange und Maße, wie solches in § 12 Nr. 9 der Prüfungsordnung vom 15. Oktober 1872 II. über die Prüfung der Lehrer an Mittelschulen vorgeschrieben worden ist.

M.-Erl. v. 6. November 1875 (Ctrbl. 1876, S. 44).

§ 37. **Beschränkung der Rektoratsprüfung für Seminarlehrer und Präparandenanstaltsvorsteher, sowie für Hauptlehrer zu Berlin.**

1.

Auf den Bericht vom 12. Februar d. J. will ich gestatten, daß den hiesigen Gemeindeschullehrern, welche die Qualifikation für ein Hauptlehreramt nachsuchen, sowie den provisorisch angestellten Seminarlehrern und Präparandenanstaltsvorstehern, welche die Rektoratsprüfung abzulegen haben, freigestellt werde, ob sie die bezeichnete Prüfung in ihrem ganzen Umfange oder nur mit der Beschränkung auf das bestimmt bezeichnete Amt ablegen wollen. In letzterem Falle ist selbstverständlich nur die im Schlußsatze von Abschnitt III. § 7 der Prüfungsordnung vom 15. Oktober 1872 vorgesehene bedingte Befähigung im Zeugnisse zu bescheinigen.

M.-Erl. v. 19. April 1876 (Ctrbl. 1876, S. 283).

2.

Dem in dem Berichte des Königlichen Provinzialschulkollegiums vom 10. Februar d. J. gestellten Antrage, zu gestatten, daß in Ergänzung des § 7 der Prüfungsordnung III. vom 15. Oktober 1872 die Anstellungsfähigkeit als Seminarlehrer und als Vorsteher einer öffentlichen Präparandenanstalt ohne den Nachweis der Kenntnis einer fremden Sprache, und die Anstellungsfähigkeit als Seminardirektor bei dem Nachweis ausreichender Kenntnis nur der französischen Sprache zuerkannt werde, vermag ich in dieser Angelegenheit nicht Folge zu geben. Dagegen will ich gestatten, in besonderem Falle den bereits provisorisch angestellten Seminarlehrern und Präparandenanstaltsvorstehern, welche die Rektoratsprüfung abzulegen haben, in den betreffenden Zeugnissen ev. eine beschränkte Befähigung zu erteilen, mit der Maßgabe jedoch, daß den Examinanden bei ihrer Meldung eine bestimmte Erklärung abzufordern ist, ob sie die Prüfung auch in fremden Sprachen ablegen wollen, oder ob sie beabsichtigen, sich nur für das bestimmte bezeichnete Amt (cfr. Schlußpassus des § 7 der Prüfungsordnung) prüfen zu lassen.

M.-Erl. v. 19. April 1876 (Ctrbl. 1876, S. 283 ff.).

§ 38. **Zulassung eines bei Erlaß der Prüfungsordnung vom 15. Oktober 1872 an einer Mittelschule angestellten Lehrers zur Rektoratsprüfung.**

Dem Königl. Provinzial-Schulkollegium eröffne ich auf den Bericht vom 18. November v. J., betreffend die Zulassung des Lehrers an der dortigen Mittelschule L. zur Rektoratsprüfung, daß ich nicht in der Lage bin, den Oberbürgermeister N. auf seine mit den Anlagen hier wieder beigefügte Vorstellung vom 28. September v. J. ablehnend zu bescheiden.

Der p. L. gehört zu denjenigen Lehrern, welche bei dem Erscheinen des Cirkular-Erlasses vom 15. Oktober 1872 an einer Mittelschule angestellt waren, und von denen nach al. 4 dieses Erlasses die Ablegung einer neuen Prüfung nicht zu fordern war. Er steht sonach gleich denjenigen Lehrern, welche das Examen als Lehrer an Mittelschulen absolviert haben, und stehen ihm die mit seiner Stellung als Mittelschullehrer verbundenen Berechtigungen zu, zu welchen nach der Prüfungsordnung III. vom 15. Oktober 1872, § 2, Nr. 1, auch die Zulassung zur Rektoratsprüfung gehört. Es wird ihm dieselbe daher auch nicht zu versagen sein.

Ich bemerke jedoch noch das Folgende. Die Absolvierung der Rektoratsprüfung, welche nicht unter Nr. 3 des § 2 der Prüfungsordnung fällt, gewährt die Berechtigung zur Anstellung als Seminardirektor, Rektor von Mittelschulen oder höheren Töchterschulen. Für diese Stellungen ist aber mindestens eine Bekanntschaft mit der speziellen Methodik des fremdsprachlichen Unterrichts, welche wiederum ohne einige Kenntnis fremder Sprachen nicht möglich ist, unerläßlich. Bei jeder die volle Berechtigung gewährenden Rektoratsprüfung muß daher dies Gegenstand der Erforschung sein, und sind Bewerber, welche dieser Forderung nicht genügen wollen oder können, nur zu der in Nr. 3 des § 2 der Prüfungsordnung III. vorgeschriebenen Prüfung für das Rektorat einer bestimmten Schule, welche geringere Ziele als die Mittelschule verfolgt, zuzulassen.

M.-Erl. v. 10. Januar 1877 (Ctrbl. 1877, S. 32 ff.).

§ 39. Zulassung der Seminarlehrer zur Rektoratsprüfung unter Dispensation von der Mittelschullehrerprüfung. Beschränkung der ersteren Prüfung auf ein bestimmtes Amt.

Dem Königlichen Provinzial-Schulkollegium erwidere ich auf den den Seminarlehrer N. zu N. betreffenden Bericht vom 31. v. Mts., daß, wenn Seminarlehrer ausdrücklich beantragen, erst die Mittelschullehrerprüfung ablegen zu dürfen, um dann die Rektoratsprüfung zu absolvieren, ihnen das nicht verwehrt werden kann.

Im allgemeinen aber sind die Seminarlehrer in Gemäßheit des § 2 Nr. 2 der Prüfungsordnung III. vom 15. Oktober 1872 zur Rektoratsprüfung unter Entbindung von der Mittelschullehrerprüfung zuzulassen. Dabei ist ihre Erklärung darüber einzuziehen, ob sie in zwei fremden Sprachen diejenigen allgemeinen Kenntnisse nachweisen wollen, ohne welche ein Verständnis für die Methode des betreffenden Unterrichts nicht möglich ist, und ohne welche ihnen die Leitung einer Schule, in der fremdsprachlicher Unterricht erteilt wird, nicht anvertraut werden kann. Verneinen sie diese Frage, so ist ihre Prüfung nur als Examen pro loco anzusehen und diese Beschränkung im Prüfungszeugnisse auszudrücken.

M.-Erl. v. 21. Februar 1877 (Ctrbl. 1877, S. 148).

E. Ausbildung in der Musik und im Turnen.

§ 40. Aufnahme in das Königliche Institut für Kirchenmusik in Berlin.

In dem Zirkular-Erlaß vom 26. Juli 1833 (Ctrbl. 1859, S. 233) sind die Bedingungen mitgeteilt, unter welchen die Aufnahme in das hiesige Königliche Institut für Kirchenmusik erfolgt. Das Maß der erforderlichen musikalischen Vorbildung ist jedoch nicht genauer angegeben. Die Aufnahme ist nach dieser Seite hin lediglich von einer Prüfung abhängig gemacht, welche der Aspirant vor dem Direktor des Instituts beim Beginne des Kursus abzulegen hat.

Hierbei kann es nicht vermieden werden, daß Aspiranten von unzureichender Begabung oder Vorbildung zurückgewiesen werden, weil sie die Prüfung nicht bestehen. Dies trifft hart, wenn die bisherige Lebensstellung des Bewerbers in der Hoffnung, die Aufnahme zu erlangen, aufgegeben worden ist. Erfolgt dies aber, um die Härte zu vermeiden, dennoch, so kann die volle musikalische Ausbildung nicht erreicht werden, welche Zweck und Ziel der Anstalt ist.

Um diesen Übelständen zu begegnen, erscheint es zweckmäßig, daß sich die Aspiranten, ehe ihr Gesuch um Aufnahme zu meiner Entscheidung gelangt, einer Prüfung ihrer musikalischen Befähigung und Leistung unterziehen. Zu diesem Behufe sind die Anforderungen, welche an die Aspiranten in dieser Beziehung gestellt werden müssen, genauer als dies bisher der Fall war, festgestellt worden, und giebt die Anlage hierüber Auskunft.

Da sich in jedem Bezirk eine Anzahl von Musiklehrern an Seminarien, Gymnasien rc. und anderen Musikverständigen findet, welche geeignet und geneigt sind, eine derartige Prüfung vorzunehmen, so unterliegt es keiner Schwierigkeit, den Aspiranten solche Persönlichkeiten zu bezeichnen, welche von ihnen um die Abnahme der Prüfung anzugehen sind.

Das über den Ausfall derselben sprechende Zeugnis ist der Meldung, welche durch die Königliche Regierung, in der Provinz Hannover durch die Königlichen Konsistorien, resp. durch die Königlichen Provinzial-Schulkollegien zu geschehen hat, beizufügen.

Von dieser Vorprüfung kann abgesehen werden, wenn durch bereits früher erworbene Zeugnisse außer Zweifel gestellt ist, daß der Bewerber die erforderliche Qualifikation besitzt. Im übrigen behält es bei den früheren die Aufnahme betreffenden Bestimmungen sein Bewenden.

M.-Erl. v. 19. Februar 1872 (Ctrbl. 1872, S. 161).

Bedingung

für die Aufnahme in das Königliche Institut für Kirchenmusik ist außer Talent und Beruf zur Musik eine so weit gediehene musikalische Vorbildung, daß der Aufzunehmende folgenden Anforderungen zu genügen imstande ist:

1) in der **Harmonielehre** — eine Choralmelodie mit und ohne gegebenen Baß korrekt vierstimmig zu harmonisieren;

2) im **Gesange** — mit dem Grade der Ausbildung, welchen der Gesangunterricht in den Seminarien und in den ersten Singklassen der Gymnasien zu erreichen vermag, Tonleitern, Choräle und Lieder ohne Begleitung rein und korrekt auszuführen;

3) im **Orgelspiel** — Choralspielen mit obligatem Pedal; Versuche im freien Vor- und Zwischenspielen; Vortrag leichter Orgelstücke von **Rink**, **Rembt** und **Fischer**;

4) im **Klavierspiel** — technisch und in der Auffassung korrekter Vortrag der Sonaten von **Haydn**, **Mozart** oder **Clementi** unter Voraussetzung des Studiums der sogenannten Fünf-Finger-Übungen, der sämtlichen Tonleitern und eines Etudenwerks von **Czerei**, **Bertini** oder **Löschhorn**;

5) im **Violinspiel** — Fertigkeit in den drei ersten Lagen; korrekter Vortrag aller Tonleitern, desgl. der leichteren Etuden aus der Violinschule von **Kreutzer** und **Baillot**.

§ 41. **Bedingungen für die Aufnahme in die Königliche Central-Turnanstalt zu Berlin.**

Für den Eintritt in die Civilabteilung der Königlichen Central-Turnanstalt zu **Berlin** gelten folgende Bestimmungen:

1) die Civilabteilung ist zur Ausbildung der Turnlehrer für öffentliche Unterrichtsanstalten aller Art — zunächst im Ressort des Ministeriums der geistlichen ꝛc. Angelegenheiten — bestimmt.

2) Bedingung für den Eintritt als Civileleve ist, daß der Aufzunehmende bereits Lehrer einer öffentlichen Unterrichtsanstalt, oder daß er Kandidat des höheren Schulamts ist. Hinsichtlich der Volksschullehrer wird Wert darauf gelegt, daß sie die zweite Lehrerprüfung bereits bestanden haben, und daß sie nach ihrer Stellung geeignet erscheinen neben Erlangung einer größern Befähigung zur Erteilung des Turnunterrichts an ihrer Schule, zugleich für die Ausbreitung dieses Unterrichts in weiteren Kreisen des Schulwesens thätig zu sein.

3) Andere Bewerber können auf bestimmte Zeit als Hospitanten in die Anstalt eintreten, wenn sie einen genügenden Grad wissenschaftlicher Bildung nachweisen und die Verpflichtung eingehen, sich der nächsten gemäß dem Reglm. vom 29. März 1866 (Ctrbl. S. 199) stattfindenden Turnlehrerprüfung zu unterziehen.

4) Wer als Civileleve eintreten will, hat nachzuweisen, daß er bereits einige Fertigkeit im Turnen besitzt. Nur Lehrern in noch nicht vorgerücktem Lebensalter, vorzugsweise unverheirateten, ist die Meldung zu empfehlen. Verheirateten Lehrern ist jedenfalls ernstlich abzuraten, ihre Familien mit hierher zu bringen.

5) Mit der Anmeldung ist ein gehörig motiviertes ärztliches Zeugnis darüber vorzulegen, daß der Körperzustand und die Gesundheit des Bewerbers die mit großer Anstrengung verbundene Ausbildung zum Turnlehrer gestatten. — Bei dem Eintritt in die Anstalt werden die Aufzunehmenden hinsichtlich ihres Gesundheitszustandes durch den Anstaltsarzt noch einer Superrevision unterworfen, von deren Ausfall die definitive Aufnahme abhängig ist.

6) Die durch die Theilnahme am Unterricht entstehenden Kosten sind zunächst von den Lehrern selbst oder von den betreffenden Anstalten und den zu deren Unterhaltung Verpflichteten aufzubringen. In dazu geeigneten Fällen können jedoch den Eleven Unterstützungen aus Centralfonds gewährt werden, indes lediglich für den Unterhalt hier, während Beihilfe zu den Kosten der Her- und Rückreise, der Vertretung im Amt, für den Unterhalt der zurückbleibenden Familien ꝛc. nicht bewilligt werden.

7) Ein Eleve braucht zu seinem Unterhalt hierselbst etwa 120 Mark monatlich. Vielfach hoffen Bewerber mit geringeren Mitteln ausreichen zu können. Diese Hoffnung beruht auf einer irrigen Beurteilung der hiesigen Preise für Wohnung und Kost, sowie auf einer den Erfolg des Unterrichts beeinträchtigenden Unterstützung des durch die Anstrengungen beim Turnen gesteigerten Bedürfnisses einer kräftigen Nahrung, und hat sich in der Regel als trügerisch erwiesen.

Um meinerseits sogleich bei der Entschließung über die Aufnahme einen zuverlässigen Überblick über die aus Centralfonds zu gewährenden Unterstützungen gewinnen zu können, muß jeder Bewerber bei der Anmeldung nach sorgfältiger Prüfung seiner Verhältnisse bestimmt nachweisen, daß ihm für seinen Unterhalt hier der erwähnte Betrag zur Verfügung steht, oder welcher Beihilfe er dazu bedarf. Jeder Bewerber hat demnach anzugeben, wie viel ihm während seines hiesigen Aufenthaltes von dem Einkommen seiner

Stelle verbleibt, ob und welche Unterstützungen ihm aus der Schulkasse oder seitens der zur Unterhaltung der Schule Verpflichteten oder sonst gewährt werden, und wie viel er aus eigenen Mitteln aufbringen kann. Wenn ein verheirateter Lehrer die Aufnahme nachsucht, sind die Unterhaltungskosten für seine Familie in Anrechnung zu bringen, und wenn einem Bewerber nachweisbar die Unterstützung naher Verwandten obliegt und solche von ihm bisher gewährt worden ist, so kann auch dieser Umstand bei Feststellung seiner Unterstützungsbedürftigkeit nicht außer acht bleiben. Den Kursisten müssen während ihres Aufenthaltes hierselbst pekuniäre Verlegenheiten, welche nachteilig auf ihre Ausbildung im Turnen und auf die Benutzung der gleichzeitig gebotenen Gelegenheit zu anderweiter Fortbildung einwirken, nach Möglichkeit erspart werden. Unterstützungsgesuche, welche während des Kursus an das Ministerium gerichtet werden, können nur dann eine Berücksichtigung erfahren, wenn infolge unvorhergesehener Zwischenfälle das Bedürfnis einer außerordentlichen Beihilfe eingetreten ist.

M.-Erl. v. 15. März 1877. U. III. 5142.

§ 42. Reglement für die Prüfung der Turnlehrer.

§ 1. Zur Abhaltung von Turnlehrerprüfungen wird zunächst in Berlin eine Kommission errichtet. Dieselbe besteht:

1) aus dem Civildirektor der Königl. Central-Turnanstalt als Vorsitzenden,
2) aus dem Unterrichtsdirigenten derselben,
3) einem Civillehrer,
4) dem Lehrer der Anatomie an derselben,
5) aus einem von dem Minister der geistlichen 2c. zu ernennenden anderweiten Turnlehrer.

Die Errichtung von solchen Kommissionen in den Provinzen wird vorbehalten.

§ 2. Der Prüfung durch diese Kommission haben sich alle diejenigen zu unterziehen, welche, ohne von der Königlichen Central-Turnanstalt mit dem Befähigungszeugnis entlassen zu sein, vom 1. Oktober 1868 ab als Turnlehrer an öffentlichen höheren Unterrichtsanstalten, nämlich Gymnasien, Progymnasien, Real- und höheren Bürgerschulen, sowie an Schullehrer-Seminarien angestellt werden oder in dieser Eigenschaft weiter fungieren wollen. Anträge der Provinzialbehörden, Turnlehrer letzter Kategorie auf Grund ihrer bewährten Leistungen von Ablegung der Prüfung zu entbinden, sind bis zum 1. Januar 1868 an den Minister der geistlichen 2c. zu richten.

§ 3. Die Prüfung findet jährlich zu Ende März in der Königlichen Central-Turnanstalt statt.

§ 4. Die Anmeldung muß bis zum 1. Januar jeden Jahres bei dem Minister der geistlichen 2c. durch die betreffenden Königlichen Provinzial-Schulkollegien oder Regierungen erfolgen und sind derselben beizufügen:

1) der Taufschein,
2) der Lebenslauf des Aspiranten,
3) Zeugnis über die von ihm erworbene Schul- und Lehrerbildung,
4) Zeugnis über seine seitherige Wirksamkeit als Lehrer oder Beschäftigung als Turnlehrer.

§ 5. Die schriftliche Prüfung besteht in der Anfertigung einer Klausurarbeit aus dem Bereiche der pädagogischen Gymnastik.

Die praktische Prüfung erstreckt sich:

1) auf Darlegung der körperlichen Fertigkeit des Examinanden in den gymnastischen Übungen des Schulturnunterrichts,

2) auf Ablegung einer Probelektion zur Dokumentierung des nötigen Lehrgeschicks.

§ 6. Die mündliche Prüfung erstreckt sich auf die allgemeine Kenntnis der geschichtlichen Entwickelung des Turnwesens, Zweck und Ziel des Turnens, Charakteristik der drei neueren Systeme von Jahn-Eiseln, Spieß, Lieg-Rothstein, auf die allgemeine Kenntnis der gymnastischen Litteratur und auf die genaue Bekanntschaft der gymnastischen Nomenklatur; auf die Kenntnis der technischen Einrichtung der Übungsgerüste, sowie der Anlage von Turngerüsten.

§ 7. Für den Turnlehrer ist die Kenntnis des menschlichen Körpers nach Seiten der Anatomie und Physiologie dringend wünschenswert. Dieselbe kann nur unvollkommen auf dem Wege des Privatstudiums erlangt werden. Da aber der jetzt vorgeschriebenen Prüfung sich hauptsächlich privatim vorgebildete Turnlehrer unterziehen werden, so soll es dem Examinanden bis auf weiteres freigestellt sein, die Prüfung in der Anatomie und Physiologie abzulegen. Für diejenigen, welche sich derselben unterziehen wollen, wird bemerkt, daß der betreffende Unterricht in der Central-Turnanstalt unter Benutzung der erforderlichen Anschauungsmittel und Präparate folgende Ziele erstrebt:

1) Kenntnis des Knochengerüstes als Grundlage des Bewegungsapparats; der Schädelknochen nur ganz im allgemeinen; der Knochenverbindungen (Gelenke) und der wichtigsten Bänder und Knorpel, namentlich an den Extremitäten;
2) die Kenntnis des willkürlichen Muskelsystems; der Lageverhältnisse und Wirksamkeit der wichtigsten Muskeln und ihrer Gruppierung nach den Gliedmaßen und deren Bewegung;
3) die Kenntnis der Atmungs- und Verdauungsorgane im allgemeinen, die wichtigsten Sätze über den Ernährungs- und Umbildungsprozeß, über das Blutgefäß- und Nervensystem;
4) Gesundheitslehre (Diätetik), soweit sie bei dem Betrieb des Turnens in Betracht kommt. Kenntnis der ersten notwendigen Hilfeleistung bei eingetretener Körperverletzung.

§ 8. Diejenigen Examinanden, welche zugleich Fechtunterricht erteilen wollen, werden im Stoß- und Hiebfechten noch besonders geprüft.

§ 9. Wer die Prüfung besteht, erhält ein Befähigungszeugnis mit einem der drei Hauptprädikate: „sehr gut“, „gut“ oder „genügend“.

§ 10. Gebühren sind für die Prüfung nicht zu entrichten.

M.-Erl. v. 29. März 1866 (Ctrbl. 1866, S. 199).

II. Anstellung.

§ 43. Über die Anstellung im allgemeinen.

Das Recht der Anstellung.*) Nach Artikel 24 der Verfassung vom 31. Januar 1850 stellt der Staat unter gesetzlich geordneter Beteiligung der Gemeinden die Lehrer der öffentlichen Schulen an. Vergl. auch Geschäftsinstruktion für die Regierungen vom 23. Oktober 1817 § 18.

Die Form der Anstellung.**) Die Anstellung der Elementarlehrer ist entweder eine **provisorische** oder eine **definitive**. Eine **kommissarische**

---

*) In den Städten erfolgt die Wahl des Lehrers durch den Magistrat; eine Mitwirkung der Stadtverordneten ist dabei ausgeschlossen (M.-Erl. v. 28. Mai 1845).

**) Siehe Anhang 1, §§ 6—8.

Anstellung ist unzulässig. Zur provisorischen Anstellung ist ein Reifezeugnis notwendig, welches an einem Seminar bei einer daselbst gebildeten Königlichen Prüfungskomission erworben werden muß. Die im Seminar vorgebildeten Lehrer sind verpflichtet, die erste Lehrerstelle in dem Regierungsbezirke anzunehmen, für den sie vorgebildet worden sind. Die **definitive** Anstellung ist zunächst von der Ablegung einer zweiten Prüfung abhängig, welche zwei Jahre nach der ersten Anstellung abgelegt werden kann, jedoch spätestens fünf Jahre nach diesem Zeitpunkte bestanden sein muß. Während dieser Zeit hat der Angestellte durch die Verwaltung eines Schulamtes die erforderliche sittliche Reife und die praktische Tüchtigkeit darzuthun.

Sechs Jahre nach der ersten Anstellung muß entweder die definitive Anstellung oder die Entlassung erfolgen. In Ausnahmefällen ist die Genehmigung des Herrn Ministers zur Weiterführung des Amtes erforderlich.

Ein weiteres Erfordernis zur definitiven Anstellung ist, daß der Lehramtsaspirant seiner Militärpflicht genügt habe. (Vergleiche V. A.)

Berufungsurkunde. Sowohl der provisorisch als auch der definitiv angestellte Lehrer erhält eine Vokation. Die vom Privatpatron ausgestellte Vokation muß **bedingungslos** sein, weil der Königlichen Regierung allein das Recht und die Pflicht obliegt, festzusetzen, ob die Anstellung eine provisorische oder eine definitive sein soll. Die Vokation ist übrigens nur ein Vertrag zwischen dem Berufenden und dem Berufenen.

Die **Entlassung** provisorisch angestellter Lehrer kann ohne weiteres durch eine Regierungsverfügung erfolgen.

Die **Wiederanstellung** unfreiwillig entlassener Lehrer und die Anstellung der aus dem Seminar verwiesenen Zöglinge kann nur mit einer speziellen Genehmigung des Ministers geschehen. Bei den letzteren ist die vorherige Ablegung einer Prüfung erforderlich.

In städtischen mehrklassigen Schulen darf die Anstellung nicht für eine bestimmte Klasse stattfinden. Der Lehrer ist darum auch verpflichtet, in allen Klassen der Schule, an welcher er Anstellung erhalten hat, Unterricht zu erteilen.

§ 44. Übertritt der Seminarzöglinge in Privatverhältnisse.

Die Verhütung des Übertritts der Seminarzöglinge in Privatverhältnisse darf nicht dadurch bewirkt werden, daß den Zöglingen die Erstattung einer höhern Geldsumme, als die jetzt festgesetzt ist, angesonnen wird. Die Seminardirektoren haben vielmehr die Zöglinge darauf aufmerksam zu machen, daß sie durch die Übernahme einer Privatstellung ihre künftige dauernde Berufsstellung gefährden.

M.-Erl. v. 14. Oktober 1861 (Ctrbl. 1861, S. 603).

§ 45. Zulassung der aus dem Seminar verwiesenen Zöglinge zum Schuldienst.

Auf den gefl. Bericht vom 20. September d. J. erwidere ich dem Regierungs-Präsidenten ergebenst folgendes:

Der im Anschluß eingereichte Beschluß der dortigen Königlichen Regierung, Abteilung für Kirchen- und Schulwesen, vom 20. September d. J., die Beschäftigung der aus dem Seminar verwiesenen Zöglinge im Schulamte betreffend, ist nicht zutreffend und kann nicht aufrecht erhalten werden. Wenn überhaupt niemand, auch nicht vorübergehend, aushelfend oder stellvertretend im Schulamte beschäftigt werden soll, der nicht die vorgeschriebene Prüfung abgelegt hat, so kann von dieser Regel am wenigsten bei solchen

Individuen eine Ausnahme gemacht werden, die strafweise aus einer Lehrer-Bildungsanstalt haben entfernt werden müssen.

Dagegen kann der Grund zur Entfernung aus dem Seminare solcher sein, daß zwar die letztere vollständig gerechtfertigt erscheint, ohne daß die Notwendigkeit vorläge, das betreffende Individuum überhaupt und für immer von dem Schuldienste auszuschließen. In solchen Fällen ist dem ausgewiesenen Seminaristen zu überlassen, sich privatim auf die Lehrerprüfung vorzubereiten und demnächst seine Zulassung zu derselben bei der Königlichen Regierung zu beantragen. Die Zulassung ist jedesmal von meiner, durch die Königliche Regierung zu beantragenden Genehmigung abhängig.

M.-Erl. v. 4. Dezember 1865 (Ctrbl. 1865, S. 721).

§ 46. **Verpflichtung des Schulamtskandidaten, sich drei Jahre nach der Ausbildung zur Verfügung der Regierung zu stellen.**

Jeder in einem Königlichen Schullehrerseminar ausgebildete Schulamtskandidat ist verpflichtet, sich innerhalb der drei auf seinen Seminarkursus folgenden Jahre der Regierung behufs seiner Verwendung im Schulamt zur Verfügung zu stellen. Seine Anstellung erfolgt durch die Regierung zunächst nur provisorisch; die definitive Anstellung ist von der Ablegung einer zweiten Prüfung, die frühestens zwei Jahre, spätestens fünf Jahre nach der ersten stattfindet, abhängig. Ctrbl. 1867, S. 689.

§ 47. **Dreijähriges Verbleiben eines in einem Seminar ausgebildeten Lehrers in dem betreffenden Regierungsbezirk.**

1.

Da der Lehrer N. zu N. im öffentlichen Schuldienst innerhalb des Bezirks, für welchen er ausgebildet ist, verbleibt, wenn er die Stelle in B., für die ihn der dortige Magistrat gewählt hat, annimmt, so ist nicht ersichtlich, warum die Königliche Regierung denselben aus seinem jetzigen Amte nicht entlassen will.

Die bestehenden Bestimmungen, durch welche Zöglinge von Schullehrerseminarien verpflichtet werden, drei Jahre hindurch derjenigen Königlichen Regierung, in deren und für deren Bezirk sie ausgebildet sind, zur Disposition zu stehen, haben nur den Zweck, den Übergang der in Staatsanstalten ausgebildeten Lehrer in eine Haus- und Privatlehrerstelle, oder in einen andern Beruf, resp. in einen andern Regierungsbezirk möglichst zu verhindern.

Nach Inhalt der beigefügten Vorstellung des p. N. liegt hier keiner dieser Fälle vor. Stehen daher nicht andere Bedenken entgegen, und hat derselbe seine Stelle rechtzeitig gekündigt, so wird er zum 1. April cr. nach B. zu entlassen sein.

M.-Erl. v. 8. Februar 1873 (Ctrbl. 1873, S. 230).

2.

Auf den Bericht vom 26. v. Mts., betreffend die Verpflichtung der in den Königlichen Seminarien ausgebildeten Schulamtskandidaten hinsichtlich der Annahme von Schulstellen, eröffne ich der Königlichen Regierung, daß ich mich nicht veranlaßt finden kann, ein anderes für die Behandlung ähnlicher Fälle vorzuschreiben, als dies in meinem die Entlassung des Lehrers N. von N. nach B. anordnenden Erlaß vom 8. v. Mts. geschehen ist.

Bei den Verordnungen vom 28. Februar 1825 und vom 18. April 1835 ist, wie aus den Vorgängen, die sie veranlaßt haben, ersichtlich wird, nur die Absicht gewesen, die seminaristisch gebildeten Lehrer dem öffentlichen Schuldienste innerhalb des Bezirks, für welchen sie ausgebildet sind, zu erhalten, und kann ich auch in dem augenblicklichen Mangel an Lehrern bis jetzt kein Motiv erkennen, weitergehende Beschränkungen eintreten zu lassen. Es ist allerdings zuzugeben, daß hin und wieder die Besetzung einer Schulstelle vor der andern im Interesse des Unterrichts erforderlich sein kann. Indes ist die Königliche Regierung auch in der Lage, der vakant gewordenen Stelle einen Lehrer zuweisen zu können. Der öftere Lehrerwechsel, welchem derartige Stellen ausgesetzt sind, wird aufhören, sobald überall die Gehälter auf eine auskömmliche Höhe gebracht sind. Hierzu sind die leistungsfähigen Schulgemeinden anzuhalten, den leistungsunfähigen kann aber die Königliche Regierung mit den ihr zur Verfügung gestellten Fonds und weiter noch zugehenden Mitteln zu Hilfe kommen.

M.-Erl. v. 28. März 1873 (Ctrbl. 1873, S. 230—231).

§ 48. Wiederanstellung unfreiwillig entlassener Lehrer.

Den Königlichen Regierungen war früher die Entscheidung überlassen, einen unfreiwillig entlassenen Lehrer zunächst versuchsweise, dann aber definitiv wieder anzustellen. (Vergl. M.-Erl. vom 12. Juni 1867 und vom 12. April 1878). Neuerdings hat sich der Herr Minister die Entscheidung für solche Fälle selbst vorbehalten. Der diesbezügliche Erlaß lautet:

Berlin, den 31. August 1880.

Durch die Verfügungen vom 12. Juni 1867 und vom 12. April 1878 ist den Königlichen Regierungen der Monarchie und den Königlichen Konsistorien der Provinz Hannover die Ermächtigung erteilt worden, über die versuchsweise und demnächst auch definitive Wiederanstellung unfreiwillig aus dem Amte entlassener Volksschullehrer selbständige Entscheidung zu treffen. Es ist dabei vorzugsweise die Rücksicht darauf maßgebend gewesen, daß der Behörde, welche das Verfahren auf Entfernung aus dem Amte gegen einen Lehrer eingeleitet hat, die Verhältnisse, welche bei seiner Wiederanstellung in Betracht kommen, am nächsten bekannt sein müssen. Inzwischen hat sich herausgestellt, daß unfreiwillig aus dem Amte entlassene Lehrer ihre Wiederanstellung in den meisten Fällen in anderen Verwaltungsbezirken suchen, jener Grund also hinfällig wird.

Mit Rücksicht darauf, sowie auf die Erfahrung, welche mehrfach bei der Wiederanstellung abgesetzter Lehrer gemacht worden sind, hebe ich hierdurch die beiden Verfügungen vom 12. Juni 1867 und vom 12. April 1878 auf und veranlasse die Königliche Regierung ꝛc. in Fällen, wo sie die versuchsweise oder die definitive Wiederanstellung eines unfreiwillig aus dem Amte geschiedenen Lehrers beabsichtigt, mittelst motivierter Berichtserstattung meine Genehmigung einzuholen.

Der Minister der geistlichen ꝛc. Angelegenheiten.
(gez.) von Puttkamer.

(Ctrbl. 1880, S. 661).

§ 49. Provisorische und definitive Anstellung der Elementarlehrer.

Es sind in neuerer Zeit wiederholt Fälle zu meiner Kenntnis gelangt, in welchen die provisorische Anstellung der Elementarlehrer von einzelnen Königlichen Regierungen ungewöhnlich lange ausgedehnt worden ist. Da die nur provisorisch angestellten Lehrer nach Befinden der Umstände ohne weiteres und ohne Anspruch auf Pension aus ihrem Amte entlassen werden können, wenigstens zur Zahlung der letzteren für die Gemeinden keine Verpflichtung vorliegt, so wird durch ein zu langes Provisorium eine Unsicherheit in die persönlichen Verhältnisse der Lehrer und in ihre Stellung zu den

Gemeinden gebracht, welche die Interessen der Schule als beeinträchtigend angesehen werden muß.

Durch die Cirkular-Verfügung vom 6. Oktober 1854 (Nr. 3651 II.) ist bestimmt worden, daß jeder Schulamtskandidat durch die Ablegung der vorgeschriebenen Prüfung zunächst nur zur provisorischen Anstellung befähigt wird, und ist die definitive Anstellung von der Ablegung einer zweiten Prüfung abhängig erklärt worden. Mit Rücksicht auf das noch jugendliche Alter, in welchem die Schulamtskandidaten in der Regel zur Anstellung gelangen, und darauf, daß für die definitive Anstellung eine sittliche Reife und eine praktische Tüchtigkeit vorausgesetzt werden muß, die erst in der Verwaltung eines Schulamts teils dargethan, teils erlangt werden kann, kann es nicht zweifelhaft sein, daß die Einrichtung einer zunächst provisorischen Anstellung notwendig ist. Die erwähnte Cirkular-Verfügung bestimmt nun, daß die zweite Prüfung, von welcher die definitive Anstellung abhängig ist, frühestens zwei Jahre nach der Ablegung der ersten Prüfung gemacht werden kann und spätestens fünf Jahre nach diesem Termine gemacht werden muß. Ein fünfjähriger Zeitraum ist aber auch unter allen Umständen als ausreichend anzusehen, um hinsichtlich derjenigen Eigenschaften des Lehrers, welche in einer Prüfung nicht erforscht werden können, ein begründetes Urteil zu erlangen, ob derselbe sich überhaupt zum Verbleiben im Lehrerberuf eignet. Verneinenden Falls gereicht es dem betreffenden Individuum selbst zum Vorteil, wenn sein Ausscheiden aus dem Lehramt bald und so zeitig erfolgt, daß noch ein anderer Lebensberuf ergriffen werden kann.

Aus diesen Erwägungen bestimme ich, daß von jetzt ab die provisorische Anstellung eines Lehrers nicht länger als sechs Jahre, von dem ersten Antritt eines öffentlichen Lehramts ab gerechnet, dauern soll, wobei die Bestimmug bestehen bleibt, daß die zweite Prüfung spätestens fünf Jahre nach Absolvierung der ersten Prüfung abgelegt und bestanden sein muß. Sechs Jahre nach der erfolgten Anstellung im Schulamte muß aber über die definitive Anstellung des betreffenden Lehrers, oder über seine Entlassung aus dem Schulamte, welche ohne weiteres Verfahren erfolgen kann, Beschluß gefaßt werden. Sollten ganz besondere Verhältnisse eine Ausnahme rätlich oder erforderlich erscheinen lassen, so ist dazu meine Genehmigung einzuholen.

Nach diesem Grundsatze hat die Königliche Regierung nicht nur für die Zukunft zu verfahren, und zu diesem Zwecke eine sorgfältige Kontrole auszuführen, sondern auch dafür zu sorgen, daß binnen hier und fünf Jahren die Verhältnisse sämtlicher schon seit längerer Zeit provisorisch oder interimistisch fungierenden Lehrer definitiv geregelt werden.

M.-Erl. v. 22. Oktober 1862 (Ctrbl. 1862, S. 670—673).

§ 50. Unzulässigkeit der kommissarischen Anstellung der Elementarlehrer.

(Auszug.) Die Königliche Regierung hat künftig Schulamtskandidaten, welche ein Anstellungsfähigkeitszeugnis besitzen, nicht mehr kommissarisch zu beschäftigen, sondern provisorisch anzustellen.

M.-Erl. v. 21. Juli 1863 (Ctrbl. 1863, S. 412).

§ 51. Dauer provisorischer Anstellung.

Obgleich durch meine Cirkular-Verfügung vom 22. Oktober 1862 angeordnet ist, daß die provisorische Anstellung eines Elementarlehrers nicht länger als sechs Jahre, von dem ersten Antritt eines öffentlichen Lehramts ab gerechnet, dauern soll, sind doch wiederholt Fälle zu meiner Kenntnis gekommen, in denen die Provisorien auf erheblich längere Zeit ausgedehnt worden sind.

Ich nehme hieraus Veranlassung, der Königlichen Regierung die genaue Beachtung vorgedachter Cirkular-Verfügung zur Pflicht zu machen.

M.-Erl. v. 22. November 1867 (Ctrbl. 1868, S. 58).

§ 52. Provisorische Berufung bereits definitiv angestellter Lehrer.

Der an der höhern Knabenschule zu A. definitiv angestellte Lehrer N. wurde vom Magistrat in B. zum Prorektor gewählt, seitens der Königlichen Regierung zu M. jedoch die Bestätigung der Vokation beanstandet und nur die probeweise Anstellung des p. N. zunächst auf ein Jahr, mit dem ausdrücklichen Vorbehalt genehmigt, daß nach Ablauf dieser Probezeit über die definitive Anstellung oder Entlassung werde befunden werden. Die Königliche Regierung sah sich demnächst außer stande, die definitive Anstellung des p. N. zu verfügen, es erfolgte vielmehr dessen Entlassung. Aus der Verfügung, welche infolge einer Beschwerde des p. N. erlassen worden, wird folgender Auszug mitgeteilt:

Dabei bemerke ich jedoch, daß das Verfahren der Königlichen Regierung in dieser Sache insofern nicht gebilligt werden kann, als dieselbe von vornherein die probeweise Anstellung des p. N. nicht hätte gestatten, sondern sogleich die Bestätigung der Vokation versagen sollen, wenn Bedenken, zumal von so durchgreifender Bedeutung, gegen die Qualifikation des Mannes für das zu besetzende Amt obwalteten. Es muß zu erheblichen Unzuträglichkeiten, welche im Interesse des Lehrerstandes und der Schule zu vermeiden sind, führen, wenn Lehrer, wenn sie bereits definitiv angestellt sind, wieder in die ungewisse Lage von provisorischer Anstellung versetzt werden. Es ist daher in einem solchen Falle mindestens erforderlich, dem betreffenden Lehrer die Folgen eines solchen Schrittes zu Protokoll klar zu machen und von ihm eine ausdrückliche Erklärung darüber zu fordern, ob er ungeachtet der ihm über die möglichen Folgen erteilten Belehrung die provisorische Anstellung annehmen wolle.

M.-Erl. v. 5. August 1864 (Ctrbl. 1864, S. 486).

§ 53. Dienstunfähigkeit durch Krankheit.

Der Herr Oberpräsident hat mir den Bericht, welchen die Königliche Regierung am 17. d. M. über die Beschwerde des Lehrers N. zu N. erstattet hat, zur Entscheidung vorgelegt.

Mit der darnach stattgehabten Behandlung der Sache kann ich mich nicht einverstanden erklären. Als definitiv angestellter Lehrer darf der p. N. ohne seine Zustimmung nicht ohne Pension entlassen werden, er muß denn seines Amtes im Disziplinar-Verfahren verlustig erklärt werden, wofür es an jedem Anhalt gebricht. Die Erkrankung des p. N. in so jungen Jahren ist für ihn und für den Magistrat in N. ein Unglück, welches jeder an seinem Teil zu tragen hat. Will der Magistrat ihn nicht emeritieren, wozu derselbe, da eine dauernde Dienstunfähigkeit des p. N. nicht nachgewiesen ist, nicht gezwungen werden kann, so muß er an der verminderten Dienstfähigkeit des p. N., zu welcher dieser, soweit es sein Gesundheitszustand gestattet, bereit ist, genügen lassen, hat ihm inzwischen ein volles Gehalt zu gewähren und für die etwa nötige Stellvertretung bei unerläßlicher Beurlaubung des p. N. zu sorgen. Versteht der letztere sich zu einer Pensionirung unter Bedingungen, wozu vielleicht der Umstand einen Anknüpfungspunkt bietet, daß der p. N. durch die Art seiner Krankheit vornehmlich am Schulhalten, weniger an anderen Beschäftigungen verhindert wird, so bleibt es dem Magistrat überlassen, sich mit ihm zu arrangieren.

M.-Erl. v. 31. August 1870 (Ctrbl. 1870, S. 612).

§ 54. Zulassung sogenannter nicht examinierter Seminaristen zur Prüfung und zur Anstellung.

In der Provinz Schleswig-Holstein können bis jetzt teils Seminaristen, teils Autodidakten, letztere (wie es in § 63 der Allgemeinen Schulordnung vom 24. August 1814 heißt), „nach vorhergegangener sorgfältiger Prüfung des Kirchenprobsten" als Lehrer an Volksschulen angestellt werden. Es soll jedoch bei der Bestellung von Lehrern den seminaristisch gebildeten Bewerbern (nach dem Patent vom 20. Februar 1814) ein entschiedener Vorzug eingeräumt werden. Nun aber haben bisher nicht wenige Seminaristen vor vollendetem Kursus und abgelegter Prüfung, teils aus eigenem Antriebe, teils unfreiwillig, das Seminar verlassen, und diese letzteren sind dann nicht selten von den Berufenden als halbe Seminaristen angesehen und als solche den autodidaktisch gebildeten Kandidaten vorgezogen worden. Dem gegenüber hat die Königliche Regierung zu Schleswig die nachstehende Cirkular-Verfügung erlassen.

Auf gegebene Veranlassung ersuchen wir sämtliche Schulbehörden der Provinz, sogenannte nichtexaminierte Seminaristen d. h. ehemalige Seminaristen, welche das Seminar vor abgelegter Abgangsprüfung aus irgend welchen Gründen verlassen haben, völlig als Autodidakten zu behandeln und zu bezeichnen, und ihnen vor diesen auch nicht den geringsten Vorzug einzuräumen. Vielmehr wird es gerade bei derartigen Schulamtsbewerbern der höchsten Vorsicht bedürfen, daß nicht sittlich unzuverlässigen oder intellektuell untüchtigen jungen Männern der Zugang zum Schulamte eröffnet werde.

Vfg. der Königlichen Regierung zu Schleswig v. 29. Dezember 1870 (Ctrbl. 1871, S. 170).

§ 55. Bestimmung über das dreijährige Verbleiben der Lehrer im öffentlichen Schulamt in der Provinz Brandenburg.

Auf den Bericht vom 5. d. M., die Verpflichtung der Seminaristen zu dreijährigem Dienste im öffentlichen Schulamte betreffend, erkläre ich mich damit einverstanden, daß in der Provinz Brandenburg in Gemäßheit der Verfügung vom 14. Juni d. J. (U. III. 5906) — abgedruckt im Centralblatt Septemberheft Seite 542 — verfahren werde, wonach die aus einem Schullehrer-Seminar entlassenen Zöglinge zwar verpflichtet sind, die erste Anstellung in demjenigen Regierungsbezirke, in welchem sie ausgebildet sind, anzunehmen, später aber nur dann regreßpflichtig werden, wenn sie innerhalb der drei ersten Jahre nach dem Abgange vom Seminar den öffentlichen Schuldienst in der Provinz verlassen haben. Da sich diese Verfügung nur auf den öffentlichen Schuldienst bezieht, so wird an dem bisherigen Verfahren gegen Lehrer, welche an eine Privatschule in Berlin übergehen, ehe sie ihrer Reverspflicht genügt haben, nichts geändert. Die Königlichen Regierungen zu Potsdam und Frankfurt sind von vorstehender Verfügung in Kenntnis gesetzt.

M.-Erl. v. 19. November 1875 (Ctrbl. 1876, S. 51).

§ 56. Verrechnung und Verwendung der von ehemaligen Seminaristen zu leistenden Rückzahlungen. Zum Erlasse von Rückzahlungen befugte Behörden.

Auf den Bericht vom 12. Februar d. J. genehmige ich unter den vorgetragenen Umständen, daß die von ehemaligen Seminaristen auf Grund der Aufnahmereverse zu leistenden Rückzahlungen behufs Vereinfachung des Verfahrens künftig nicht mehr bei den Seminarkassen, sondern unmittelbar bei den Regierungs- und Bezirks-Hauptkassen als extraordinäre Einnahme zu Gunsten der allgemeinen Staatsfonds verrechnet werden. Ebenso erkläre ich mich damit einverstanden, daß die Entscheidung über Anträge der betreffenden Lehrer auf gänzlichen oder teilweisen Erlaß der zu erstattenden Beträge, sowie auf die Bewilligung von Teilzahlungen von den Regierungen bezw. Konsistorien getroffen werden. Die Königlichen Regierungen sind hiervon zur Nachachtung und behufs Anweisung ihrer Hauptkassen in Kenntnis gesetzt.

M.-Erl. v. 4. Mai 1876 (Ctrbl. 1876, S. 287).

§ 57. Notwendigkeit der Ableistung der Militärpflicht vor der definitiven Anstellung.

Definitive Anstellungen als Lehrer vor Ableistung der sechswöchentlichen Dienstpflicht sind für die Folgen unzulässig, was bei den betreffenden Anträgen zu berücksichtigen ist. Wir ersuchen Sie, sich hiernach Selbst zu bemessen und die in Ihrem Bezirk fungierenden annoch militärpflichtigen Lehrer hierüber zu bedeuten. Wenn sonach häufige Gesuche der Lehrer eingehen um Befreiung von der Teilnahme an den Übungen der Landwehr, so wollen wir hier ausdrücklich bemerken, daß auf diese Reklamationen der Beteiligten in der Regel nicht eingegangen werden kann. Es haben vielmehr die Schul-Inspektoren auch in diesem Fall durch eine angemessene Verteilung der Ferien die Störungen für den Schuldienst möglichst zu beseitigen.

(Ctrbl. 1867, S. 469.)

Sowohl bei der provisorischen als auch bei der definitiven Anstellung muß dem Lehrer eine **Berufungsurkunde** (Vokation) ausgefertigt werden.

§ 58. Berufung durch einen Privatpatron.

Der Privatpatron einer Stelle hat das Recht, die Lehrer an dieser Schule zu berufen und die Pflicht, für dieselben eine Vokation auszufertigen. Die Königliche Regierung hat das Recht, die Vokation zu bestätigen, und hat allein das Recht und die Pflicht, dabei nach Maßgabe der bestehenden Bestimmungen festzusetzen, ob die Anstellung eine provisorische oder definitive sein soll. In dieser Beziehung steht dem Patron keine Befugnis zu, namentlich auch nicht die, einem nur provisorisch angestellten Lehrer zu kündigen. Dieses Recht ist ein Ausfluß der Disciplinargewalt und kann nur von der Königlichen Regierung ausgeübt werden.

Diesen Grundsätzen gegenüber ist bei Besetzung der Rektorstelle in N. von Anfang an unrichtig verfahren worden. Der Magistrat hatte den Rektor N. auf ein Probejahr gewählt. Die Wahl eignete sich überhaupt nicht zur Bestätigung; die Königliche Regierung hatte die Qualifikation des p. N. zu prüfen und zu bestimmen, ob derselbe provisorisch oder interimistisch anzustellen sei. In beiden Fällen hatte der Magistrat für den N. eine Vokation auszufertigen, was unterlassen worden ist. Der Magistrat hat von dem ihm durch die Königliche Regierung irrtümlich zugestandenen Recht, dem p. N. nach Jahresfrist die Stelle zu kündigen, keinen Gebrauch gemacht, denselben vielmehr jetzt über fünf Jahre als Rektor fungieren lassen. Damit ist die Angelegenheit der ordnungsmäßigen Behandlung zurückgegeben; der p. N. ist provisorisch angestellter Rektor in N., und die Königliche Regierung hat Beschluß zu fassen, ob derselbe jetzt definitiv anzustellen oder aus seinem Amte zu entlassen ist. Letzteres wird nicht dadurch motiviert werden können, daß die Schule einer Reorganisation unterworfen werden soll, und daß an den künftigen Rektor höhere Anforderungen gestellt werden sollen, als bei Berufung des p. N. nötig erschienen. Der p. N. ist bloß nach seiner Qualifikation für die ihm ursprünglich übertragene Stelle und nach seiner Verwaltung derselben zu beurteilen. Soll ihm bei einer Reorganisation der Schule eine andere Stelle übertragen werden, so ist darüber mit ihm zu verhandeln, keinesfalls braucht er sich eine Verkürzung seines jetzigen Einkommens gefallen zu lassen.

M.-Erl. v. 6. Februar 1864 (Ctrbl. 1864, S. 235).

§ 59. Vokation für Lehrer an Privatpatronatsstellen.

Unter Bezugnahme auf den im Aprilheft des Ctrbl. pro 1864 S. 235 abgedruckten Erlaß vom 6. Februar dieses Jahres, bestimme ich hierdurch, um Weiterungen über das Rechtsverhältnis zwischen den zu einer Schulstelle berufenden Magistraten, Gutsherrschaften rc. und dem erst provisorisch angestellten Lehrer zu verhüten, daß der Berufungsberechtigte auch für den nach den bestehenden Bestimmungen zunächst nur provisorisch anzustellenden Lehrer eine **unbedingte** Vokation ausstellt, welche die Aufsichtsbehörde mit dem Vorbehalt des Widerrufs zu bestätigen, und diesen Vorbehalt seiner Zeit zur Geltung zu bringen, oder wenn die Vorbedingungen zur definitiven Anstellung erfüllt sind, ausdrücklich aufzuheben und die letztere eintreten zu lassen hat.

M.-Erl. v. 14. Juli 1864 (Ctrbl. 1864, S. 485).

§ 60. Bedeutung der Vokation in Bezug auf Gehaltsfestsetzung.

Die dem Lehrer erteilte Vokation steht einer Erhöhung des darin zugesicherten Einkommens seitens der Aufsichtsbehörde nicht entgegen, da die Vokation nur einen Vertrag zwischen Lehrer und Schulunterhaltungspflichtigen darstellt, die öffentlich rechtliche Befugnis der Staatsbehörde zur Bemessung des Lehrergehalts aber durch einen Privatvertrag nicht beschränkt werden kann.

Entscheidung des Oberverwaltungsgerichts vom 5. April 1878. (Ctrbl. 1878, S. 302.)

§ 61. Notwendigkeit der Ausstellung einer Berufsurkunde für Lehrer, welche zunächst nur provisorisch angestellt werden.

Nach dem Berichte vom 23. Dezember v. J., den Lehrer N. zu N. betreffend, hat die Königliche Regierung bisher die Praxis beobachtet, einen besonderen Berufsbrief den Lehrern erst bei ihrer definitiven Anstellung zugehen zu lassen. Dieses Verfahren kann ich nicht billigen. Nach den diesseits längst gegebenen Vorschriften soll auch für die nur provisorisch anzustellenden, d. i. für diejenigen Volksschullehrer, welche noch nicht die zweite Prüfung abgelegt haben, eine Berufungsurkunde ausgestellt werden, und zwar von den Berufungsberechtigten eine **unbedingte** Vokation, welche die Aufsichtsbehörde mit dem Vorbehalte des Widerrufes (der provisorischen Anstellung) zu bestätigen und diesen Vorbehalt seiner Zeit zur Geltung zu bringen oder, wenn die Vorbedingungen zur definitiven Anstellung erfüllt sind, ausdrücklich aufzuheben hat.

M.-Erl. v. 7. Oktober 1880 (Ctrbl. 1880, S. 747).

§ 62. In den Vokationen darf den Lehrern eine Verzichtleistung auf Pensionsberechtigung nicht angesonnen werden.

Dem Magistrate erwidere ich auf die Eingabe vom 6. v. Mts., daß Vokationen für Elementarlehrer und Lehrerinnen, in welchen denselben eine

Verzichtleistung auf Pensionsberechtigung angesonnen wird, seitens der Schulaufsichtsbehörden die Bestätigung grundsätzlich versagt werden muß.

M.-Erl. v. 3. Juli 1878 (Ctrbl. 1878, S. 519).

— „Die definitive Anstellung hat die Erlangung des Pensionsanspruches ohne weiteres zur Folge."

M.-Erl. v. 6. Dezember 1878 (Ctrbl. 1878, S. 683).

§ 63. Stempelpflichtigkeit der Vokationen.

1.

— Nach einer Mitteilung der Königlichen Regierung zu **Breslau** hat sich der Herr Prov.-Steuerdirektor damit einverstanden erklärt, daß die drei Abschriften, welche bei der Einreichung von Schullehrervokationen denselben beizulegen sind, dann stempelfrei bleiben, wenn sie von den Herren Superintendenten resp. Kreis-Schulinspektoren beglaubigt werden.

Um in dieser Beziehung ein gleichmäßiges Verfahren mit der Königl. Regierung zu Breslau herzustellen, bestimmen wir hiermit, daß uns bei der Anstellung von Schullehrern außer der vom **Schulpatron** resp. dessen Stellvertreter vollzogenen und auf einem Stempelbogen von 15 Sgr. ausgestellten Vokation drei einfache Abschriften, deren Übereinstimmung mit der Vokation selbst vom betreffenden Herrn Superintendenten resp. Kreis-Schulinspektor zu bescheinigen ist, einzureichen sind.

Regierungsverfügung zu **Oppeln** v. 20. September 1864 (Ctrbl. 1864, S. 552).

2.

Auf die Vorstellung v. 29. v. M., die Zahlung der Stempelkosten für ihre Vokation als Konrektor zu N. betreffend, erwidere ich Ew. rc., daß die vorgetragenen Umstände den daran geknüpften Antrag nicht rechtfertigen, weil, wie Sie aus den im diesjährigen Centralblatt S. 235 und S. 485 abgedruckten Verfügungen vom 6. Febuar und 14. Juli d. J. ersehen können, die def. Anstellung keinen Zusammenhang mit der Erteilung der Vokation hat, letztere vielmehr auch den blos provisorisch angestellten Lehrern erteilt werden soll. — Es unterliegt hiernach keinem Zweifel, daß Sie zur Berichtigung der durch die Ausstellung der Vokation für N. entstandenen Stempelkosten verpflichtet sind.

M.-Erl. v. 9. Dezember 1864 (Ctrbl. 1865, S. 271).

3.

Betrag des Stempels.

Ew. Hochwohlgeboren erwidere rc., daß es nicht in der Absicht des Gesetzgebers liegend erachtet werden kann, die in den Stempeltarifen unter besonderen Positionen benannten „Vokationen der Geistlichen und Lehrer" anders zu behandeln, als die Bestallungen für andere Beamte, auf welche letztere Tarifposition die Position „Vokationen rc." hinweist. Demgemäß erscheint es nicht gerechtfertigt, außer dem Stempel von 1 Mark 50 Pf. für die Vokation eines Geistlichen oder Lehrers, nochmals den gleichen Stempel für die amtliche Bestätigung dieser Vokation durch die zuständige Behörde, und damit eine Steuer zu verlangen, welche doppelt so hoch wäre, als diejenige, welche andere Beamte für ihre „Bestallungen" zu entrichten haben. Wenn und soweit Vokationen einer Bestätigung der vorgesetzten Behörde bedürfen, tritt ihre Stempelpflichtigkeit erst mit dieser Bestätigung ein und es ist in solchen Fällen der Stempel von 1 Mark 50 Pf. erst von den bestätigten Vokationen, also nur einmal, wie von „Bestallungen" zu erfordern.

Ew. Hochwohlgeboren wollen diejenigen Mehrbeträge auf Antrag des

Königlichen Prov.-Schulkollegiums erstatten lassen, welche infolge Ihrer abweichenden Auffassung für Vokationen der Geistlichen und Lehrer gezahlt worden sind.

Erl. des Finanz.-M. v. 13. Februar 1881 (Ctrbl. 1881, S. 329).

§ 64. Form der Entlassung provisorisch angestellter Lehrer.

1.

Auf den Bericht vom 7. v. Mts. erwidere ich der Königlichen Regierung, daß, da das Reskript v. 21. Juli 1857 — Ministerialbl. für die innere Verwaltung 1857, S. 141 — auf Lehrer weder Anwendung findet, noch ausgedehnt worden ist, die Abfassung eines Plenarbeschlusses nicht die richtige Form ist, unter welcher provisorisch oder auf Kündigung angestellte Lehrer aus dem Amte zu entlassen sind. Nach der Bedeutung, welche für Elementarlehrer die provisorische Anstellung haben soll, kann solches Verfahren auch nicht für angemessen erachtet werden, und hat, wie überall, so auch bei der Königlichen Regierung lediglich die mit der Verwaltung des Schulwesens betraute Abteilung über die Entlassung solcher Lehrer zu befinden.

M.-Erl. v. 9. November 1863 (Ctrbl. 1863, S. 677).

2.

Es bedarf, um die Entlassung provisorisch angestellter Lehrer herbeizuführen, nicht der Einleitung einer Disziplinar-Untersuchung; eine derartige Entlassung ist vielmehr, ebenfalls nach vorgängiger Feststellung der faktischen Unterlage resp. nach Anhörung des betreffenden Lehrers, einfach durch Verfügung anzuordnen.

M.-Erl. v. 23. Februar 1864 (Ctrbl. 1864, S. 180).

§ 65. Vokation für Lehrer an städtischen mehrklassigen Schulen.

(Auszug.) Es liegt im Interesse des Dienstes, daß in allen Fällen, in welchen dem Magistrat allein das Besetzungsrecht einer Lehrerstelle zusteht, die Berufung eines neuen Lehrers nicht für die bestimmte eben vakante Stelle, sondern allgemein für die städtischen Schulen einer bestimmten Kategorie erfolge.

Verfügung der Königlichen Regierung zu Oppeln v. 17. November 1866 (Ctrbl. 1866, S. 663).

§ 66. Berufung eines Lehrers für eine bestimmte Klasse.

Auf Ihre Beschwerde über die Königliche Regierung zu N. vom 8. v. Mts. eröffne ich Ihnen, daß dieselbe als völlig unbegründet erachtet werden muß, da die Schule, an welcher Sie als zweiter Lehrer angestellt sind, inzwischen eine andere Organisation erfahren hat, Ihre Vokation Ihnen die Verwaltung einer bestimmten Klasse nicht zuspricht, sondern nur Ihre Stellung in dem dortigen Lehrerkollegium bezeichnet, die Beurteilung, für welchen Unterricht Sie sich dermalen qualifizieren, nicht Ihnen, sondern der vorgeordneten Behörde zusteht, und durch die Ihnen zugewiesene Beschäftigung Ihre Gehaltsbezüge nicht alteriert werden. Es muß demnach bei den Anordnungen der Königlichen Regierung lediglich sein Bewenden haben.

M.-Erl. v. 25. Mai 1868 (Ctrbl. 1868, S. 355).

§ 67. Verpflichtung für Klassenlehrer an mehrklassigen Schulen zur Übernahme von Lehrstunden in anderen Klassen.

(Auszug.) Da Fälle, wie der vorliegende, daß Lehrer, welche eine Vokation als Klassenlehrer erhalten haben, sich weigern, in verschiedenen

Klassen Unterricht zu erteilen, neuerdings häufiger vorgekommen sind, wolle die Königliche Regierung erwägen, ob es sich nicht empfehlen dürfte, der Bestätigung derartiger Vokationen einen Vermerk beizufügen, durch welchen der Lehrer verpflichtet wird, auch in einer andern Klasse als in derjenigen, für welche er berufen wird, Unterricht zu erteilen, wenn es der Schulaufsichtsbehörde im Interesse der Schulordnung nötig erscheint.

M.-Erl. v. 26. Januar 1874 (Crtbl. 1874, S. 204).

§ 68. Berufung für eine bestimmte Stelle an Königlichen Anstalten.

Es ist neuerdings wiederholt vorgekommen, daß Lehrer auf den Wortlaut ihrer Berufungsurkunden den Anspruch gründeten, in der Reihenfolge der Lehrer der betreffenden Anstalt immer eine bestimmte Stelle einzunehmen. Dadurch kann, wie die Erfahrung gezeigt hat, die wahlberechtigte Behörde bei einer Vermehrung der Lehrerzahl verhindert werden, in der Besetzung der Stellen das Interesse der Anstalt ausreichend zu berücksichtigen.

Ich bestimme deshalb, daß hinfort in den Vokationen für Lehrer an Königlichen Anstalten keine bestimmte Stelle bezeichnet, sondern außer dem Betrage des Einkommens nur angegeben wird, daß der Betreffende als Oberlehrer, ordentlicher Lehrer, Hülfslehrer, technischer oder Elementarlehrer berufen wird, um auf solche Weise den Anspruch des Lehrers auf den in der bezeichneten Lehrerkategorie liegenden Rang und die ihm zugesicherte Gehaltskompentenz zu beschränken.

Daß bei denjenigen Vokationen, welche von den Königlichen Provinzial-Schulkollegien zu bestätigen sind, nach demselben Grundsatze verfahren werde, wird den Schulpatronaten zu empfehlen sein.

M.-Erl. v. 11. Mai 1874 (Ctrbl. 1874, S. 512).

§ 69. Ausschluß der Ernennung eines Lehrers für eine bestimmte Stelle an mehrklassigen Schulen.*)

Der Antrag der Schulkommission zu N., daß die Ernennung der Lehrer an dortigen Volksschulen ganz allgemein für eine Hauptlehrer- oder Klassenlehrerstelle unter Angabe des mit der Stelle verbundenen Einkommens, aber ohne Bezeichnung der besonderen Schulen erfolge, an welche der betreffende Lehrer zunächst berufen wird, entspricht dem Interesse der dortigen Schulverwaltung in jeder Hinsicht. Ohne eine derartige Form der Anstellung würde nicht nur die gegenwärtig beabsichtigte Umgestaltung des Volksschulwesens zu N. den größten Schwierigkeiten begegnen, sondern es würde auch späterhin nicht möglich sein, jedem Lehrer den Platz anzuweisen, für welchen er vorzugsweise geeignet ist.

Daß in den Gouvernementsverordnungen vom 3. und 15. Juli und 18. August 1814 oder in der Allerhöchsten Dienstinstruktion für die Regierungen vom 23. Oktober 1817 Bestimmungen enthalten seien, welche die Königliche Regierung nötigen, bei ihrem bisherigen Verfahren zu beharren, vermag ich um so weniger anzuerkennen, als dieselbe, wie sie in dem Bericht vom 3. v. Mts. zugiebt, bei der Anstellung der Lehrer zu E. selbst davon abgegangen ist.

Ich veranlasse daher die Königliche Regierung, nicht nur dem Antrage der Schulkommission zu N. in der anliegend zurückfolgenden Rekursvorstellung vom 4. Januar d. J. zu entsprechen, sondern auch in ähnlichen Fällen, wo es von den städtischen Behörden beantragt wird, zuzulassen, daß

*) Vergl. § 65—68.

in der Berufungsurkunde der Volksschullehrer nur ausgesprochen werde, ob sie zu Klassen= oder zu Hauptlehrern ernannt seien und welches Gehalt ihnen zustehe, dagegen von der Bezeichnung einer bestimmten Stelle abgesehen werde.

M.=Erl. v. 14. April 1875 (Ctrbl. 1875, S. 411).

§ 69a. **Zeitweise Verwaltung erledigter Lehrerstellen, bezw. Vertretung von Lehrern durch Lehrer an benachbarten Schulen.**

Dem Magistrate erwidere ich auf die Vorstellung vom 4. Oktober v. J., daß auch ich in den von der Königlichen Regierung in N. bei Bestätigung der Vokation des Lehrers N. in der Bestätigungsurkunde vom 5. Juni v. J. gemachten Vorhehalten,

> daß der gedachte Lehrer die Vertretung in benachbarten, eines Lehrers zur Zeit entbehrenden Schulen gegen eine billige, mit dem betreffenden Schulvorstande zu vereinbarende und von ihr zu bestätigende Entschädigung zu übernehmen, — an Kinder seiner Konfession gegen eine von ihr in jedem einzelnen Falle besonders festzusetzende billige Vergütung den konfessionellen Religionsunterricht zu erteilen habe, —

eine Verkümmerung des dem Magistrate zustehenden Vokationsrechtes nicht zu erkennen vermag.

Es ist die Pflicht der Unterrichtsverwaltung, dafür zu sorgen, daß, soweit dies irgend durchführbar, keine Schule ohne Lehrer bleibe; sie hat daher bezüglich der Verwaltung zeitweise erledigter oder wegen Behinderung des Lehrers zeitweise nicht unterrichtlich versorgten Lehrerstellen die erforderlichen Anordnungen zu treffen.

Die Lehrer sind verpflichtet, den Aufträgen, welche ihnen in dieser Hinsicht von der Königlichen Regierung erteilt werden, Folge zu leisten, auch wenn ihnen diese Verpflichtung bei Bestätigung ihrer Vokation nicht besonders auferlegt worden ist. —

Was insbesondere die Eventualität der Erteilung des konfessionellen **Religionsunterrichts** in benachbarten Landschulen anderer Konfession betrifft, so könnte es sich dabei nur um die Inanspruchnahme von einem oder von zwei der an der dortigen Stadtschule angestellten 17 Lehrer handeln, und es würden die betreffenden Lehrer nur an den Tagen Mittwoch und Sonnabend den gedachten Unterricht in der Zeit von 2 bis 4 Uhr nachmittags, also in der sonst schulfreien Zeit zu erteilen haben, so daß die Besorgnis, die Kräfte der betreffenden Lehrer möchten durch diese Beschäftigung zu sehr der Schule, an welcher sie angestellt sind, entzogen werden, nicht begründet erscheinen.

M.=Erl. v. 11. Januar 1881 (Ctrbl. 1881, S. 217 ff.).

§ 69b. **Die Berufungsurkunde, welche bei Gelegenheit der Einführung durch den Schulvorstand dem Lehrer ausgehändigt werden soll, ist dem Schulpatron zuzufertigen.**

— Indessen erachtet die Königliche Regierung selbst es der Stellung der Schulpatrone überhaupt für entsprechend, daß diesen die von ihnen ausgestellten Vokationen der von ihnen berufenen Lehrer, nachdem solche von ihr bestätigt worden, zur Aushändigung an den betreffenden Lehrer und zwar bei Gelegenheit der durch den Schulvorstand vorzunehmenden Einführung des Lehrers in sein Amt zugefertigt werden und wird demgemäß in Zukunft verfahren.

M.=Erl. v. 15. Januar 1881 (Ctrbl. 1881, S. 220).

§ 70. **Form der Anstellung der Lehrer an städtischen Schulen.** *)

Auf den Bericht vom 14. Februar d. J. betreffend die Anstellung städtischer Lehrer ermächtige ich die Königliche Regierung, da, wo es seitens der Patronatsbehörden beantragt wird, die Ernennung der Volksschullehrer ganz allgemein für eine Haupt- oder Klassenlehrerstelle ohne Bezeichnung der Schule oder Stelle auszufertigen, für welche sie erfolgt, also auch von der Beschränkung der bezüglichen Berufung auf die Schule einer bestimmten Konfession abzusehen.

Es wird aber dabei nötig sein, in der Berufungsurkunde zur vollen Klarheit zu bringen, daß der Lehrer, welcher sie annimmt, sich dadurch zur unbedingten Verfügung der Patronatsbehörden gestellt hat, während andererseits den Magistraten zu eröffnen sein wird, daß durch diese Form der Berufung dem staatlichen Aufsichtsrechte nicht präjudiciert werde und daß die Versetzung des Lehrers von der einen an die andere Schule der Genehmigung der Königlichen Regierung bedürfe.

M.-Erl. v. 10. April 1876 (Ctrbl. 1876, S. 300).

§ 71. **Kompetenz bezüglich der Anstellung und Entlassung.**

(Auszug.) Daß die Lehrer die Ermächtigung zur Wahrnehmung ihres Amtes nur durch die Zustimmung des Staates erlangen, welche entweder in der direkten Besetzung oder in der Bestätigung der von Privatpatronen oder Gemeinden berufenen Bewerber ihren Ausdruck findet, folgt aus ihrer Eigenschaft als **Staatsdiener**, eine Eigenschaft, welche ihnen nicht erst durch die Verfassungsurkunde vom 31. Januar 1850 beigelegt ist. Hiernach kann ich die Anordnung, nach welcher auch die Entlassung der Elementarlehrer aus ihrem Amte in allen Fällen von der Genehmigung der Königlichen Regierung abhängig gemacht ist, nur billigen und zu einer Abänderung der Verfügung vom 13. Juli v. J. keine Veranlassung finden 2c.

Darüber, ob den Lehrern ihr Amt auf Kündigung, widerruflich, provisorisch oder definitiv zu übertragen sei, hat nicht der Berufungsberechtigte, sondern die Aufsichtsbehörde zu entscheiden. Findet sie in der Berufung auf Kündigung eine Beeinträchtigung der Interessen der Schule, so ist sie berechtigt, einer solchen Berufung die Bestätigung zu versagen, resp. nur unter Vorbehalt zu erteilen 2c.

M.-Erl. v. 5. März 1866 (Ctrbl. 1866, S. 242).

§ 72. **Die Anstellung eines Lehrers wird erst dadurch rechtsverbindlich, daß er das betreffende Lehramt wirklich antritt.** **)

Mit der Ausfertigung der für die S. in G. als Lehrerin in N. bestimmten Vokation allein war, wie ich Ew. Hochwohlgeboren auf die Beschwerde vom 13. Januar c. erwidere, die Anstellung derselben noch nicht perfekt, die Sache hätte ihren Abschluß erst in der ohnehin zwangsweise nicht erreichbaren Annahme der Vokation von Seiten der S. bezw. mit dem faktischen Antritte des Lehramtes erhalten. Weder das eine noch das andere ist erfolgt. War somit einerseits die S. selbst berechtigt, vor Annahme der Bestallungsurkunde von ihren früheren Erklärungen zurückzutreten, so war andererseits die Königliche Regierung in N. als berufende Behörde befugt, die von ihr ausgehende Ernennung der S., umsomehr, da sie ihre Bewer-

---

*) Vergl. § 68 und 69.

**) Nach einer Verfügung der Königlichen Regierung zu Düsseldorf vom 11. Oktober 1876 ist weder die Annahme der Bestellungsurkunde seitens des Lehrers, noch der Dienstantritt vor erfolgter Annahme derselben zwangsweise herbeizuführen.

bung aus anzuerkennenden Gründen widerrief, wie geschehen für wirkungslos zu erklären und zurückzuziehen. —

M.-Erl. v. 17. März 1874 (Ctrbl. 1874, S. 344).

§ 73. **Vor der Anstellung von Lehrern aus anderen Bezirken ist über deren bisheriges Verhalten bei der betreffenden Königlichen Regierung amtlich Rückfrage zu halten.**

Die Königlichen Regierungen werden wiederholt veranlaßt, sich bei allen Anstellungen, Beförderungen, Bestätigungen 2c. über die betreffende Person zuverlässige Kenntnis zu verschaffen. Zeugnisse, namentlich aus älterer Zeit, welche von den Bewerbern produciert werden, sind in der Regel nicht für genügend zu erachten, vielmehr wird zur vollständigen Feststellung des Sachverhältnisses eine amtliche Rückfrage bei der betreffenden Behörde notwendig sein.

M.-Erl. v. 14. Juni 1851 (Siehe Verordn.).

III. Besoldung der Lehrer.*)

§ 74. **Gewährleistung eines festen Einkommens durch den Staat.**

Die Verfassungsurkunde setzt in § 25 fest, daß den Schullehrern ein festes, den Lokalverhältnissen angemessenes Einkommen zu gewähren sei.

Die Normen, nach welchen die Besoldung der Schullehrer bemessen und aufgebracht werden, sind provinziell verschieden, und die Beträge der Besoldung je nach den provinziellen Verhältnissen und gesetzlichen Bestimmungen sehr von einander abweichend.

Die Ausführung der Verfassungsbestimmung ist einem allgemeinen Unterrichtsgesetz vorbehalten, durch welches das auf diesem Gebiete Erforderliche einheitlich für die ganze Monarchie festgestellt werden soll, welches bisher noch nicht erlassen worden ist. Doch ist schon gegenwärtig die Regierung ebenso berechtigt, als verpflichtet, das Einkommen einer Schulstelle, wo dasselbe nicht den örtlichen Verhältnissen entsprechend zur Existenz eines Lehrers ausreicht, nach dem Bedürfnis zu normieren und zur Leistung des erforderlichen Zuschusses die Verpflichteten anzuhalten.

Für die einzelnen Fälle in den Besoldungsverhältnissen sind folgende Verordnungen und Erlasse von allgemein giltigem Werte.

A. Auskömmliche Besoldung.

§ 75. **Sorge der Königlichen Regierungen für auskömmliche Besoldung der Lehrer.**

(Auszug.) Dadurch, daß der Lehrer selbst zunächst nur Anspruch auf das ihm in der Vokation zugesicherte Einkommen hat, wird weder die gesetzliche Verpflichtung der Schulgemeinde, das zum Unterhalt der Schule Notwendige aufzubringen, noch die gesetzliche **Befugnis** der Königlichen Regierung, dem Lehrer eine, nach den örtlichen Verhältnissen auskömmliche Besoldung festzusetzen, aufgehoben oder beschränkt. Der Inhalt der Vokation kann sonach eine notwendige Verbesserung des Lehrereinkommens nicht hindern, und es ist daher gerechtfertigt, daß im vorliegenden Falle, nachdem die Verhandlung mit der Gemeinde wegen der notwendigen Gehaltsverbesserung des Lehrers ohne Erfolg geblieben waren, die Königliche Regierung die Gehaltserhöhung festgesetzt hat 2c.

---

*) Vergleiche Anhang 1, § 12—15; Anhang 2, § 10 ff.

Wenn die Schulgemeinde wünscht, daß die festgesetzte Einkommensverbesserung der Lehrer als ein Zusatz auch in dessen Vokation aufgenommen werde, so ist dagegen nichts zu erinnern, und wird die Königliche Regierung deshalb das Erforderliche veranlassen.

M.-Erl. v. 7. Dezember 1865 (Ctrbl. 1866, S. 42 und 43).

§ 75a. **Bemessung der Besoldung der Lehrer nach den örtlichen Verhältnissen und nicht nach den persönlichen des jeweiligen Stelleninhabers.**

Ein Nebeneinkommen von — Mk. für den Lehrer an einer einklassigen Landschule erscheint ungenügend, da im allgemeinen in solchen Fällen mindestens — Mk. neben freier Wohnung und Feuerung erforderlich sind. **Für die auskömmliche Ausstattung einer Schulstelle können weder die persönlichen Verhältnisse des jeweiligen Inhabers derselben, noch der Umstand maßgebend sein, daß die Schülerzahl in einer Nachbarschule größer ist.** Mit Rücksicht hierauf wolle die Königliche Regierung in vorschriftsmäßiger Weise dafür sorgen, daß die Lehrerstelle zu N. baldigst nach den örtlichen Verhältnissen ausgestattet werde. Dabei würde die etwaige Leistungsfähigkeit der Verpflichteten einen Hinderungsgrund nicht abgeben können, weil die Königliche Regierung, eventuell nach vorschriftsmäßiger Feststellung der Hilfsbedürftigkeit der Beteiligten, zeitweilig mit diesfälligen, zu ihrer Verfügung stehenden Fonds nach Bedürfnis helfend einzutreten hätte.

M.-Erl. v. 27. Januar 1881 (Ctrbl. 1881, S. 221).

§ 76. **Festsetzung und exekutivische Beitreibung von Gehaltszulagen.**

(Auszug.) Daß der Königlichen Regierung als Oberaufsichtsbehörde das Recht zusteht, neben dem durch die Vokation bestimmten Einkommen einem Lehrer, wenn es erforderlich ist, auch neue Gehaltszuzüge zuzusprechen und dieselben **mit Ausschluß des Rechtsweges** nötigenfalls durch Exekution beizutreiben, unterliegt keinem Zweifel und ist durch ergangene richterliche Erkenntnisse als gesetzlich begründet anerkannt.

M.-Erl. v. 10. Juli 1863 (Ctrbl. 1863, S. 429).

§ 77. **Erhöhung der Lehrerbesoldung.**

Auf die Vorstellung vom 27. November v. J. eröffne ich Ihnen und dem mitunterzeichneten Schulzen der Gemeinde N. bei Rücksendung der nachträglich eingereichten Verfügung der Königlichen Regierung zu N. vom 2. November cr., daß ich keinen Anlaß finde, die angeordnete Verbesserung der dortigen Lehrerstelle rückgängig zu machen.

Die gesetzliche Verpflichtung der Schulgemeinden zur Unterhaltung ihrer Lehrer erstreckt sich regelmäßig auf die Gewährung freier Wohnung, freier Feuerung und eines für alle übrigen Bedürfnisse einer Lehrerfamilie ausreichenden sonstigen Einkommens, welches den besonderen Verhältnissen der Stelle, des Orts und der Zeit entsprechen muß, und dessen Höhe hiernach von der Aufsichtsbehörde, soweit erforderlich, jederzeit ergänzt festgesetzt werden kann, wenn die Verpflichteten nicht schon aus eigener Bewegung und teilnehmendem Interesse für ihr Schulwesen sich angelegen sein lassen, das Einkommen ihrer Lehrerstelle demgemäß zu verbessern. Wenn die Königliche Regierung dabei hinsichtlich der Lehrerstellen des dortigen Kreises ihre Anforderungen an die Gemeinden einen Minimalsatz von... außer Wohnung und Feuerung zu Grunde legt, so hat das immer die Bedeutung eines durch die Erfahrung im allgemeinen bestätigten Maßstabes für dasjenige, was auch in kleinen und armen Gemeinden des dortigen Kreises der Regel nach mindestens gefordert werden muß, um die selbständige und standesgemäße Existenz des Lehrers zu sichern. Dagegen bezeichnet ein solcher Minimalsatz keineswegs etwa die Grenze, über welche hinaus die Schulgemeinde zu Mehrleistungen nicht weiter verpflichtet wäre. Die Königliche Regierung ist vielmehr befugt und im Interesse jeder einzelnen Schule sowie des gesamten Schulwesens verpflichtet, es bei einem solchen auf das knappste bemessenen Lehrereinkommen nur da bewenden zu lassen, wo die Verpflichteten zu arm sind, um zu einer reichlicheren, ihrer ganzen Schule und ihnen selbst und ihren Kindern wieder zu gute kommenden Ausstattung der Lehrerstelle beitragen zu können. Wo die Verpflichteten dagegen ohne wirkliche Überbürdung ein mehreres leisten können, sind sie auch dazu nachdrücklichst anzuhalten, da dem Bedürfnisse mit jedem Minimalsatz noch bei weitem nicht volles Genüge verschafft, geschweige etwa über dasselbe hinausgegangen wird ꝛc.

Dem Antrage, einen Teil oder sämtliche Naturaleinkünfte und Nutzungen der Lehrerstelle gegen eine feste Geldvergütung der Gemeinde zu überlassen, kann nicht stattgegeben werden.

M.-Erl. v. 22. Januar 1869 (Ctrbl. 1869, S. 188).

§ 78. **Verpflichtung zur Gewährung ausreichender Lehrerbesoldung.**

(Auszug.) Auf die Eingabe vom 1. Februar d. J., in welcher Ew. Hochwohlgeboren mit der dortigen Schulgemeinde gegen die angeordnete Verbesserung der Besoldung des dortigen Lehrers vorstellig werden, eröffne ich Ihnen, daß Ihre Ausführungen keinen Grund darbieten, die Anordnung der Königlichen Regierung in N. rückgängig zu machen, oder die Staatsbeihilfe zu erhöhen, welche zur Unterstützung derjenigen Gemeindeglieder gewährt ist, für welche die Gutsherrschaft nicht einzutreten hat ꝛc.

Die Berechtigung der Königlichen Regierung, die Höhe der Lehrerbesoldung festzusetzen, beruht auf ihrer Instruktion vom 23. Oktober 1817, nach welcher sie auch befugt ist, ihren Verfügungen nötigenfalls durch gesetzliche Zwangsmittel Nachdruck zu geben, resp. die Ausführung zu sichern. Was jetzt in betreff der Schulen notwendig ist, muß nach den jetzt geltenden gesetzlichen Bestimmungen angeordnet werden. Ob und wann ein neues Gesetz zustande kommen wird, ist nach der Natur der Sache ungewiß.

M.-Erl. v. 4. Mai 1868 (Ctrbl. 1868, S. 361).

§ 79. **Notwendigkeit und Zulässigkeit fortschreitender Verbesserung der Lehrerbesoldungen; Bedeutung der Vokationen hierbei.**

1.

(Auszug.) Durch die Lehrervokationen wird zwischen dem Vocierenden und dem Vocierten ein für beide Teile verbindliches Rechtsverhältnis begründet, dem Aufsichts- und Organisationsrecht des Staates aber, auf welchem die Befugnis und die Verpflichtung der Regierung zur ausreichenden Bemessung der Lehrerbesoldungen beruht, nicht präjudiciert. Das Recht der Schulaufsichtsbehörden, zu bestimmen, was zum Unterhalt des Lehrers notwendig und von den Verpflichteten zu leisten ist, ist in den bestehenden Gesetzen gegeben, und davon auch gegenwärtig den Anforderungen der Zeit und den dieserhalb erteilten allgemeinen Anweisungen entsprechend seitens der Königlichen Regierung zu N. Gebrauch zu machen. Indem ich wegen der Zweifel an der Legalität der darauf beruhenden Maßregeln nur auf die seiner Zeit im Staatsanzeiger veröffentlichten Cirkular-Verfügungen vom 6. März 1852 und 7. Februar 1867 verweisen kann, bemerke ich insbesondere, daß auch das schlesische kath. Schulreglement von 1801*) eine Beschränkung jenes Rechts in der Richtung, wie die Vorstellung vom 7. Februar cr. annimmt, nicht enthält. Denn die wiederholt ausdrücklich erklärte Absicht dieses Provinzialgesetzes geht gerade dahin, daß den Lehrern eine **auskömmliche** Besoldung gewährt werde, und darum hat es auch nur bestimmt, welches Einkommen jeder Landschulmeister **wenigstens** haben muß, damit es nach den damaligen Verhältnissen für auskömmlich angesehen werden könne. Dagegen ist nirgends in dem Gesetze ausdrücklich bestimmt und ebensowenig aus der erklärten Absicht und dem Zusammenhang seiner Vorschriften zu entnehmen, daß die Behörden das Recht und die Pflicht nicht haben sollen, ein mehreres zu fordern und festzusetzen, wenn jenes Minimum, zumal bei später gänzlich veränderten Verhältnissen, offenbar unauskömmlich ist 2c.

M.=Erl. v. 19. Mai 1868 (Ctrbl. 1868, S. 363).

2.

Auf die an das Königliche Staatsministerium gerichtete und an mich abgegebene Vorstellung vom 30. v. Mts., betreffend die Verbesserung des Einkommens unzugänglich dotierter Lehrerstellen, eröffne ich Ew. 2c. und den mitunterzeichneten Gutsherren, daß ich es nur bei meiner Verfügung vom 4. v. Mts. aus den darin angegebenen Gründen bewenden lassen kann.

Wenn Sie sich deshalb beschwert fühlen, weil ich dieser Verfügung auf den Hauptpunkt, die Vernichtung des Kontrakts (der Vokation) durchaus nicht eingegangen sei, so scheinen Sie übersehen zu haben, daß der hauptsächliche Inhalt der Verfügung gerade die Erörterung dieses Punktes ist, indem Ihrem bezüglichen Einwande ausdrücklich entgegen gehalten wird,

daß die Ansicht, die Königliche Regierung könne nicht das Einkommen der Lehrer über die Festsetzung der Vokation hinaus erhöhen, nicht richtig ist, **da die Vokationen nur zwischen dem Vocierenden und dem Vocierten ein Rechtsverhältnis begründen**, das Aufsichtsrecht des Staates aber, auf welchem die Befugnis der Königlichen Regierung zur ausreichenden Bemessung einer Lehrerbesoldung beruht, nicht beschränken.

Zu noch mehrerer Deutlichkeit bemerke ich daher nur, daß die Schulaufsichtsbehörden von dieser Befugnis nach Maßgabe des von ihnen wahrgenommenen Bedürfnisses, insbesondere auch zu jeder Zeit pflichtmäßig Gebrauch zu machen haben, nicht bloß bei eintretenden Vakanzfällen. Muß demzufolge während der Amtszeit eines Lehrers die Verbesserung seiner Stelle angeordnet werden, so bewirkt das keineswegs eine Vernichtung der Vokation, sondern fügt nur den dem Lehrer vokationsmäßig gesicherten Einnahmen die von aufsichtswegen notwendig gefundene Mehreinnahme hinzu, welche eigentlich nunmehr durch einen entsprechenden Nachtrag zur Vokation gleicher Gestalt gesichert werden müßte, aus praktischen Rücksichten aber in der Regel erst in die nächste Vokation mit aufgenommen wird.

Wenn Sie, abgesehen hiervon, auch im allgemeinen das Bedürfnis der Verbesserung der Elementarlehrerstellen und die Befugnis der Königlichen Regierung, diesem Bedürfnis in der Weise, wie geschehen, Abhilfe zu verschaffen, in Abrede stellen, so kann ich in dieser Beziehung nur auf die seiner Zeit im „Staatsanzeiger" publizierten Cirkular=Verfügungen vom 6. März 1852 und 7. Februar 1867 verweisen, in denen das Gegenteil näher dargelegt ist.

M.=Erl. v. 25. Mai 1868 (Ctrbl. 1868, S. 364 und 365).

---

*) S. Anhang 2.

§ 80. **Befriedigung der Elementarschulbedürfnisse seitens der Stadtgemeinde.**

(Auszug.) Es ist dabei ganz außer acht gelassen, daß die Ausgaben für Elementarschulzwecke der hohen Wichtigkeit des Jugendunterrichts entsprechend, **vor** den meisten anderen Aufwendungen zu Kommunalzwecken den Vorrang haben, und daß daher ev. vielfach bei diesen letzteren eine Einschränkung würde eintreten können und müssen, wenn für jene die erforderlichen Mittel nicht anderweit von der Gemeinde sollten aufgebracht werden können.

M.-Erl. v. 13. Juli 1867 (Ctrbl. 1867, S. 500).

§ 81. **Verbesserung der Lehrerbesoldungen in den Städten; Stellung der Ausgaben für die Schule in den Gemeindehaushaltsetats.**

Auf die an den Herrn Oberpräsidenten der Provinz gerichtete und ressortmäßig mir zur Entscheidung vorgelegte Vorstellung des Magistrats vom 17. v. Mts., betreffend die Verbesserung des Einkommens der dortigen Lehrerstellen, eröffne ich dem Magistrate, daß ich keinen Anlaß finde, die angefochtenen Verfügungen der Königlichen Regierung zu N. vom 17. Januar und 28. April cr. aufzuheben.

Wegen der von dem Magistrate in Zweifel gezogenen, in den bestehenden Gesetzen jedoch begründeten Befugnis der Königlichen Regierung, die für notwendig erachteten Verbesserungen der Lehrerbesoldungen anzuordnen, nehme ich auf die vielfach veröffentlichten allgemeinen Erlasse vom 6. März 1852, 19. Mai 1856 und 7. Februar 1867 bezug. Für gegenwärtig hervortretende Bedürfnisse ist überall nach Maßgabe der gegenwärtig bestehenden Gesetze zu sorgen, nicht aber die gesetzlich zulässige und ausführbare Abhilfe wegen einer immer ungewissen Aussicht auf gesetzliche Neuerungen zu vertagen. Demgemäß hat die Königliche Regierung auch mit Recht und vollkommen im Sinne der ihr von mir erteilten allgemeinen Anweisungen die baldige Verbesserung des Einkommens der dortigen Lehrerstellen angeordnet. Denn wenn auch der Magistrat das Vorhandensein eines Notstandes unter den Lehrern der Stadt bestreitet, so ist doch auf dieses, in der Regel nur für den höchsten Grad des Bedürfnisses zu gebrauchende Wort ein besonderes Gewicht hier nicht weiter zu legen, da auch ein niederer Grad des Bedürfnisses schon Beachtung und Abhilfe erheischt. Sollte der Magistrat aber das von der Königlichen Regierung erkannte Bedürfnis der Verbesserung überhaupt in Abrede stellen wollen, so würde derselbe zunächst nur auf den Inhalt des Protokolls vom 18. Mai zu verweisen sein, wo die Schuldeputation erklärt:

> Wenn die hiesigen Lehrer auch keine besonders glänzende Stellung haben, so haben sie doch Gelegenheit, neben ihrem Gehalt noch etwas zu verdienen und können deshalb ihrem Stande angemessen leben.

Das amtliche Einkommen ist danach also an sich noch nicht zum standesgemäßen Lebensunterhalt der Lehrer ausreichend, und das genügt, um die Stadt zu einer entsprechenden Verbesserung desselben anzuhalten.

Das allegierte Reskript des Herrn Ministers des Innern vom 14. Mai 1861 bezieht sich nur auf Kommunalbeamte. Auf die Lehrer, die nicht zu den Kommunalbeamten im gesetzlichen Sinne dieses Wortes gehören, ist der gleiche Grundsatz niemals angewendet worden und auch nicht anwendbar, weil im Interesse des Schulwesens die Aufsichtsbehörde von ihrer vorgedachten Befugnis der Festsetzung ausreichender Lehrerbesoldungen zu jeder Zeit und nicht bloß in Vakanzfällen Gebrauch zu machen hat.

M.-Erl. v. 4. Juli 1868 (Ctrbl. 1868, S. 480).

§ 82. **Gewährung eines standesgemäßen Einkommens für Elementarlehrer.***)

(Auszug.) Ich nehme Anstand, das Gesuch des Lehrers und Küsters N. zu N. um Gehaltsverbesserung als unbegründet zurückzuweisen.

Nach den bestehenden Bestimmungen kann es nicht darauf ankommen, ob die Lehrerstelle in N. mit zu den auskömmlichst dotierten im Kreise gehört, sondern es fragt sich lediglich, ob die Stelle nach den konkreten örtlichen Verhältnissen, d. h. nach dem Umfange des Amts, der Leistungskraft der zur Unterhaltung der Schule Verpflichteten, den lokalen Verkehrs- und Lebensverhältnissen und den Anforderungen der Zeit für die Dauer so ausgestattet ist, daß eine Lehrerfamilie standesgemäß bei bescheidenen Ansprüchen subsistieren kann. Die persönliche Zulage von jährlich 15 Thlr., welche dem p. N. in Rücksicht auf persönliche Verhältnisse bewilligt ist, darf nicht auf das Einkommen der Stelle gerechnet werden. Dieses erscheint nach den maßgebenden Grundsätzen der Verbesserung bedürftig, weil

1) erfahrungsmäßig in gegenwärtiger Zeit ein solches Einkommen für eine Lehrerfamilie auf dem Lande im allgemeinen überhaupt unzureichend befunden wird,
2) der p. N. mehrfach und zuletzt noch unterm 22. Juni d. J. hat unterstützt werden müssen,
3) der Bittsteller über 100 Schüler zu unterrichten, außerdem Kirchendienst zu versehen hat und unter solchen Umständen es gerechtfertigt ist, über den notdürftigen Gehaltssatz hinauszugehen.

M.-Erl. v. 14. November 1871 (Ctrbl. 1872, S. 28).

§ 83. **Feststellung der Höhe der Lehrerbesoldung in der Provinz Preußen seitens der Regierung.**

(Auszug.) Auf die Vorstellung vom 20. v. Mts., betreffend die Verbesserung der Lehrerstelle zu N., erwidere ich Ew. ꝛc. und den mitunterzeichneten Interessenten, daß der § 17 der Schulordnung vom 11. Dezember 1845 nicht dahin zu interpretieren ist, daß die Königliche Regierung zu einer für nötig und ausführbar erachteten Verbesserung des Einkommens einer Lehrerstelle die Verpflichteten nur auffordern und ihren Einfluß für das Zustandekommen eines entsprechenden Beschlusses geltend machen, im Weigerungsfall aber keine verbindliche Festsetzung ihrerseits treffen dürfe. Bei solcher Auslegung würde der Gesetzesparagraph überhaupt keine Bedeutung haben, da es schon von selbst, nicht bloß der Aufsichtsbehörde, sondern auch jedem Dritten freisteht, zu einer derartigen Verbesserung aufzufordern und für dieselbe seinen Einfluß geltend zu machen. Die Interpretation eines Gesetzes, welche das Gesetz bedeutungslos machen würde, ist von vornherein als eine unrichtige anzuerkennen. Es kommt hierzu, daß schon vor Erlaß der Schul-Ordnung nach den Bestimmungen des Allg. L.-R. und der mit Gesetzeskraft publizierten Regierungsinstruktion die Königlichen Regierungen die Befugnis hatten, die notwendige Höhe der Lehrerbesoldungen festzusetzen und deren Ergänzung anzuordnen.

M.-Erl. v. 6. April 1869 (Ctrbl. 1869, S. 201).

§ 84. **Festsetzung des Lehrereinkommens durch die Regierung in der Provinz Schlesien.**

(Auszug.) Ew. Wohlgeboren erwidere ich auf die Eingabe vom —, daß den Regierungen auf Grund des ihnen nach § 18 der Regierungs-

---

*) Vergl. § 75a und § 81.

Instruktion vom 23. Oktober 1817 zustehenden Organisations- und Aufsichtsrechtes über das Elementarschulwesen auch die Festsetzung des Lehrereinkommens gebührt. Diesem seit langer Zeit konstant befolgten Grundsatze steht das von Ihnen angezogene Schulreglement vom 18. Mai 1801 nicht entgegen. Dasselbe bestimmt in § 12, was dem Lehrer mindestens an Einkommen gewährt werden muß. Eine Erhöhung über dieses Minimum hinaus ist nicht ausgeschlossen, und es ist dieselbe daher von der Königlichen Regierung zu N. mit Recht verlangt worden, weil das bis jetzt gewährte Lehrereinkommen in N. nicht so viel beträgt, um das nach Zeit und Ort zum angemessenen Lebensunterhalte Notwendige darzubieten.

M.-Erl. v. 31. Mai 1872 (Ctrbl. 1872, S. 564).

§ 85. **Festsetzung des Lehrereinkommens durch die Regierung; ein Abkommen zwischen der Gemeinde und dem Lehrer ist unzulässig.**

Auf die Eingabe vom 16. Mai cr., die Verbesserung des Lehrereinkommens in N. betreffend, erwidere ich Ew. Hochwohlgeboren, daß ich das von der Königlichen Regierung zu N. in der Sache beobachtete Verfahren für gerechtfertigt erachte. Es kann zunächst, wie dies als Prinzip stets von hier aus aufrecht erhalten ist, nicht darauf ankommen, wie der Lehrer mit der Gemeinde sich abzufinden bereit ist. Das Einkommen der betreffenden Stelle festzusetzen, ist Sache der Aufsichtsbehörde, und es muß deshalb ohne Einfluß auf die Entscheidung derselben sein, wenn der Lehrer nur eine Zulage ad dies vitae emeriti beanspruchte.

M.-Erl. v. 5. Juni 1873 (Ctrbl. 1873, S. 469).

§ 86. **Anrechnung der auswärtigen Dienstzeit bei der Bemessung der Besoldung für die nach einer Stadt berufenen Lehrer; Kompetenz der Regierung.**

Auf die Vorstellung vom 18. August d. J. eröffne ich dem Magistrate, daß ich es bei der Verfügung der Königlichen Regierung vom 4. August d. J. zur Herbeiführung eines gleichmäßigen Verfahrens bei Festsetzung der dortigen Lehrerbesoldungen nur belassen kann.

Unzweifelhaft sind die Schulgemeinden zur Bestreitung der Schulunterhaltungskosten gesetzlich verpflichtet, und der Magistrat erkennt an, daß seit Einführung der zu Recht bestehenden neuen Gehaltsordnung vom Jahre 1869 für die dortigen Lehrer die von auswärts dorthin berufenen Lehrer stets mit Anrechnung ihrer anderwärts zurückgelegten Dienstzeit angestellt werden. Hierbei liegt die richtige Ansicht zum Grunde, daß die an anderen Orten im Schuldienst erworbenen Erfahrungen und Kenntnisse der Lehrer den dortigen Schulen zu Gute kommen, daß es in der Billigkeit liegt, einen geübten Lehrer besser zu besolden, als einen Anfänger, und daß dieses Verfahren geeignet ist, der Stadt tüchtige Lehrkräfte zuzuführen. Unzweifelhaft involviert es eine Härte, die dortigen Lehrer bei Bemessung ihrer Besoldung ungleich zu behandeln. Der Magistrat räumt auch die Härte ein, welche darin liegt, daß eine Anrechnung früherer Dienstzeit bei denjenigen Lehrern nicht stattfindet, welche vor dem Jahre 1869 dort angestellt worden sind. Die Beteiligten haben diese Härte empfunden und sich um Abhilfe bittend an die Königliche Regierung gewendet. Diese ist instruktionsmäßig ebenso befugt, wie verpflichtet, in solchem Falle einzuschreiten, resp. über die Festsetzung der Lehrerbesoldung zu befinden und dabei nicht behindert, über die Bestimmungen der Berufsbriefe hinauszugehen, da diese nur zwischen dem Vocierenden und dem Vocierten ein Rechtsverhältnis begründen, das Aufsichts- und Organisationsrecht des Staates hinsichtlich der Staatseinrichtungen aber nicht beschränken. Die Königliche Regierung ist ferner nach ihrer mit Gesetzeskraft bestehenden Instruktion vom 23. Oktober 1817 so befugt, wie verpflichtet, ihren Anordnungen nötigenfalls zwangsweise Geltung zu verschaffen, und sobald sie ihrer gesetzlichen Befugnis gemäß die erforderliche Verbesserung der Lehrergehälter definitiv festgestellt hat, ist die entsprechende Leistung eine auf den erwähnten gesetzlichen Bestimmungen beruhende und ev. gemäß § 78 der Städteordnung vom 30. Mai 1853 zwangsweise auf den städtischen Etat zu bringen. Gegen diesen § ist auch durch die Verfügung der Königlichen Regierung in N. vom 4. August d. J. nicht gefehlt, weil das Gesetz erst angezogen zu werden braucht, wenn die Mehrausgabe zwangsweise auf den städtischen Etat gebracht wird, was die in Rede stehende Verfügung erst androht. Letztere ist hiernach formell und materiell gerechtfertigt, die gegenteilige Behauptung des Magistrats aber unbegründet.

M.-Erl. v. 5. November 1873 (Ctrbl. 1873, S. 718).

§ 87. **Unzulässigkeit des Rechtsweges bei Erhöhung eines Lehrergehalts in der Provinz Preußen und Schlesien.**

Die Beschreitung des Rechtsweges bei Erhöhung eines Lehrergehaltes ist unzulässig. Entscheidung des Königlichen Gerichtshofs zur Entscheidung der Kompetenz-Konflikte vom 12. Juni 1869 (Ctrbl. 1869, S. 427 und 428 und vom 14. September 1878, Ctrbl. 1878, S. 538—540).

§ 88. **Die Regierung ist befugt, die festgesetzten Lehrergehaltszuschüsse, so lange nicht eine rechtskräftige Entscheidung entgegensteht, zwangsweise beizutreiben.**

1.

Auf die Vorstellung vom 13. v. Mts. eröffne ich Ew. Wohlgeboren, daß ich mich nicht veranlaßt finden kann, die von der Königlichen Regierung in N. angeordnete zwangsweise Beitreibung der Beiträge zu den Erhöhungen der Lehrerbesoldungen infolge der bei dem Kreisausschusse eingelegten Beschwerde zu sistieren oder Maßregeln zur Sicherung der Rückerstattung zu treffen. Die in der Beschwerdeschrift enthaltene Ausführung, daß die administrative Exekution wegen der Beschreitung des Rechtsweges fernerhin nicht mehr statthaft sei, kann um so weniger für zutreffend erachtet werden, als der Kreisausschuß keine richterliche Behörde bildet und die Einlegung einer Beschwerde bei dem Kreisausschusse somit der Beschreitung des Rechtsweges nicht gleichsteht.

M.-Erl. v. 17. Juni 1874 (Ctrbl. 1874, S. 503).

2.

Dem Kreisausschuß erwidere ich auf die Eingabe vom 22. März cr., die Aufbringung des Lehrergehalts in N. betreffend, daß die Regierungen bei ihrem unveränderten Rechte, über die Aufbesserung nicht auskömmlicher Gehälter der Lehrer an Volksschulen durch Festsetzung der erforderlichen Zuschüsse zu befinden, nach Maßgabe der gesetzlichen Bestimmungen für befugt zu erachten sind, die dazu ergangenen Anordnungen im Zwangswege durchzuführen, so lange nicht rechtskräftig etwas anderes entschieden worden. Eine solche rechtskräftige Entscheidung ist im vorliegendem Falle von N. nicht ergangen, vielmehr ist gegen die in der Sache getroffene Entscheidung des Kreisausschusses vom 10. Juni cr., nach welcher das Dominium N. nicht für verpflichtet zu erachten ist, den auf dasselbe repartierten Betrag zur Lehrergehaltsaufbesserung zu zahlen, die Berufung an das Verwaltungsgericht eingelegt, und es wird daher zunächst der Ausgang dieser Instanz abzuwarten sein. Wenn also die Königliche Regierung in N. die exekutive Beitreibung jenes von ihr dem Dominium N. auferlegten Beitrages unerachtet gedachter nicht rechtskräftiger Entscheidung des Kreisausschusses angeordnet hat, so ist sie damit innerhalb der Grenzen ihrer Kompetenz geblieben, und ich bin somit nicht in der Lage, dem vom Kreisausschusse gestellten Antrage gemäß, der Regierung die Einstellung ihres Verfahrens aufzugeben.

M.-Erl. v. 22. Juli 1875 (Ctrbl. 1875, S. 503).

§ 88a. **Grundsätze für Anstellung, Beförderung und Einkommensverbesserung der Lehrer an mehrklassigen Schulen.**

(Auszug.) Zur zweckmäßigen Einrichtung mehrklassiger städtischer Schulen ist ein stufenweises Aufsteigen der Gehaltssätze für die Lehrer durch planmäßige Abstufung der Lehrergehälter, bezw. durch Einführung von Dienstalterszulagen oder durch Einführung eines gemischten Systems der Gehaltsregulierung notwendig, damit die älteren Lehrer mit dem steigenden Dienstalter auch in den Genuß einer entsprechenden Einkommensverbesserung zu gelangen Aussicht haben.

Wenn solchergestalt ein Dotations- oder Gehaltsregulierungsplan, dessen Genehmigung bezw. Feststellung der Regierung gebührt, eingeführt worden ist, **so unterliegt demnächst die Ausführung desselben in Bezug auf die einzelnen beteiligten Lehrer allerdings nicht mehr dem beliebigen Ermessen der Gemeinde oder Schulgemeinde, vielmehr gehört es zur Zuständigkeit der Königlichen Regierung, als Schulaufsichtsbehörde, darüber zu befinden und zu entscheiden,** ob bei eintretender Erledigung einer Gehaltsstelle der nächst älteste Lehrer oder ein anderer der an der Schule bereits angestellten Lehrer in den Genuß des verfügbar gewordenen höheren Gehalts einrücken oder ob den zur Besetzung der Lehrerstellen Berechtigten freigegeben werden soll, für die erledigte Gehaltsstelle einen Lehrer von auswärts zu berufen, vorbehaltlich natürlich der Bestätigung der Berufung durch die Königliche Regierung.

Aus dem Dotationsplane erwächst den einzelnen Lehrern ein Rechtsanspruch darauf, daß sie bei Eintritt einer Vakanz lediglich nach Maßgabe ihres Dienstalters in einen höhern Gehaltssatz einrücken, nicht und ebensowenig wird durch den Dotationsplan der Schulaufsichtsbehörde eine Nötigung auferlegt, die schulunterhaltungspflichtige Gemeinde anzuhalten, beim Eintritte einer Vakanz die Lehrer schlechthin nach Maßgabe ihres Dienstalters in den Genuß der durch die Vakanz möglich werdenden Einkommensverbesserung zu setzen.

Einer solchen Auffassung der Bedeutung der Dotationspläne und einer solchen Ausführung derselben stehen sowohl disziplinarische Rücksichten, als auch diejenigen Rücksichten entgegen, welche auf die besonderen Zustände und Verhältnisse der beteiligten Schulen zu nehmen sind.

Nach den Vorschriften der Regierungs-Instruktion vom 23. Oktober 1817 und der Geschäftsanweisung für die Regierungen vom 31. Dezember 1825 soll bei Anstellung mehr auf Treue, Fleiß und Geschicklichkeit, als auf Dienstalter gesehen und nur bei gleicher Würdigkeit dem letzteren der Vorzug gegeben werden und ebenso sollen Beamte, welche mit Treue, Fleiß und Wärme ihre Berufspflichten üben, mit Aufmunterung behandelt, dem mehr oder minderen Grade ihres Diensteifers und ihrer Fähigkeiten nach ausgezeichnet und bei sich ereignenden Gelegenheiten befördert und verbessert werden.

Diese Grundsätze müssen auch auf die Anstellung, Beförderung und Verbesserung von Schullehrern entsprechende Anwendung finden.

Das Verfahren, die älteren Lehrer ohne weiteres in die höheren Gehaltsstufen einzurücken, birgt die Gefahr in sich, die Lage der Lehrer thatsächlich von ihrem Fleiße und Eifer, von ihren Leistungen und von ihrer Befähigung unabhängig zu machen, indem es die Mittelmäßigkeit schirmt, nötige Verbesserungen im Schulwesen dagegen zu erschweren und zu verhindern ꝛc.

M.-Erl. v. 14. Februar 1882 (Ctrbl. 1882, S. 667—669). (U. III. a. 19258).

B. Besoldungsverhältnisse in Verbindung mit kirchlichen Nebenämtern.

§ 89. Anrechnung der Einkünfte aus kirchlichen Ämtern, besonders bei Nachsuchung von Staatszuschüssen.

(Auszug.) Da die Königliche Regierung in den betreffenden vorliegenden Fällen wiederum darauf zurückgekommen ist, den Lehrern das Küstereinkommen nicht oder nicht ganz in Anrechnung zu bringen, ungeachtet derselben mehrfach eröffnet ist, daß bei den Anträgen auf Bewilligung von Staatszuschüssen zu Lehrerbesoldungen **von der Anrechnung des Küstereinkommens nicht abgesehen werden könne**, so weise ich die Königliche Regierung an, diesen Grundsatz fortan zu beachten. Es ist kein Grund vorhanden, im dortigen Regierungsbezirke eine Ausnahme von der Regel zu machen. Die Königliche Regierung übersieht, daß es sich bei den Bewilligungen von Staatsbeihilfen zur Verbesserung von Lehrerbesoldungen lediglich darum handelt, dem Stelleninhaber ein Einkommen zu sichern, welches zu seiner Subsistenz hinreicht und in der Regel dem in dem betreffenden Regierungsbezirk angenommenen Minimalsatz entspricht. Abweichungen hiervon sind zwar in einzelnen Fällen nicht ausgeschlossen; auf Mehr- oder Minderarbeit des Stelleninhabers kann aber nicht Rücksicht genommen werden.

So lange die Königliche Regierung für eine Schulstelle auf dem Lande ein Einkommen von . . . . nebst Wohnung als ausreichend betrachtet, bleibt es hinsichtlich der Bewilligung eines Staatszuschusses an sich gleichgiltig, aus welchen Bestandteilen das Einkommen der Stelle im einzelnen besteht, wenn dasselbe nur den angenommenen Minimalsatz von . . . erreicht.

M.-Erl. v. 11. August 1862 (Ctrbl. 1862, S. 541).

§ 90. Organische Verbindung eines Lehrer- und eines kirchlichen Amts; Besoldungsverhältnisse.

1.

Ihrem Antrage vom 11. v. Mts., die organische Verbindung des Ihnen übertragenen Küsteramts mit Ihrer Lehrerstelle so lange zu inhibieren, bis die letztere auf das durch die Provinzial-Schulordnung vom 11. Dezember 1845 vorgeschriebene Gehaltsminimum gebracht sein werde, vermag ich nicht stattzugeben. Der dortige Magistrat ist aus den in der Verfügung der Königlichen Regierung zu N. vom 31. August v. J. entwickelten Gründen zu einer dauernden Vereinigung beider Stellen wohl berechtigt und sind Sie, nachdem diese Vereinigung erfolgt ist, verpflichtet, sich die Einkünfte der Küsterstelle bei Berechnung Ihres Einkommens als Lehrer in Anrechnung bringen zu lassen. Da Ihre Einnahmen aus beiden Stellen das schulordnungsmäßige Minimalgehalt nicht unerheblich übersteigen, so haben Sie keinen Anspruch auf Erhöhung Ihres Gehalts.

M.-Erl. v. 27. April 1864 (Ctrbl. 1864, S. 303).

2.

Wo eine organische oder herkömmliche Verbindung von Schul- und Kirchenamt besteht, ist das Diensteinkommen des Inhabers der Stelle lediglich als ein **einheitliches** *) aufzufassen und zu behandeln, ohne Rücksicht darauf, aus welchen Quellen dasselbe fließt. — Indessen ist in solchen Fällen bei der Normierung des Einkommens der dadurch entstehenden Mehrarbeit des Stelleninhabers (C.-Erl. v. 31. März 1875, Ctrbl. 1875, S. 415) gebührend Rechnung zu tragen.

M.-Erl. v. 14. und 29. April 1882 (Ctrbl. 1882, S. 568).

3.

Bei Verbindung von Schul- und Kirchenamt ist das Stelleneinkommen als ein einheitliches zu betrachten.

Wo eine dauernde Verbindung von Schul- und Kirchenamt besteht, ist das Diensteinkommen des Inhabers der Stelle lediglich als ein einheitliches Stelleneinkommen aufzufassen und zu behandeln, ohne Rücksicht darauf, aus welchen Quellen dasselbe fließt und ohne Unterschied zwischen demjenigen Teile desselben, welcher aus dem Ertrage besondern Schulvermögens oder aus den Beiträgen der gesetzlich Schulunterhaltungspflichtigen geleistet wird, und dem Teile, welcher aus kirchlichen Mitteln fließt.

Es ist deshalb unzulässig, in solchen Fällen den ersteren Betrag als ein besonderes Lehrerdiensteinkommen, den letzteren als ein besonderes Kirchenamtseinkommen auszusprechen.

M.-Erl. v. 24. Oktober 1883 (Ctrbl. 1883, S. 676). U. III. a. 18621.

§ 91. **Anrechnung der unfixierten Einnahmen aus kirchlichen Ämtern auf die Lehrerbesoldung auch in Schlesien.**

Auf den Bericht vom 21. v. Mts eröffne ich der Königlichen Regierung, daß es bei der nach meinen Verfügungen vom 7. Februar und 17. August v. J. vorzunehmenden allgemeinen Regelung der Lehrerbesoldungen darauf ankommt, den Stellen an sich nach den örtlichen Verhältnissen außer Wohnung und Feuerung eine angemessene Ausstattung zu sichern, wobei die Einkünfte aus kirchlichen Ämtern überall anzurechnen sind. Wo diese Einkünfte unwandelbar feststehen, kommen sie selbstverständlich mit ihrem vollen Betrage in Anrechnung; insoweit sie aber schwankend sind, wird in der Regel ein sechsjähriger Durchschnitt angenommen. Hiernach ist festzustellen, was der Lehrer wirklich bezieht und was ihm etwa noch zuzulegen ist.

Nach § 13 des kath. Schulreglements für Schlesien vom 18. Mai 1801 sollen zwar die unfixierten Einnahmen an Offertorien, Umgängen und Stolaccidenzen, welche die zugleich als Organisten und Küster fungierenden Lehrer haben, bei Ausmittelung des im § 12 näher bestimmten Minimalgehalts nicht mit angerechnet werden; hier handelt es sich jedoch um eine unabhängig von den engen Grenzen des Reglements zu stellende Forderung. Dafür müssen auch in Schlesien, wie in allen anderen Provinzen, die unfixierten Accidenzen aus kirchlichen Ämtern nach einem angemessenen Durchschnitt zum Ansatz kommen, zumal die Schulverwaltung nicht nur die Interessen der Lehrer, sondern auch diejenigen der zur Unterhaltung der Schulen Verpflichteten in Betracht zu ziehen hat.

Die Einkünfte aus dem Nebengeschäft als Gemeindeschreiber, welches von dem Schulamt des Lehrers unabhängig ist, sind dagegen fortgesetzt nach § B a. a. O. zu behandeln.

M.-Erl. v. 12. August 1868 (Ctrbl. 1868, S. 561).

---

*) In demselben Sinne äußert sich auch der M.-Erl. v. 24. Dezember 1881 (Ctrbl. 1882, S. 425).

§ 92. **Normierung der Lehrerbesoldungen bei Verbindung von Nebenämtern mit Schulämtern.**

Ew. Wohlgeboren beehre ich mich, auf den gefl. Bericht vom 13. v. Mts. ergebenst zu erwidern, daß es nur erwünscht sein kann, wenn die Festsetzung auskömmlicher Lehrergehälter ohne Rücksicht auf die aus Nebenämtern herrührenden Einnahmen unter Zustimmung der Beteiligten erfolgt. Wider den Willen der Verpflichteten ist dagegen von der bisher befolgten Praxis zur Zeit nicht abzugehen, wonach die Einnahmen aus solchen Nebenämtern, sofern sie mit der Lehrerstelle organisch verbunden sind, zu ihrem vollen Betrage auf das normierte Einkommen angerechnet werden, **vorausgesetzt** andererseits, daß das Einkommen mit Rücksicht auf die durch die Verwaltung beider Ämter bedingte größere Mühewaltung und Thätigkeit ihrer Inhaber entsprechend **höher** bemessen werde, als für gleichstehende Lehrerstellen ohne damit verbundene Nebenämter zu geschehen hat.

Hiernach kann ich den von Seiten des Gemeinderates zu N. nach der mit den übrigen Anlagen wieder beigefügten Verhandlung vom 11. September cr. erhobenen Anspruch auf Berücksichtigung der Einnahmen aus solchen Nebenämtern bei Festsetzung der Lehrergehälter und der zur Erreichung desselben ev. erforderlichen Zuschüsse an und für sich nicht für unbegründet erachten. Die Regierung dagegen wird zu ermessen haben, ob und in welchem Maße vorliegenden Falls die Gehälter der Lehrer in N., welche außer dem Lehramte auch noch kirchliche Nebenämter zu verwalten verpflichtet sind, **über die gewöhnliche Höhe hinaus** normiert werden müssen.

M.=Erl. v. 6. Dezember 1872 (Ctrbl. 1873, S. 33).

§ 93. **Anrechnung des Einkommens aus kirchlichen Ämtern auf die Lehrerbesoldung speziell in der Provinz Schlesien.**

Auf die Vorstellung vom 20. Januar cr. eröffne ich Ihnen, daß die Bestimmung, das kirchliche Einkommen auf die Lehrerbesoldungen anzurechnen, nicht nur allgemein vorgeschrieben ist, sondern auch für Schlesien in dem Schulreglement vom 18. Mai 1801 ihre besondere Begründung findet, mithin nicht ohne weiteres aufgehoben werden kann.

Das Gehalt der Küster, Organisten oder dergleichen Kirchendiener zu erhöhen, bleibt Aufgabe der kirchlichen Interessenten.

M.=Erl. v. 10. März 1873 (Ctrbl. 1873, S. 349).

§ 94. **Dotation vereinigter Lehrer- und Küsterstellen, insbesondere in der Provinz Preußen.**

Auf den Bericht vom 8. v. Mts. hinsichtlich des Gesuchs des katholischen Lehrers N. in N. um Gehaltsverbesserung eröffne ich der Königlichen Regierung, daß zur Zeit der durch das Reskript vom 23. März 1855 — A. 2730 — für den Bereich der Provinzialordnung vom 11. Dezember 1845 festgesetzte Grundsatz, bei Regulierung des Gesamteinkommens der mit Kirchendienst verbundenen Lehrerstelle die Einkünfte aus dem Kirchendienste vorschriftsmäßig anzurechnen, nicht aufgegeben werden kann.

Nach Inhalt des gedachten Reskripts ist jedoch angenommen, daß das Einkommen der mit kirchlichen Ämtern verbundenen Schulstellen in der Regel das durch die Schulordnung festgesetzte Minimum bereits **übersteigt, sofern also Regulierungen von Schulstellen, mit denen kirchliche Ämter verbunden sind, überhaupt notwendig werden,** in jedem für dieselben aufzunehmenden Receß resp. der nach § 66 der Provinzial=Schulordnung vom 11. Dezember 1845 zu ergänzenden Schulmatrikel ausdrücklich festgesetzt werden soll, daß für den Fall einer Trennung der betreffenden Ämter die zur Unterhaltung der Schule Verpflichteten verbunden seien, das Minimum der Lehrerbesoldung aufzubringen. Es ist einleuchtend, daß hierbei zunächst nur die damals infolge der Cirkularverfügung vom 6. März 1852 aufzunehmenden Regulierungen ins Auge gefaßt waren, während jetzt in Stelle jenes Minimums das nach Zeit und Ort in jedem Einzelfall für die Dauer notwendige zur Grundlage zu nehmen und, wie der Königlichen Regierung auch in dem Erlaß vom 21. Oktober v. J. bemerklich gemacht worden ist, bei Abmessung der Höhe des Stelleneinkommens billige Rücksicht auf die Mehrarbeit genommen werden soll, welche ein Lehrer hat, der auch Kirchendienst versehen muß. Um wieviel das Lehrereinkommen in Rücksicht auf den Kirchendienst höher zu bemessen ist, bleibt von den näher zu erwähnenden konkreten Verhältnissen des Einzelfalles abhängig, zumal bekanntlich die Höhe der kirchlichen Einkünfte in den einzelnen Fällen außerordentlich verschieden ist. Nur dürfen die zur Schulunterhaltung Verpflichteten nicht angehalten werden, das Lehrereinkommen lediglich deshalb zu verbessern, um den Inhaber der Stelle etwa dafür zu entschädigen, daß sein Einkommen aus dem Kirchendienst zu diesem in keinem richtigen Verhältnis steht. Letztern Falls würden die kirchlichen Interessenten so weit als nötig einzutreten haben.

Bei vereinigten Kirchen- und Schulämtern wird die „organische“ Verbindung des Lehramts mit dem Kirchenamt in jedem Einzelfall regelmäßig nicht erkennbar sein, sei es, daß es sich ohne Frage um eine Kirchschullehrerstelle handelt, sei es, daß Berufsbriefe, Schuleinrichtungsrecesse, die nach § 66 der Provinzial-Schulordnung vom 11. Dezember 1845 zu führenden Schulmatrikeln oder sonstige Unterlagen in der gedachten Beziehung Aufschluß geben.

Wenn es, worüber die Königl. Regierung sich nicht geäußert hat, richtig ist, daß das Organistenamt bei der katholischen Pfarrkirche in N. vor dem p. N. von dem zweiten katholischen Lehrer und vor diesem von einem Schuhmacher verwaltet worden ist, ferner daß der p. N. den Organistendienst nur provisorisch versieht, auch nicht nach der bischöflichen Instruktion vom 29. Oktober 1850 als Kirchenbeamter bestätigt ist, so kann im vorliegenden Fall kein Zweifel darüber sein, daß der Organistendienst nicht mit der ersten kath. Lehrerstelle organisch oder überhaupt verbunden ist, der p. N. also ebenso wie zur Erteilung des kath. Religionsunterrichts an der Schule zu X. zur provisorischen Wahrnehmung des Organistendienstes an der kath. Pfarrkirche zu N. nach § 9 der Provinzial-Schulordnung vom 11. Dezember 1845 ausdrücklicher Genehmigung der Königl. Regierung bedurfte und der Gewinn aus dieser Nebenbeschäftigung nicht auf das Einkommen der ersten kath. Lehrerstelle, resp. nicht auf dasjenige anzurechnen ist, was die zur Unterhaltung der kath. Schule in N Verpflichteten zu leisten haben.

Hat der p. N. als erster kath. Lehrer, abgesehen von den kirchlichen Bezügen, nur ein Einkommen von .... und soll er zufolge der eingereichten Nachweisung von den Besoldungen der Lehrer in N. nach den für diese geltenden örtlichen Festsetzungen einschließlich eine Entschädigung für Wohnung und Feuerung im Betrage von ...., überhaupt 423 Thlr. erhalten, so fehlen 87 Thlr., welche die Schulinteressenten zuzuschießen haben. Da der p. N. alsdann aber ein angemessenes Lehrereinkommen haben wird und den Organistendienst gekündigt hat, so würde die Frage entstehen, ob es mit den Schulinteressen vereinbar sein wird, ihm, wenn er später darauf zurückkommen sollte, die nach § 9 a. a. O. erforderliche Genehmigung zur Wiederübernahme des Nebenamts als Organist zu erteilen.

M.-Erl. v. 23. Dezember 1872 (Ctrbl. 1873, S. 102).

§ 94a. **Bezüge aus bloßen Nebenämtern oder Nebenbeschäftigungen sind bei Normierung des Einkommens einer Lehrerstelle nicht in Anrechnung zu bringen.**

Dem Lehrer N. in N. waren Organistendienste aushilfsweise widerruflich übertragen und ein Teil der Bezüge für diese Nebenbeschäftigung auf sein Stelleneinkommen angerechnet. Der Herr Minister erachtet eine Beschwerde des p. N. dieserhalb für begründet und führt aus:

„Die in Rede stehenden kirchlichen Dienstleistungen sind mit dem Schulamte der Lehrerstelle des N. zweifellos nicht vereinigt oder verbunden, sondern lediglich eine nebenamtliche Beschäftigung desselben. Es können somit bei Normierung des Einkommens der Lehrerstelle des N. die Bezüge aus dieser bloß nebenamtlichen Beschäftigung desselben ebensowenig in Anrechnnng gebracht werden, wie die Einkünfte aus irgend einem andern Nebenamte (z. B. aus einem Nebenamte oder einer Nebenbeschäftigung als Gemeindeschreiber, als Schiedsmann 2c.).

M.-Erl. v. 9. November 1883 (Ctrbl. 1883, S. 677). U. III. a. 18198.

§ 95. **Abschaffung von Sing- und Bittumgängen der Lehrer mit Schulkindern.**

Bei Rücksendung der Anlage des Berichts vom 16. v. Mts. eröffne ich der Königl. Regierung, wie ich damit einverstanden bin, daß die Abschaffung der von Lehrern mit Schulkindern abzuhaltenden Sing- und Bittumgänge aus vielfachen Gründen im Interesse der beteiligten Lehrer und Schulkinder zu erstreben ist. Einer besonderen gesetzlichen Bestimmung bedarf es hierzu nicht. Es erscheint vielmehr genügend, überall im dortigen Verwaltungsbezirk die thatsächlichen Verhältnisse in der gedachten Beziehung zu ermitteln und festzustellen, demnächst auf Grund dieser Unterlagen mit den Beteiligten wegen der ev. zu gewährenden Entschädigungen zu verhandeln und endlich in jedem Einzelfalle nach Lage der Verhältnisse entweder die getroffenen Vereinbarungen zu bestätigen oder nach den maßgebenden Gesichtspunkten über bestehende Meinungsverschiedenheiten zu entscheiden. Der Königl. Regierung überlasse ich, sich während der zu treffenden Maßnahmen mit der Königl. Regierung zu Frankfurt a. O. in Verbindung zu setzen, in deren Bezirk dem Mißbrauche der in Rede stehenden Umgänge mit Erfolg entgegen getreten worden ist. Ich bemerke jedoch ausdrücklich, daß die Königl. Regierung, indem sie in diese Angelegenheit eingreift, als Oberaufsichtsbehörde über die Schule handelt, und deshalb ihr Verbot auf die Umgänge, welche nachweislich kirchlicher Natur sind, auszudehnen nicht befugt ist. Wohl aber liegt es in ihrer Berechtigung und Verpflichtung, einerseits die Schulkinder von der Beteiligung an den als schädlich anerkannten Umgängen während der Schulzeit abzuhalten, andererseits darauf zu achten, daß die Abhaltung der kirchlichen Umgänge durch die Küster, welche zugleich ein Lehramt bekleiden, die Pflichterfüllung in dem letzteren nicht beeinträchtige.

M.-Erl. v. 27. Oktober 1875 (Ctrbl. 1875, S. 117).

C. Besoldung während der Dauer des Kriegsdienstes.

§ 96. **Diensteinkommen der Kommunalbeamten während der Dauer ihrer Kriegsdienste.**

Auf den Bericht vom 17. d. Mts. eröffne ich dem Magistrat, daß den zum Kriegsdienst einberufenen Lehrern in Gemäßheit des Staatsministerial-Beschlusses vom 22. Jannuar 1831 und 19. Juli 1850 (Amtsblatt v. 1850, S. 310) das ganze Gehalt gebührt. Der Magistrat hat also den Lehrern

N. und N. das ganze Gehalt auch für die Dauer ihrer Kriegsdienste zu zahlen, die Stellvertretungskosten aber außerdem zu gewähren.

Verf. der Königl. Regierung zu Potsdam vom 27. August 1870 (Ctrb. 1870, S. 641).

§ 97. Aufbringung der Kosten für Vertretung der während der Kriegszeit in die Armee eingestellten Lehrer.

Dem Königl. Konsistorium eröffne ich auf den Bericht vom 15. v. Mts., betreffend die Vertretung von Lehrern während der Kriegszeit, daß der Staatsministerialbeschluß vom 19. Juli 1850 nicht sowohl auf bestimmten nur in den altländischen Teilen der Monarchie geltenden gesetzlichen Vorschriften, als vielmehr auf der Erwägung derjenigen Beziehungen beruht, in welchen die allgemeine Wehrpflicht zu den Verhältnissen der einzelnen, auf Grund derselben bei einer Mobilmachung zur Armee einberufenen Civilbeamten steht. Da nun die allgemeine Wehrpflicht mit den darauf bezüglichen Bestimmungen auch in der dortigen Provinz eingeführt ist, so unterliegt es keinem Zweifel, daß der qu. Staatsministerial-Beschluß auch dort zur Anwendung kommt, soweit dies nicht in irgend einem speziellen Punkte durch eine besondere gesetzliche Vorschrift ausgeschlossen wird. Selbstverständlich sind hiernach auch hinsichtlich der Stellvertretungskosten die zur Unterhaltung der Schule Verpflichteten in Anspruch zu nehmen.

M.-Erl. v. 13. Juli 1871 (Ctrbl. 1871, S. 486).

§ 98. Diensteinkommen der Lehrer während ihrer Stellung bei der mobilen Armee.

Auf die Vorstellung vom 14. d. Mts. erwidere ich dem Magistrat, daß es in Bezug auf die Verpflichtung zur Weiterzahlung des Gehalts an den Lehrer N. ohne Einfluß ist, ob er als provisorischer Lehrer angestellt, und ob er als Rekrut eingezogen ist. Der Lehrer hat seine Anstellung als solcher nicht verloren und steht zur Zeit in der mobilen Armee, er hat daher Anspruch auf Fortbezug seines Gehaltes nach dem Staatsministerial-Beschluß vom 19. Juli 1850 2c.

M.-Erl. v. 26. Januar 1871 (Ctbl. 1871, S. 192).

§ 99. Fortdauer des Gehaltsbezuges eines Elementarlehrers für die Zeit der Militärdienstleistung; Stellvertretungskosten.

1.

Auf die Vorstellung vom 12. Januar d. J. eröffne ich dem Schulvorstande, daß die Frage, ob den Lehrern, welche einen zum Militärdienste eingezogenen Lehrer vertreten haben, eine Remuneration für diese Mühewaltung zu gewähren ist, je nach Lage der konkreten Verhältnisse und nach dem Umfange der Mehrleistungen zu beurteilen ist, und daß ich mich in dem vorliegenden Falle nicht veranlaßt finden kann, den Lehrern, welche die Vertretung des zur Ableistung seiner sechswöchentlichen Dienstzeit eingezogenen Lehrers N. übernommen haben, eine besondere Remuneration zu bewilligen und deren Zahlung anzuordnen.

Im übrigen bemerke ich, daß, wie auch von der Königlichen Regierung zu N. verfügt worden ist, angestellten Lehrern für die Zeit ihrer Militärdienstleistung das Gehalt nicht vorenthalten werden kann, und daß die Kosten der Stellvertretung in dem Falle, daß die Schulgemeinde bei der Berufung des Lehrers mitgewirkt hat, auch von dieser getragen werden müssen.

M.-Erl. v. 20. Juni 1877 (Ctrbl. 1877, S. 345).

2.

Der Bericht der Königlichen Regierung vom 28. Oktober d. J., betreffend die Übernahme der Stellvertretungskosten für den zum Militärdienste einberufenen Lehrer N. zu N., hat Veranlassung zu einer erneuten Erörterung der Frage gegeben, wer zur Übernahme der Stellvertretungskosten für einen zum Militärdienst einberufenen provisorisch oder definitiv angestellten Lehrer verpflichtet ist.

Diese Erörterung hat zu dem Ergebnisse geführt, daß die qu. Kosten von denjenigen zu tragen sind, welchen überhaupt die Verpflichtung zur Aufbringung der Besoldung des Lehrers und der sonstigen Kosten der laufenden Schulunterhaltung obliegt, ohne Unterschied, ob dieselben (Schulgemeinden 2c.) bei der Berufung des Lehrers zu seinem Amte mitgewirkt haben oder nicht. Auch ist daraus, daß eine Mitwirkung der Schulgemeinde bei Berufung des Lehrers nicht stattgefunden hat, kein Anlaß zu entnehmen, die Kosten der Stellvertretung aus Staatsfonds zu decken oder der Schulgemeinde zur Deckung derselben eine Staatsbeihilfe zu gewähren.

M.=Erl. v. 30. Dezember 1880 (Ctrbl. 1881, S. 234).

§ 100. Dotation einer Lehrerstelle bei geringer Schülerzahl.

Auf den Bericht vom 6. v. Mts. eröffne ich der Königlichen Regierung, daß ich Anstand nehme, die Vorstellung des Lehrers N. wegen der Einkommensverbesserung der dortigen Schulstelle als unbegründet zurückzuweisen.

Den Ausführungen des Bittstellers ist zwar nicht in allen Beziehungen beizupflichten, auch würde es zu weit führen, alle Einzelheiten zu erörtern. Grundsätzlich darf aber eine geringe Schülerzahl nur insoweit bei Abmessung der Höhe des Einkommens einer Lehrerstelle von Einfluß sein, als es sich um Festsetzung einer Besoldung handelt, welche über das zum standesmäßigen Unterhalt einer Lehrerfamilie im allgemeinen Notwendige hinausgeht, da jede Lehrerstelle mit einem ausreichenden Einkommen ausgestattet sein soll, und dasjenige, was zum Unterhalte einer Lehrerfamilie notwendig ist, wohl von den Verhältnissen des Orts und der Zeit, nicht aber von der Zahl der Schulkinder, welche ein Lehrer zu unterrichten hat, abhängig sein kann 2c.

M.=Erl. v. 5. Dezember 1871 (Ctrbl. 1872, S. 85).

E. Dienstwohnung und Wirtschaftsräume.

§ 101. Notwendigkeit der Beschaffung von Lehrerwohnungen.

(Auszug.) Dienstwohnungen gehören zur ordnungsmäßigen Ausstattung der Elementarschulstellen, und es sind deshalb diejenigen, welchen die bauliche Unterhaltung einer Schule obliegt, wie zum Bau der Unterrichtsräume, so auch der erforderlichen Lehrerwohnungen verpflichtet. An diesem Grundsatz muß sowohl im Interesse der Lehrer selbst, als auch aus pädagogischen Rücksichten festgehalten, und kann deshalb nur unter ganz besonderen Verhältnissen dem Mangel von Dienstwohnungen für die Lehrer nachgesehen werden.

M.=Erl. v. 28. März 1862, (Ctrbl. 1862, S. 240).

§ 102. Vollständigkeit von Lehrerwohnungen.

1.

Der Königlichen Regierung sende ich die Anlagen des Berichts vom 25. März d. J. mit dem Eröffnen zurück, wie die Königliche Oberbaubehörde bei Superrevision des Projekts zum Neubau des evangelischen Schulhauses in G. es als einen Mangel bezeichnet hat, daß auf Anlage eines Kellers nicht Bedacht genommen worden ist, obgleich die Bodenverhältnisse keine Schwierigkeiten entgegenstellen. — Daß, wie im Erläuterungsbericht ausgeführt ist, in jener Gegend bei derartigen Gebäuden Keller nicht gebräuchlich seien, kann als hinreichender Grund zur Weglassung desselben im vorliegenden Falle und **bei öffentlichen Bauten überhaupt um so weniger gelten, als der Besitz eines kleinen Kellers für den Haushalt eines Lehrers im Bedürfnis liegt.**

M.-Erl. v. 19. August 1863 (Ctrbl. 1863, S. 542).

2.

Die den Lehrern zu gewährenden Dienstwohnungen müssen auch für den Wohnungsbedarf verheiratheter Lehrer ausreichend sein; dementsprechend ist in Ermangelung einer Dienstwohnung die Mietsentschädigung*) zu bemessen.

M.-Erl. v. 3. Januar 1882 (Ctrbl. 1882, S. 437).

§ 103. Heizbarmachung von Lehrerwohnungen.

Da sich der p. N. vor kurzem verheirathet hat, verehelichten Lehrern aber gegenwärtig grundsätzlich eine Dienstwohnung von mindestens 2 heizbaren Stuben nebst Zubehör zu gewähren ist, so erscheint sein Verlangen nach einem zweiten Ofen wohl begründet, um so mehr als die Wohnung übrigens sehr beschränkt ist und weder Kammer noch Kellerraum umfaßt. Auf den Einwand der Schulgemeinde, daß bereits früher ein beide Zimmer gemeinschaftlich heizender Ofen vorhanden gewesen, welcher lediglich auf Wunsch des p. N. entfernt worden sei, kann keine Rücksicht weiter genommen werden, denn einmal war dieser Ofen nach dem Zeugnisse des Lokalschulinspektors für seinen Zweck bereits gänzlich unbrauchbar, und sodann könnte es dem Lehrer nicht wohl zugemutet werden, stets beide Stuben unnötiger Weise gleichzeitig zu heizen. — Wir setzen hiernach als Interimistikum fest, daß in der zweiten Wohnstube des N. ein neuer Kachelofen zu setzen, die dadurch entstehenden Kosten den zur Schule gewiesenen Hausvätern aufzuerlegen und unter dieselben nach Maßgabe der landesherrlichen Steuern zu verteilen 2c.

Vfg. der Kgl. Regierung z. N. v. 7. Februar 1865 (Ctrbl. 1865, S. 371).

§ 104. Benutzung der Lehrerwohnung.

Der Gemeinde eröffne ich auf die Vorstellung vom 10. Mai d. J., daß das von der dortigen Schulgemeinde im Jahre 1858 erbaute Gebäude ausdrücklich zum Schullokal für die dritte Klasse und zur Wohnung für den dritten Lehrer bestimmt ist. Die in dem Gebäude befindlichen Wohnungsräume, welche das Bedürfnis einer Lehrerfamilie nicht übersteigen, sind daher dem Lehrer, auch wenn der jetzige Stelleninhaber unverheiratet ist, zu überweisen. Einen Teil der Wohnung zu Zwecken der Ortsgemeinde zu benutzen ist durchaus unstatthaft. Ist dies während der Amtszeit des vorigen Lehrers mit dessen Einwilligung geschehen, so folgt daraus nicht die Verpflichtung des gegenwärtigen Lehrers ein Gleiches zu dulden.

Hiernach kann den Anträgen der Gemeinde nicht entsprochen werden.

M.-Erl. v. 16. Juli 1864 (Ctrbl. 1864, S. 553).

§ 105. Anrechnung der Dienstwohnung bei dem Lehrereinkommen.

Auf den Bericht vom 7. d. Mts., betreffend die Beschwerde der Gemeinde N. wegen der angeordneten Erhöhung des Lehrergehalts, eröffne ich der Königlichen Regierung folgendes:

---

*) Wo Mietsentschädigung gewährt wird, so ist dieselbe in solcher Höhe zu bemessen, daß sie ausreicht, um die ortsübliche Miete für eine dem Stande des Lehrers angemessene Wohnung zu decken. M.-Erl. v. 7. Januar 1884 (Ctrbl. 1884, S. 194).

Bei Bestimmung der dem Lehrer zu gewährenden Besoldung kommt es auf den größeren oder geringeren Geldwert der in natura vorhandenen Dienstwohnung nicht weiter an, sondern es bedarf dazu nur der näheren Ermittelung des **neben** der freien Wohnung noch zum Unterhalt des Lehrers Notwendigen 2c.

M.=Erl. v. 29. August 1865 (Ctrbl. 1865, S. 489).

§ 106. Gewährung freier Wohnung neben dem Bargehalt des Lehrers.

Auf den Bericht vom 18. v. M. eröffne ich der Königlichen Regierung, daß es bei meinem Erlaß vom 8. v. Mts. bewenden muß.

Die Cirkular=Verfügung vom 7. Februar 1867 stellt für die Normierung der Lehrerbesoldung den Grundsatz fest, daß neben etwaigen Naturalbezügen und einem angemessenen Bargehalte freie Wohnung und der nötige Brennbedarf für Küche und Haus in Anspruch genommen werden sollen. Dieser Grundsatz ist auch in dem infolge dieser Cirkular=Verfügung erstatteten Bericht der Königlichen Regierung vom 8. Mai 1867 berücksichtigt. Wenn dennoch über diesen maßgebenden Grundsatz noch ein Zweifel hätte sein können, so wäre letzterer durch die Generalverfügung vom 17. August 1867 gehoben worden, namentlich können die in dem vorgeschriebenen Formular zu den Übersichten des Einkommens sämtlicher Elementarstellen enthaltenen Bemerkungen, deren genaue Beachtung bei Aufstellung der Übersichten noch ausdrücklich empfohlen ist, keinen Zweifel darüber lassen, daß jedem Lehrer **neben** freier Wohnung und Feuerung ein angemessenes Einkommen dargeboten werden soll. Zur Sicherung einer möglichst befriedigenden Ausführung der allgemeinen Anordnungen wiederholt die Cirkular=Verfügung vom 5. Mai 1869 mit Bezugnahme auf die Verfügung vom 7. Februar und 17. August 1867 unter anderem auch jenen Grundsatz, welcher außerdem der Königlichen Regierung nochmals bei Erlaß der Cirkular=Verfügung vom 3. August 1869 besonders eingeschärft worden ist 2c.

M.=Erl. v. 21. Dezember 1872 (Ctrbl. 1873, S. 101).

§ 107. Wirtschaftsgebäude. — Raumbedürfnisse.

Die Abteilung für das Bauwesen im Königlichen Ministerium für Handel 2c hat den derselben behufs der Superrevision des Entwurfs zum Neubau eines Wirtschaftsgebäudes auf dem Schulgehöft zu N. mitgeteilten Bericht der Königlichen Regierung vom 24. v. Mts. mit dem Bemerken an mich zurückgelangen lassen, daß dem Entwurf eine von dem Kreisbaumeister aufgestellte Berechnung des Raumbedürfnisses zum Grunde liege, in welcher landwirtschaftliche Prinzipien zur Anwendung gekommen seien, die, soweit der Gegenstand überhaupt vom bautechnischen Standpunkte aus beurteilt werden könne, zur Herbeiführung eines richtigen Resultats des Ernteertrages der zur Schulstelle gehörigen Ländereien und des danach zu haltenden Viehstandes schwerlich geeignet erscheinen.

In der zurückfolgenden Berechnung ist der aus Gärten, Äckern und Weideland bestehende Gesamtbesitz von 14 Morg. 162 Q.=R. in drei gleiche Teile geteilt und dabei angenommen, daß $^1/_3$ davon, 4 Morg. 174 Q.=R., zur steten Aufrechterhaltung der Tragfähigkeit des Landes ungenutzt als Brache liegen bleiben müsse, eine Annahme, die, namentlich bei einem Landkomplex von so geringem Umfange den in neuerer Zeit zur Geltung gekommenen ökonomischen Grundsätzen widerspricht. Abgesehen davon ist ferner in der Berechnung zwar das Gesamtbedürfnis an Scheunenraum mit 4375 Kbf. angegeben; es findet sich aber nicht, was die Hauptsache zur Beurteilung des Gegenstandes bleibt, ein spezieller Nachweis des bei der vorausgesetzten Aussaat zu erzielenden Ernteertrages der einzelnen Futtergattungen, der allein auch die Grundlage für die Ermittelung des Viehstandes giebt. Wird die überdies keiner Revision unterzogene Berechnung sachgemäß aufgestellt, so wird sich voraussichtlich das Raumbedürfnis anders herausstellen.

Die Königliche Regierung veranlasse ich, eine solche Berechnung von einem bewährten landwirtschaftlichen Sachverständigen aufstellen, nach dem Ergebnis derselben event. das Bauprojekt umarbeiten zu lassen und demnächst anderweit zu berichten.

M.-Erl. v. 26. Februar 1866 (Ctrbl. 1866, S. 244).

§ 108. **Beschaffung der Wirtschaftsräume in der Provinz Preußen.**

(Auszug.) Die Gemeinde ist verpflichtet, dem Lehrer die erforderlichen Wirtschaftsräume zu gewähren.

M.-Erl. v. 21. Juli 1862 (Ctrbl. 1862, S. 563).

E. Deputatholz.

§ 109. **Brennholzquantum in der Provinz Preußen.**

(Auszug.) In der Provinz Preußen bestimmt die Schulordnung vom 11. Dezember 1845 in § 45 Nr. 5 das Maximum des Brennholzes, auf welches ein Lehrer Anspruch haben soll. Diese Bestimmung hat allein den Zweck, jede weitere Anforderung abzuschneiden, sobald das Quantum von 15 Klaftern erreicht ist.

M.-Erl. v. 12. Mai 1862 (Ctrbl. 1862, S. 444).

§ 110. **Qualität des Deputatholzes.**

Dem Gesuche um Gewährung eines Zuschuß-Quantums zu dem Schuldeputatholze für die dortige Pfarre und Schule deshalb, weil dasselbe seit mehreren Jahren angeblich statt in gesundem in abgestorbenem Holze geliefert ist, kann nicht entsprochen werden. Nach der Mitteilung des Herrn Finanzministers gelangt in den Königlichen Forsten, wie überhaupt in allen regelmäßig bestandenen und bewirtschafteten Forsten, alljährlich ein mehr oder minder erhebliches Quantum im Absterben begriffenen, oder auch schon ganz abgestorbenen Holzes zum Einschlag, dergl. Holz, wenn es zur gehörigen Zeit regelrecht eingeschlagen und aufgearbeitet wird, ist zu Brennholz völlig tauglich und steht auch in der Qualität und Heizkraft dem gesunden Holze nicht nach. Es besteht deshalb für dasselbe der nämliche Taxpreis wie für das gesunde Holz, und wird überhaupt zwischen diesem und dem gesunden Brennholze in keiner Beziehung ein Unterschied gemacht. Von den Holzkäufern wird es, weil es schon gehörig ausgetrocknet ist, oft mehr gesucht und teurer bezahlt als das zum Einschlagen gelangte völlig gesunde Holz. Das Absterben ist nicht einmal ein unbedingtes Hindernis für Verwendung zu baulichen Zwecken.

Hiernach wird durch die Lieferung von dergleichen abgestorbenem Holze zu einer Beschwerde und zu dem Verlangen auf Gewährung eines Zuschusses durchaus kein Grund gegeben.

Die Bezugnahme auf die im Centralblatt für die Unterrichtsverwaltung pro 1862, S. 762, abgedruckte Verfügung vom 31. Oktober 1863 ist unzutreffend. Nach dieser Verfügung handelte es sich nicht um das Quantum des aus fiskalischen Forsten abzugebenden Brennholzes, sondern lediglich um die Verpflichtung der Gemeinde zur Anfuhr des gewährten Zuschusses an Holz. Dieser Zuschuß war aber deshalb gewährt, weil es sich in dem betreffenden Forstbezirk nicht um das unter gewöhnlichen Verhältnissen absterbende Holz, sondern, wie auch der Inhalt der erwähnten Verfügung ergiebt, um das in Folge einer großen Insektenverheerung abgestorbene Holz handelte, dessen Qualität und Brennkraft, nachdem es viele Jahre in abgestorbenem Zustande im Walde stehen geblieben war, sich allerdings vermindert hatte, und für welches daher auch eine niedere Taxe bestimmt werden mußte.

M.-Erl. v. 4. Juni 1864 (Ctrbl. 1864, S. 441).

§ 111. Brennmaterial für die Lehrerwohnung und die Schulstuben.

Auf den Bericht vom 18. v. Mts., die Beschaffung des Brennmaterials für den Lehrer N. zu N. betreffend, eröffne ich der Königlichen Regierung, daß, wenn es in ihrem Verwaltungsbezirk üblich ist, daß das den Landschullehrern gebührende Holzdeputat vorzugsweise zur Beheizung der Schulstube und nur der Überrest zu dem persönlichen Bedarf des Lehrers verwendet wird, und wenn diese Übung, was nur in jedem speziellen Falle auf Grund sorgfältiger Ermittelungen festgestellt werden kann, für rechtsbeständig zu erachten ist, einer derartigen Verbindlichkeit der Lehrer in den Vokationen gebührender Ausdruck verschafft werden muß. Andernfalls ist auch in dem dortigen Bezirk der in dem Erkenntnis des Obertribunals vom 11. März 1847 ausgesprochene Grundsatz, daß das vokationsmäßig ohne nähere Bestimmung einem Lehrer zugesicherte Brennholzdeputat nur für den Bedarf des Lehrers bestimmt ist, zur Geltung zu bringen.

M.-Erl. v. 4. August 1864 (Ctrbl. 1864, S. 494).

§ 112. Verwendung des Brenndeputats.*)

Auf die Eingabe vom 2. Mai cr., die Verabreichung von Brennholz an die dortigen Lehrer betreffend, gereicht den Orts- und Schulvorständen zum Bescheide, daß infolge dieser Eingabe die Angemessenheit der den dortigen Lehrern bisher gewährten Brennholzdeputatquanta einer sorgfältigen Prüfung unterworfen worden ist, und daß sich bei dieser Prüfung gegen die Höhe dieser Deputatholzquanta nichts zu erinnern gefunden hat.

Übermäßig groß den prinzipmäßigen Brennbedarf übersteigend sind die Deputate in keiner Weise gewesen.

Nur bei großer Sparsamkeit in der eigenen Wirtschaft vermögen Lehrer der dortigen Gegend, und zwar vorzugsweise auch nur die unverheirateten, einen Teil des ihnen gelieferten Brennmaterials zu erübrigen, — und ist denselben von der Königlichen Regierung zu N. mittelst Verfügung vom 5. September 1855, welche durch das Amtsblatt zur öffentlichen Kenntnis gebracht worden ist, gestattet worden, die ersparten Holzmassen nach zuvor eingeholter schriftlicher Ermächtigung der betreffenden Schulinspektoren zu veräußern, wogegen letztere angewiesen worden, diese Ermächtigung nur nach dem Ablauf des Jahres, für welches das Holz geliefert worden, und nur in dem Falle zu erteilen, daß der Überschuß infolge sparsamen Holzverbrauchs in der eigenen Wirtschaft der Lehrer sich ergeben.

Durch diese Bestimmung der Königlichen Regierung wird weder das Interesse des zur Lieferung des Holzes verpflichteten Gutsherrn, noch das Interesse der anfuhrpflichtigen Gemeinden benachteiligt und liegt daher keine Veranlassung vor, diese Bestimmung wieder in Wegfall zu bringen.

M.-Erl. v. 7. September 1864 (Ctrbl. 1864, S. 553).

---

*) § 115.

§ 113. Erhöhung des Brennbedarfs nach baulichen Veränderungen.

(Auszug.) Das dem Lehrer N. vokationsmäßig zustehende Holzdeputat von 5 Klaftern Klobenholz hat, so lange das alte Schulhaus gestanden, vollkommen ausgereicht zum persönlichen Bedarf des Lehrers und zur Heizung der Schulstube, welche mit der Wohnstube des Lehrers einen gemeinschaftlichen Ofen hatte. Die dem Lehrer auferlegte Verpflichtung zur Mitheizung der Schulstube hat daher auch von ihm aus seinem Holzdeputat erfüllt werden können.

Bei dem Neubau des Schulhauses aber sind die einzelnen zu beheizenden Räume nicht allein erheblich erweitert, sondern es haben auch die Schulstube und die Wohnstube jede einen besonderen Ofen erhalten. Diesen veränderten Verhältnissen gegenüber kann dem Lehrer nicht angesonnen werden, nunmehr die Schulstube noch ferner zu heizen, da sein Holzdeputat jetzt kaum für seinen eigenen Bedarf ausreicht, und derselbe dadurch in die Lage kommen würde, das Heizungsmaterial für die Schulstube aus seinen Mitteln anzukaufen. Hierin würde eine unzulässige Verringerung des Einkommens der Schulstelle liegen, so daß die Gemeinde sich nicht entziehen kann, jetzt den Brennholzbedarf für die Schulstube, der sich nach den bestehenden, auf technischen Erfahrungen fußenden Grundsätzen auf $4^1/_2$ Klafter kiefern Klobenholz pro Jahr berechnet, zu beschaffen. Dagegen ist es der Gemeinde unbenommen, einen Teil des Brennbedarfs in Torf oder Kohlen zu liefern und bleibt derselben zu überlassen, dieserhalb sachgemäße Anträge zu stellen.

M.-Erl. v. 1. Dezember 1864 (Ctrbl. 1864, S. 692).

§ 114. Beschaffenheit des fiskalischerseits zu liefernden Schulbrennholzdeputats.

Auf die Vorstellung vom 4. September d. J. eröffne ich nach Einsicht des von der Königlichen Regierung zu N. erstatteten Berichts dem Schulvorstande, daß dem Antrage desselben, der dortigen Schule nach wie vor jährlich 6 Klaftern kiefern Klobenholz aus Königlicher Forst verabfolgen zu lassen, mit Rücksicht auf die Bestimmung im § 61 des Anfangs zum Allgemeinen Landrecht und im § 39 Tit. II. der Forstordnung vom 8. Oktober 1805, nach welcher jeder Freiholzdeputat da, wo ihm Torf gegeben werden kann, wenigstens die Hälfte des Deputats in Torf anzunehmen, oder wenn er den Torf nicht annehmen will, sich mit der Vergütung des Brennholzes in Geld nach der Forsttaxe zu begnügen schuldig ist, nicht entsprochen werden kann. Es muß vielmehr bei der Anordnung verbleiben, daß der dortigen Schule die Hälfte des Deputats in Torf, und zwar nach der Brennzeit des letztern mit 3000 Soden oder $1^1/_2$ Klafter pro Klafter kiefern Scheitholz, oder eine Vergütung des Holzwertes nach der Forsttaxe verabfolgt wird.

M.-Erl. v. 26. November 1864 (Ctrbl. 1864, S. 693).

§ 115. Verwendung des einem Lehrer zustehenden Brennholzdeputats.*)

1.

Dem Magistrat und der Schuldeputation erwidere ich auf die Beschwerde vom 17. Januar d. J. wegen der angeordneten Regulierung des Brennholzbedarfs für die dortige katholische Schule nach Kenntnisnahme von den obwaltenden Verhältnissen, daß die Verfügung der Königlichen Regierung in N. vom 8. Dezember v. J. für gerechtfertigt erachtet werden muß.

Durch das in einem anderen Spezialfall ergangene Erkenntnis des Königlichen Obertribunals vom 11. März 1847 ist ausdrücklich festgestellt

*) Vergl. § 112.

worden, daß die vokationsmäßig einem Schullehrer zugesicherten Holzdeputate nur für den eigenen Bedarf des Lehrers bestimmt sind und daß der Lehrer das Deputat zur Beheizung der Schulstube nicht zu verwenden braucht.

Da nun seitens des Magistrats nicht nachgewiesen ist, daß den dortigen Lehrern A. und B. nach ihrer Vokation die Pflicht obliegt, das ihnen zugesicherte Holzdeputat zur Beheizung der Schulstube mitzuverwenden, da ferner nicht feststeht, daß jenen Lehrerstellen bei der früher geschehenen Erhöhung des Deputatholzes um 2 Klaftern die Verpflichtung zur Mitheizung der Schulstuben auferlegt ist, so kann den jetzigen Inhabern zu ihrem Nachteil die Heizung der Schulstuben aus dem ihnen als Besoldungs-Emolument zu gewährenden Deputatholz nicht zugemutet werden. Wenn daher die Königliche Regierung in N. auf den Antrag der genannten Lehrer eine Regulierung des Brennholzbedarfs der dortigen katholischen Schule für erforderlich erachtet und infolge dessen das zur Beheizung jeder Schulstube notwendige Brennmaterial nach sachverständigen Ermittelungen auf 4 Klaftern festgestellt hat, so entspricht dieses Verfahren durchaus den für die Beschaffung des Heizmaterials für Schulstuben maßgebenden Bestimmungen. Der Einwand des Magistrats, daß die Lehrer Überfluß an Brennmaterial haben und davon noch verkaufen, ist unerheblich, weil das Gesetz dem Berechtigten es nirgend untersagt über seine Emolumente beliebig zu verfügen.

M.-Erl. v. 3. April 1871 (Ctrbl. 1871, S. 474).

2.

Mit Rücksendung der Akten eröffne ich der Königlichen Regierung auf die Berichte v. . . ., daß ich die Beschwerde des Lehrers N. in N. vom 14. Januar cr. bezüglich der ihm zugemuteten Beheizung der Schulstube mit dem ihm vokationsmäßig zugesicherten Deputatbrennholze nicht für unbegründet erachten kann.

Eine Verpflichtung zur Beheizung der Schulstube ist dem Lehrer nicht auferlegt. Indem nun, wie in dem Erlasse vom 19. Februar 1859, bezw. dem Erkenntnis des Königlichen Obertribunals vom 11. März 1847 näher ausgeführt ist, das vokationsmäßig ohne nähere Bestimmung einem Schullehrer zugesicherte Brennholzdeputat nur für den Wirtschaftsbedarf desselben bestimmt ist und der Lehrer das Deputat zur Beheizung der Schulstube nicht zu verwenden braucht, kann es nicht gerechtfertigt erscheinen, daß dem Lehrer N. angesonnen wird, aus den erwähnten 4 Klftr. Holz die Beheizung der Schulstube zu bestreiten, zumal nach dem mit dem Bericht vom 12. August c. eingerichteten und wieder angeschlossenen Gutachten des Kreisbaumeisters das bezeichnete Holzquantum für die Wirtschaftsbedürfnisse des Lehrers nicht ausreicht. Dieser Auffassung steht auch der Umstand nicht entgegen, daß durch das Reskript vom 14. August 1841 die fraglichen 4 Klftr. Holz „zur Beheizung der Schulstube" bewilligt sind, weil für die Ansprüche des Lehrers zunächst die Vokation maßgebend ist.

Die Königliche Regierung veranlasse ich demgemäß, die Angelegenheit auf andere Weise für die Dauer der Amtszeit des N. zu regeln und die Gemeinde, falls ein gütliches Abkommen nicht zu erzielen ist, zur Lieferung des für das Schulzimmer erforderlichen Brennmaterials anzuhalten, bei der Neubesetzung der Stelle aber die Verwendung der jetzt aus fiskalischen Forsten zu liefernden 4 Klftr. Holz zur Beheizung der Schulstube ausdrücklich durch die Vokation bezw. den Dotationsplan sicher zu stellen.

M.-Erl. v. 14. November 1873 (Ctrbl. 1874, S. 212).

§ 116. Untersagung einer eigenmächtigen Veräußerung des Deputatholzes seitens der Lehrer in der Provinz Preußen.

In dem Geltungsbereich der Schulordnung vom 11. Dezember 1845 ist es in neuerer Zeit wiederholt vorgekommen, daß die Schullehrer das Holz, welches ihnen zur Heizung der Schulstube und der Wohnung, resp. zum Wirtschaftsbedarf vom Fiskus, von anderen Patronen oder den Schulgemeinden geliefert wird, ungeachtet der von den Aufsichtsbehörden erlassenen Verbote ganz oder zum Teil verkaufen, und dadurch teils die gehörige Beheizung des Schullokals beeinträchtigt, teils sich außer Stande gesetzt haben, bei ihrem Abgang den für das laufende Jahr noch erforderlichen Teil des Holzes dem Amtsnachfolger in natura zu gewähren. Um diesen Übelständen vorzubeugen, untersagen wir hiermit den Lehrern jede eigenmächtige Veräußerung des Deputatholzes und bestimmen insbesondere, daß in Zukunft bei jeder Neubesetzung einer Stelle, sowie bei jeder neuen Regulierung oder Erhöhung des Einkommens dem betreffenden Lehrer zum Protokoll oder in der Vokation zu eröffnen ist,

daß das Deputatholz nicht sofort in sein volles und unumschränktes Eigentum übergehe, er dasselbe vielmehr nur zur Heizung der Schulstube bezw. zur Befriedigung seiner Wohn- und Wirtschaftsbedürfnisse zu verwenden habe und ein etwaiges Ersparnis nur mit besonderer, schriftlicher Erlaubnis des Schulvorstandes und des Lokal-Schulinspektors resp. in Städten mit einer solchen Erlaubnis der Schul-Deputation zu veräußern befugt sei.

Jede Veräußerung des Deputatholzes ohne vorgängige schriftliche Ermächtigung ist mit größter Strenge disciplinarisch zu ahnden oder geeigneten Falls strafrechtlich zu verfolgen. In letzterer Beziehung machen wir die Königliche Regierung darauf aufmerksam, daß das Königliche Obertribunal mehrfach, insbesondere in den Erkenntnissen vom 3. März 1869 und 27. Juni v. J. angenommen hat, daß die in ähnlicher Lage wie die Lehrer befindlichen Forstbeamten, welche das ihnen zu ihren persönlichen Bedürfnissen gewährte Deputatholz ohne Genehmigung ihrer vorgesetzten Dienstbehörde veräußerten, sich einer kriminalistisch strafbaren Unterschlagung schuldig machen.

Wir veranlassen die Königliche Regierung, nach Maßgabe dieses Erlasses zu verfahren und die Schulinspektoren, sowie sämtliche Lehrer des Bezirks von dieser Verfügung in Kenntnis zu setzen.

M.-Erl. v. 14. September 1874 (Ctrbl. 1874, S. 658).

§ 117. Anfuhr der Brennhölzer für den Lehrer und das Schulzimmer.

(Auszug.) Nach § 29 Titel 12 Teil II des A.-L.-R. müssen sämtliche Gemeindemitglieder die Kosten zur Herbeiholung des Holzes tragen. Dieses muß auch für das zur Heizung der Schulstuben erforderliche Holz gelten, so lange die Zerkleinerung des Holzes durch den Lehrer geschieht; das Gesetz bietet keinen Anhalt, die erwähnten Lasten lediglich den Gespann haltenden Wirten aufzuerlegen.

M.-Erl. v. 13. August 1873 (Ctrbl. 1873, S. 685).

§ 118. Ermittelung des Bedarfs von Brennmaterialien für Schulhäuser nach der neuen Maß- und Gewichtsordnung.

Seit Erlaß unserer Verfügung vom 18. Juli 1846 und vom 24. April 1856, betreffend die Ermittelung des jährlichen Bedarfs an Brennmaterial für Schulhäuser, ist die neue Maß- und Gewichtsordnung eingeführt worden.

Um bei den von jetzt ab neu aufzustellenden Ermittelungen obiger Art zeitraubende Umrechnung zu ersparen, ist hierselbst folgende Tabelle aufgestellt worden:

I. Bei Feuerung mit kiefernem Kloben- oder Leibholz.

1. Für 100 cbm. zu erwärmenden Raumes der Schulstube 5,4 cbm.
2. „ 100 „ „ „ „ Wohnstube 10,8 „
3. „ 1 Erwachsenen zum Kochen und Waschen 0,835 „
4. „ 1 Kind „ „ „ „ 0,417 „

Außerdem in einzelnen besonders zu begründenden Fällen:

5. Für 1 Erwachsenen zum Brotbacken, Flachs- und Obstdörren 0,742 cbm.
6. „ 1 Kind „ „ „ „ „ 0,371 „
7. „ 1 Kuh { falls das zum Brühen des Viehfutters erforderliche Wasser nicht durch eine oben berücksichtigte Feuerung heiß gemacht werden kann. } 0,742 „
8. „ 1 Ferse oder Schwein 0,371 „
9. „ 100 cbm. zu erwärmenden Raumes der Gesindestube 5,4 „

II. Bei Feuerung mit anderen Brennmaterialien.

Zunächst ist der Bedarf an kiefernem Klobenholz nach vorstehenden Sätzen und aus diesem der Bedarf an anderem Brennmaterial zu berechnen, wobei die Heizkraft von 1 cbm. kiefernem Klobenholz der Heizkraft nachstehender Quantitäten gleich zu setzen ist:

1 cbm. kiefern Klobenholz = 0,8 cbm. hartem Holz,
= 1,5 „ Astholz,
= { 0,9 t. oder 3,3 Ctr. } Steinkohlen,
= { 1,5 t. oder 5,5 Ctr. } Gruskohlen,
= 0,93 cbm. Wiesentorf bester Qualität, wovon cbm. 605 kg. wiegt,
= 1,85 cbm. Wiesentorf schlechter Qualität, wovon 1 cbm. 272 kg. wiegt.

Für sämtlich vorgenannte Brennmaterialien ist ein lufttrockener Zustand angenommen.

Die ermittelten Ansätze entsprechen gewöhnlich örtlichen und baulichen Verhältnissen und Einrichtungen.

Die unter außergewöhnlichen Verhältnissen erforderlichen Abweichungen von diesen Ansätzen sind jedesmal zu begründen.

Verfgg. der Königlichen Regierung zu Oppeln vom 26. Oktober 1874 (Ctrbl. 1874, S. 662).

§ 119. **Bestimmung der Art des Brennmaterials für den Lehrer in den Provinzen Ost- und Westpreußen.**

(Auszug.) Wenn auch im Gebiete der Provinzial-Schulordnung vom 11. Dezember 1845 den zur Lieferung des für Schule und Lehrer erforderlichen Brennmaterials Verpflichteten die Befugnis der Regel nach nicht zu versagen ist, einen Theil des Brennmaterials in Torf anzuweisen, so ist bei dem Mangel einer mit dem Berechtigten getroffenen Vereinbarung eine Abweichung von der stehenden Art und Weise der Lieferung doch nur dann für zulässig zu erachten, nachdem das Verhältnis der verschiedenen Arten des Brennmaterials in einer angemessenen, den konkreten Umständen entsprechenden Weise festgesetzt ist.

Ich kann Ihnen daher nur anheimgeben, eine derartige Festsetzung bei der Königlichen Regierung in N. nachzuweisen, indem ich noch bemerke, daß der § 61 Anhang zum A.=L.=R. hinsichtlich des der Schule und dem Lehrer zustehenden Brennmaterials keine Anwendung findet.

M.=Erl. v. 14. März 1878 (Ctrbl. 1878, S. 302).

§ 119a. Aufbringung des Schläger-, Fuhr- und Hauerlohns für das Schulbrennholz.

— Der Königlichen Regierung erwidere ich auf den Bericht vom 24. Februar cr., daß ich die wieder beigefügte Beschwerde des Lehrers N. zu N. über die Nichtgewährung einer Entschädigung für das Schläger=, Fuhr= und Hauerlohn seines Deputatholzes für unbegründet nicht erachten kann.

Zwar ist dem p. N. in seiner Vokation vom 22. September 1851 die Verpflichtung auferlegt worden, mit den ihm zustehenden 5 Klaftern Deputatholz auch das Schulzimmer zu heizen; aber aus dieser Bestimmung folgt nicht, daß er im Interesse der Schulgemeinde aus seinen eigenen Mitteln die Kosten für Schläger=, Fuhr= und Hauerlohn zu bestreiten hat, zumal unter den gegenwärtigen Verhältnissen das ganze Holzdeputat zur Heizung der Schulstube verbraucht wird, und der Lehrer N. nichts davon zum persönlichen Gebrauche erübrigt.

Wenn dem Beschwerdeführer auch die außerordentliche Verpflichtung hätte auferlegt werden sollen, an Stelle der Schulgemeinde aus eigenen Mitteln das Schläger=, Fuhr und Hauerlohn für das zur Heizung der Schulstube erforderliche Holz zu bezahlen, so hätte dies ausdrücklich in der Vokation ausgesprochen werden müssen.

Die Königliche Regierung veranlasse ich daher, dem Antrage des Lehrers N. weitere Folge zu geben, insbesondere mit der Schulgemeinde zu verhandeln, und es sich angelegen sein zu lassen, womöglich eine gütliche Vereinbarung in der Sache zu vermitteln.

M.=Erl. v. 1. Mai 1865 (Ctrbl. 1865, S. 429).

F. Schulland. Beackerung.

§ 120. Berechtigung des Lehrers zur Nutzung der für die Schulstelle ausgesetzten Ländereien.

Auf die Vorstellung vom 29. Juli d. J. eröffne ich der Schulgemeinde, daß dem dortigen Lehrer die Naturalnutzung der zur Ausstattung der Schulstelle gehörigen Ländereien wider seinen Willen und ohne Genehmigung der Königlichen Regierung nicht entzogen werden kann.

Daraus, das der Besitztitel auf den Namen der Schulgemeinde lautet, kann keineswegs gefolgert werden, daß dem Lehrer der Nießbrauch nicht zustehe. Im vorliegenden Falle läßt zudem der Umstand, daß die in Rede stehenden Ländereien von jeher einen Teil der Lehrerdotation gebildet haben und auch dem jetzigen Lehrer vokationsmäßig zum Nießbrauch überwiesen sind, über den Charakter derselben: als zum Unterhalt des Lehrers bestimmt, nicht den mindesten Zweifel zu. Der Lehrer macht daher nur von seinem Rechte Gebrauch, wenn er die Ländereien selbst nutzt, und der Schulgemeinde steht die Befugnis nicht zu, nach ihrem Ermessen ihn in diesem Besitz zu belassen, oder ihm statt dessen einen Barbetrag zu gewähren.

M.=Erl. v. 14. September 1877 (Ctrbl. 1877, S. 638).

§ 121. Festsetzung von Lehrerbesoldungen in Rücksicht auf Entscheidung des Kreisausschusses bezüglich des Ertrages der Schulländereien.

Bei Rücksendung der Anlagen des Berichts vom 21. Januar d. J. eröffne ich der Königlichen Regierung, daß Ihre Festsetzung vom 18. August

1876, die allerdings im Wortlaute nicht vorliegt, doch dahin verstanden werden muß, daß der Lehrer N. in W. vom 1. Januar 1875 ab neben freier Wohnung und Feuerung ein Diensteinkommen von jährlich 750 Mark haben solle, teils bar, teils durch Anrechnung der Naturalien und des Ertrages der Schulländereien. Sind die letzteren dabei im Ertrage um ca. 53 Mark jährlich zu hoch geschätzt, so muß das Bargehalt entsprechend größer werden. **Für die Schätzung des Landertrages ist die Entscheidung des Kreisausschusses maßgebend.**

Auf das, was hiernach an 750 Mark fehlt, hat der p. N. zweifellos Anspruch, mindestens von dem Zeitpunkte der Anstellung der Klage ab. Für die Zeit vom 1. Januar 1875 bis zu diesem Zeitpunkt kann angenommen werden, daß der Lehrer N. sich bei der Anrechnung von 266 Mark als Ertragswert der Schulländereien beruhigt habe, also eine Nachforderung nicht machen könne.

Hierauf mache ich die Königlichen Regierungen zur Beachtung für ähnliche Fälle aufmerksam. Im übrigen ist der vorliegende Fall dadurch zu erledigen, daß, da die Gemeinde als leistungsfähig erscheint, die Königl. Regierung dem p. N. den festgestellten Differenzbetrag ohne Abzug aus Fonds Kap. 125 Tit. 12, beziehungsweise aus der der Königlichen Regierung neuerdings zu einmaligen Zuwendungen zur Verfügung gestellten Summe zahlen läßt.

M.=Erl. v. 4. März 1878 (Ctrbl. 1878, S. 242).

§ 122. Leistungen der Bestellungs- 2c. Kosten für den kulmischen Schulmorgen in der Provinz Preußen.

Auf den Bericht vom 19. September d. J., die Gewährung des fiskalischen Schulmorgens für die Schule zu N. betreffend, erwidere ich der Königlichen Regierung, daß ich mit dem Herrn Finanzminister der Ansicht derselben dahin beipflichte, daß, wo der Lehrer sein schulordnungsmäßiges Gehaltsminimum noch nicht bezieht, die Schulgemeinde nicht eher zur Barzahlung der Bestellungs- und Bedüngungskosten für den Schulmorgen angehalten werden darf, als bis der Schulmorgen in natura oder die Rente dafür vom Domänenfiskus gewährt worden ist. Beide Leistungen sind übrigens als Korrelate anzusehen, und demgemäß der Fiskus und die Gemeinde pro rata bis zur Ergänzung des Gehaltsminimums heranzuziehen.

M.=Erl. v. 9. Dezember 1861 (Ctrbl. 1862, S. 112).

§ 123. Verpflichtung zur Bestellung des Schulmorgens in der Provinz Preußen.

(Auszug.) Die Schulgemeinde ist nur verpflichtet, den Schulmorgen zu bestellen, wenn der Lehrer denselben selbst benutzt. Der Lehrer hat daher kein Recht, eine Geldentschädigung zu verlangen, wenn er den Schulmorgen verpachtet.

M.=Erl. v. 7. Februar 1863 (Ctrbl. 1863, S. 294).

§ 124. Rechtzeitige Bestellung des Schullandes.

— Die Gemeinde 2c. ist verpflichtet, das Schulland rechtzeitig zu bestellen. Geschieht es nicht, so ist der Schulvorstand berechtigt, die Bestellung auf Rechnung der Verpflichteten ausführen zu lassen.

M.=Erl. v. 30. Oktober 1862 (Ctrbl. 1862, S. 690).

§ 125. Bestellung des Schullandes in der Provinz Preußen.

1.

Die von dem Rechtsanwalt N. zu N. in Ihrem Auftrage angebrachte Beschwerde vom 15. Juni d. J. wegen Bestellung des dortigen Schullandes kann als begründet nicht anerkannt werden.

Die dortige Schule besitzt eine Landfläche von 9 Morgen 35 Qdrtr., während die Gemeinden N. und S. verpflichtet sind, auf einem kulm. Morgen die Bestellungs- und Düngungsarbeiten zu verrichten.

Das Verlangen, einen kulm. Morg. von der ganzen Landfläche auszusondern und auf dies Stück die Verpflichtung der Gemeinde zu den Bestellungsarbeiten zu beschränken, ist nicht statthaft, weil der Lehrer dadurch in der Benutzung der ganzen Landfläche wesentlich würde behindert werden. Vielmehr haben die Gemeinden alljährlich von dem ganzen Areal ein Stück Land in der Größe eines kulm. Morgens zu beackern, wie dies durch die Art der Bewirtschaftung der gesamten Ländereien bedingt wird 2c.

M.-Erl. v. 16. August 1865 (Ctrbl. 1865, S. 494).

2.

Da der Schule in N. für das Weiderecht bei der Gemeinheitsteilung eine besondere, wenngleich in unmittelbarem Anschluß an das Dienstland belegene Abfindung überwiesen, da in dem Dotationsplan der Schule vom 22. Februar 1855 ausdrücklich nur hinsichtlich des unter Nr. 3 aufgeführten Dienstlandes von 11 Morgen dem Lehrer die Bestellungs- und Düngungsarbeiten seitens der Gemeinde zugesichert sind, während die Weideabfindung unter besonderer Nummer (Nr. 7) aufgeführt ist, ohne daß hinsichtlich ihrer wegen der Bestellungsarbeiten eine Festsetzung getroffen worden, so ist die Verpflichtung der Gemeinde N., welche jene Arbeiten übernommen hat, auf das eigentliche Dienstland zu beschränken und kann nicht von ihr gefordert werden, daß sie alljährlich 11 Morgen von dem ganzen Areal, je nach der Wahl des Lehrers, beackere.

M.-Erl. v. 16. August 1865 (Ctrbl. 1865, S. 494).

3.

Auf die vom Hr. Minister des Innern an mich abgegebene Vorstellung vom 9. v. Mts. eröffne ich Ihnen, daß ausweislich der von mir eingesehenen Akten die dortige Gemeinde auf den zur Kirchschule gehörigen Ländereien von jeher nicht nur die Bestellungs- und Düngungsarbeiten, sondern auch die Erntearbeiten verrichtet hat. Da die Bestimmungen des § 12 der Schulordnung vom 11. Dezember 1845, wie aus § 17 hervorgeht, nur die geringsten zulässigen Sätze für das Einkommen des Lehrers festsetzen, so kann die Rechtsbeständigkeit einer Observanz, wonach bei einzelnen Sätzen mehr geleistet ist, als die Schulordnung vorschreibt, keinem Zweifel unterliegen. Es würde im Gegenteil nach der Bestimmung im § 17 der diesseitigen Genehmigung bedürfen, um eine Verringerung herbeizuführen. Hieraus folgt zugleich, daß es für die Verpflichtung der Gemeinde unerheblich ist, wenn dieses besonderen Verhältnisses in der Matrikel der dortigen Kirchschule keine Erwähnung geschehen ist, da eben zur Abänderung oder Aufhebung der bestehenden Observanz eine ausdrückliche, der diesseitigen Genehmigung unterliegende Festsetzung würde erforderlich gewesen sein.

Hiernach war Ihre Weigerung im Sommer vorigen Jahres zur anteiligen Verrichtung der Erntearbeiten auf dem Schullande unbegründet, und es ist daher gerechtfertigt, daß das dortige Schulzenamt diese Arbeit auf Ihre Kosten anderweitig hat verrichten lassen.

M.-Erl. v. 22. Juli 1865 (Ctrbl. 1865, S. 495).

4.

— Die Beschwerde des Dominiums vom 23. v. Mts., betreffend die Bestellung eines Teils des dortigen Schulackers, kann ich nicht für begründet erachten.

Nach § 12 der Schulordnung für die Provinz Preußen vom 11. Dezember 1845 hat die Schulgemeinde die Bestellungs- und Düngungsarbeiten auf einem der Schulstelle zu gewährenden Ackerstücke von der Größe eines kulm. Morgens zu verrichten. Kann dies Ackerland dem Lehrer nicht in natura gewährt werden, so ist demselben dafür nach § 13 a. a. O. eine von der Regierung zu bestimmende Rente anzuweisen. **Die Verpflichtung zur Düngung und Bestellung eines kulm. Morgens ist aber als eine besondere Leistung der Schulgemeinde anzusehen,** welche bei Feststellung der Rente **nicht** berücksichtigt wird, demnach für den Fall, daß dem Lehrer an der Stelle des Schulackers eine Rente gewährt wird, auf einem andern, zur Schule gehörenden und vom Lehrer zu bestimmenden Ackerstücke von gleicher Größe zu entrichten ist. Da die Schule zu N. auch nach Ablösung des sogenannten Schulmorgens durch Rente noch Ackerland besitzt, so geht die nicht aufgehobene Verpflichtung der Gemeinde zur Düngung und Bestellung eines kulm. Morgens auf einen entsprechenden Teil dieses Landes über.

M.-Erl. v. 16. Oktober 1865 (Ctrbl. 1865, S. 763).

5.

Ihre Behauptung in der Beschwerde vom 20. Juni d. J., daß der dortige Lehrer von der Schulgemeinde die freie Beackerung des ganzen Schullandes verlange, ist, wie ich aus dem Bericht der Königlichen Regierung zu N. ersehen habe, unbegründet, da nach demselben die Gemeinde stets nur zur Beackerung von 3 Morgen kulmisch angezogen worden ist. Dabei muß es aber auch in Zukunft verbleiben, weil die Gemeinde zu dieser Leistung nach § 3 des Schul-Regulierungs-Rezesses vom 7. Mai 1849 verpflichtet ist, und sich hingegen nicht auf den § 12 der Schulordnung vom 11. Dezember 1845 berufen kann, indem dieser nur diejenigen Sätze feststellt, welche als die geringsten zu betrachten sind, keineswegs aber ausschließt, daß wie im vorliegenden Falle durch den Rezeß und die bisherige Übung geschehen, dem Lehrer ein mehreres bewilligt werde. Was den Antrag, die von der Gemeinde zu beackernde Fläche ein- für allemal abzugrenzen, betrifft, so ist derselbe unstatthaft. Vielmehr hat die Schulgemeinde alljährlich jedesmal diejenigen 3 Morgen zu bearbeiten, welche ihr der Lehrer zu diesem Behufe anweist.

M.-Erl. v. 18. August 1863 (Ctrbl. 1863, S. 563).

§ 126. Beschränkung der Düngungsarbeiten auf das Schulland.

Auf den Bericht vom 11. September d. J., die Bestellungs- und Düngungsarbeiten auf dem der Schule in N. überwiesenen Schulmorgen betreffend, eröffne ich der Königlichen Regierung, daß ich die Beschwerde des Schulvorstandes daselbst vom 28. Juli d. J. nicht für unbegründet erachten kann. In dem Dotationsplan der Schule zu N. vom 20. September 1849 sind dem Lehrer ausdrücklich hinsichtlich des Schulackers von 2 Morg. 60 Q.-R. die Bestellungs- und Düngungsarbeiten zugesichert, aber wegen dieser Arbeiten hinsichtlich der Weideabfindung von 12 Morgen 136 Q.-R. sind keine

Festsetzungen getroffen. Danach ist die Verpflichtung der Dorfschaft N. und des Gutes O., welche die bezüglichen Feldarbeiten übernommen haben, lediglich auf den Dienstacker zu beschränken, und kann nicht gefordert werden, daß die Verpflichteten jährlich 2 Morgen 60 Q.=R. von dem ganzen Areal, je nach der Wahl des Lehrers beackern.

M.=Erl. v. 20. Dezember 1867 (Ctrbl. 1868, S. 245).

§ 127. Beschaffenheit der Weide in der Provinz Preußen.

— Wenn die Königliche Regierung hervorhebt, daß für den Preis von ... Thlr. jährlich eine **gute** Weide für zwei Kühe in dortiger Gegend nicht zu haben sei, so läßt sich daraus die Unzulänglichkeit der von der Gemeinde gepachteten Weide um so weniger herleiten, als der Lehrer nicht eine ausdrücklich gute Weide, sondern Weide schlechthin, also nur eine solche von mittlerer Güte zu fordern hat und demnach nach anderweitigen Erfahrungen ein Aufwand von ... Thlr. jährlich zur Beschaffung der freien Sommerweide schon als sehr erheblich anzusehen ist.

M.=Erl. v. 22. April 1864 (Ctrbl. 1864, S. 309).

§ 128. Anlegung besonderer Schulbrunnen.

— Es kann nicht zweifelhaft sein, daß die Gemeinden, denen gesetzlich die Unterhaltung der Schulen obliegt, verpflichtet sind, solche Veranstaltungen zu treffen, daß den Lehrern der Bedarf an Wasser sowohl für sie selbst **und** ihre Wirtschaften, als auch zum Betrieb der Schule jederzeit gesichert ist. Wenn daher auch nicht überall und unbedingt die Anlagen besonderer Schulbrunnen von den Gemeinden verlangt werden kann, so muß dies doch da geschehen, wo nicht in anderer Weise für das Bedürfnis der Schule und des Lehrers ausreichend gesorgt ist.

M.=Erl. v. 30. März 1864 (Ctrbl. 1864, S. 248).

G. Alterszulagen. (Aufsteigende Lehrergehälter.)

§ 129. Kompetenzverhältnisse bei Bewilligungen von Zulagen.

Auf die an den Herrn Oberpräsidenten der Provinz gerichtete und ressortmäßig mir vorgelegte Vorstellung vom 26. Februar d. J., betreffend die Grundsätze für die Bewilligung von Alterszulagen für dortige Elementarlehrer, eröffne ich dem Magistrate folgendes:

Zur zweckmäßigen Einrichtung mehrklassiger städtischer Elementarschulen ist ein stufenweises Aufsteigen der Gehaltssätze für die Lehrer notwendig. Dies kann sowohl in der Art stattfinden, daß die einzelnen Stellen, von einem zunächst für jüngere verheiratete Lehrer auskömmlichen Minimalsatz beginnend, nach oben stufenweis zu einem höhern festen Gehalt dotiert werden und die einzelnen Lehrer allmählich von den untern in die obern Stellen aufrücken; als auch in der Art, daß den Lehrern periodische Alterszulagen gewährt werden. Die Feststellung des Dotationsplans gebührt in dem einen wie in dem andern Fall der Königlichen Regierung, und die Ausführung des von derselben genehmigten Plans unterliegt demnächst in Bezug auf die einzelnen beteiligten Lehrer keiner von der Beschlußnahme der Schulgemeinde oder deren Vertreter abhängigen Modifikation. Die solchergestalt den Lehrern zu gewährenden Alterszulagen sind nicht persönliche Zulagen, sondern bilden einen Teil der normalen planmäßigen Lehrerbesoldung. Die Vorenthaltung der durch dieselbe den Einzelnen in Aussicht gestellten Vorteile können nur ausnahmsweise in disziplinarischen Rücksichten und folgeweise nur auf ausdrückliche Anordnung der Königlichen Regierung stattfinden.

Hiernach kann dem Antrag des Magistrats über die zur gehörigen Dotierung der dortigen Elementarschulstellen zu bewilligenden Alterszulagen in jedem einzelnen Falle im Einverständnis mit der Schuldeputation selbständig zu befinden, keine Folge gegeben werden.

M.-Erl. v. 17. Juli 1867 (Ctrbl. 1867, S. 477).

§ 130. System der Alterszulage bei Lehrergehältern.

(Auszug.) Die von der Königlichen Regierung in diesem wie in anderen Fällen zu sehr zur Geltung gebrachten theoretischen Bedenken gegen die Verbesserung der Lehrergehälter nach dem System der Alterszulagen beheben sich, wenn, wie dies auch anderwärts und namentlich im Regierungsbezirk N. geschieht, diejenigen Lehrerstellen, für welche ein besonders gearteter Wirkungskreis im Schulorganismus begründet ist oder höhere Ansprüche zu machen sind, von dem System ausgeschlossen bleiben und fest dotiert werden. Auch kann in vielen Fällen das wünschenswerte Resultat durch eine Verbindung des Prinzips der Ascension und der Dienstalterszulagen am besten erreicht werden, indem für gleichartige Gruppen oder selbst für jede einzelne Stelle ein niedriger zu bemessender Minimalsatz und bestimmte Alterszulagen festgesetzt werden, neben denen dann den Inhabern noch die Aussicht auf Ascension in eine höhere Gruppe oder Stelle bleibt. Selbstverständlich kann bei einer derartigen Regulierung, wie die Königliche Regierung schon hervorgehoben hat, nicht das volle Normalgehalt und daneben noch die Bewilligung von Alterszulagen gefordert werden, vielmehr wird es genügen, wenn die Berechnung so angelegt wird, daß die, resp. der Stelleninhaber im Laufe der Zeit so viel mehr über das Normalgehalt empfangen, wie sie vorher weniger empfangen haben.

M.-Erl. v. 4. Juli 1868 (Ctrbl. 1868, S. 476).

§ 131. Unzulässigkeit förmlicher Zusicherung von Einkommensverbesserungen bei steigendem Dienstalter in der Vokation der Lehrer.

Es ist beobachtet worden, daß in den von den Magisträten ausgestellten Vokationen für Volksschullehrer, oder in der beigefügten Nachweisung der Stelleneinkünfte dem Lehrer nicht allein dasjenige Einkommen, mit dem er angestellt wird, sondern auch die in Gemäßheit unserer Verfügung vom 22. August und 15. Oktober 1872 bei steigendem Dienstalter zu zahlenden Mehrbeträge von vornherein förmlich zugesichert werden. Das letztere Verfahren kann nicht gebilligt werden. Der Lehrer erwirbt einen Rechtsanspruch nur auf dasjenige Einkommen, mit dem er angestellt wird. Wenn wir durch die angefügten Verfügungen die Stadtgemeinde, bezw. Schulsozietäten von Schulaufsichtswegen verpflichtet haben, dem Dienstalter der Lehrer gebührende Rechnung zu tragen, und bei der Besoldung der Lehrer die mit Rücksicht auf deren Dienstalter entworfene Gehaltsskala anzuwenden, so erwächst zunächst hierdurch den Lehrern kein unbedingter und kein im Rechtswege verfolgbarer Anspruch von der Stadtgemeinde bezw. von der Schulsozietät, — welche, wie bemerkt, nur der Aufsichtsbehörde gegenüber, nicht aber dem Lehrer gegenüber zur successiven Verbesserung des Einkommens des letzteren verpflichtet ist, — bei steigendem Dienstalter diese Verbesserung zu **fordern**. Das Aufsteigen in eine höhere Gehaltsstufe setzt vielmehr voraus, daß der Lehrer durch sein gesamtes amtliches und außeramtliches Verhalten sich dessen würdig zeigt; ihm ohne Rücksicht hierauf das Aufsteigen in die höheren Gehaltsstufen rechtsverbindlich durch die Vokation zuzusichern, entspricht weder dem Interesse der Förderung des Schulwesens, noch dem der beteiligten Stadtgemeinden oder Schulsocietäten, noch kann eine solche unbedingte Zusicherung den Eifer der Lehrer rege erhalten.

Demgemäß empfehlen wir, fortan solche Zusicherungen in den Vokationen fortzulassen, was nicht ausschließt, darin auszusprechen, daß bei würdigem Verhalten und fortgesetzter eifriger und gewissenhafter Erfüllung der Amtspflicht der vocierte Lehrer auf die höheren Gehaltsstufen Aussicht habe.

Sobald die Erhöhung bewilligt wird, mag dies durch den von der Regierung zu bestätigenden Nachtrag zur Vokation beurkundet werden, wodurch alsdann der Lehrer einen rechtlichen Anspruch auf die Gehaltserhöhung erlangt.

Abschrift zur Kenntnisnahme mit dem Bemerken, daß die obige Verfügung in keiner Weise die Erwartung würdiger, fleißiger und pflichttreuer Lehrer, mit dem steigenden Dienstalter in die von uns festgesetzten Gehaltserhöhungen aufzurücken, verkümmern soll. Es ist deshalb bei gegebener Veranlassung etwaigen mißverständlichen Auffassungen der gedachten Verfügung entgegen zu treten.

Verfügung der Königlichen Regierung zu Oppeln v. 2. Juni 1875 (Ctrbl. 1875, S. 482).

§ 132. Anrechnung der im öffentlichen Schuldienst zugebrachten Zeit bei Gewährung sogenannter Dienstalterszulagen.

Auf den Bericht vom 20. v. M. eröffne ich dem Königlichen evangelischen Konsistorium, daß für die Bemessung der den Elementarlehrern an Volksschulen aus Staatsfonds zu gewährenden sogenannten Dienstalterszulagen die im **öffentlichen** Schuldienst zugebrachte Zeit als maßgebend zu erachten ist. Es unterliegt sonach keinem Bedenken, dem Lehrer und Dirigenten N. an der sechsklassigen Volksschule in N., wenn er nach Bestimmung der Cirkularverfügung vom 18. Juni 1873 — U. 22574 — überhaupt Anwartschaft auf eine Dienstalterszulage aus Staatsfonds hat, die Zeit anzurechnen, während welcher er als Elementarlehrer an dem mit einer Realschule erster Ordnung verbundenen Gymnasium in L. gearbeitet hat.

M.-Erl. v. 9. November 1874 (Ctrbl. 1874, S. 707).

§ 133. Nichtgewährung der an Privatschulen zugebrachten Zeit bei Gewährung von Dienstalterszulagen an Lehrer.

Auf die Eingabe vom 12. d. M. gereicht Ihnen zum Bescheide, daß nach den bestehenden Grundsätzen die an Privatunterrichtsanstalten zugebrachte Zeit den Lehrern bei Feststellung der zur Anwartschaft auf die Gewährung einer Dienstalterszulage berechtigenden Dienstzeit nicht in Anrechnung gebracht werden kann.

M.-Erl. v. 24. Januar 1874 (Ctrbl. 1874, S. 209).

§ 134. Anrechnung auch der Zeit provisorischer Anstellung eines Elementarlehrers in Bezug auf Bewilligung der sogenannten Dienstalterszulage.

Auf den Bericht v. 28. v. M. eröffne ich der Königlichen Regierung unter Bezugnahme auf die Cirkular-Verfügung vom 18. Juni 1873 — U. 22574 — und die Verfügung vom 24. Juli 1873 — U. 27775 — (Centralblatt Jahrgang 1873, S. 473), daß aus Ihren Anführungen kein Grund ersichtlich ist, dem katholischen Lehrer N. in N. die Antwartschaft auf eine sogenannte Dienstalterszulage aus Staatsfonds abzusprechen, da es lediglich darauf ankommt, seit wie lange einem Lehrer, gleichviel ob provisorisch oder definitiv, eine Stelle verliehen worden ist, und ob der Lehrer überhaupt zu denen gehört, welchen nach der Cirkular-Verfügung vom 18. Juni 1873 eine sogenannte Dienstalterszulage aus Staatsfonds zu bewilligen ist.

Hiernach wolle die Königliche Regierung das Weitere veranlassen und den Bittsteller auf die zurückfolgende Vorstellung vom 6. Dezember v. J. bescheiden.

M.-Erl. v. 17. Februar 1875 (Ctrbl. 1875, S. 350).

§ 135. **Ausschluß einer Anrechnung außerpreußischen Schuldienstes bei Bestimmung über die Dienstalterszulagen.**

Auf den Bericht vom 12. Juli d. J. eröffne ich der Königlichen Regierung, daß dem Lehrer N. in N. eine sogenannte Dienstalterszulage aus Staatsfonds nicht gewährt werden kann. Eine derartige Zulage ist nach den maßgebenden allgemeinen Bestimmungen erst nach Ablauf des 12. Kalenderjahres nach dem durch Verleihung einer Stelle an einer öffentlichen Schule erfolgten Dienstantritt zu bewilligen und hat die Bestimmung, denjenigen Volksschullehrern, welche die vorgeschriebene Zeit im öffentlichen Schulamt erfolgreich thätig gewesen sind, eine Erleichterung ihrer Lage in Anerkennung dieser ihrer dem Gemeinwesen geleisteten Dienste zu verschaffen. Dabei können Dienste, welche in einem anderen Staate an einer öffentlichen Schule geleistet sind, nicht in Betracht kommen, da der diesseitige Staat eine Anerkennung für solche Dienste zu gewähren nicht in der Lage ist. Auch läßt sich im allgemeinen nicht wohl behaupten, daß die Anrechnung außerpreußischen Schuldienstes bei Bestimmung über die Dienstalterszulagen den Zuzug auswärtiger Lehrer begünstigen werde. Dies könnte vielmehr, wenn überhaupt angenommen werden darf, daß darauf ein besonderes Gewicht gelegt wird, eher vom Gegenteil erhofft werden, indem ein Lehrer, welcher um der Dienstalterszulage willen in den diesseitigen öffentlichen Staatsdienst treten wollte, Grund hätte, dies sobald als möglich zu thun, wenn ihm der außerpreußische Schuldienst in dieser Hinsicht keinen Vorteil bringt.

Sollten übrigens im Einzelfall besondere Verhältnisse es gerechtfertigt erscheinen lassen, einem Lehrer, welcher nach den maßgebenden Bestimmungen zum Genuß einer sogenannten Dienstalterszulage aus Staatsfonds noch nicht gelangen kann, obwohl er, wenn ihm die außerpreußische Lehrthätigkeit an einer öffentlichen Schule angerechnet würde, darauf eine Antwartschaft hätte, eine außerordentliche Bewilligung zu teil werden zu lassen, so würde die Königliche Regierung in der Lage sein, nach Maßgabe der vorhandenen Mittel eine persönliche Zulage bezw. einmalige Zuwendung unter Beachtung der in dieser Beziehung ergangenen Bestimmungen zu gewähren.

M.-Erl. vom 18. September 1875 (Ctrbl. 1876, S. 68).

§ 136. **Ausschluß der Nachzahlung einer Dienstalterszulage an einen vom Amt suspendierten, demnächst wieder eintretenden Lehrer.**

Auf den Bericht v. 5. v. Mts. ermächtige ich die Königliche Regierung, dem katholischen Elementarlehrer N. zu N. die ihm aus dem Einkommen seiner Stelle für das verflossene Jahr noch zustehende — Mark durch Ihre Hauptkasse zahlen zu lassen.

Die persönliche Zulage, welche der p. N. mit Rücksicht auf seine Dienstzeit aus Staatsfonds im vorigen Jahre zu beziehen gehabt hätte, ist nach der Cirkular-Verfügung vom 8. Juni 1873 — U. III. 22574 — jederzeit widerruflich und gehört nicht zum Stelleneinkommen, unterliegt somit auch nicht gleichen Bestimmungen, wie das Gehalt selbst. Wenn eine solche Dienstalterszulage aus Staatsfonds infolge der Suspendierung eines Lehrers vom Amte in Gemäßheit der Bestimmung unter N. 4. c. der Cirkular-Verfügung vom 18. Juni 1873 zurückgezogen war, ist zwar die Zeit der Amtssuspension des Lehrers, wenn derselbe im Amte bleibt, bei Berechnung der zur Gewährung der Dienstalterszulage erforderlichen Dienstzeit in Betracht zu ziehen. Die Nachzahlung der aus Staatsfonds zu gewährenden Dienstalterszulage an einen Lehrer für die Zeit seiner Suspendierung vom Amte würde aber mit den Bestimmungen der Cirkular-Verfügung vom 18. Juni 1873 nicht vereinbar sein. Der Königlichen Regierung bleibt jedoch überlassen, zu erwägen, ob besondere Gründe der Billigkeit dafür sprechen, den dem p. N. hiernach erwachsenden Verlust in anderer Weise nach Maßgabe der sonstigen der Königlichen Regierung zur Verfügung stehenden Fonds und der wegen Verwendung ergangenen Bestimmungen auszugleichen.

M.-Erl. v. 4. Oktober 1876 (Ctrbl. 1876, S. 681).

§ 137. **Berechnung der Dienstzeit zur Gewährung der Dienstalterszulage bei Unterbrechung der Amtsthätigkeit.**

Es unterliegt, wie ich der Königlichen Regierung auf den Bericht vom 21. v. Mts. unter Hinweisung auf die wegen Gewährung von Dienstalterszulagen aus Staatsfonds an Lehrer und Lehrerinnen erlassenen früheren Verfügungen (Erlasse vom 18. Juni und 24. Juli 1873 — Ctrbl. 1873, S. 470*) und 473 — vom 17. und 24. Januar, 2. Juni, 9. Juli und 9. November 1874 — Ctrbl. 1874, S. 213, 209, 543, 541 und 707 — vom 17. Februar und 3. Juli 1875 — Ctrbl. 1875, S. 350 und 481 — und vom 18. September 1875 und 4. Oktober 1876 — Ctrbl. 1876, S. 68 und 681) hiermit eröffne, keinem Bedenken, daß wenn ein Lehrer, welcher aus dem Amte ausgeschieden gewesen ist, später wieder angestellt wird, demselben bei Berechnung der zur Gewährung oder Wiedergewährung der Dienstalterszulage erforderlichen Dienstzeit auch die früher zurückgelegte Dienstzeit in Anrechnung zu bringen ist, dergestalt, daß nur die Zwischenzeit von dem Tage des Ausscheidens aus dem früher innegehabten Amt bis zum Tage des Wiedereintritts in das Amt außer Ansatz zu lassen ist.

Aus welchem Grunde seiner Zeit das Ausscheiden aus dem früher innegehabten Amt erfolgt ist, macht hierbei keinen Unterschied. Es kommt insbesondere nicht darauf an, ob das Ausscheiden freiwillig erfolgt ist oder unfreiwillig, sei es infolge gerichtlicher Verurteilung, welche den Verlust des Amtes nach sich gezogen hat, sei es infolge einer Verurteilung zur Dienstentlassung im Wege des Disziplinarverfahrens.

Daß bei Berechnung der zur Gewährung oder Wiedergewährung der Dienstalterszulage erforderlichen Dienstzeit auch diejenige Zeit, während welcher ein Lehrer, bevor sein Ausscheiden aus dem Amte erfolgt ist, vom Amte suspendiert gewesen, in Betracht zu ziehen, d. h. in Anrechnung zu bringen ist, habe ich bereits in meinem Erlasse vom 4. Oktober 1876 (Ctrbl. 1876, S. 681) bemerklich gemacht.

Hiernach ist der Fall, welcher der Königlichen Regierung zu der Anfrage in dem Berichte vom 21. v. Mts. Veranlassung gegeben hat, zu erledigen und in Zukunft dem entsprechend zu verfahren.

M.-Erl. v. 17. Juli 1877 (Ctrbl. 1877, S. 411).

---

*) cfr. § 142.

§ 138. **Ausschluß der Anrechnung der Zeit einer Lehrthätigkeit an Privatanstalten bei Gewährung von Dienstalterszulagen; Möglichkeit entsprechender anderweiter Bewilligungen.**

Auf den Bericht vom 25. September d. J. eröffne ich dem Königlichen Konsistorium, daß es mit den Bestimmungen, welche für die Bewilligung von sogenannten Dienstalterszulagen aus Staatsfonds für Lehrer an öffentlichen Volksschulen maßgebend sind, nicht vereinbart ist, Lehrern, welche an Privat-Präparandenanstalten beschäftigt werden, die Zeit dieser Beschäftigung mit anzurechnen, wenn sie später im öffentlichen Staatsdienst Anwartschaft auf Zulagen in Rede stehender Art erlangen möchten. Die Lehrthätigkeit an einer **Privat**anstalt jedweder Art kann grundsätzlich niemals angerechnet werden, wenn es sich darum handelt, Volksschullehren mit Rücksicht auf ihre Dienstzeit an öffentlichen Volksschulen persönliche Zulagen (sogenannte Dienstalterszulagen) aus Staatsfonds zu gewähren.

Würde die gestellte Frage in einem gegebenen Falle hinsichtlich der Gewährung einer Dienstalterszulage aus Staatsfonds seiner Zeit thatsächlich werden, so wäre jedoch die Möglichkeit nicht ausgeschlossen, unter Umständen dem betreffenden Lehrer aus denjenigen Mitteln, welche dem Königlichen Konsistorium aus den zu meiner Verfügung gelangten Ersparnissen zu einmaliger Verfügung gestellt werden, entsprechende Bewilligungen bis dahin zu machen, daß er nach den maßgebenden Bestimmungen Anwartschaft auf eine Dienstalterszulage aus Staatsfonds erlangt hat. Ein Rechtsanspruch auf eine solche Zulage steht nach der Cirkularverfügung vom 18. Juni 1875 — U. 22574 — keinem Lehrer zur Seite.

M.-Erl. v. 30. November 1877 (Ctrbl. 1878, S. 104).

§ 139. **Zeitpunkt für den Beginn der Zahlung der Dienstalterszulagen an Lehrer.**

Die persönlichen Zulagen, welche Lehrern und Lehrerinnen an öffentlichen Volksschulen mit Rücksicht auf ihre Dienstzeit aus Staatsfonds bewilligt werden können, — die sogenannten Dienstalterszulagen, — sind in Gemäßheit meiner Anordnungen vom 18. Juni und 24. Juli 1873 (Ctrbl. 1873, S. 470 und 473) nach dem Kalenderjahr vom 1. Januar ab zu gewähren. Ebenso ist der Bedarf von Dienstalterszulagen bezw. der zur Zahlung derselben aus Centralfonds zu überweisende Zuschuß von Jahr zu Jahr vorschriftsmäßig bis zum 1. Januar jeden Jahres festzustellen und hier anzumelden. In diesen Beziehungen ist zufolge des Cirkularerlasses vom 5. Januar 1877 — U. III. 5001 — durch die Verlegung des Etatsjahres nichts geändert, wie dies durch die Cirkularerlasse vom 19. Februar v. J. — U. III. 6449 — und 13. Februar d. J. — U. III. 6108 — wiederholt in Erinnerung gebracht worden ist.

Im Laufe der Bewilligungsperiode kann sonach beim regelmäßigen Verfahren, abgesehen von gelegentlichen Berechtigungen aus besonderer Veranlassung im Einzelfalle, hinsichtlich der zahlbaren Dienstalterszulagen im allgemeinen nur insofern eine Veränderung eintreten, als Tod, Emeritierung und dergleichen der Empfänger, Abgänge, oder die Versetzung mit staatlichen Dienstalterszulagen bedachter Lehrer aus einem in den andern Verwaltungsbezirk Zugänge mit sich bringen. Im übrigen kommt es für das Rechnungswesen bezw. die Revision der Rechnungen darauf an, daß von seiten der beteiligten Königlichen Provinzial-Behörden bei Anweisung der Dienstalterszulagen genau angegeben wird, an wen und in welchem Umfange nach Maßgabe der in Betracht kommenden Bestimmungen Zahlung zu leisten ist.

Da es nicht die Absicht ist, die betreffenden Lehrer infolge der Verlegung des Rechnungsjahres ein Vierteljahr später, also statt vom 1. Januar erst vom 1. April ab, in den Genuß der Dienstalterszulagen bezw. der nach Zurücklegung einer längeren Dienstzeit zu gewährenden höhern Sätze derselben treten zu lassen, auch sonst entscheidende Gründe dafür vorliegen, bei der Bewilligung der in Rede stehenden Zulagen an der geltenden Einrichtung auch ferner festzuhalten, so müssen die für jedes Kalenderjahr festzusetzenden Dienstalterszulagen in der Weise zur Zahlung angewiesen werden, daß in den zur Revison gelangenden Rechnungen kein Zweifel darüber bleibt, welche Beträge bei einer nach wie vor vom 1. Januar bis Ende Dezember jeden Jahres laufenden Bewilligungsperiode in jeder der in Betracht kommenden beiden Rechnungsperioden zahlbar sind.

Hierauf mache ich die Königliche Regierung 2c. zur Sicherung einer gleichmäßigen Behandlung der Dienstalterszulagen aufmerksam.

M.=Erl. v. 5. Juni 1879, (Ctrbl. 1879 S. 486).

§ 140. Voraussetzung für die Zulässigkeit der Gewährung staatlicher Dienstalterszulagen an Lehrer.

(Auszug.) Die nach Maßgabe des Cirkularerlasses vom 18. Juni 1873 — U. 22574 — gewährbaren staatlichen Dienstalterszulagen sollen nicht dazu dienen, eine nach den örtlichen Verhältnissen auskömmliche Ausstattung der Lehrerstellen zu ersetzen, sondern eine zum Stelleneinkommen nicht gehörige, mit Rücksicht auf das Dienstalter gewährte, jederzeit widerrufliche, persönliche Bewilligung sein, welche eintreten kann, wenn nicht einer der unter 4 in dem Cirkularerlasse vom 18. Juni 1873 vorgesehenen Fälle vorliegt.

Die Stadt N. kann nicht gezwungen werden, den städtischen Lehrern und Lehrerinnen an den öffentlichen Volksschulen regelmäßig steigende Alterszulagen zu bewilligen, bezw. ein Besoldungssystem mit sogenannter beweglicher Gehaltsskala einzuführen. Wohl aber ist die Stadt von Schulaufsichtswegen anzuhalten, dafür zu sorgen, daß durch planmäßige Abstufung der Lehrer- und Lehrerinnengehälter nach den Verhältnissen des Ortes und der Zeit den älteren Lehrern und Lehrerinnen angemessene Besoldung zu teil werde. Findet in N. eine solche Regelung der Lehrer- und Lehrerinnenbesoldung statt, liegt also der unter 4 b. des Cirkularerlasses vom 18. Juni 1873 gedachte Fall vor, so bewendet es dabei und kann nicht davon die Rede sein, außerdem noch Dienstalterszulagen aus Staatsfonds gewähren zu wollen. Findet aber eine planmäßige Abstufung der Besoldungen in der gedachten Weise bis jetzt nicht statt, so muß dafür gesorgt werden, daß es geschehe, event. unter Gewährung von Staatsbeihilfe zur Erreichung der entsprechenden Stellengehälter. Damit würde wiederum der unter 4 b. a. a. O. gedachte Fall vorliegen, und die Gewährung staatlicher Dienstalterszulagen ausgeschlossen sein.

Allen möglichen Gestaltungen der verschiedenen Volksschuleinrichtungen in Bezug auf die Zulässigkeit oder Unzulässigkeit der Gewährung staatlicher Dienstalterszulagen in einer Formel Ausdruck zu verleihen, ist nicht thunlich. Nach der Natur der Sache ist aber die Gesamtheit der Schuleinrichtung des Ortes in das Auge zu fassen, um in Bezug auf die Frage nach der Zulässigkeit der Gewährung staatlicher Dienstalterszulagen darüber klar zu werden, ob es sich um ein größeres Schulsystem handelt oder nicht, d. h. um Schuleinrichtungen mit einer größeren Zahl von Schulklassen und Lehrerstellen, wie solche auf dem Lande nur ausnahmsweise, dagegen in Städten, namentlich in größeren und mittleren, in der Regel vorhanden sind. In N.

bestehen außer dem Gymnasium, der städtischen Realschule mit Vorschule und der städtischen höheren Töchterschule, mehrere städtische öffentliche Volksschulen für Knaben und für Mädchen. Es ist zwar nicht ersichtlich, wieviel Klassen und Lehrkräfte diese öffentlichen Volksschulen zählen. Es erhellt aber, daß diese Schulen mehrklassig sind, daß ihre Unterhaltung der Stadtgemeinde obliegt, und daß die gedachten Schulen im Sinne des Cirkularerlasses vom 18. Juni 1873 ein größeres Schulsystem bilden, bei welchem durch planmäßige Abstufung der Lehrergehälter für die angemessene Besoldung der älteren Lehrer und Lehrerinnen gesorgt werden kann und muß, somit die Bestimmung unter 4b. a. a. O. zutrifft ꝛc.

M.-Erl. v. 30. Juni 1880, (Ctrbl. 1880, S. 666).

H. Staatszuschüsse.

§ 141. Charakter der Staatszuschüsse zu Lehrerbesoldungen.

Auf den Bericht vom 16. v. Mts. die Besoldung des katholischen Lehrers in N. betreffend, erwidere ich der Königlichen Regierung das Folgende:

Die Gewährung von Staatszuschüssen zu dem bisherigen unzureichenden Stelleneinkommen der Elementarlehrer vokationsmäßig zuzusagen, muß in Aufrechthaltung des bisher befolgten Prinzips, wonach **nicht dem Lehrer** ein Rechtsanspruch gegenüber dem Staate einzuräumen ist, der Staat vielmehr mit dem Zuschusse nur **die unvermögende Gemeinde** subventioniert, grundsätzlich vermieden werden. Rechtfertigen es die Umstände im einzelnen Falle, von dieser Regel abzuweichen, so ist dabei wenigstens auszusprechen, daß es dem Befinden der die Vokation ausstellenden oder bestätigenden Regierung vorbehalten bleibt, den Zuschuß, für den event. die Gemeinde aufzukommen hat, zurückzuziehen.

M.-Erl. v. 6. Februar 1873 (Ctrbl. 1873, S. 183.)

§ 142. Gewährung zeitweiliger Gehaltszulagen an ältere Elementarlehrer und Lehrerinnen.

Vorschriften für die Verwendung.

Indem ich der Königlichen Regierung ꝛc. hiermit den Betrag von ... Thlrn. für den Zweck der Gewährung persönlicher Zulagen an ältere Lehrer und Lehrerinnen zur eigenen Verwendung auf den dortigen Bezirk überweise, und die bezügliche Kassenordre bald folgen lassen werde, füge ich folgende Bemerkung hinzu: Die Cirkular-Verfügung vom 11. Dezember pr. nahm die Einführung von Dienstalterszulagen nach einem festen System im Wege der Gesetzgebung in Aussicht. Diesen Gedanken unter Benutzung des wertvollen Materials, welches in den zur Sache erstatteten Berichten der Provinzialbehörden niedergelegt ist, weiter zu verfolgen, ist gegenwärtig nicht an der Zeit. Er wird vielmehr erst bei dem Entwurfe des Unterrichtsgesetzes wieder aufgenommen werden können. Indes erscheint erforderlich, gewisse allgemeine Grundsätze für die Verwendung der bewilligten Mittel festzustellen, um zur Vermeidung begründeter Beschwerden ein möglichst gleichmäßiges Verfahren in allen Teilen der Monarchie herbeigeführt zu sehen.

Es sind deshalb für die Verwendung der auf die einzelnen Regierungen, Konsistorien ꝛc. entfallenen Anteile folgende Gesichtspunkte zur Richtschnur zu nehmen.

1.

So wenig dem Staate eine Verpflichtung zur Gewährung der Dienstalterszulagen obliegt, ebensowenig steht den Lehrern oder Gemeinden ein rechtlicher Anspruch auf dieselben zu. Die Zulagen sind vielmehr als persönliche Bedürfniszulagen jederzeit revokabel und gehören nicht zu dem pensionsberechtigten Einkommen*). Mit dieser Maßgabe können sie zunächst auf den Zeitraum von 5 Jahren verliehen werden, nach deren Ablauf die zuständigen Behörden über die weitere Gewährung oder Zurückziehung zu befinden haben.

2.

Die Zulage darf dem Lehrer resp. der Lehrerin erst mit Ablauf des 12. Kalenderjahres nach dem durch Verleihung einer Stelle bezw. Adjuvantur erfolgten Dienstantritt gegeben werden, soll dann aber nicht unter 20 Thlr. bei Lehrern und 12 Thlr. bei Lehrerinnen betragen. Nach Zurücklegung einer Dienstzeit von 22 Jahren seit dem Dienstantritt darf die Zulage auf 40 Thlr. bei Lehrern und 24 bei Lehrerinnen erhöht werden.

Diese Sätze sind als die Regel festzuhalten. Eine weitere Erhöhung, mit welcher jedoch der Gesamtbetrag der Zulage 50 Thlr. nicht übersteigen soll, bedarf ministerieller Genehmigung.

3.

Die Zulage soll nicht gewährt werden:

a) wenn das Stelleneinkommen nicht nur auskömmlich ist, sondern für reichlich erachtet werden muß. Das letztere ist als vorhanden jedenfalls dann anzusehen, wenn das Einkommen der Stelle den doppelten Betrag des für denselben arbitrierenden oder noch zu arbitrierenden Minimalsatzes erreicht. Die Einnahmen aus Nebenämtern sind hierbei in dem nach den bestehenden Bestimmungen zu arbitrierenden bezw. durch dieselben vorgeschriebenen Maße auf das Einkommen der Lehrerstelle anzurechnen. Sodann ist die Zulage nicht zu gewähren

b) wo bei größeren Schulsystemen durch planmäßige Abstufung der Lehrergehälter resp. Einführung von Dienstalterszulagen für die angemessene Besoldung älterer Lehrer bereits gesorgt ist, oder füglich gesorgt werden kann.

Endlich zieht

c) die Suspendierung vom Amte den Wegfall der Zulage nach sich.

M.-Erl. v. 18. Juni 1873 (Ctrbl. 1873, S. 470).

§ 143. Zeit für den Beginn der Bewilligung, vorzugsweise Berücksichtigung der älteren Lehrer.

Auf den Bericht vom 12. d. Mts. eröffne ich der Königlichen Regierung, wie nach meiner Cirkular-Verfügung vom 18. v. Mts. nicht wohl ein Zweifel darüber sein kann, daß von den die Gewährung eigentlicher Dienstalterszulagen ins Auge fassenden Voraussetzungen meiner Cirkular-Verfügung vom 11. Dezember v. J. bei Verwendung der der Königlichen Regierung zur Gewährung von persönlichen Zulagen an ältere Lehrer und Lehrerinnen überwiesenen Mittel abzusehen ist, und daß für die aus letzteren erfolgenden Bewilligungen lediglich die Bestimmungen der Cirkular-Verfügung vom 18. v. Mts. maßgebend sind.

Somit ist nicht allen, sondern nur den bestimmungsfähig in Betracht kommenden älteren Lehrern und Lehrerinnen eine jederzeit widerrufliche persönliche Bedürfniszulage in den vorgeschriebenen Beträgen unter bezeichneten Modalitäten erst im Ablauf des 12. resp. 22. **Kalender**jahres nach dem durch Verleihung einer Stelle bezw. Adjuvantur **erfolgten Dienstantritt** zu bewilligen, so daß z. B., wenn keiner der in der Cirkular-Verfügung vom 18.

*) cfr. § 4 des Pensionsgesetzes v. 6. Juli 1885.

v. Mts. gedachten Hinderungsgründe vorliegt, ein überhaupt anstellungsfähiger, geprüfter Lehrer, der am 1. April 1861, gleichviel ob bei provisorischer oder definitiver Anstellung, vor oder nach abgelegter Wiederholungsprüfung, zuerst den Schuldienst angetreten hat und in demselben über den 1. April 1873 hinaus, wo er sein 12. Dienstjahr zurückgelegt hatte, verblieben ist, mit Ablauf des Kalenderjahres 1873, also vom 1. Januar 1874 ab, eine Zulage von 20 Thlrn. zu empfangen hat.

M.-Erl. v. 24. Juli 1873 (Ctrbl. 1873, S. 473).

§ 144. Veranlassung zur Entziehung der Dienstalterszulage, Ausschluß einer Nachzahlung an suspendierte Lehrer. — Termin für Erhebung von Besoldungszulagen aus Staatsfonds.

Auf den Bericht vom 7. v. Mts. eröffne ich der Königlichen Regierung, daß, wenn die Dienstführung eines Lehrers oder dessen Verhalten in oder außer dem Amte zu wünschen übrig läßt, der Königlichen Regierung zwar freisteht, ihn durch jedes zulässige Mittel zur Ordnung anzuhalten und nötigenfalls im Wege des Disziplinarverfahrens aus dem Amte zu entfernen. Nach der Cirkular-Verfügung vom 18. Juni v. J. soll aber erst die Suspension vom Amte den Wegfall der persönlichen Zulagen, welche Lehrern mit Rücksicht auf ihr Dienstalter ohne Rechtsanspruch und jederzeit widerruflich aus Staatsfonds verliehen worden sind, nach sich ziehen. Die den vom Amte suspendierten Lehrern vorenthaltenen Dienstalterszulagen aus Staatsfonds, welche einen Teil des Stelleneinkommens nicht bilden, sind, auch wenn Freisprechung erfolgt, nicht nachzuzahlen.

Bewilligungen aus Staatsfonds zu Lehrerbesoldungen, mögen dieselben Stellenzulagen, persönliche Zulagen oder sogenannte Dienstalterszulagen sein, sind in monatlichen Raten pränumerando zu zahlen, wobei es jedoch den Empfängern unbenommen bleibt, die Beträge vierteljährlich im letzten Monat des Vierteljahres zu erheben.

M.-Erl. v. 2. Juni 1874 (Ctrbl. 1874, S. 543).

§ 145. Unzulässigkeit der Gewährung einer persönlichen (sogenannten Dienstalters-) Zulage an Elementarlehrer, deren Emeritierung bereits genehmigt ist.

Auf den Bericht vom 21. Dezember v. J. eröffne ich der Königlichen Regierung, daß nicht nur keinem emeritierten Elementarlehrer in Rücksicht auf sein Dienstalter eine nach der Cirkular-Verfügung vom 18. Juni v. J. — U. 22574 — zahlbare, zum Stelleneinkommen jedoch nicht gehörige und daher bei der Emeritierung außer Betracht bleibende,*) persönliche Zulage aus Staatsfonds zu gewähren oder zu belassen, sondern auch bei Verleihung solcher Zulagen nach maßgebenden allgemeinen Grundsätzen zu verfahren ist, zumal die Lehrer überhaupt keinen Rechtsanspruch auf derartige Zulagen haben. Einem Lehrer, dessen Emeritierung bereits genehmigt oder entschieden ist, wenn eine der gedachten persönlichen Zulagen fällig resp. zahlbar wird, ist somit für die bis zum thatsächlichen Eintritt in den Ruhestand noch verfließende Zeit eine sogenannte Dienstalterszulage, welche er bekommen haben würde, wenn er im Amt verblieben wäre, nicht mehr neu zuzuteilen.

M.-Erl. v. 17. Januar 1874 (Ctrbl. 1874, S. 213).

§ 146. Unzulässigkeit der Zahlung eines Staatszuschusses an einen mit Verwaltung der Schulstelle beauftragten Präparanden.

Auf den Bericht vom 27. v. Mts. eröffne ich der Königlichen Regierung, daß die zur Besoldung eines zweiten **Lehrers** an der evangelischen Schule

---

*) cfr. § 4 des Pensionsgesetzes vom 6. Juli 1885.

zu N. aus dem N.er Schulfonds bewilligte Beihilfe von jährlich 40 Thlr. dem Schulamtspräparanden N. nicht gezahlt werden darf.

Die Bewilligungen aus Staatsfonds sind lediglich zu dem Zweck zu verwenden, zu dem sie bestimmt sind. Ein Präparand, dem die Verwaltung einer Schulstelle noch zu eigener Ausbildung gereicht und dem eine solche Verwaltung überhaupt nur ausnahmsweise, wenn auch augenblicklich ein geprüfter Lehrer für die Stelle nicht zu gewinnen ist, auf kurze Zeit übertragen werden darf, muß sich mit demjenigen begnügen, was die Verhältnisse ohne Hinzutritt der Staatskasse ihm zu gewähren gestatten.

Die Königliche Regierung wolle daher für baldige Besetzung der in Rede stehenden Schulstelle mit einem geprüften Lehrer sorgen und anzeigen, von welchem Zeitpunkt ab diesem der gedachte Zuschuß zu zahlen sein wird.

M.=Erl. v. 24. März 1866 (Ctrbl. 1866, S. 214).

§ 147. **Bezüge eines Präparanden bei Verwaltung einer Lehrerstelle aus dem für letztere ausgesetzten Staatszuschusse.**

(Auszug.) Wenn einem Präparanden ausnahmsweise ein Anteil an dem der Stelle bei ordnungsmäßiger Besetzung bestimmten Staatszuschuß eingeräumt wird, so soll dies nach der Cirkular=Verfügung vom 5. Mai 1869 nur nach Bewandnis der Umstände, also nach den konkreten Verhältnissen jedes Einzelfalles geschehen. Hiermit würde es nicht zu vereinigen sein, wenn die Königliche Regierung, wie es den Anschein hat, allgemein zwei Drittel der Staatszuschüsse dem Präparanden zuweist.

M.=Erl. v. 4. Dezember 1872 (Ctrbl. 1873, S. 35).

§ 148. **Remuneration für den eine Lehrerstelle vorübergehend verwaltenden Präparanden, insbesondere Gewährung einer Staatsbeihilfe.**

Auf den Bericht vom 16. Dezember v. J. eröffne ich der Königlichen Regierung unter Hinweis auf die Verfügung vom 24. März 1866 (Ctrbl. 1866, S. 243), daß ein Präparand, der ausnahmsweise zur Verwaltung einer Lehrerstelle zugelassen wird, sich in der Regel mit demjenigen als Vergütung begnügen muß, was die Verhältnisse ohne Hinzutritt der Staatskasse ihm zu gewähren gestatten. Wie die in der Cirkular=Verfügung vom 5. Mai 1869 enthaltene Ermächtigung zur Remunerierung zeitweiliger Verwalter einer Lehrerstelle zu verstehen ist, ergiebt unter anderm von neuem die Verfügung vom 23. März v. J. (Ctrbl. 1876, S. 303). Was die ausnahmsweise Heranziehung von Staatsfonds zur Gewährung einer Vergütung an Präparanden, welche aushilfsweise eine Lehrerstelle versehen, anlangt, so ist nach der Verfügung vom 5. April v. J. meine Genehmigung dazu in jedem einzelnen Falle nachzusuchen. Als allgemeine Norm ist auch im dortigen Regierungsbezirk festzuhalten, daß für einen Präparanden eventuell eine Vergütigung von 500 M. jährlich genügt.

M.=Erl. v. 10. Februar 1877 (Ctrbl. 1877, S. 150).

J. Zahlungstermin für Lehrergehälter.

§ 149. **Zahlungstermine für Lehrerbesoldungen und für Staatszuschüsse zu denselben. — Gnadenzeit für die Hinterbliebenen von Lehrern.**

(Auszug.) Die aus Staatsfonds zur Besoldung von Elementarlehrern bewilligten Beihilfen oder persönlichen Zulagen sind analog wie es für die Zahlung der Besoldungen an nicht in kollegialischen Verhältnissen stehende Staatsbeamte vorgeschrieben ist, in denjenigen Fällen, wo aus besonderen Gründen Elementarlehrergehälter seitens der Verpflichteten in vierteljährlichen

Raten entrichtet werden, auch die gedachten Staatszuschüsse, unbeschadet des vorerwähnten Prinzips, vierteljährlich abheben zu lassen, was in dortiger Provinz im Hinblick auf die Bestimmungen im § 20 des schlesischen Schulreglements vom 18. Mai 1801 besonders erleichtert wird.

Mit den Beweggründen für die monatsweise Zahlung der Staatszuschüsse steht im Einklang, daß nach den Grundsätzen, welche hinsichtlich der Anwendung der Allerhöchsten Kabinets=Ordre vom 27. April 1816 auf die Hinterbliebenen von Lehrern in der Ministerial=Instanz befolgt werden, nur die Bewilligung eines Gnadenmonats an Hinterbliebene von Landschullehrern eintritt und gemäß des Reskripts vom 4. April, 1867 — Ctrbl. S. 251 — die zur Lehrerbesoldung bewilligten Staatszuschüsse anteilig zur Erfüllung des Gnadenmonates zu zahlen sind.

Hiernach hat die Witwe des am 28. März d. J. zu N. verstorbenen Lehrers N. nur Anspruch auf die Besoldung ihres Ehemannes für den Monat April d. J. Wenn jedoch die Schulgemeinde der Witwe das Einkommen der Stelle bis zum 1. Juli d. J. belassen hat und deren Verwaltung bis dahin ohne besonderen Kostenaufwand für die Staatskasse hat erfolgen können, so will ich unter den obwaltenden Umständen und zumal es sich um eine persönliche Gehaltszulage handelt, ausnahmsweise gestatten, daß der Witwe der Betrag derselben mit 5 Thlr. für die Zeit vom 1. April bis Ende Juni d. J. gewährt werde.

Dem Antrag, die Königliche Regierung zu ermächtigen, der Witwe die ihrem verstorbenen Ehemann für das erste Semester d. J. angeblich noch zustehende persönliche Zulage mit 10 Thlr. zahlen zu dürfen, vermag ich nicht stattzugeben. Zunächst stand die persönliche Zulage dem verstorbenen Lehrer N. nur bis Ende März zu. Sodann hat die Witwe nur Anspruch auf einen Gnadenmonat. Da endlich nach der Allerhöchsten Kabinets=Ordre vom 15. November 1819 wohl der Gnadenmonat nur der Witwe, den Kindern und Enkeln des Verstorbenen, ohne Rücksicht darauf, ob sie dessen Erben sind oder nicht, zusteht, die Erben aber ein Interesse an dem Nachlaß haben und zu diesem diejenigen 5 Thlr. persönlicher Zulage gehören, welche der p. N. bei der vorschriftswidrigen und deshalb nicht länger beizubehaltenden Anordnung halbjähriger Zahlungstermine für das erste Vierteljahr d. J. überhaupt nicht hätten erheben können, so ist im Verwaltungswege die Zahlung dieser 5 Thlr. gegen Quittung der Witwe nicht zu verfügen.

M.=Erl. v. 21. Oktober 1771 (Ctrbl. 1872, S. 29).

§ 150. Vorauszahlung der Lehrergehälter.

Vor weiterer Beschlußnahme auf den Bericht vom 6. Dezember v. J. veranlasse ich die Königliche Regierung, die sachlichen Gründe anzugeben, aus welchen die evangelische Schulgemeinde zu N. einer Vorauszahlung*) des an den Lehrer regulativmäßig vierteljährlich abzuführenden Schulgeldfixums von ... Thlr. widersprochen und der Schulinspektor diesen Widerspruch unterstützt hat, zugleich aber sich darüber zu äußern, weshalb nicht der Versuch gemacht ist, den Widerspruch der Beteiligten durch geeignete Vorhaltung zu heben, da solche Vorauszahlung nicht nur wünschenswert, sondern auch zweckmäßig, daher gebräuchlich und insbesondere für die Zahlung der Besol=

*) Die Schulordnung vom 11. Dezember 1845 enthält keine Bestimmung über die Zahlung des Bargehalts der Lehrer. Der M.=Erl. v. 7 Mai 1883 (Ctrbl, 1883, (S. 439) ordnet an, das Gehalt monatlich praenumerando zu gewähren, wobei dem Empfänger unbenommen ist, den Gehaltsbetrag eines Vierteljahres im letzen Monate abzuheben.

dungen von Staatsbeamten, zu welchen die Lehrer doch mittelbar gehören, sogar vorschriftsmäßig sind.

M.-Erl. v. 29. Februar 1872 (Ctrbl. 1872 S. 225).

§ 151. Zahlungstermin für Lehrerbesoldungen, insbesondere der interimistisch angestellten Lehrer.

In der nebst Anlage beigefügten Eingabe vom 15. v. Mts. hat der Ortsvorstand zu N. gegen die Vorauszahlung des Lehrergehalts in Quartalen Beschwerde erhoben. Dem Umstande, daß der Lehrer N. nur interimistisch angestellt ist und in N. zu bleiben nicht beabsichtigt, läßt sich zwar eine Bedeutung nicht beilegen, da der p. N. seine Stelle nicht willkürlich verlassen darf, und somit eine Benachteiligung der Gemeinde in Beziehung auf die Gehaltszahlung nicht zu besorgen steht. Es fehlt aber überhaupt an einer gesetzlichen Grundlage, Gemeinden zur Vorauszahlung des Gehalts in Quartalraten an solche Lehrer, welche nicht in kollegialischen Verhältnissen stehen, zu nötigen; insbesondere trifft die Provinzial-Schulordnung vom 11. Dezember 1845 dieserhalb keine Disposition. Es wird daher, unter Verweisung auf die im Centralblatt der Unterrichtsverwaltung pro 1872 ergangene Verfügung, auch im vorliegenden Falle die Zahlung des Gehalts in Monatsraten praenumerando dem grundsätzlich in der Regel einzuhaltenden Verfahren gemäß anzuordnen sein, wenn nicht besondere, z. B. hier unbekannte Umstände die Königliche Regierung zu der abweisenden Anordnung veranlaßt haben. In letzterer Beziehung erwarte ich event. Bericht; sonst wolle die Königliche Regierung Verfügung in angegebenem Sinne treffen und den Ortsvorstand in meinem Auftrage bescheiden.

M.-Erl. v. 3. November 1873 (Ctrbl. 1874, S. 299).

§ 152. Zahlungstermin für Zulagen der Lehrer.

Auf den Bericht vom 4. März d. J. veranlasse ich das Königliche Konsistorium unter Bezugnahme auf die Cirkular-Verfügungen vom 5. September 1868 und 1869 (Ctrbl. 1869, S. 271) vom 1. Juli d. J. ab die nach Maßgabe der Cirkular-Verfügung vom 7. März d. J. aus Kapitel 125 Titel 4 des Etats der geistlichen und Unterrichtsverwaltung an Lehrer oder Lehrerinnen erfolgenden zeitweiligen Bewilligungen nicht nur gegen Quittungen der Lehrer oder Lehrerinnen, gleichviel ob die Zahlungen unmittelbar aus einer Stadtkasse oder durch Vermittelung einer Gemeinde-, Schul- oder sonstigen Kasse der öffentlichen Verwaltung geschehen, sondern auch durchgängig in monatlichen Raten praenumerando leisten zu lassen, wobei den Empfängern die Abhebung der Beträge für das Vierteljahr im letzten Monat desselben unbenommen bleibt.

Frühere entgegenstehende ministerielle Bestimmungen, namentlich diejenigen vom 8. Juli 1853 werden hierdurch aufgehoben.

M.-Erl. v. 9. Mai 1874 (Ctrbl. 1874, S. 399).

§ 153. Termin für Zahlung und Erhebung von Lehrerbesoldungszulagen aus Staatsfonds.

Auf den Bericht vom 18. v. Mts. eröffne ich der Königlichen Regierung, daß die allgemeine grundsätzliche Regel, nach welcher die aus Staatsfonds zur Besoldung von Elementarlehrern bewilligten Beihilfen von persönlichen Zulagen analog wie es für die Zahlung der Besoldungen an nicht in kollegialischen Verhältnissen stehende Staatsbeamte vorgeschrieben ist, in monatlichen Raten praenumerando zu zahlen sind, durch die von der Königlichen

Regierung unterm . . . erlassene Instruktion für die Schulvorstände nicht hat alteriert werden können. Wenn in der diesseitigen Cirkular-Verfügung vom 17. August 1867, durch welche der Königlichen Regierung bis auf weiteres jährlich . . . Thlr. zur Verbesserung von Lehrerbesoldungen überwiesen worden sind, bemerkt ist, daß die zu bewilligenden Beihilfen zunächst überall nur bis Ende 1871 in den üblichen Terminen und unter dem ausdrücklichen Vorbehalt des Widerrufs zu zahlen seien, so hat darum selbstredend nur die grundsätzlich allgemeine Zahlungsweise und nicht die in jener Instruktion vom . . . erwähnt sein können. Dasselbe ist der Fall bei der in Bezug genommenen diesseitigen Cirkular-Verfügung vom 9. Juli 1874. Die Berufung auf die im Centralblatt auszugsweise abgedruckte Verfügung vom 21. Oktober 1871 an eine Königliche Regierung in der Provinz Schlesien führt zu keinem anderen Ergebnis, indem die Verfügung nicht nur seine grundsätzliche Zahlungsweise ebenfalls als die festzuhaltende Regel ausdrücklich bezeichnet, sondern auch mit Rücksicht auf die für Schlesien geltenden gesetzlichen Bestimmungen hervorhebt, daß unbeschadet der in Rede stehenden grundsätzlichen Zahlungsweise eine vierteljährliche postnumerando-Zahlung stattfinden könne. Mein in dem Centralblatt abgedruckter Erlaß vom 2. Juni 1874 an eine Königliche Regierung in einer anderen Provinz mit besonderen gesetzlichen Bestimmungen hinsichtlich des Volksschulwesens enthält sonach nichts Neues, sondern wiederholt nur die Regel, daß auch im gedachten Bezirk Bewilligungen aus Staatsfonds zu Lehrerbesoldungen, mögen dieselben Stellenzulagen, sogenannte Dienstalterszulagen, oder sonstige Zulagen sein, in monatlichen Raten praenumerando zu zahlen seien, wobei es jedoch den Empfängern unbenommen bleibe, die Beträge vierteljährlich im letzten Monat des Vierteljahres zu erheben. Endlich kann der Königlichen Regierung aus zahlreichen Verfügungen, durch welche meinerseits Bewilligungen zur Besoldung von Lehrern auf neu errichteten Schulstellen erfolgt sind, nicht unbekannt sein, daß auch hierbei die allgemeine Regel einer Zahlung in monatlichen Raten praenumerando ausdrücklich vorgeschrieben und festgehalten wird.

Hiernach hat die Königliche Ober-Rechnungskammer mit Recht das von der Regel abweichende Verfahren der Königlichen Regierung moniert und eine Erstattung der zur Ungebühr gezahlten Beträge verlangt. Ein Grund, die Königliche Regierung von Befolgung der mehrerwähnten Regel zu entbinden, liegt nicht vor. Die erhobenen Einwendungen der Königlichen Regierung gewähren die Überzeugung nicht, daß es nicht ebenso, wie anderwärts, auch im dortigen Verwaltungsbezirk gelingen sollte, durch geeignete Maßnahmen zweckmäßige Einrichtungen zu treffen, welche den ordnungsmäßigen Bezug von Staatsbewilligungen gedachter Art thunlichst erleichtern.

M.-Erl. v. 23. Oktober 1876 (Ctrbl. 1876, S. 676).

§ 154. Termin für die Zahlung persönlicher Zulagen, insbesondere der Dienstalterszulagen aus Staatsfonds an Schullehrer; Termine für den Wegfall derselben bei dem Tode, der Emeritierung und der Versetzung des Empfängers.

Auf den Bericht vom 26. April d. J., bezüglich der Zahlung staatlicher Dienstalterszulagen an Elementarlehrer erwidere ich der Kgl. Reg. folgendes:

Wie sonstige jederzeit widerrufliche persönliche Zulagen, sind die in Gemäßheit des Cirkularerlasses vom 18. Juni 1873 (Ctrbl. 1873, S. 470) gewährten staatlichen Dienstalterszulagen regelmäßig in monatlichen Raten voraus oder nach Wunsch der Empfänger vierteljährlich im letzten Monate des Vierteljahrs nachträglich zahlbar.

Stirbt der Empfänger oder scheidet derselbe infolge Emeritierung oder dergleichen aus dem Amte, so ist auch die Zahlung der Dienstalterszulagen mit dem Ende desjenigen Monats einzustellen, in welchem die Amtsthätigkeit aufhört. In solchen Fällen ist also, wenn nicht ganz besondere Verhältnisse eine Ausnahme bedingen, von der Rückforderung eines Betrages für einen Teil des letzten Monats, für welchen die Dienstalterszulage grundsätzlich noch zahlbar war, im Hinblick sowohl auf den Zweck dieser Zulagen, als auch auf die Geringfügigkeit des in Betracht kommenden Teilbetrages abzusehen.

Im übrigen ist darauf Bedacht zu nehmen, daß in der Regel die Lehrer nicht inmitten eines Monats, sondern nur zu Schluß eines Monats aus den von ihnen bekleideten Stellen entlassen werden, wobei nichts hindert, ihnen zwischenzeitlichen Urlaub bis zum Monatsschlusse zu erteilen, wenn das Bedürfnis es erfordert.

Wird ein mit einer Dienstalterszulage bedachter Lehrer in einen andern Regierungsbezirk versetzt, ohne in seiner neuen Amtsstellung die Antwartschaft auf eine Dienstalterszulage aus Staatsfonds zu verlieren, so hat er letztere in dem Bezirke, in welchem er neu angestellt ist, von dem Zeitpunkt an zu empfangen, wo die Zahlung der staatlichen Dienstalterszulage in dem andern Bezirke aufgehört hat.

Hiernach wolle die Königliche Regierung in Zukunft verfahren und den Fall, welcher zu der Anfrage vom 26. April d. J. Anlaß gegeben hat, erledigen.

M.-Erl. v. 24. Juni 1880 (Ctrbl. 1880, S. 665).

§ 155. Nichtverpflichtung einer Gemeinde zur Aufbringung eines Lehrergehaltszuschusses für die Vergangenheit.

1.

Dem Königlichen Konsistorium erwidere ich auf den Bericht vom 3. d. M., das Stelleneinkommen des Lehrers N. in N. betreffend, daß die Verpflichtung der Gemeinde zur Aufbringung eines Gehaltszuschusses sich immer nur auf die der betreffenden Festsetzung folgende Zeit, nicht aber auf die Vergangenheit erstrecken kann. Im vorliegenden Falle ist daher die Gemeinde von der Aufbringung des Zuschusses für die Zeit pro 1870 bis incl. 1872 zu entbinden.

M.-Erl. v. 30. Mai 1873 (Ctrbl. 1873, S. 341).

2.

Ew. Hochwohlgeboren erwidere ich auf den gefälligen Bericht vom 23. v. Mts. ganz ergebenst, daß ich, da den Lehrern ein Rechtsanspruch auf Gehaltserhöhung überhaupt nicht zusteht, einem hier in allen streitigen Fällen befolgten Prinzipe entsprechend, Bedenken trage, dem Antrage der Petenten auf Nachzahlung der ihnen bewilligten Zuschüsse pro 1872 stattzugeben. Was andere Gemeinden, in Anerkennung der Billigkeit und im wohlverstandenen Interesse für das Schulwesen ihres Ortes thun oder auch vom Staate zur Unterstützung unvermögender Gemeinden schon pro 1872 hat geschehen können, weil bereits für das genannte Jahr die erforderlichen Mittel etatsmäßig zur Disposition gestellt waren, giebt den Bittstellern N. zu N. keinen Anspruch auf gleiche Behandlung. Ich kann es vielmehr im vorliegenden Falle nur bei der Verfügung der Königlichen Regierung in N. vom 11. Februar cr., die für zutreffend erachtet werden muß, bewenden lassen.

Ew. Hochwohlgeboren stelle ich hiernach ergebenst anheim, die Petenten, welche Grund haben anzuerkennen, daß die Aufbesserung ihrer Gehälter anscheinend ohne wesentliche Weiterungen, die an anderen Orten oft langen Aufschub verursachen, stattgefunden hat, ablehnend zu bescheiden.

M.-Erl. v. 14. Mai 1873 (Ctrbl. 1873, S. 341).

K. Gehaltsverhältnisse während der Amtssuspension.*)

§ 156. **Einziehung des rückständigen Gehaltes eines vom Amte suspendiert gewesenen Lehrers im Verwaltungswege.**

Auf den Bericht vom 31. v. Mts. erwidere ich der Königlichen Regierung, daß ich die Verweisung des Lehrers N. in N. auf den Rechtsweg wegen eines Teils seiner Gehaltskompetenzen um deswillen nicht für gerechtfertigt erachten kann, weil die Verpflichtung der Gemeinde zur Nachzahlung des Gehalts erst durch das in der Disziplinaruntersuchung wider den p. N. ergangene Urteil zweiter Instanz entstanden ist. Erst von diesem Zeitpunkte ab kann von einer Säumigkeit der Debenten und von einem Rückstand die Rede sein, und erst zwei Jahre nach Publikation des zweiten Urteils würde der Termin eintreten, mit welchem die Beitreibungsfähigkeit der Gehaltskompetenzen nach Nr. 1 der Allerhöchsten Kabinetsordre vom 19. Juni 1836 wegfällt.

Ich veranlasse deshalb die Königliche Regierung, die Einziehung der vollen Gehaltskompetenzen des p. N. nachträglich zu verfügen und den letztern demgemäß zu bescheiden.

M.-Erl. v. 28. November 1867 (Ctrbl. 1867, S. 763).

§ 157. **Aufbringung und Verwendung des Lehrergehaltes, insbesondere Verwendung eines Gehaltszuschusses aus Staatsfonds bei Amtssuspension des Lehrers.**

Auf den Bericht vom 6. Mai. d. J. eröffne ich der Königlichen Regierung, daß bei dem subsidiären Charakter der zur Besoldung der Lehrer für die Dauer des Bedürfnisses bewilligten, jederzeit widerruflichen Staatsbeihilfen keine Rede davon sein kann, im Falle der Amtssuspension eines Lehrers die Einbehaltung der Hälfte des Gehaltes desselben derart in Ausführung zu bringen, daß von demjenigen Teil des Gehaltes, welchen die zur Zahlung des Gehalts gesetzlich Verpflichteten aufbringen, die Hälfte, und von demjenigen Teile des Gehaltes, welchen der Staat zuschußweise gewährt, ebenfalls die Hälfte einbehalten werde. Es ist vielmehr klar, daß ein Staatszuschuß zur Zahlung der Gehaltshälfte, welche ein vom Amte suspendierter Lehrer während der Amtssuspension nur zu beziehen hat, überhaupt nur insoweit ferner zahlbar sein kann, als die zur Zahlung des Gehalts gesetzlich Verpflichteten die Hälfte des Gehalts, welche der Lehrer während der Amtssuspension zu empfangen hat, selbst aufzubringen außer stande sind.

Wie über die während der Amtssuspension einzubehaltende Hälfte des Diensteinkommens während der Dauer der Amtssuspension und nach Beendigung derselben je nach Verschiedenheit der Fälle zu verfügen ist, darüber enthalten die §§ 51—53 des Disciplinargesetzes vom 21. Juli 1852 ausreichende und nicht zu mißdeutende Vorschriften. U. a. ist der innebehaltende Teil des Diensteinkommens zu den Kosten, welche durch die Stellvertretung des Angeschuldigten verursacht worden, zu verwenden.

Danach kann es keinem Bedenken unterliegen, daß, wenn durch die Stellvertretung des angeschuldigten Lehrers Kosten verursacht werden, zur Deckung derselben, insoweit diese Kosten nicht aus dem Betrage, welchen die zur Zahlung des Gehalts gesetzlich Verpflichteten aufzubringen im stande sind, gedeckt werden können, der Staatszuschuß zur Lehrerbesoldung, welcher während der Amtssuspension einbehalten worden ist, mitverwendet werden kann.

---

*) Vergl. § 51—53 des Disziplinargesetzes vom 21. Juli 1852.

Wird der Lehrer demnächst freigesprochen und muß ihm demzufolge der innebehaltene Teil des Diensteinkommens vollständig nachgezahlt werden, so kann seitens der Staatskasse zu diesem Zwecke nur insoweit eine Zahlung geleistet werden, als der überhaupt nur zur Erfüllung des normalen Lehrerdiensteinkommens bestimmte Staatszuschuß noch nicht zur Zahlung der Stellvertretungskosten vollständig absorbiert ist. Denn die gedachten Staatszuschüsse sind nicht dazu bestimmt, ein mehreres zu leisten, als denjenigen Betrag der Besoldung eines Lehrers, welchen die gesetzlich Verpflichteten nicht aufzubringen vermögen. Ist dieser Betrag durch Verwendung zu den Stellvertretungskosten — gemäß § 51 des Gesetzes vom 21. Juli 1852 — bereits absorbiert, so ist es Sache der zur Zahlung der Besoldung gesetzlich Verpflichteten, dasjenige selbst aufzubringen, was etwa noch fehlt, um dem Lehrer im Falle des § 53 a. a. O. den innebehaltenen Teil des Diensteinkommens vollständig nachzuzahlen.

Ergiebt sich, daß die Verpflichteten dazu außer stande sind, so ist die Königliche Regierung ermächtigt, den Staatszuschuß vorübergehend insoweit durch eine neue Bewilligung zu erhöhen, als erforderlich ist, um die gesetzlich Verpflichteten in leistungsfähigem Stande zu erhalten.

M.-Erl. v. 14. Juni 1877 (Ctrbl. 1877, S. 344).

§ 158. **Anspruch auf die Hälfte des Gehaltes während der Amtssuspension. Wegfall der Zulagen aus Staatsfonds bei eintretender Suspension eines Lehrers vom Amt.**

Unter dem Diensteinkommen, von welchem ein vom Amte suspendierter Lehrer gemäß § 51 des Disziplinargesetzes vom 20. Juli 1852 während der Suspension die Hälfte behalten soll, ist, wie ich dem Königlichen Konsistorium auf den Bericht vom 21. v. M. eröffne, dasjenige Diensteinkommen zu verstehen, auf welches der Beamte einen rechtlichen Anspruch hat.

Zu diesem Einkommen gehören die zeitweiligen Gehaltszulagen für ältere Lehrer, die sogenannten Dienstalterszulagen, so wenig, wie andere persönliche Zulagen, welche Lehrer aus anderen Veranlassungen aus dem dazu bestimmten Staatsfonds Kap. 125, Tit. 12 des Staatshaushaltsetats ohne rechtliche Verpflichtung des Staats und jederzeit widerruflich gewährt werden.

Dieser Natur der gedachten Zulagen entsprechend ist hinsichtlich der sogenannten Dienstalterszulagen bereits in der Cirkular-Verfügung vom 18. Juni 1873 unter 4 c. ausdrücklich angeordnet, daß die Suspensation eines Lehrers vom Amte den Wegfall dieser Zulage nach sich zieht (Ctrbl. 1873 S. 470; vergleiche auch Erlaß vom 7. Juni 1877 im Centralblatt 1877, S. 411). Daß dasjenige, was wegen Zurückziehung der Dienstalterszulagen für den Fall der Suspension eines Lehrers vom Amt angeordnet ist, auch wegen Zurückziehung der nicht mit Rücksicht auf das Dienstalter, sondern aus anderen Veranlassungen gewährten persönlichen Zulagen für den Fall der Amtssuspension gelten muß, erscheint nicht zweifelhaft.

Die Voraussetzung des Königlichen Konsistoriums, daß der Staatszuschuß, welcher wegen Unvermögens der Schulgemeinde, die Lehrerbesoldung allein aufzubringen, zum Stelleneinkommen eines Lehrers gewährt wird, zur Bestreitung der Untersuchungskosten nicht zu verwenden sei, ist in dieser Allgemeinheit nicht begründet. Es ist vielmehr klar, daß, wenn ein vom Amte suspendierter Lehrer im Disziplinarverfahren nur mit einer Ordnungsstrafe belegt wird, und ihm demgemäß der innebehaltene Teil des Diensteinkommens ohne Abzug der Stellvertretungskosten nachzuzahlen ist, soweit derselbe nicht zur Deckung der Untersuchungskosten und der Ordnungsstrafe erforderlich ist, allerdings der Fall eintreten kann, daß der Staatszuschuß, insoweit derselbe zu dem einbehaltenden und vom Lehrer nachzuzahlenden Teile des Diensteinkommens gehört, zur Deckung sowohl der Untersuchungskosten als der Ordnungsstrafe erforderlich ist und dem entsprechend dazu verwendet werden muß.

M.=Erl. v. 10. Dezember 1878 (Ctrbl. 1878, S. 683).

§ 159. **Gehaltszahlung an suspendierte Lehrer während der Entfernung vom bisherigen Amtssitze und der Übernahme einer andern Stellung.**

Auf den Bericht vom 2. d. Mts., betreffend das Rekursgesuch des Schulkollegiums zu N. gegen die angeordnete Zahlung des Suspensionsgehaltes an den in Disziplinaruntersuchung befindlichen Lehrer N. eröffne ich der Königlichen Regierung, daß ich die Beschwerde nicht für unbegründet erachten kann. Auch die suspendierten Beamten bleiben nach wie vor der disziplinarischen Aufsicht der vorgesetzten Behörden unterworfen und dürfen sich insbesondere ohne Genehmigung weder von dem bisherigen Amtssitze entfernen, noch andere Stellungen übernehmen. Geschieht letzteres, so berechtigt der § 8 des Disziplinargesetzes vom 21. Juli 1852 (Ges.=Samml. S. 465 ff.), auch dem suspendierten Beamten die ihm belassene Hälfte des Gehalts zu entziehen.

Indem dem Lehrer N. die Genehmigung zur Übernahme seiner jetzigen Stellung in B. nicht erteilt ist, und sich derselbe eigenmächtig von seinem Amtssitze entfernt hat, kann ich es somit nicht für gerechtfertigt erachten, daß die Schulgemeinde N. im Wege der administrativen Exekution zur Zahlung der Gehaltshälfte an p. N. auch für die Zeit seiner Entfernung vom Amtssitze angehalten wird, zumal demselben besondere Entschuldigungsgründe nicht zur Seite stehen. Demgemäß veranlasse ich die Königliche Regierung, die behufs zwangsweiser Beitreibung der Gehaltshälfte getroffenen Maßregeln zurückzunehmen und den Lehrer N. wie auch das Schulkollegium hiervon in Kenntnis zu setzen.

M.=Erl. v. 19. Januar 1874 (Ctrbl. 1874, S. 214).

§ 160. **Disziplinarische Aufsicht über suspendierte Lehrer; Gehaltszahlung bei Entfernung vom Amtssitze.**

Auf die Vorstellung vom 16. und 30. v. Mts. eröffne ich Ihnen, daß auch die suspendierten Beamten der disziplinarischen Aufsicht ihrer vorgesetzten Behörden unterworfen sind und sich ohne deren Genehmigung nicht vom Amtssitze entfernen dürfen. Da Ihre Behauptung, daß eine solche Genehmigung erteilt sei, als begründet nicht angesehen werden kann, Sie vielmehr die Entfernung vom Amtssitze vorgenommen haben, bevor Ihnen eine Genehmigung dazu von der vorgesetzten Behörde erteilt war, so finde ich mich außer stande, den Magistrat in N., der nach § 8 des Disziplinargesetzes vom 21. Juli 1852 (Ges.=Samml. S. 465 ff.) die Ihnen sonst während der Amtssuspension gebührende Gehaltshälfte einbehalten hat, zur Zahlung derselben anzuhalten.

M.=Erl. v. 30. Juli 1874 (Ctrbl. 1874, S. 540).

§ 161. **Beschaffung der Stellvertretungskosten bei Amtssuspension.**

Aus dem Berichte vom 26. v. Mts., betreffend die Schulen in N. und N. habe ich ungern ersehen, daß die Königliche Regierung verabsäumt hat, nach erfolgter Amtssuspension der betreffenden beiden Lehrer alsbald das Nötige für die unterrichtliche Versorgung der beiden Schulstellen durch Anordnung der Stellvertretnng zu veranlassen.

Die Bemerkung der Königlichen Regierung, es sei ihr verboten, aus ihren Fonds zu Vertretungskosten Beihilfen zu gewähren, trifft in dieser Allgemeinheit keineswegs zu.

Abgesehen davon, daß die Königliche Regierung durch die Cirkular-Verfügung vom 5. Mai 1869 Nr. 13608 ermächtigt ist, für den Fall, daß der von den Nächstverpflichteten beibringliche Teil des Lehrergehalts zur notdürftigen Subsistenz eines zeitweiligen Verwalters einer Lehrerstelle (Schulhalters) nicht hinreicht, nach Bewandtnis der Umstände darüber zu befinden, ob und wieweit solchem ausnahmsweise ein Anteil an dem der Stelle bei ordnungsmäßiger Besetzung bestimmten Staatszuschuß einzuräumen ist (zu vergl. auch die Erlasse im Ctrbl. 1876, S. 344 und 1877, S. 150), daß die Königliche Regierung ferner in der Lage ist, dem Bedürfnisse ausreichender Remunerierung solcher Lehrer, welche erledigte Stellen vertreten, dadurch zu entsprechen, daß denselben außer der Remuneration, welche aus dem Stellengehalte abzüglich des bewilligten Staatszuschusses gewährt wird, noch eine fernerweite Entschädigung für die Stellvertretung durch Bewilligung außerordentlicher Zuwendungen aus den zu diesem Zwecke der Königlichen Regierung überwiesenen Mitteln zu gewähren, kommen insbesondere für den Fall der Amtssuspension eines Lehrers, die wegen Verwendung des ihm innebehaltenen Teils des Diensteinkommens zu den Kosten der Stellvertretung des Suspendierten bestehenden Vorschriften des Gesetzes vom 21. Juli 1852 in Betracht, bei deren Anwendung auch die Mitverwendung des zur Lehrerbesoldung gewährten Staatszuschusses, welcher während der Amtssuspension einbehalten worden, zur Deckung der Stellvertretungskosten keineswegs ausgeschlossen ist, wie dies in dem Erlasse vom 14. Juli 1877 (Ctrbl. 1877, S. 344) des näheren dargelegt ist.

M.-Erl. v. 13. Mai 1880 (Ctrbl. 1880, S. 673).

L. Verschiedene Angelegenheiten.

162. Schornsteinfegerlohn in Lehrerwohnungen.

Das Reinigen der Schornsteine steht dem Reinigen der Öfen und Ofenröhren, sowie den sonstigen Wohnungsreinigungen gleich. Daß das Schornsteinfegen einer besonderen polizeilichen Kontrolle unterliegt, macht in der Sache selbst keinen Unterschied. Das Schornsteinfegerlohn gehört daher zu den gewöhnlichen Wirtschaftskosten und muß also, sofern nicht besondere Rechtstitel eine Ausnahme begründen, von dem Nießbraucher getragen werden, demgemäß sind nach dem Regulativ vom 18. Oktober 1822 auch die Königlichen Beamten, welche Dienstwohnungen inne haben, zur Zahlung des Schornsteinfegerlohnes verpflichtet.

M.-Erl. v. 24. Juli 1862 (Ctrbl. 1862, S. 546).

§ 163. Umzugskosten der Elementarlehrer.

Zur Vermeidung von Streitigkeiten und prozessualen Weiterungen empfiehlt es sich, daß die Umzugsangelegenheit vor dem Anzuge*) des betreffenden Lehrers ins Klare gebracht werde.

Sollte sich deshalb eine Gemeinde überhaupt weigern, den nach § 39 bis 41 Teil II Titel 12 Allg. L.-R. ihr obliegenden gesetzlichen Verpflichtungen

*) Hat eine Vereinigung der Anzugsgemeinde mit dem Lehrer unter behördlicher Vollstreckungs-Erklärung nicht stattgefunden, so kann die Gemeinde im Verwaltungszwange zur Zahlung der Entschädigungssumme nicht angehalten werden. Vrfg. der Regierung zu Breslau v. 26. Mai 1880.

nachzukommen, so hat der betreffende Lehrer bei dem Königlichen Landratsamte, resp. bei dem Königlichen Domänen-Rentamte zu beantragen, daß die Gemeinde zur Erfüllung ihrer Pflicht angehalten werde.

Ebenso ist ein Antrag auf Festsetzung ihrer Entschädigungssumme an diese Behörde zu richten, wenn sich der anziehende Lehrer mit der Gemeinde über eine solche nicht einigen kann; wogegen es der betreffenden Gemeinde überlassen bleiben muß, die erforderlichen Fuhren in natura zu stellen, wenn sie die Entschädigungssumme für zu hoch hält. Die Herren Lokalschulinspektoren wollen hiernach die in ihren Aufsichtskreis eintretenden Lehrer in jedem einzelnen Falle rechtzeitig instruieren, damit der Amtsantritt derselben keinen Aufschub erleide.*)

Reg.-Verfgg. zu Köslin v. 13. August 1862 (Ctrbl. 1862, S. 565).

§ 164. Auseinandersetzung.

Die Auseinandersetzungen bei einem Lehrerwechsel müssen auf Grund der Vorschriften des Allg. L.-R. Titel 7 und 21 Teil I. bewirkt werden. Indessen haben einzelne Bezirksregierungen hierüber spezielle Instruktionen für den Umfang des betreffenden Bezirks erlassen, nach welchen verfahren werden soll.

Wir geben im Nachfolgenden die Instruktion der Königlichen Regierung zu Posen vom 28. Dezember 1852 (Staats-Anzeiger von 1853):

§ 165. Instruktion über das Verfahren bei Auseinandersetzungen des abziehenden Lehrers mit dem Schulvorstande oder mit dem anziehenden Lehrer.

Es ist in mehreren Fällen an den Tag gekommen, daß die Auseinandersetzung zwischen dem anziehenden und abziehenden Lehrer nicht genau in der Weise zu geschehen pflegt, welche das „Allgemeine Landrecht" vorschreibt, und daß infolgedessen Verkürzungen der Lehrer oder der Schulkassen stattfinden, gegen welche selten Restitution möglich ist, weil die Lehrer selten in der Lage sind, nachträglich erhobenen Ansprüchen auf Ersatz des zu viel Erhobenen gerecht zu werden, folglich auch ein Prozeß zur Geltendmachung solcher Ansprüche keinen Erfolg haben kann.

Um diesen Übelständen für die Zukunft vorzubeugen, sieht die Regierung sich veranlaßt, folgendes Verfahren zur Beachtung der Schulvorstände vorzuschreiben, und den Landräten und Distriktskommissarien, resp. den Magisträten bei eigener Verantwortung zur Pflicht zu machen, für die pünktliche Beachtung desselben Sorge zu tragen.

I. In betreff des baren Gehalts und der Naturalienbeiträge.

Da der Lehrer einerseits sein Gehalt vierteljährlich praenumerando zu beziehen hat, anderseits im Laufe des Quartals keine Versetzung erfolgen soll, so wird in dieser Beziehung in der Regel die Ausgleichung sich von selbst ergeben.

Hat ein Lehrer nicht zu Anfang des Quartals, in welchem er der Schule vorgestanden, sein Gehalt bekommen, so muß ihm dasselbe, falls er auch wirklich einige Wochen vor dem Ablauf des Quartals die Schule verlassen hat, vorausgesetzt, daß es mit der Genehmigung der Regierung geschehen, nachgezahlt werden, da der Termin der Fälligkeit entscheidet. Verläßt derselbe aber nach Erhebung des Gehalts ohne Zustimmung der Regierung

*) Die Regierung zu Breslau hat eine fast gleichlautende Verfügung erlassen (v. 26. Mai 1880, II. X 680).

seine Stelle, ehe das Quartal abgelaufen, so ist derselben davon Anzeige zu machen, damit sogleich wider denselben disziplinarisch eingeschritten und darüber befunden werden kann, ob und wie derselbe zu einer Erstattung anzuhalten sei.

Die Regierung wird übrigens stets in den Fällen, wo ausnahmsweise die Genehmigung zur Veränderung in den Lehrerstellen während eines Quartals gegeben ist, zugleich Bestimmung treffen, in welcher Weise die Ausgleichung in Bezug auf das Gehalt stattfinden soll. Tritt dagegen eine Dienstentlassung im Laufe des Quartals ein, so kann eine Rückforderung des einmal erhobenen Gehalts nicht stattfinden.

II. In betreff des Schullandes.

Hier gelten die Bestimmungen wegen Auseinandersetzung des Nießbrauchers mit dem Eigentümer Tit. 21, Teil I. § 143 u. ff. und 151 u. ff. des Allgemeinen Landrechts. Danach kommt der Grundsatz zur Anwendung, daß der Ertrag des letzten Wirtschaftsjahres nach einer Gesellschaftsrechnung zwischen dem Nießbraucher (dem abgehenden Lehrer) und dem Eigentümer (dessen Stelle der Schulvorstand resp. der anziehende Lehrer vertritt) nach Verhältnis der Zeit ihrer Berechtigung verteilt werden soll. Das Wirtschaftsjahr wird dabei vom 1. Juli bis 30. Juni gerechnet.

A. Ist daher das Land verpachtet, so ist das, was verteilt werden soll, durch § 168 a. a. O. bestimmt; dies ist nämlich das Pachtgeld selbst, welches dem § 166 gemäß nach Verhältnis derjenigen Zeit zu teilen ist, während welcher der abziehende Lehrer in diesem Wirtschaftsjahre sein Amt verwaltet hat, und nach Verhältnis der noch übrigen Zeit. Was bei dieser Teilung auf die letztere Zeit fällt, gebührt der Schulkasse oder dem anziehenden Lehrer. Beträgt also z. B. das Pachtgeld 40 Thlr. und ist der Lehrer am 1. April abgegangen, so kommen demselben für die Zeit vom 1. Juli bis 1. April drei Vierteile davon zu, während ein Vierteil der Schulkasse oder dem anziehenden Lehrer gebührt.

Eine Verpachtung des Schullandes seitens des Lehrers über die Amtszeit hinaus ist unstatthaft.

B. Hat der Lehrer das Land selbst bewirtschaftet, so hat derselbe nachzuweisen:

a) sämtliche Einnahmen der Zeit vom 1. Juli bis 30. Juni zu Gelde berechnet;
b) alle Ausgaben, wobei der Lehrer alle Bestellungskosten resp. den Wert der darauf gewendeten Arbeit sich in Anrechnung bringen darf.

Was nach Abzug der Ausgaben von dem Ertrage übrig bleibt, ist nach demselben Verhältnisse zu verteilen, wie dies mit dem Pachtgelde geschieht.

Zieht also ein Lehrer vor dem 1. Juli ab, so kommt ihm nichts zu, da alle Ausgaben, die er in Erwartung der kommenden Ernte bis dahin gehabt, durch die in dieser Zeit stattgehabten Einnahmen als gedeckt gelten müssen. Ebensowenig hat derselbe Anspruch auf die künftige Ernte, auch nicht auf Ersatz der Bestellungskosten, weil er gesetzlich verpflichtet ist, das von ihm bis dahin genutzte Land wirtschaftsgemäß bestellt dem Eigentümer, d. h. dem hier neu anziehenden Lehrer zu überliefern. Selbst wenn derselbe mit der Behauptung aufträte, daß er das Land bei seinem Anzuge nicht in wirtschaftlicher Kultur vorgefunden, so würde derselbe es sich nur selbst beizumessen haben, daß er bei seinem Anzuge seine diesfälligen Ansprüche nicht erhoben und dieselben verfolgt habe, weshalb ihm auch die weitere Geltendmachung solcher Ansprüche im Wege Rechtens überlassen werden muß.

Daraus ergiebt sich zugleich, daß, sollte von dem abziehenden Lehrer das Land nicht in ordentlicher wirtschaftlicher Kultur, wie es der Jahreszeit entspricht, abgegeben werden, das Fehlende durch Sachverständige festgestellt und bei der Auseinandersetzung dem Lehrer in Abzug gebracht werden muß.

Diese sämtlichen Bestimmungen folgen aus einer sorgfältigen Vergleichung der Vorschriften der §§ 12, 15, 22, 110, 111, 143 und 144, 164 und 165 Tit. 7 und §§ 451, 614, 615 und 617 Tit. 21, Teil I. des Allgemeinen Landrechts mit Rücksicht auf die eigentümlichen Verhältnisse der Lehrer zu dem ihrem Nießbrauch unterliegenden Schullande.

Insbesondere heben wir zur Beachtung folgende Paragraphen hervor:

Tit. 21 § 12. Er (der Nutznießer) muß die Sache während seines Genusses in dem Stande erhalten, in welchem er sie empfangen hat, und sie nach Endigung seines Rechts in eben der Beschaffenheit zurückgeben.

§ 22. Das vollständige Nutzungsrecht oder die Befugnis, eine fremde Sache nach der Art eines guten Hauswirtes ohne weitere Einschränkung zu nutzen oder zu gebrauchen, wird der Nießbrauch genannt.

§ 110. Übrigens kann jeder Nießbraucher sein Nutzungsrecht auch durch andere ausüben, das Recht selbst aber kann er anderen nicht abtreten.

§ 111. Nach geendigtem Nießbrauch muß die Sache mit allen dazu gehörenden Beilaßstücken zurückgegeben werden.

§ 143. In Ansehung der Nutzungen, welche zur Zeit des geendigten Nießbrauchs noch vorhanden sind, finden bei der Bestimmung, inwiefern sie dem Nießbraucher verbleiben oder dem Eigentümer anheimfallen, eben die Grundsätze, wie zwischen dem Eigentümer und dem redlichen Besitzer Anwendung. (Tit. 7, § 189 seq.)

§ 144. Es müssen daher auch von den Landgütern und anderen nutzbaren Grundstücken die Nutzungen früherer Jahre dem Nießbraucher gelassen, die des letzten Wirtschaftsjahres aber, in welchem der Nießbrauch aufgehört hat, zwischen dem Nießbraucher und dem Eigentümer geteilt werden.

§ 154. Aller zum Nießbrauch gehörende Ertrag des Gutes, vom Anfang des Wirtschaftsjahres an, muß dabei in Einnahme kommen.

§ 166. Der nach Abzug aller Ausgaben überbleibende Ertrag wird nach Verhältnis der vor und nach Erledigung des Nießbrauchs verflossenen Zeit zwischen dem Eigentümer und Nießbraucher oder dessen Erben geteilt.

Mit Rücksicht auf die hiernach dem Lehrer obliegenden Pflichten eines guten Hausvaters in Bezug auf die wirtschaftliche Verwaltung der Grundstücke wird hierbei noch insbesondere bestimmt, daß der Lehrer auch alle rohen, aus dem Gute herkommenden Wirtschaftsvorräte und den aus dem Gute gewonnenen Dünger gegen bloße Erstattung der Auslagen zurücklassen muß, wie denn auch derselbe während der Dauer seines Nießbrauchs Stroh und andere zur Vermehrung des Düngers dienende Materialien nicht verkaufen darf, sondern immer wieder auf das Schulland verwenden muß. Weitere Ansprüche sind an den abziehenden Lehrer nicht zu erheben.

Im übrigen wird jedoch endlich auf die Vorschrift des § 140, die dahin lautet, verwiesen:

> Wenn während der Dauer des Nießbrauchs der Nießbraucher die Sache durch unwirtschaftliche Verwaltung und Benutzung verringert, so hat der Eigentümer das Recht, dergleichen Betragen gerichtlich zu rügen, und sowohl auf die Wiederherstellung der etwa schon entstandenen Verschlimmerungen der Substanz als auf angemessene Einschränkung des Nießbrauchers in seinen künftigen Verfügungen anzutragen.

Die bei jeder Veränderung in einer Lehrerstelle hiernach von dem Schulvorstande unter Mitwirkung des Distriktskommissarius oder des Magistrats anzulegende Verhandlung ist dem Kreislandrate zur Bestätigung einzureichen, der Letztere aber ist verpflichtet, darauf zu sehen, daß vor dem Abzuge des Lehrers dieser Vergleich zur Ausführung gebracht, event. die Sache des Lehrers zur Erfüllung seiner Obliegenheiten zurückbehalten, oder wenn derselbe sie bereits weggeschafft hat, der Schulvorstand desjenigen Ortes, wohin der Lehrer gezogen, wegen Einbehaltung des Gehalts bis zur Deckung der Ansprüche requiriert werde. — Gleichzeitig ist der Regierung aber davon Anzeige zu machen, damit nötigenfalls wegen der etwa dabei zur Sprache kommenden Unredlichkeiten auch disziplinarisch eingeschritten werden kann.

Jedenfalls ist eine Abschrift eines solchen vom Landrate bestätigten Vergleichs zu den Regierungsakten einzureichen.

Daß dabei auch andere Ansprüche an den Lehrer in Bezug auf vollständige Überlieferung des Inventariums u. s. w. nicht außer acht gelassen werden dürfen, bedarf keiner Erwähnung.

Ebenso versteht es sich, daß die Schulvorstände von jeder unwirtschaftlichen, gegen die obigen Bestimmungen verstoßenden Behandlung des Schullandes von Seiten des Lehrers bei eigener Verantwortung der Regierung schleunige Anzeige zu machen haben.

§ 166. Auseinandersetzung im Geltungsbereich der Schulordnung vom 11. Dezember 1845.

Die Auseinandersetzung im Geltungsbereich der Schulordnung vom 11. Dezember 1845 erfolgt nach den Vorschriften des Allg. Landrechts 7. II. Tit. 11. § 822 — 831 und des Ostpreußischen Provinzialrechts Zusatz 205.*)

Im Zusatz 205 des Ostpr. Prov.-Rechts wird bestimmt:

a. In Ostpreußen und Littauen.

§ 1. In Ostpreußen und Littauen wird bei der Auseinandersetzung die Ernte mit dem letzten September für beendigt gehalten und das Wirtschaftsjahr vom 1. Oktober gerechnet.

§. 2. Wo die Einsaat und das übrige Wirtschaftsinventarium nicht zur Pfarre gehört, muß dasselbe nebst dem vorhandenen Heu, Stroh und Dünger dem neuen Pfarrer für die Taxe gelassen werden, und dieser muß den in den Äckern befindlichen Dünger nach Verhältnis der Zeit bis zur neuen Düngung vergüten.

§ 3. Die im Laufe des Jahres fällige Kalende wird mit dem letzten September für erworben gehalten.

§ 4. Vom Deputatholze werden auf die ersten sechs Monate vom 1. Oktober bis ersten April zwei Drittel und auf die letzten 6 Monate wird ein Drittel verteilt.

b. Im Ermlande.

§ 5. Im Ermlande wird die Ernte mit dem letzten August für vollendet angenommen, und das Wirtschaftsjahr vom 1. September gerechnet.

§ 6. Ist der vorige Kanonikus oder Pfarrer im ersten Quartal, doch nach vollendeter Wintersaat abgegangen oder verstorben, so erhält derselbe oder dessen Erben vom künftigen Wintergetreide ein Viertel, im zweiten die Hälfte, im dritten drei Viertel und im letzten Quartale die ganze Ernte.

§ 7. Ereignet sich die Vakanz nach bestellter Sommersaat und vor dem 1. Juli, so erhalten der Abgehende oder dessen Erben die Hälfte, wenn sich

---

*) cfr. Anhang 1, § 22.

aber die Vakanz nach dem 1. Juli ereignet, die ganze Ernte vom Sommergetreide.

§ 8. Nach den in § 6 und 7 bezeichneten Verhältnissen erhält der Nachfolger die künftige Winter- und Sommersaat unentgeltlich.

§ 9. Heu und Stroh verbleiben dem Nachfolger, wenn zur Zeit des Abganges die Einfuhr noch nicht geschehen ist; von dem schon eingefahrenen Heu und Stroh erhält er die Hälfte, und in Absicht des Heues vergütet der Nachfolger die Erntekosten verhältnismäßig.

§ 10. Auf Gartenfrüchte, welche der Abgehende gesäet oder gepflanzt hat, gebührt dem Nachfolger kein Anspruch.

§ 11. Baum- und andere Früchte, die zur Zeit des Abganges von der Substanz noch nicht geerntet waren, verbleiben dem Nachfolger.

§ 12. Der Nachfolger behält den Dünger und das geschlagene Holz auch dann, wenn es schon zusammengefahren sein sollte.

§ 13. Alle übrigen Einkünfte, mit Einschluß der Natural- und Geldpacht, müssen zwischen dem Nachfolger und dem Abgehenden oder dessen Erben nach Verhältnis der Zeit geteilt werden; wobei in Absicht der Pacht das Jahr vom 1. September, in Absicht des Sackzehnten vom 11. November, und in Absicht der Offertorialien vom Sonntage Quasimodogeniti gerechnet wird.

§ 14. Unter diesen näheren Bestimmungen (§ 1—13) sind sowohl in Ostpreußen und Littauen, als im Ermlande die Vorschriften des Allg. Landr. anzuwenden.

Bemerkung. Die etwaigen Streitigkeiten bei Auseinandersetzung sind im Rechtswege auszugleichen.

§ 167. Nutzung der Obstbäume.

Die Früchte und wirtschaftlichen Nutzungen von einzelnen auf dem Felde stehenden Obst- und anderen Bäumen gehören dem Nutznießer, an der Substanz der Bäume hingegen hat er keinen Anspruch. Tit. 11 Teil II. § 814 des Allgemeinen Landrechts. Mit Bezug auf die Bekanntmachung vom 24. Februar 1820 (Amtsblatt S. 69), nach welcher den Schullehrern nachgelassen ist, die Hälfte der von ihnen veredelten und versetzbaren Stämme alljährlich zu ihrem Vorteil zu verkaufen, mit Verbindlichkeit jedoch, daß die gehörige Anzucht neuer Stämme von ihnen nachgewiesen werde, werden die Schulvorstände aufmerksam gemacht, daß bei Todesfällen der Schullehrer weder ihren Erben, noch bei Versetzung der Schullehrer diesen selbst die Befugnis zusteht, Obstbäume und Stämme aus den Schulgärten, wenn sie selbige auch selbst gepflanzt haben, mit- oder herauszunehmen, vielmehr solche als Eigentum der Schulen den Nachfolgern ungeteilt überliefert werden müssen, da ihnen bloß der Nießbrauch während der Amtszeit zusteht.

Reg.-Verfgg., Münster, den 19. August 1829.

§ 168. Nutzung der Grundstücke.

Ew. Hochwürden eröffne ich auf die Vorstellung vom 12. April d. J., daß ich nicht in der Lage bin, eine generelle Bestimmung darüber treffen zu können, nach welchem Termin die Auseinandersetzung der abziehenden und anziehenden Lehrer und Küster wegen der Nutzung der Grundstücke des letzten Jahres in der Provinz Pommern zu bewirken ist.

Die Ansprüche der beiderseitigen Interessenten in einem solchen Falle sind privatrechtlicher Natur und demnach nicht von Oberaufsichtswegen, sondern nur im Rechtswege zu erledigen.

Hiernach muß es auch in dem von Ew. Hochwürden angeregten Spezialfalle der Witwe S. überlassen bleiben, ihre vermeintlichen Ansprüche gegen den Kantor B. zur richterlichen Entscheidung zu bringen, wenn nicht eine gütliche Einigung zustande kommen sollte.

M.-Erl. v. 30. Juli 1859.

Abschrift des Bescheides erhält die Königliche Regierung auf den Bericht vom 2. d. Mts. zur Kenntnisnahme, mit dem Bemerken, daß ein Bedürfnis, im Wege des Gesetzes eine Festsetzung des Termins herbeizuführen, nach welchem die Auseinandersetzung von abziehenden und anziehenden Kirchen- und Schulbeamten rücksichtlich der Nutzung der Grundstücke des letzten Jahres in der Provinz zu bewirken, nach den bisherigen Erfahrungen nicht anerkannt werden kann.

Berlin, den 30. Juli 1859.

16145 E. und U. Der Minister der geistlichen 2c.

§ 169. Remuneration für Vertretung einer vakanten Lehrerstelle.

Auf den Bericht vom 13. Februar d. J., die Remuneration des Lehrer N. in N. für geleistete Stellvertretung betreffend, eröffne ich der Königlichen Regierung folgendes. Der p. N. hat vom 15. bis 30. November 1866 Vertretung in der vakanten Rektorstelle geleistet. Daß dieselbe nur kurze Zeit gedauert hat, und daß eine erhebliche Mehrarbeit dem p. N. nicht entstanden ist, läßt die Frage, ob ihm dafür eine Remuneration gebühre, nicht verneinen. Jedenfalls dürfte die von dem Magistrat bei der Stadtverordnetenversammlung in der Höhe von . . . Thlrn. beantragte Remuneration die Grenzen der Billigkeit nicht übersteigen. Daß dem p. N. früher und außer jedem Zusammenhang mit dieser Stellvertretung eine Unterstützung von 30 Thlrn. bewilligt worden ist, kann für die jetzt von ihm beantragte Remuneration in keiner Weise in Betracht kommen. Zur Gewährung der Remuneration sind in dem ersparten Gehalt der Rektorstelle die Mittel vorhanden. Die Stadtverordnetenversammlung hat kein Recht, darüber zu befinden, ob eine Remuneration zu bewilligen sei. Hiernach veranlasse ich die Königliche Regierung, dem Magistrat in N. aufzugeben, dem p. N. für die von ihm geleistete Stellvertretung eine Remuneration von . . . Thlrn. zu zahlen.

M.-Erl. v. 11. April 1868 (Ctrbl. 1868, S. 304).

§ 170. Die Remuneration kann aus dem vakanten Gehalt genommen werden.

Auf die gegen Entscheidung vom 11. v. Mts. erhobene Remonstration vom 8. d. Mts. dient dem Magistrate zum Bescheide, daß ich auch durch die vorliegenden Anführungen mich nicht veranlaßt finden kann, von meiner Verfügung abzugehen. Wenn es in der Vokation des Lehrers N. heißt, daß er verpflichtet sei zur Vertretung im Falle der Erkrankung eines Lehrers, oder wenn eine oder die andere Stelle vakant geworden sei, so ist doch nicht ausgesprochen, daß diese Vertretung unentgeltlich geschehen müsse. Im ersten Falle ist dies allerdings selbstverständlich, im anderen aber liegt die Remuneration aus dem vakanten Gehalte so sehr in der Natur der Sache, daß es nicht verständlich ist, wie der Magistrat sich zu einem prinzipiellen Widerspruch hat herbeilassen und zugleich folgern können, daß er wöchentlich zur Zahlung von Remunerationen angegangen und event. angehalten werden würde, da voraussichtlich kein Lehrer auch nur eine stundenweise Vertretung unentgeltlich mehr leisten würde. Vakanzen treten nicht wöchentlich ein. Das Recht der Aufsichtsbehörde, im vorliegenden Falle die Remuneration für die stellvertretende Verwaltung einer vakanten Lehrerstelle festzustellen, resultiert aus ihr in der Instruktion vom 23. Oktober 1817 bezüglich des Elementarschul-

wesens übertragenen Befugnissen. Sollte übrigens wie der Schlußsatz in dem Schreiben des Magistrats anzudeuten scheint, in dem dienstlichen Verhalten eines der dortigen Lehrer ein Anlaß zur Korrektur liegen, so ist dies in geeigneter Weise zur Kenntnis der vorgesetzten Aufsichtsbehörde zu bringen. **Eine Disziplinargewalt über die Lehrer gebührt dem Magistrat nicht.**
M.=Erl. v. 23. Mai 1868 (Ctrbl. 1868, S. 357).

§ 171. **Nichtgewährung außerordentlicher Remuneration für angebliche Mehrleistungen normalmäßig besoldeter Elementarlehrer.**

Auf den Bericht vom 18. v. Mts. eröffne ich der Königlichen Regierung, daß Ihre Anordnung, wonach den beiden Lehrern zu N. außer der auf ... Thlrn. festgesetzten Normalbesoldung eine außerordentliche Remuneration von je 20 Thlrn. jährlich bis zur Einrichtung einer dritten Schulklasse von der Gemeinde gewährt werden soll, nicht aufrecht erhalten werden kann. Es muß dahin gestellt bleiben, inwieweit es den Bestimmungen des Cirkularerlasses vom 7. Februar v. J. entsprochen haben würde, wenn die Königliche Regierung das Normalgehalt der beiden in Rede stehenden Lehrerstellen unter den gegenwärtigen Verhältnissen, und nur diese sind zunächst maßgebend, auf je ... Thlr. festgesetzt hätte. Thatsächlich ist es nicht auf ... Thlr., sondern nur auf ... Thlr. festgesetzt worden, und das scheint auch umsomehr gerechtfertigt, als die Überfüllung der beiden Klassen weder eine sehr erhebliche noch als eine dauernde ins Auge gefaßt ist, und als die Königliche Regierung auch nach Einrichtung einer dritten Klasse den Satz von ... Thlr. als fernerhin ausreichend geltend lassen will. Jedenfalls würde es der Absicht und dem Wortlaut der diesseitigen allgemeinen Anordnungen zuwider gewesen sein, wenn einzelne Stellengehälter wegen vorübergehender Umstände nur auf Zeit auf einen höheren Betrag normiert worden wären, und wenn gleichzeitig die Zulässigkeit ihrer späteren Herabsetzung ausgesprochen worden wäre. Wenn es sich also nur darum handelt, ob die Königliche Regierung die Schulgemeinde N. dazu nötigen kann, ihren Lehrern außerordentliche Remunerationen für vermeintlich über ihre nächste Amtspflicht hinausgehende Leistungen zu gewähren, so ist die Frage zu verneinen, da die Versorgung der 82 und resp. 96 Kinder zählenden Klassen solche Mehrleistungen nicht schon in sich schließt, und die gesetzliche Befugnis der Königlichen Regierung im allgemeinen nur dahin geht, bei dauernder Überfüllung der beiden Klassen die Einrichtung einer dritten anzuordnen, nicht aber dergleichen Remunerationen für die an sich normalmäßig besoldeten Lehrer festzusetzen. Dies schließt nicht aus, in geeigneten Fällen durch die etwa gerechtfertigte Kombination, daß mit der Errichtung einer neuen Klasse alsbald würde vorgegangen werden müssen, die Gemeinden dazu zu vermögen, daß sie zur einstweiligen Vermeidung des dann notwendigen größeren Aufwandes freiwillig die Zahlung solcher Remunerationen übernehmen. Hiernach ist die wiederangeschlossene Beschwerde vom 23. März d. J. anderweitig zu erledigen, und wie dies geschehen, bei Rückreichung derselben anzuzeigen.
M.=Erl. v. 7. Mai 1868 (Ctrbl. 1868, S. 358).

M. Gnadenzeit für Hinterbliebene.

§ 172. **Allerh. Kabinets-Ordre vom 27. April 1816.**

Auf den mir gemachten Vortrag will ich genehmigen, daß 1) den Hinterbliebenen der Beamten, **welche als Mitglieder und Subalternen resp. zu einem Kollegium gehören** oder bei demselben arbeiten, außer dem Sterbe=

monat jedesmal noch die **volle Besoldung für die zunächst folgenden drei Monate**; 2) den Hinterbliebenen derjenigen Offizianten, **welche nicht in kollegialischen Verhältnissen stehen**, außer dem Sterbemonat **noch die Besoldung für den nächsten Monat** gezahlt werden kann; — will auch gestatten, daß im letzten Falle auch dann ein zwei- oder dreimonatliches Gnadengehalt gezahlt werden darf, wenn die Übertragung der Stelle des Verstorbenen ohne besondern Kostenaufwand für die Staatskasse erfolgen kann. *)

Gesetz betreffend die Zahlung der Beamtengehälter und Bestimmungen über das Gnadenquartal.

§ 1. Die unmittelbaren Staatsbeamten, welche eine etatsmäßige Stelle bekleiden, erhalten ihre Besoldung aus der Staatskasse vierteljährlich im voraus.

§ 2. Die Hinterbliebenen der im § 1 bezeichneten Beamten erhalten für das auf den Sterbemonat folgende Vierteljahr noch die volle Besoldung des Verstorbenen (Gnadenquartal) nach Maßgabe der Kabinetsordre vom 15. November 1819, auch wenn derselbe nicht im kollegialischen Verhältnis gestanden hat.

§ 3. Hat ein verstorbener Beamter (§ 2) eine Witwe oder eheliche Nachkommen nicht hinterlassen, so kann mit Genehmigung des Verwaltungschefs das Gnadenquartal außer den in der Kabinets-Ordre vom 15. November 1819 erwähnten auch solchen Personen, welche die Kosten der letzten Krankheit und der Beerdigung bestritten haben, für den Fall gewährt werden, daß der Nachlaß zu deren Deckung nicht ausreicht.

§ 4. Die Bestimmungen dieses Gesetzes finden auch auf die zur Disposition stehenden Beamten und Wartegeldempfänger, sowie auf deren Hinterbliebene Anwendung.

§ 5. Dieses Gesetz tritt mit dem 1. April 1881 in Kraft.

(Ges.- Samml. 1881, Stück 4, Seite 17, Nr. 8755).

§ 173. Gnadenkompetenz für die Hinterbliebenen von Schullehrern: Analoge Anwendung der Allerhöchsten Kabinets-Ordres vom 27. April und 27. Mai 1816 und 15. November 1819, sowie des § 3 des Gesetzes vom 6. Februar 1881.

Wie eine analoge Anwendung der Allerhöchsten Kabinets-Ordre vom 27. April 1816 wegen der den Hinterbliebenen Königlicher Beamten zu bewilligenden Gnaden- und Sterbe-Quartale (Ges.-Samml. S. 134) auch auf die Hinterbliebenen von Schullehrern in den zur diesseitigen Kognition gelangten Fällen weder früher noch in neuerer Zeit einem Bedenken unterlegen hat, — ich verweise in dieser Hinsicht u. A. auf die Erlasse vom 31. März 1859, 5. März 1860, 20. April, 17. und 18. Juli 1861, 13. Mai 1867, 30. Juni 1871 und 7. Juni 1878. Centralblatt 1859, S. 700; 1860, S. 178; 1861, S. 265, 495, 496; 1867, S. 347; 1871, S. 477; 1878, S. 521) —, ebensowenig ist es für bedenklich zu erachten, auch die Vorschriften der Allerhöchsten Kabinets-Ordre vom 27. Mai 1816 betreffend den den Hinterbliebenen des Pensionärs zu bewilligenden Gnadenmonat (Ges.-Samml. S. 261,) **wonach den Hinterbliebenen des Pensionärs**

---

*) Nach Allerh. Kab.-Ordre v. 27. April 1816 kann den Hinterbliebenen derjenigen Beamteu, welche nicht in einem kollegialischen Verhältnisse stehen, neben Sterbemonat nur dann ein volles Gnadenquartal gewährt werden, wenn die Übertragung der Stelle des Verstorbenen ohne besondern Kostenaufwand erfolgen kann, alsdann aber einer allerhöchsten Genehmigung nicht bedarf. M.-Erl. v. 14. November 1871 (Ctrbl. 1872., S. 4).

Anmerkung. 1. Wenn der Schlußsatz der Allerh. Kab.-Ordre v. 27. April 1816 die Geistlichen und Schullehrer von den Wohlthaten der Gewährung des Sterbemonats und Gnadenquartals ausschließt, so hat diese Bestimmung lediglich den Zweck, diesen Kategorien von Beamten diejenigen größeren Vorteile zu erhalten, welche ihnen etwa bereits nach anderweiten gesetzlichen oder statutarischen Normen zustanden. Wo diese Voraussetzung nicht zutrifft, finden die Bestimmungen der Allerh. Kab.-Ordre vom 27. April 1816 Anwendung.

M.-Erl. v. 31. März 1831.

Anmerkung. 2. Nach der Allerh. Kab.-Ordre vom 27. Mai 1816 soll den Hinterbliebenen des Pensionärs ohne Ausnahme außer dem Sterbemonate noch ein Gnadenmonat zu Teil werden.

ohne Ausnahme außer dem Sterbemonate noch ein Gnadenmonat zu teil werden soll, gleichfalls auf die **Hinterbliebenen der mit Pension in den Ruhestand versetzten Schullehrer analog in Anwendung zu bringen.**

Der § 16 des durch die Allerhöchste Kabinets-Ordre vom 1. Septbr. 1834 genehmigten Reglements der Pensionsanstalt für ausgediente Elementar-Schullehrer in der Provinz Schlesien (Annal. Band 19 S. 136) enthält sogar eine dem entsprechende ausdrückliche Bestimmung folgenden Inhaltes:

> Der Genuß der Pension hört mit dem Tode des Pensionierten auf, jedoch wird die Anstalt in Gemäßheit der Allerhöchsten Kabinets-Ordres vom 27. April 1816 und 15. Novbr. 1819 und der zu ihrer Erläuterung erlassenen Vorschriften den Hinterbliebenen des Pensionärs, außer dem Sterbemonate, auch den geordneten Gnadenmonat bezahlen."

Die Berufung der Königl. Regierung auf die Vorschrift des § 842 Titel 11 Teil II. Allg. Landrechts kann ich für zutreffend nicht erachten, weil die Hinterbliebenen von Lehrern hinsichtlich ihrer Gnadenbezüge überhaupt nicht nach den Vorschriften des Titel 11 Teil II. Allg. Landrechts behandelt werden.

Es ist deshalb für die Entscheidung der vorliegenden Beschwerde auch ohne Belang, daß der Vater des Beschwerdeführers als Lehrer in einer Gemeinde emeritiert worden ist, welche nicht zu den in den Bereich der M.er Kirchenordnung fallenden Gemeinden gehört.

Die Königl. Regierung wolle daher die erforderlichen Anordnungen treffen, daß den Hinterbliebenen des am 6. Februar 1879 verstorbenen pensionierten Lehrers N. zu N. der Betrag der Pension für den Gnadenmonat Februar 1879 seitens des Verpflichteten gewährt werde.

M.-Erl. v. 15. Oktbr. 1881 (Ctrbl. 1882, S. 426 ff.).

Die Praxis, auch den Eltern eines verstorbenen Schullehrers die Gnadenkompetenz zu gewähren, ist nach M.-Erl. vom 7. Dezember 1881 (Ctrbl. 1882, S. 428—29) unstatthaft.

In der Regel steht die Gnadenkompetenz nur den Witwen, den Kindern und Enkeln des Verstorbenen zu. Ausnahmsweise kann, falls der Verstorbene der Ernährer armer Eltern, Geschwister, Geschwisterkinder oder Pflegekinder gewesen ist, zwar auch diesen Gnadenkompetenz angewiesen werden. Die Befugnis hierzu steht aber nicht den Provinzialbehörden, sondern allein dem Departements-Chef zu (M.-Erl. v. 7. Dezember 1881).

Die Vorschrift des § 3 des Gesetzes vom 6. Februar 1881, wonach, wenn ein verstorbener Beamter eine Witwe oder eheliche Nachkommen nicht hinterlassen hat, mit Genehmigung des Verwaltungschefs die Gnadenkompetenz außer den in der Kabinetsordre vom 15. November 1819 erwähnten auch solchen Personen, welche die Kosten der letzten Krankheit und der Beerdigung bestritten haben, für den Fall gewährt werden kann, daß der Nachlaß zu deren Deckung nicht ausreicht, ist ebenfalls analog in Beziehung auf Schullehrer anzuwenden.

M.-Erl. v. 20. Januar 1882 (Ctrbl. 1882, S. 429).

Die Bezüge des Sterbe- und Gnadenmonats sind nach § 10 des Gesetzes vom 11. Juni 1822 von **allen Beiträgen zu den Gemeindelasten frei.**

Die Gewährung eines Gnadenmonats von Witwen- und Waisenpensionen ist ausgeschlossen.

M.-Erl. v. 28. Febr. 1882 (Ctrbl. 1882, S. 330).

§ 174. **Ausschluß der Bewilligung einer Gnadenzeit für die Hinterbliebenen eines Lehrers von der Dienstalters- oder sonstigen persönlichen Zulage desselben.**

Auf den Bericht vom 17. Dezember v. J. eröffne ich der Königlichen Regierung, daß dem von der Königlichen Oberrechnungskammer bei Revision der Buchhalterei- und Extraordinarien-Rechnung der dortigen Hauptkasse von der geistlichen und Unterrichtsverwaltung für das Jahr 1874 mit Recht gestellten Verlangen einer Erstattung der aus den Fonds zu sogenannten Dienstalters- und sonstigen persönlichen Zulagen an Hinterbliebene von Lehrern zur Ungebühr gewährten Gnadenmonatsbeiträge Folge zu geben ist.

Nach der Cirkular-Verfügung vom 18. Juni 1873 sind die mit Rücksicht auf die Dienstzeit der Lehrer und Lehrerinnen aus Staatsfonds ohne Verpflichtung gewährbaren persönlichen Zulagen (sog. Dienstalterszulagen), auf welche weder die Lehrer, noch die Gemeinden einen Rechtsanspruch erheben können, jederzeit widerruflich und gehören nicht zu dem Stelleneinkommen.*) Auch dürfen die der Königlichen Regierung zu Dienstalters- und zu sonstigen persönlichen Zulagen überwiesenen Fonds zu anderen Zwecken, als zu denen sie bestimmt sind, grundsätzlich nicht verwendet werden. Sie sollen also namentlich auch nicht zur Verbesserung von Stellengehältern dienen.

Unter solchen Umständen können auf die sog. Dienstalterszulagen ebenso wenig wie auf sonstige persönliche Zulagen diejenigen Bestimmungen Anwendung finden, welche für die jederzeit widerruflichen Staatsbeihilfen zu Stellengehältern maßgebend sind. Es muß also davon abgesehen werden, persönliche Zulagen bei Bemessung von Ruhegehältern, Bewilligung von Gnadenbezügen und dergleichen in Betracht zu ziehen. Die Zahlung von sog. Dienstalterszulagen oder sonstigen persönlichen Zulagen muß vielmehr mit Ablauf des Monats, in welchem der Empfänger verstorben ist, aufhören.

M.-Erl. v. 25. Januar 1876 (Ctrbl. 1876, S. 263).

N. Heizung und Reinigung der Schulstube.

Die Gemeinden sind verpflichtet, für die Reinigung und Heizung der Schulstuben Sorge zu tragen. Diese Verrichtungen können dem Lehrer nur gegen entsprechende Entschädigung zugemutet werden.

M.-Erl. v. 18. Mai 1861 (Ctrbl. 1861, S. 357).

§ 175. **Entschädigung für die Beheizung der Schulstube.**

1.

(Auszug.) Dem Lehrer steht für die Mühewaltung der Beheizung des Schullokals eine Entschädigung zu, deren Höhe mit der Gemeinde zu vereinbaren ist.

M.-Erl. v. 18. Mai 1861 (Ctrbl. 1861, S. 357).

2.

Die Verpflichtung zur Reinigung und Beheizung des Schullokals liegt nicht dem Lehrer ob, sondern der politischen Gemeinde, welche, falls sie die Mühewaltung des Lehrers beansprucht, diesem eine Entschädigung zu zahlen hat.

M.-Erl. v. 2. Dezember 1861 (Ctrbl. 1861, S. 758).

3.

Dem Schulvorstande eröffne ich auf die Vorstellung vom 5. Mai d. J., daß die zur dortigen Schule gehörigen Gemeinden von Aufbringung einer

---

*) Nach M.-Erl. v. 13. März 1883 unterliegt es keinem Zweifel, daß den Hinterbliebenen der anteilige Betrag der zum Stelleneinkommen bewilligten Staatsbeihilfe sowohl für den Sterbemonat belassen, als auch für die übliche Gnadenzeit zu gewähren ist.

Entschädigung von 6 Thlr. jährlich für den Lehrer M. daselbst für das Reinigen und Heizen der Schulstube, sowie für das Zerkleinern des Schulbrennholzes nicht befreit werden können, da den Lehrern gesetzlich eine Verpflichtung zur unentgeltlichen Verrichtung dieser Geschäfte nicht obliegt und ein besonderer Rechtsgrund für eine Verpflichtung des M. nicht nachgewiesen ist, ein solcher auch darin nicht gefunden werden kann, daß der M. bis zum Jahre 1861 einen Anspruch auf Entschädigung nicht erhoben hat.

Die Schulgemeinde hat daher nach der Festsetzung der Königlichen Regierung zu N. vom 11. September v. J. dem Lehrer M. für die Jahre 1861/62 den Betrag von 12 Thlr. zu entrichten. Dies hindert die Schulgemeinde jedoch nicht, mit dem zu Anfang d. J. angezogenen Amtsnachfolger des M. ein anderweites Abkommen wegen Übernahme jener Verrichtung gegen eine zu vereinbarende Entschädigung zu treffen; jedoch bedarf ein solches **Abkommen zu seiner Giltigkeit der Genehmigung** der Königl. Regierung.

M.-Erl. v. 18. Juli 1863 (Ctrbl. 1863, S. 433).

§ 176. Verpflichtung zum Reinigen und Heizen des Schulzimmers; Heranziehung der Schulkinder.

Der Königlichen Regierung erwidere ich auf den Bericht vom 23. v. Mts., daß der Lehrer N. zu N. nicht unbedingt seine Befreiung von der Reinigung und Heizung des Schulzimmers verlangt, sondern nur für den Fall, daß ihm nicht ferner gestattet wird, sich hierzu wie bisher der Hilfe der älteren Schulkinder zu bedienen.

Sind aber diese Verrichtungen bisher von den Schulkindern unter Aufsicht des Lehrers ausgeführt worden, so kann dem letzteren die Verpflichtung zum Reinigen und Heizen des Schulzimmers jetzt nicht unbedingt auferlegt werden, da seine Verpflichtung lediglich auf die Observanz gestützt wird. Vielmehr muß dann auch in der Matrikel der bisherigen Übung wie sie wirklich bestanden hat, Ausdruck gegeben werden. Erachtet die Königliche Regierung eine fernere Heranziehung der Schulkinder zu diesen Verrichtungen nicht für statthaft, oder will die Gemeinde die Dienste der Kinder hierzu nicht mehr hergeben, so muß sie, da ihr gesetzlich die zur Unterhaltung der Schule gehörige Reinigung und Heizung der Schulstube obliegt, dem Lehrer eine billige Entschädigung für die Übernahme dieser Verrichtungen gewähren, falls sie nicht in anderer geeigneter Weise für regelmäßige Besorgung dieser Geschäfte Vorkehrungen trifft.

M.-Erl. v. 26. Februar 1864 (Ctrbl. 1864, S. 380).

§ 177. Für die Heizung der Schulstube haben diejenigen zu sorgen, welche zur Aufbringung der Schulunterhaltungskosten verpflichtet sind.

Es unterliegt keinem Zweifel und ist den Provinzialbehörden wiederholt bemerklich gemacht worden — u. a. durch die Erlasse vom 2. November 1858 (Ctrbl. de 1859, S. 119). 4. Juni 1859 (Ctrbl. S. 567, 569ff.), 18. Mai 1861 (Ctrbl. S. 357), 21. April 1866 (Ctrbl. S. 508), 30. Juni 1873 (Ctrbl. S. 501) —, daß die Verpflichtung zur Heizung der Schulstube nicht dem Lehrer, sondern denjenigen obliegt, welche überhaupt die Mittel zur Unterhaltung der Schule aufzubringen haben, mithin im dortigen Bezirke gemäß § 39, 40 der Schulordnung vom 11. Dezember 1845 den Gemeinden und den sonst zur Schule gehörigen Ortschaften (Gutsbezirken).

Demnach entspricht die unter dem 15. Mai. d. J. bestätigte Feststellung:

„Die Beheizung der Schulstuben besorgen die bezüglichen Lehrer gegen eine auf Verlangen ihnen zu gewährende Entschädigung bis dahin, daß der Gemeindevorsteher einen Heizer bestellt" nicht dem bestehenden Rechte und Gesetze und ist deshalb, da **Schulmatrikeln kein neues Recht schaffen sondern die bestehenden Rechtsverhältnisse nur zu konstatieren haben.** Erk. des Kgl. Oberverwaltungsger. vom 28. September u. 28. Dezember 1878, (Ctrbl. 187, 8 S. 627; 1881, S. 138), **ohne rechtliche Bedeutung und Wirksamkeit.**

M.=Erl. v. 22. November 1883 (Ctrbl. 1883, S. 678 ff.).

§ 178. **Besorgung des Heizens der Schullokale.**

Auf den Bericht vom 22. April d. J. veranlasse ich die Königliche Regierung unter Hinweis auf die diesseitige, im Centralblatt 1861 mitgeteilte Verfügung der Gemeinde N. die Besorgung des Heizens ihrer Schulstube zu überlassen, wenn sie der in der Verhandlung vom 28. November v. J. angedeuteten Absicht gemäß einen zuverlässigen Diener mit diesem Geschäfte beauftragt. Gründe, weshalb aus einer solchen Einrichtung in N. Mißstände erwachsen sollten sind nicht ersichtlich und von der Königlichen Regierung nicht angeführt.

M.=Erl. v. 14. Juni 1873 (Ctrbl. 1873, S. 442).

§ 179. **Annahme eines besonderen Heizers bei Elementarschulen.**

Auf den Bericht vom 24. März cr. erwidere ich der Königlichen Regierung, daß ich die Beschwerde der Schulgemeinde zu N. wegen der Heizung des Schullokals dortselbst für unbegründet nicht erachten kann. Wie in dem Reskript vom 18. Mai ausgeführt ist, liegt die Heizung der Schulstube der Gemeinde ob, und es ist kein Grund ersichtlich, weshalb das Heizen nicht durch einen besonders für diesen Zweck angestellten zuverlässigen Heizer besorgt werden soll. Wenn die Gemeinde die Heizung einer solchen zuverlässigen Person übertragen will, ist es nicht gerechtfertigt, daß seitens der Königlichen Regierung eine andere Person damit beauftragt werde.

M.=Erl. v. 30. Juli 1873 (Ctrbl. 1873, S. 501).

§ 180. **Heizungsanlagen.**

Darüber äußert sich die Königliche Regierung zu Oppeln in ihrer Verfügung vom 16. Februar 1870 (Ctrbl. 1870, S. 298) in folgender Weise:

Auf die Unzweckmäßigkeit der gewöhnlich gebrauchten **eisernen Öfen** für die Erwärmung der Schulzimmer ist durch die Cirkular=Verfügung vom 23. November 1866 hingewiesen worden. Dennoch ist hier und da bei den Schulrevisionen angeführt worden, daß früher vorhandene und für die Beheizung von Schulzimmern in hiesiger Gegend durchaus vorzuziehende Kachelöfen auf Veranlassung des **Lehrers** beseitigt und durch kleine eiserne Öfen ersetzt worden sind. Dies kann nicht gebilligt und die Herren Schulrevisoren müssen aufgefordert werden, nicht nur derartigen Veränderungen entschieden entgegen zu treten, sondern auch ihren Einfluß im Schulvorstande und in der Gemeinde dahin geltend zu machen, daß im Interesse der Schuljugend und des Unterrichts, der durch mangelhafte Erwärmung des Schulzimmers im Winter benachteiligt wird, die zweckmäßigere Art von Öfen aufgestellt werde.

IV. Emeritierung.

§ 181. Gesetz, betreffend die Pensionierung der Lehrer und Lehrerinnen an den öffentlichen Volksschulen.

Vom 6. Juli 1885 (Ges.=Samml. 1885, S. 298).

Wir Wilhelm, von Gottes Gnaden König von Preußen ꝛc. verordnen, unter Zustimmung beider Häuser des Landtages der Monarchie, für den ganzen Umfang derselben, was folgt:

Artikel 1.

Bis zum Erlasse eines Gesetzes über die Unterhaltung der öffentlichen Volksschulen gelten für die Pensionierung der Lehrer und Lehrerinnen an denselben folgende Bestimmungen:

§ 1. Jeder an einer zur Erfüllung der allgemeinen Schulpflicht dienenden öffentlichen Schule (öffentlichen Volksschule)*) definitiv**) angestellte Lehrer erhält eine lebenslängliche Pension, wenn er nach einer Dienstzeit von wenigstens **zehn Jahren** infolge körperlichen Gebrechens oder wegen Schwäche seiner körperlichen oder geistigen Kräfte zur Erfüllung seiner Amtspflichten dauernd unfähig ist und deshalb in den Ruhestand versetzt wird.

Ist die Dienstunfähigkeit die Folge einer Krankheit, Verwundung oder sonstigen Beschädigung, welche der Lehrer bei Ausübung des Dienstes oder aus Veranlassung desselben ohne eigene Verschuldung sich zugezogen hat, so tritt die Pensionsberechtigung auch bei kürzerer als zehnjähriger Dienstzeit ein.

Bei Lehrern, welche das **fünfundsechszigste Lebensjahr** vollendet haben, ist eingetretene Dienstunfähigkeit nicht Vorbedingung des Anspruchs auf Pension.

---

*) Öffentliche Volksschulen im Sinne des Gesetzes vom 6. Juli 1885 sind diejenigen Schulen, zu deren Benutzung einerseits für Eltern und deren Stellvertreter, die nicht anderweitig dafür gesorgt haben, daß ihre Kinder oder Pflegebefohlenen den für die öffentlichen Volksschulen vorgeschriebenen Unterricht erhalten, ein gesetzlicher Zwang (der gesetzliche Schulzwang) besteht, und zu deren Errichtung und Unterhaltung andererseits für Schulgemeinden, Schulsocietäten, Schulverbände, bürgerliche Gemeinden ꝛc. — je nach der Verschiedenheit der gesetzlichen Vorschriften in den einzelnen Landesteilen — eine allgemeine gesetzliche Verpflichtung besteht.

Dadurch, daß die oberen Klassen einer öffentlichen Volksschule mit Genehmigung der Schulaufsichtsbehörde nach dem Lehrplane der Mittelschule arbeiten oder daß mit einer öffentlichen Volksschule einzelne besondere Klassen verbunden sind, welche bezwecken, den diese Klassen besuchenden Schülern eine über die Aufgaben und das Ziel der Volksschule hinausgehende höhere Bildung zu geben (Centralbl. 1872, S. 598, 1873, S. 231—233, 1874, S. 357—359) ist eine solche Schule, was die Anwendung des Gesetzes vom 6. Juli d. J. auf die Pensionsverhältnisse der Lehrer und der Lehrerinnen betrifft, als aus der Kategorie der öffentlichen Volksschule ausgeschieden nicht anzusehen.

Dagegen sind diejenigen neben der wirklichen Volksschule eines Ortes bestehenden öffentl. Schulen, welche, obwohl nicht zu den eigentlichen höheren oder Gelehrtenschulen (Gymnasien, Realgymnasien ꝛc.) gehörend, doch ihrer gesammten Organisation und ihrem ganzen Endzwecke nach ihren Zöglingen eine über die Aufgabe und das Ziel der obligatorischen Volksschule hinausgehende höhere Bildung zu geben erstreben, als Schulen, die zur Erfüllung der allgemeinen Schulpflicht dienen oder als öffentliche Volksschulen nicht anzusehen. Es gehören demnach zur Kategorie der öffentlichen Volksschulen im Sinne des Gesetzes vom 6. Juli 1885 insbesondere nicht:

a) die von den Gemeinden errichteten Vorschulen, welche die Bestimmung haben, ihre Schüler für die Aufnahme in höhere Lehranstalten (Gymnasien ꝛc.) vorzubereiten;

b) diejenigen Schulen, welche die Bestimmung haben, ihre Schüler für die mittleren Klassen von höheren Lehranstalten (Gymnasien) vorzubereiten;

c) die nach dem Lehrplan vom 15. Oktober 1872 (Ctrbl. 1872, S. 589 ꝛc.) eingerichteten Mittelschulen;

d) die höheren Mädchenschulen.

Im übrigen ist es für die Entscheidung darüber, ob eine Schule zur Kategorie der öffentl. Volksschulen, oder zur Kategorie der über der Stufe der obligatorischen Volksschulen stehenden Unterichtsanstalten gehört, ohne Einfluß, welche Bezeichnung dieselbe führt, welche Art von Prüfung zum Lehramte die an denselben beschäftigten Lehrer abgelegt, und welche Art von Befähigung zum Lehramte dieselben erworben haben.

M.-Erl. vom 15. Juli 1885 (B. 1735).

Bemerkung. Die jüdischen Lehrer an öffentlichen jüdischen Schulen gehören unter das Gesetz.

**) Das Ansinnen einer Verzichtleistung auf Pensionsberechtigung in den Vokationen ist unstatthaft. M.-Erl. v. 3. Juli 1878 (cfr § 62.)

Lehrern, welche, abgesehen von dem Falle des Absatzes 2, vor Vollendung des zehnten Dienstjahres dienstunfähig und deshalb in Ruhestand versetzt werden, kann bei vorhandener Bedürftigkeit von dem Unterrichtsminister eine Pension entweder auf bestimmte Zeit oder lebenslänglich bewilligt werden.*)

§ 2. Die Pension beträgt, wenn die Versetzung in den Ruhestand nach vollendetem zehnten, jedoch vor vollendetem elften Dienstjahre erfolgt, $^{15}/_{60}$ und steigt von da ab mit jedem weiter zurückgelegten Dienstjahre um $^{1}/_{60}$ des im § 4 bestimmten Diensteinkommens. Uber den Betrag von $^{45}/_{60}$ dieses Einkommens hinaus findet eine Steigung nicht statt.**)

In dem im § 1 Absatz 2 erwähnten Falle beträgt die Pension $^{15}/_{60}$, in dem Falle des § 1 Absatz 4 höchstens $^{15}/_{60}$ des vorbezeichneten Diensteinkommens.

§ 3. Bei jeder Pension werden überschießende Markbrüche auf volle Mark abgerundet.***)

§ 4. Der Berechnung der Pension wird das von dem Lehrer **zuletzt bezogene**, mit der ihm verliehenen Lehrerstelle nach Festsetzung oder mit Genehmigung der Schulaufsichtsbehörde dauernd verbundene **Diensteinkommen an Geld, an freier Wohnung und Feuerung†), beziehungsweise Mieths- und Feuerungsentschädigung, sowie an Naturalien und Ertrag von Dienstländereien zu Grunde gelegt.**

Außerdem kommt die aus **Staatsfonds** widerruflich **gewährte Dienstalterszulage**, welche der Lehrer zur Zeit der Pensionirung bezieht, in **Anrechnung.**

Naturalien und der Ertrag von Dienstländereien kommen mit demjenigen Betrage zur Berechnung, auf welchen deren Geldwert als Teil der von der Schulaufsichtsbehörde festgesetzten Besoldung festgestellt worden ist, vorbehaltlich der Vorschrift des §. 45 des Gesetzes über die Zuständigkeit der Verwaltungsbehörden und Verwaltungsgerichtsbehörden††) vom 1. August 1883 (Gesetz-Samml. S. 237).

Dienstemolumente, welche ihrer Natur nach steigend und fallend sind, insbesondere Einkünfte an Schulgeld werden nach den bei Verleihung des Rechtes auf diese Dienstemolumente deshalb getroffenen Festsetzungen und in Ermangelung solcher Festsetzungen nach ihrem durchschnittlichen Betrage während der drei letzten Etatsjahre vor dem Etatsjahre, in welchem die Pension festgesetzt wird, zur Anrechnung gebracht.

Diese Vorschriften gelten auch für die Berechnung der Pension eines Lehrers, mit dessen Schulamt ein kirchliches Amt vereinigt ist, dergestalt, daß der Berechnung das Diensteinkommen der vereinigten Stelle, ohne Rücksicht darauf, aus welchen Quellen solches oder einzelne Teile desselben fließen, als ein einheitliches Stelleneinkommen zum Grunde zu legen ist.

---

*) Diese Bestimmung wird sich auf die Lehrer beziehen, die erst nach dem 1. April 1886 Anstellung gefunden haben. Für alle diejenigen Lehrer, die vor dem 1. April 1886 angestellt sind und pensionirt werden müssen, kommt § 22 dieses Gesetzes zugute. Im Geltungsbereich der Schulordnung vom 11. Dezember 1845 beträgt alsdann die Pension $^{1}/_{3}$ des Diensteinkommens.

**) § 2 stimmt wörtlich mit § 8 des Pensionsgesetzes für Staatsbeamte überein.

***) Wenn ein Lehrer im Disziplinarverfahren aus dem Dienst entlassen und ihm dabei ein Teil der gesetzlichen Pension als Unterstützung gewährt wird, so findet die Abrundung auf volle Mark nur für den zahlbaren Teil der gesetzlichen Pension, nicht dagegen für diejenige Pension statt, für welchen der Teilbetrag zu berechnen ist.
M.-Erl v. 2. März 1886.

†) Soweit dieselbe für den Wirtschaftsbedarf des Lehrers gegeben ist.

††) Auf dem Lande der Kreisausschuß, für Stadtschulen der Bezirksausschuß.

§ 5. Bei Berechnung der Dienstzeit kommt die gesamte Zeit in Anrechnung, während welcher ein Lehrer im öffentlichen Schuldienste in Preußen sich befunden hat.

Die Dienstzeit wird vom Tage **der ersten eidlichen Verpflichtung für den öffentlichen Schuldienst** an gerechnet.

Kann jedoch ein Lehrer nachweisen, daß seine Vereidigung erst nach seinem Eintritte*) in den öffentlichen Schuldienst stattgefunden hat, so wird die Dienstzeit von letzterem Zeitpunkte an gerechnet.**)

§ 6. Bei Berechnung der Dienstzeit kommt auch die Zeit in Anrechnung, während welcher ein Lehrer

1) im Dienste des Preußischen Staates, des Norddeutschen Bundes oder des Deutschen Reiches sich befunden hat, oder
2) als anstellungsberechtigte ehemalige Militärperson nur vorläufig oder auf Probe im Civildienste des Preußischen Staates, des Norddeutschen Bundes oder des Deutschen Reiches beschäftigt worden ist, oder
3) in den von Preußen neu erworbenen Landesteilen im öffentlichen Schuldienste oder im unmittelbaren Dienste der damaligen Landesherrschaft sich befunden hat.

Ausgeschlossen bleibt die Anrechnung derjenigen Dienstzeit, während welcher die Zeit und Kräfte eines Lehrers durch die ihm übertragenen Geschäfte nur nebenbei in Anspruch genommen gewesen sind.

§ 7. Der Dienstzeit im Schulamte wird die Zeit des aktiven Militärdienstes hinzugerechnet.

§ 8. **Die Dienstzeit, welche vor den Beginn des einundzwanzigsten Lebensjahres fällt, bleibt außer Berechnung.**

Nur die in die Dauer eines Krieges fallende und bei einem mobilen oder Ersatztruppenteile abgeleistete Militärdienstzeit kommt ohne Rücksicht auf das Lebensalter zur Anrechnung.

Als Kriegszeit gilt in dieser Beziehung die Zeit vom Tage einer angeordneten Mobilmachung, auf welche ein Krieg folgt, bis zum Tage der Demobilmachung.

§ 9. Für jeden Feldzug, an welchem ein Lehrer im Preußischen oder im Reichsheer, oder in der Preußischen oder Kaiserlichen Marine derart teil genommen hat, daß er wirklich vor den Feind gekommen oder in dienstlicher Stellung den mobilen Truppen in das Feld gefolgt ist, wird demselben zu der wirklichen Dienstzeit Ein Jahr zugerechnet.

Ob eine militärische Unternehmung in dieser Beziehung als ein Feldzug anzusehen ist und inwiefern bei Kriegen von längerer Dauer mehrere Kiegsjahre in Anrechnung kommen sollen, dafür ist die nach § 23 des Reichsgesetzes vom 27. Juni 1871 (Reichs-Gesetzblatt S. 275) in jedem Falle ergehende Bestimmung des Kaisers maßgebend.

Für die Vergangenheit bewendet es bei den hierüber durch Königliche Erlasse gegebenen Vorschriften.

§ 10. Die Zeit

a) eines Festungsarrestes von einjähriger oder längerer Dauer
b) der Kriegsgefangenschaft

kann nur unter besonderen Umständen mit Königlicher Genehmigung angerechnet werden.

---

*) Das wird vielfach der Fall sein, weil die Ablegung des Diensteides schon bei der provisorischen Anstellung erst im Jahre 1873 am 6. Oktober angeordnet wurde; bis dahin blieben die Lehrer bis zur def. Anstellung in vielen Fällen unvereidigt.

**) cfr. § 274.

§ 11. Von dem Unterrichtsminister kann zukünftig bei der Anstellung nach Maßgabe der Bestimmungen in den §§ 5 bis 9 die Anrechnung der Zeit zugesichert werden,*) während welcher ein Lehrer außerhalb Preußens im Schuldienste oder im In- oder Auslande im Kirchendienste gestanden, oder als Lehrer oder Erzieher an einer Taubstummen-, Blinden-, Idioten-, Waisen-, Rettungs- oder ähnlichen Anstalt im Dienste einer Gemeinde oder eines sonstigen kommunalen Verbandes, oder im Dienste einer Stiftungsanstalt der bezeichneten Art sich befunden hat.

Für die zur Zeit des Inkrafttretens dieses Gesetzes bereits definitiv angestellten Lehrer kann die Anrechnung der im ersten Absatze genannten Zeit bei der Versetzung in den Ruhestand von dem Unterrichtsminister genehmigt werden.

§ 12. Hat der Inhaber eines vereinigten Kirchen- und Schulamtes bei der Versetzung in den Ruhestand eine Pension aus kirchlichen Mitteln zu beanspruchen, so wird der Betrag derselben auf die nach den Vorschriften dieses Gesetzes zu gewährende Pension angerechnet.

§ 13. Die Bestimmung darüber, ob und zu welchem Zeitpunkte**) dem Antrage eines Lehrers auf Versetzung in den Ruhestand stattzugeben ist, erfolgt durch die Schulaufsichtsbehörde.***)

§ 14. Die Entscheidung darüber, ob und welche Pension einem Lehrer bei seiner Versetzung in den Ruhestand zusteht, erfolgt durch die Schulaufsichtsbehörde.

§ 15. Die Beschreitung des Rechtsweges gegen diese Entscheidung (§ 14) steht dem Lehrer, sowie den zur Unterhaltung der Schule Verpflichteten†) offen; doch muß die Entscheidung des Unterrichtsministers der Klage vorangehen und letztere sodann, bei Verlust des Klagerechts, innerhalb sechs Monaten, nachdem diese Entscheidung den Beschwerdeführern bekannt gemacht worden ist, erhoben werden. Der Verlust des Klagerechts tritt auch dann ein, wenn von den Beteiligten gegen die Entscheidung der Schulaufsichtsbehörde über den Anspruch auf Pension nicht binnen gleicher Frist die Beschwerde an den Unterrichtsminister erhoben ist.

§ 16. Die Versetzung in den Ruhestand tritt, sofern nicht auf den Antrag oder mit ausdrücklicher Zustimmung des Lehrers ein früherer Zeitpunkt festgesetzt wird, mit dem Ablaufe desjenigen Vierteljahres ein, welches auf den Monat folgt, in welchem dem Lehrer die Entscheidung††) der Schulaufsichtsbehörde über seine Versetzung in den Ruhestand und die Höhe der ihm etwa zustehenden Pension bekannt gemacht worden ist.

§ 17. Die Pensionen werden monatlich im Voraus gezahlt.

---

*) Nach M.-Erl. v. 2. März 1886 ist die Zusicherung durch die Regierung vor der Anstellung in Antrag zu bringen und nicht eher zur Anstellung zu schreiten, als bis auf den Antrag Entscheidung erfolgt ist.

**) Über den Zeitpunkt der Pensionirung ist eine ausdrückliche Vereinbarung herbeizuführen. M.-Erl. v. 2. März 1886.

***) Über die unfreiwillige Pensionirung vergl. § 95 des Disziplinargesetzes v. 21. Januar 1852 u. den Ministerial.-Erl. v. 9. Dezember 1843 (§ 182 d. Werkes).

†) In der Sitzung des Herrenhauses vom 6. Mai 1885 ist nach der Erklärung des Antragstellers daran gedacht worden, daß die Schulgemeinde das Recht haben soll, den Verlust der Pension durchzusetzen, wenn Dienstvergehen zu Tage kommen, die ein Lehrer begangen, ehe er in den Ruhestand versetzt wurde.

††) Die Absicht dieser Bestimmung geht dahin, den Lehrer rechtzeitig von seiner Pensionierung in Kenntnis zu setzen, damit er seine häuslichen Einrichtungen darnach treffen kann. Wenn nicht besondere dienstliche Rücksichten eine abweichende Anordnung erfordern, so ist nach M.-Erl. v. 2. März 1886 der Zeitpunkt für die Pensionierung immer auf das Ende eines Monats zu bestimmen.

§ 18. Das Recht auf den Bezug der Pension kann weder abgetreten noch verpfändet werden.

§ 19. Das Recht auf den Bezug der Pension ruht:

1) wenn ein Pensionär das Deutsche Indigenat verliert, bis zur etwaigen Wiedererlangung desselben,*)
2) wenn und so lange ein Pensionär im Reichs- oder Staatsdienste, im Dienste einer Gemeinde**) oder eines sonstigen kommunalen Verbandes, im öffentlichen Schuldienste oder im Kirchendienste ein Diensteinkommen bezieht,***) insoweit der Betrag dieses neuen Diensteinkommens unter Hinzurechnung der Pension den Betrag des von dem Lehrer vor der Pensionierung bezogenen pensionsfähigen Diensteinkommens übersteigt.

§ 20. Ein pensionierter Lehrer, welcher in eine an sich zur Pension berechtigende Stellung im öffentlichen Volksschuldienste wieder eingetreten ist, erwirbt für den Fall des Zurücktretens in den Ruhestand den Anspruch auf Gewährung einer neuen Pension nur dann, wenn die neue Dienstzeit wenigstens ein Jahr betragen hat.

Bei der Pensionierung aus der neuen Stelle ist dem Lehrer eine Pension von $^{1}/_{60}$ seines neuen pensionsfähigen Diensteinkommens für jedes nach der früheren Pensionierung zurückgelegte Dienstjahr zu gewähren.

Insoweit der Betrag der neuen Pension und der früher bewilligten Pension zusammen $^{45}/_{60}$ des höchsten Diensteinkommens, von welchem eine dieser Pensionen berechnet ist, übersteigen würde, fällt das Recht auf den Bezug der früher bewilligten Pension hinweg.

§ 21. Die Einziehung, Kürzung oder Wiedergewährung der Pension auf Grund der Bestimmungen in den §§ 19 und 20 tritt mit dem Beginn des Monats ein, welcher auf das eine solche Veränderung nach sich ziehende Ereignis folgt.

Im Falle vorübergehender Beschäftigung im Reichs- oder Staatsdienste,†) im Dienste einer Gemeinde oder eines sonstigen kommunalen Verbandes, im öffentlichen Schuldienste oder im Kirchendienste gegen Tagegelder oder eine anderweitige Entschädigung wird die Pension für die ersten sechs Monate dieser Beschäftigung unverkürzt, dagegen vom siebenten Monat ab nur zu dem nach den vorstehenden Bestimmungen zulässigen Betrage gewährt.

§ 22. Ist die nach Maßgabe dieses Gesetzes bemessene Pension **geringer als die Pension, welche dem Lehrer hätte gewährt werden müssen, wenn er am 31. März 1886 nach den bis dahin für ihn**

---

*) Die Auswanderung eines Emeritus zieht noch nicht den Verlust der Pension nach sich, sondern erst der Verlust des deutschen Indigenats.

**) Es ist hier eine *preußische* Gemeinde zu verstehen.

***) Diejenige Behörde, welche die Wiederbeschäftigung eines Pensionärs gegen Entgelt verfügt, hat derjenigen Behörde, welche den Pensionär in den Ruhestand versetzte, eine Mitteilung über die Art, den Zeitpunkt der Beschäftigung, über die Höhe des Einkommens, sowie darüber zugehen zu lassen, ob die *dauernde* Beschäftigung beabsichtigt wird. — Wird eine Pensionierung bei der zweiten Beschäftigung vorgenommen, so hat die betreffende Behörde sich mit derjenigen Behörde in Verbindung zu setzen, welche die frühere Pensionierung verfügte. — Die Kürzung der Pension bei Wiederbeschäftigung kommt zunächst auf die Beträge, welche die Gemeinde zu zahlen hat, und dann erst auf den Beitrag des Staates in Anrechnung. M.-Erl. v. 2. März 1886.

†) Im Reichs- oder Staatsdienste geleisteten Beschäftigungen sind Dienstverrichtungen, welche für den Fall dauernden Bedürfnisses fest angestellten Reichs- oder Staatsbeamten übertragen zu werden pflegen (Vertretung erkrankter 2c. Beamten in bestimmten Stellen — Kanzlei-, Boten-, Wärter-, Aufseher-Dienste —), gleich zu stellen. Lediglich mechanische, an die Leistungen gewöhnlicher Tage- und Lohnarbeiter grenzende Dienstverrichtungen sind als solche im Reichs- und Staatsdienste geleistete nicht anzusehen und haben auch auf die Kürzung bezw. Entziehung der Pension keinen Einfluß.

geltenden Bestimmungen pensioniert worden wäre, so wird diese Pension an Stelle der ersteren bewilligt.

Eine Pension nach Maßgabe der bis zum 31. März 1886 für ihn geltenden Bestimmungen **ist dem Lehrer auch dann zu gewähren, wenn demselben zur Zeit der Versetzung in den Ruhestand nach den früheren Bestimmungen ein Anspruch auf Pension zugestanden haben würde, nach den Bestimmungen des gegenwärtigen Gesetzes jedoch nicht.**

Die zur Zeit des Inkrafttretens dieses Gesetzes im Gebiete des vormaligen Herzogthums Nassau,*) der vormaligen freien Stadt Frankfurt und in Hohenzollern-Hechingen angestellten Lehrer sind berechtigt, zu verlangen, nach den bis dahin für sie geltenden Bestimmungen pensioniert zu werden.

§ 23. Zusicherungen, welche in Bezug auf dereinstige Bewilligung von Pensionen an einzelne Lehrer oder Kategorien von Lehrern durch den König oder einen der Minister, oder durch eine Provinzialbehörde, oder mit deren Genehmigung gemacht worden sind, bleiben in Kraft.

§ 24. Die vorstehenden Bestimmungen finden auch auf die an den in § 1 bezeichneten Schulen definitiv angestellten Lehrerinnen**) Anwendung.

§ 25. Hinterläßt ein pensionierter Lehrer eine Witwe oder eheliche Nachkommen, so gebührt den Hinterbliebenen***) die Pension des Verstorbenen noch für den auf den Sterbemonat folgenden Monat.

Der gleiche Anspruch steht den ehelichen Nachkommen einer im Witwenstande verstorbenen Lehrerin zu.

An wen die Zahlung erfolgt, bestimmt die Schulaufsichtsbehörde.

Die Zahlung der Pension für den auf den Sterbemonat folgenden Monat kann auf Verfügung dieser Behörde auch dann stattfinden, wenn der Verstorbene Eltern, Geschwister, Geschwisterkinder oder Pflegekinder, deren Ernährer er gewesen ist, in Bedürftigkeit hinterläßt, oder wenn der Nachlaß nicht ausreicht, um die Kosten der letzten Krankheit und der Beerdigung zu decken.

§ 26. **Die Pension wird bis zur Höhe von Sechshundert Mark†) aus der Staatskasse,** über diesen Betrag hinaus von den sonstigen bisher zur Aufbringung der Pension des Lehrers Verpflichteten, sofern solche nicht vorhanden sind, von den bisher zur Unterhaltung des Lehrers während der Dienstzeit Verpflichteten gezahlt. Die auf besonderen Rechtstiteln beruhenden Verpflichtungen Dritter bleiben bestehen.

Das Stelleneinkommen darf zur Aufbringung der nach diesem Gesetz zu zahlenden Pensionsbeträge nur insoweit als dies bisher bereits statthaft war††) und nur soweit herangezogen werden, daß es nicht unter ¾ seiner Höhe und unter das Mindestgehalt sinkt.

Die in Gemäßheit des § 22 Absatz 3 nach den in dem vormaligen Herzogthum Nassau und der vormaligen freien Stadt Frankfurt geltenden Vorschriften be-

*) Im Herzogtum Nassau wird nach 50, in Frankfurt a/M. nach mehr als 30, in Hohenzollern-Hechingen nach 36 Dienstjahren die volle Pension gewährt.

**) Hierzu gehören auch die Zeichnen-, Turn- und Handarbeitlehrerinnen, wenn sie definitiv angestellt sind. Lehrerinnen, welche den Unterricht in den weiblichen Handarbeiten gegen Remuneration erteilen, haben auf Pensionsgewährung keinen Anspruch.

***) Den Eltern, Geschwistern, Geschwister- oder Pflegekindern steht ein Anrecht auf den Gnadenmonat nicht zu. (cfr. den Abschnitt „Gnadenzeit".)

†) Auch die bei der Dienstentlassung im Wege des Disziplinarverfahrens gemäß § 16 des Disziplinargesetzes vom 21. Juli 1852 gewährte Unterstützung eines Teils des Pensionsbetrages wird bis zur Höhe von 600 Mk. aus der Staatskasse gezahlt.
M.-Erl. v. 2. März. 1886.

††) In den meisten neuerworbenen Landesteilen Preußens war die Heranziehung des Stelleneinkommens zur Aufbringung der Pension nicht üblich.

rechneten Pensionen fallen der Staatskasse nur insoweit zur Last, als sie die unter Zugrundelegung dieses Gesetzes zu bemessenden Beträge nicht übersteigen.

Artikel II.

Die Pensionen der Lehrer und Lehrerinnen, welche aus einer der im Artikel I § 1 genannten Schulstellen vor dem Inkrafttreten dieses Gesetzes in den Ruhestand versetzt sind, werden bis zu dem Betrage von Sechshundert Mark auf die Staatskasse übernommen.*)

Artikel III.

Dieses Gesetz tritt mit dem 1. April 1886 in Kraft.

Mit dem gedachten Zeitpunkte treten alle dem gegenwärtigen Gesetze entgegenstehenden Bestimmungen, sie mögen in allgemeinen Landes- und Provinzialgesetzen und Verordnungen oder in besonderen Gesetzen und Verordnungen enthalten sein, außer Kraft.

Artikel IV.

Mit der Ausführung dieses Gesetzes werden der Unterrichtsminister und der Finanzminister beauftragt.**)

Urkundlich unter Unserer Höchsteigenhändigen Unterschrift und beigedrucktem Königlichen Insiegel.

Gegeben Bad Ems, den 6. Juli 1885.

(L. S.) **Wilhelm.**

Fürst v. Bismarck. v. Puttkamer. Lucius. Friedberg.
v. Boetticher. v. Goßler. v. Scholz. Gr. v. Hatzfeldt.
Bronsart v. Schellendorff.

§ 182. **Verfahren bei unfreiwilliger Emeritierung von Elementarlehrern.**

1.

Auf den die Zwangspension des Lehrers N. zu N. betreff. Bericht vom 15. v. Mts. erwidere ich der Königlichen Regierung, daß für das Verfahren bei der zwangsweisen Emeritierung von Elementarlehrern, welche nicht unmittelbare Staatsdiener sind, das diesseitige Cirkular-Reskript v. 9. Dezember 1843 maßgebend ist. Nach demselben haben die Regierungen derartige unfreiwillige Pensionierungen auf Grund eines Plenarbeschlusses und unter **Vorbehalt des Rekurses an den** Oberpräsidenten, dessen Entscheidung endgiltig ist, resolutorisch festzusetzen. Die Königliche Regierung wolle hiernach das in der N.schen Angelegenheit weiter Erforderliche veranlassen.

M.-Erl. v. 17. April 1864 (Ctrbl. 1864, S. 366).

2.

Es haben bisher Zweifel darüber stattgefunden, welches Verfahren einzuleiten sei, wenn es sich darum handelt, Elementarlehrer wegen körperlicher oder geistiger Unfähigkeit unfreiwillig zu emeritieren. Um ein gleichmäßiges Verfahren in dieser Beziehung herbeizuführen, finde ich mich veranlaßt, hierüber folgendes zu bestimmen:

Wenn in vorkommenden Fällen, wo die aufsehende Behörde das Ausscheiden eines Elementarlehrers wegen körperlicher oder geistiger Unfähigkeit

---

*) Hier kommt es darauf an, ob die Schule den im Artikel I § 1 bezeichneten Charakter hatte, als der Lehrer in den Ruhestand versetzt wurde. (M.-Erl. v. 2. März 1886).

**) Auf Mittelschullehrer bezieht sich das vorliegende Gesetz nicht, doch hat der Herr Minister neuerdings angeordnet, daß bei Neueinrichtung von Mittelschulen 2c. die Gemeinden zu verpflichten sind, die Lehrer dieser Anstalten nach den Bestimmungen dieses Gesetzes zu pensionieren.

für notwendig hält, und derselbe sich seiner Emeritierung nicht freiwillig unterwerfen will, hiernach eine unfreiwillige Emeritierung eintreten muß, so ist diese in derselben Weise einzuleiten, welche die Allerhöchste Kabinetsordre vom 12. August 1822 und vom 29. März 1837 für den Fall einer Amtsentsetzung oder Strafemeritierung wegen mangelhafter Dienstführung und moralischer Gebrechen vorschreiben. Vorher ist es jedoch notwendig, die Unfähigkeit des betreffenden Lehrers überzeugend festzustellen. Zu diesem Zwecke ist die Schule wiederholt und sorgfältig zu revidieren, der Lehrer von dem Resultat der Revision vollständig in Kenntnis zu setzen und zugleich in geeigneter Weise darüber zu belehren, was er zu thun habe, um mit befriedigendem Erfolge zu unterrichten. Dabei ist ihm eine angemessene Frist zu bestimmen, nach deren Ablauf er genügendere Resultate seiner Wirksamkeit nachzuweisen habe, deren Vorhandensein durch eine nochmalige Revision der Schule würde erforscht werden. Ergiebt diese Revision die fortdauernde Unfähigkeit des Lehrers, so ist dies demselben zu eröffnen und ihm zu überlassen, seine etwaigen Verteidigungsgründe schriftlich oder zu Protokoll auszuführen. Nach Ablauf der hierzu bestimmten Frist ist im Plenum des Kollegiums das Gesamtresultat der stattgefundenen Revision vollständig vorzutragen, und wenn infolge dessen die Unfähigkeit für ausreichend dargethan erachtet wird, auf Grund des demnächst zu fassenden Plenarbeschlusses die unfreiwillige Emeritierung durch ein Resolut auszusprechen, gegen welches dem Lehrer nach Analogie der Allerhöchsten Kabinetsordre vom 29. März 1837 — durch welches den Oberpräsidenten die letzte Entscheidung auch bei Strafemeritierungen der Elementarlehrer übertragen worden — der Rekurs an den Oberpräsidenten freisteht. Von letzterem ist dann ganz in derselben Weise wie bei Rekursen in Disziplinaruntersuchungen zu verfahren. Beruht die Unfähigkeit des Lehrers lediglich in körperlichen Gebrechen, so sind diese durch eine ärztliche Untersuchung und durch ein Attest des betreffenden Kreisphysikus festzustellen, und ist demnächst die unfreiwillige Pensionierung durch ein Resolut, jedoch ebenfalls nach vorherigem Vortrage im Plenum und mit Vorbehalt des Rekurses an den Oberpräsidenten, auszusprechen.

Das dem Emeritus zu gewährende Einkommen ist, wenn die erforderlichen Materialien beisammen sind, in dem Resolut sogleich festzusetzen, sonst aber besonders zu ermitteln und festzustellen.

M.-Erl. v. 9. Dezember 1843 (Ctrbl. 1864, S. 367).

§ 183. Entscheidung über Pensionierung.

(Auszug.) Dem Königlichen Konsistorium eröffne ich, daß die Entscheidung über die Pensionierung nicht von mir zu treffen ist.

Der p. N. gehört zu den **mittelbaren** Staatsdienern. Wegen Pensionierung derselben sind die bestehenden Vorschriften in Kraft geblieben, wie der § 95 Abs. 1 in Verbindung von § 95 des Gesetzes vom 21. Juli 1852 ergiebt.

Das Königliche Konsistorium hat danach das Gesetz vom 21. Juli 1852 zu Unrecht auf den vorliegenden Fall in Anwendung gebracht.

Die wegen unfreiwilliger Emeritierung von Elementarlehrern in den älteren Provinzen des Staates bestehenden Vorschriften, welche gemäß § 1 der Verordnung vom 23. September 1867 (Ges.-Samml. S. 1619) auch in den dortigen Provinzen Anwendung finden, wolle das Königliche Konsistorium aus den A.-K.-O. vom 27. April 1830 und vom 29. März 1837 sowie aus dem Cirkular-Erlaß vom 9. Dezember 1843 und dem Erlaß vom 7. April 1864 entnehmen.

Danach hat das Königliche Konsistorium mittels Plenarbeschlusses resolutorisch festzusetzen, ob der p. N., von welchem Zeitpunkte ab und mit welchem Ruhegehaltsbetrage wegen dauernder Dienstunfähigkeit in den Ruhestand zu versetzen ist, unter Vorbehalt des dem p. N. zustehenden Rekurses an den Oberpräsidenten, dessen Entscheidung endgiltig ist.

M.-Erl. v. 9. Juli 1880 (Ctrbl. 1880, S. 630).

§ 184. Ärztliches Attest für den Nachweis der Dienstunfähigkeit.

Das in den zurückfolgenden Akten befindliche Kreisphysikats-Attest zur Beurteilung der Dienstunfähigkeit des N. ist als ausreichend nicht zu erachten. Dergleichen Zeugnisse müssen eine genaue Beschreibung des Krankheitszustandes enthalten, sowie eine Angabe der Art und Weise, wie sich der betreffende Arzt von demselben eine Überzeugung verschafft hat. Zeugnisse, die nicht einen hinreichenden Anhalt zu einem Superarbitrium bieten, sind zurückzuweisen.

M. Erl. v. 13. November 1872 (Ctrbl. 1873, S. 105).

§ 185. Verpflichtung zur Aufbringung der Stellvertretungskosten während der Amtssuspension eines Lehrers, sowie des Emeritengehaltes.

Ihre Beschwerde vom 15. d. Mts. gegen diejenigen Verfügungen der Königlichen Regierung zu N., durch welche diese der dortigen Schulgemeinde die Aufbringung der dem Lehrer in N. zustehenden, während der Zeit seiner Suspension inne behaltenen und zur Salarierung eines Stellvertreters verwendeten Gehaltshälfte, sowie des ihm zu gewährenden Emeritengehalts auferlegt hat, ist von dem Herrn Minister des Innern als zu meinem Geschäftskreise gehörig, mir abgegeben worden. Ich kann die Beschwerde für begründet nicht erachten, da die Kosten der Stellvertretung eines vom Amte suspendierten Lehrers, sowie das Emeritengehalt lediglich im Interesse der Schule aufgewendet werden und deshalb den zur Unterhaltung der Schule Verpflichteten zur Last fallen, ohne daß es darauf ankommt, ob die Anregung zur Einleitung einer Disziplinaruntersuchung oder zur Emeritierung von Ihnen ausgegangen ist oder nicht.

M.-Erl. v. 26. August 1864 (Ctrbl. 1864, S. 564).

§ 186. Beschlagnahme von Besoldungen und Pensionen.

Es sind Zweifel darüber angeregt worden, ob die Bestimmung des § 169 des Anhanges zur allgemeinen Gerichtsordnung, nach welcher

„die in Absicht der Beschlagnahme von Besoldungen und Pensionen vorgeschriebenen Einschränkungen bei solchen Schulden, welche aus **unerlaubten Handlungen** entstanden sind, keine Anwendung finden,“

auch dann Geltung habe, wenn die unerlaubte Handlung lediglich in einem nur zu disziplinarischer Ahndung geeigneten Dienstvergehen besteht. Zur Beseitigung dieser Zweifel hat das Königliche Staatsministerium in Übereinstimmuug mit der in dem Erkenntnis des Königlichen Ober-Tribunals vom 2. April 1846 enthaltenen Rechtsausführung beschlossen, daß von Seiten der Verwaltungsbehörden die gedachte Bestimmung des § 169 des Anhangs zur allgemeinen Gerichtsordnung nur dann zur Anwendung gebracht werden soll, wenn der gegen einen Beamten oder eine Militärperson zu erfolgende Anspruch auf einer in den gemeinen Strafgesetzen mit Strafe bedrohten Handlung oder Unterlassung beruht.

M.-Erl. v. 5. Februar 1867 (Ctrbl. 1867, S. 130).

V. Die persönlichen Verhältnisse des Lehrers.

A. Militär-Verhältnisse.

§ 187. Auszug aus der deutschen Wehrordnung vom 28. September 1875.

(Reichsmilitärgesetz vom 2. Mai 1874.)

I. Teil. Ersatzordnung.

§ 9. Aktive Dienstpflicht der Volksschullehrer und Kandidaten des Volksschulamts.

1. Volksschullehrer und Kandidaten des Volksschulamts, welche ihre Befähigung für das Schulamt in vorschriftsmäßiger Prüfung nachgewiesen haben, können nach kürzerer Einübung mit den Waffen zur Reserve beurlaubt werden.

2. Giebt der so Beurlaubte seinen bisherigen Beruf gänzlich auf oder wird er aus dem Schulamte für immer entlassen, so kann er vor Ablauf des Jahres, in welchem er das 25. Lebensjahr vollendet, zur Ableistung des Restes seiner aktiven Dienstpflicht wieder eingezogen werden.

3. Wenn ein solcher Dienstpflichtiger vor vollendetem 25. Lebensjahre aus dem Schulamte für immer entlassen wird, so hat die vorgesetzte Behörde dem Landwehr-Bezirkskommando zu weiteren Anzeigen an die Ersatzbehörden hiervon Mitteilung zu machen. (R.-M.-G. § 51.)

§ 20. — 2. Die Militärpflicht beginnt mit dem 1. Januar des Kalenderjahres, in welchem der Wehrpflichtige das 20. Lebensjahr vollendet und dauert so lange, bis über die Dienstpflicht des Wehrpflichtigen endgiltig entschieden ist. (§ 26, 4).

§ 27. Zurückstellung über das dritte Militärpflichtjahr hinaus ist nur zulässig:

b. behufs ungestörter Ausbildung für den Lebensberuf (§ 30, 4) und zwar in ausnahmsweisen Verhältnissen bis zum fünften Militärpflichtjahr.

II. Teil. Kontrolordnung.

§ 13. Einberufung der Reserve, Land- und Seewehr. — 4. Reichs-, Staats- und Kommunalbeamte, sowie Angestellte der Eisenbahnen, welche der Reserve oder Landwehr angehören, dürfen für den Fall einer Mobilmachung oder notwendigen Verstärkung des Heeres hinter die letzte Jahresklasse der Landwehr zurückgestellt werden, wenn ihre Stellen selbst vorübergehend nicht offen gelassen werden können und eine geeignete Vertretung nicht zu ermöglichen ist. (R.-M.-G. § 65.) 7. Reichs-, Staats- und Kommunalbeamte sollen durch ihre Einberufung zum aktiven Dienst in ihren bürgerlichen Dienstverhältnissen keinen Nachteil erleiden. — Ihre Stellen, ihr persönliches Diensteinkommen aus denselben und ihre Anciennetät, sowie alle sich daraus ergebenden Ansprüche bleiben ihnen in der Zeit der Berufung zum aktiven Dienst gewahrt. (R.-M.-G. § 66.)

§ 20. **Unabkömmlichkeitsgründe.** — 2. Außer den unter 1. bezeichneten Beamten können noch mit Unabkömmlichkeitsattesten versehen werden: a) durch die von den Landesregierungen zu bezeichnenden Behörden die einzeln stehenden Beamten an Staatskassen, welche Kaution gestellt haben, einzeln stehende Geistliche und Volksschullehrer. — 7. Freiwilliger Eintritt unabkömmlich erklärter Beamten darf nur mit Genehmigung des Chefs ihrer vorgesetzten Dienstbehörde stattfinden. 8. Sobald die älteste Jahresklasse der Landwehr einberufen, erlischt jedes Anrecht auf Zurückstellung.

(Ctrbl. 1876, S. 4—25.)

§ 188. Ausstellung der Unabkömmlichkeitsatteste für den Fall der Einberufung der Reserve.

Mit Bezug auf § 20 Nr. 2 a. der Kontrolordnung, wonach auch einzeln stehende Geistliche und Volksschullehrer mit Unabkömmlichkeitsattesten für den Fall der Einberufung der Reserve, Land- und Seewehr versehen werden können, bestimme ich hiermit im Einverständnis mit dem Herrn Kriegsminister, daß diese Atteste hinsichtlich der einzeln stehenden Geistlichen, der nach § 13 Nr. 5 a. a. O. in Betracht kommenden Religionsgesellschaften bei dem Oberpräsidenten, hinsichtlich der Volksschullehrer bei den Königlichen Regierungen, in der Provinz Hannover bei den Konsistorialbehörden, nachzusuchen und von diesen Behörden geeigneten Falls zu erteilen sind.

Die Ausstellung der Unabkömmlichkeitsatteste für sämtliche Beamte meines Ressorts mit Ausnahme der Volksschullehrer erfolgt auch in Zukunft nach Maßgabe der bestehenden Vorschriften durch die Ministerialinstanz.

M.-Erl. v. 4. Oktober 1876 (Ctrbl. 1876, S. 574).

§ 189. Unabkömmlichkeitserklärung der Lehrer an mehrklassigen Volksschulen; Begründung der Anträge.

In Verfolg meines Erlasses vom 4. Oktober 1876, die Unabkömmlichkeit 2c. betreffend, bestimme ich hinsichtlich der im militärischen Verbande stehenden Lehrer mehrklassiger Volksschulen unter Bezugnahme auf die deutsche Wehrordnung vom 28. September 1875, Teil II., Kontrolordnung § 20, daß die Anträge der Provinzialbehörden auf Unabkömmlichkeitserklärung solcher Lehrer alljährlich vor Ablauf der Monate Oktober und April bei mir zu stellen sind.

Bezüglich der Begründung der Anträge wird bemerkt, daß ich die Unabkömmlichkeit der Lehrer an mehrklassigen Volksschulen in ihren Schulämtern nur dann bescheinigen kann, wenn ein unabweisliches Bedürfnis vorliegt. Ob letzteres stattfindet, läßt sich in dem einzelnen Falle nur bei Berücksichtigung sämtlicher obwaltenden Verhältnisse beurteilen. Wenn deshalb von der Aufstellung allgemeiner Gesichtspunkte nach dieser Richtung abgesehen werden muß, so ist doch jedenfalls daran festzuhalten, daß Lehrer an einer solchen Schule nur dann für unabkömmlich zu erachten sind, wenn eine Verschmelzung der bestehenden Schulklassen nicht angängig ist und keine Lehrkräfte vorhanden sind, bezw. übrig bleiben, welchen die Erteilung des Unterrichts, wenn auch unter einer mäßigen Verkürzung der Lehrstunden in den einzelnen Klassen, deren Fortbestehen notwendig erscheint, für die Dauer der Mobilmachung vertretungsweise übertragen werden kann.

Die einzelnen Fälle, in denen die Unabkömmlichkeit geboten erscheint, sind in einer dem § 21 a. a. O. als Schema A beigefügten Liste aufzuführen und wird meinerseits nach Prüfung derselben das Weitere veranlaßt werden. Gemäß § 51, 1 c. sind in die von der Königlichen Regierung den Provinzialkommandos einzureichenden Listen die Lehrer an mehrklassigen Volkschulen nicht aufzunehmen.

M.-Erl. v. 18. Juni 1878 (Ctrbl. 1878, S. 385).

§ 190. Militärdienstpflicht der als Lehrer fungierenden Theologen der Brüder-Unität zu Berthelsdorf.

Die Herren Minister des Innern und des Krieges haben nach Einvernehmen mit dem Herrn Reichskanzler und mit mir den zur Dienstleistung an den Ortsschulen der evangelischen Brüder-Unität in **Berthelsdorf bei Herrenhut** verpflichteten Theologen auf Grund des § 51 des Reichsmilitärgesetzes vom 2. Mai 1874 die Vergünstigung einer kürzeren Militärdienstzeit unter der Bedingung gewährt, daß dieselben ihre Befähigung für das Schulamt in vorschriftsmäßiger Prüfung nachweisen.

M.=Erl. v. 22. Juni 1876 (Ctrbl. 1876, S. 442).

B. Nebenämter und Nebenbeschäftigungen.

§ 191. Begriff.

Unter einem Nebenamte ist jede außerhalb des amtlichen Berufs liegende, gegen eine bestimmte Entschädigung **dauernd** übernommene Beschäftigung zu verstehen.

Nur mit ausdrücklicher Genehmigung der Königlichen Regierung darf ein Nebenamt übernommen oder ein Gewerbe betrieben werden (Agenturen, Schreibereien 2c.). Beim Gesuche um Erlaubnis zur Übernahme eines Nebenamtes muß der Nachweis geführt werden, daß mit der Übernahme der Lehrer an der Ausübung der Berufspflichten nicht gehindert wird.

Schulordnung vom 11. Dezember 1845, § 9. — Verfügung der Königlichen Regierung zu Königsberg vom 5. Dezember 1860 (Ctrbl. 1861, S. 28).

§ 192. Erteilung von Privatunterricht durch die Elementarlehrer.

1.

Privatunterricht zu erteilen, kann einem Lehrer im allgemeinen nicht, sondern nur dann untersagt werden, wenn dadurch die Verwaltung seines Amtes leidet. Hiernach kann es nicht angemessen erscheinen, in präventiver Weise einem Lehrer durch seine Vokation die Verpflichtung aufzuerlegen, jedesmal vor Übernahme von Privatunterricht die Genehmigung der Oberschulbehörde dazu einzuholen, zumal die letztere nach den deshalb bestehenden Bestimmungen vollständig in der Lage ist, im Wege der Disziplin abzuhelfen, wenn ein Lehrer sich zur Ungebühr und zum Nachteil seines Amtes mit Privatunterricht beschäftigen sollte.

Dagegen wird nichts zu erinnern sein, daß die dortigen Lehrer verpflichtet werden, **innerhalb** der nach den bestehenden Bestimmungen oder dem Herkommen von ihnen wöchentlich zu übernehmenden Zahl von Unterrichtsstunden noch einige in der Fortbildungsschule zu erteilen, vorausgesetzt, daß diese gleich der Schule, an welcher dieselben zunächst fungieren, ein städtisches und nicht ein Privat=Institut ist.

M.=Erl. v. 28. Juni 1861, (Ctrbl. 1861, S. 434).

2.

Die Lehrer an öffentlichen Schulen haben vorschriftsmäßig von den Privatstunden, welche sie zu erteilen beabsichtigen, den Schulvorständen Anzeige zu machen.

Befürchten die Schulvorstände aus der Erteilung zu vieler Privatstunden einen nachteiligen Einfluß auf den öffentlichen Unterricht, so haben dieselben den Lehrern die zu häufige Erteilung von Privatunterricht zu untersagen.

Verfgg. der Königl. Reg. zu Arnsberg 1866 (Ctrbl. 1866, S. 291).

§ 193. Zur Erteilung des Privatunterrichts ist die Erlaubnis der vorgesetzten Dienstbehörde nötig.

(Auszug.) Die auf Erwerb gerichtete außeramtliche Beschäftigung eines öffentlichen Lehrers mit der Erteilung von Privatunterrichtsstunden gegen Bezahlung charakterisiert sich als Betrieb eines Gewerbes, zu welchem öffent=

liche Lehrer als Beamte gemäß § 19 der Preuß. allgem. Gewerbeordnung vom 17. Januar 1845 der Erlaubnis ihrer vorgesetzten Dienstbehörde bedürfen.

Die von Ihnen erlassene allgemeine Verfügung vom 14. Dezember v. J. geht deshalb zu weit, wenn sie die Erteilung derartigen Privatunterrichts überhaupt und ohne Rücksicht auf besondere Verhältnisse, welche Ausnahmen von dem Grundsatze und der Regel rechtfertigen, verbietet.

Der § 16 der Ministerialinstruktion vom 31. Dezember 1839 will nichts weiter besagen, als daß die öffentl. Lehrer zur Erteilung von Privatunterricht eines besondern Erlaubnisscheines (Konzession) der Ortsschulbehörde nicht bedürfen; sie haben ihr Vorhaben bloß bei der Ortsschulbehörde anzuzeigen. Dabei bleibt die Verpflichtung der öffentl. Lehrer zur Erteilung von Privatunterricht, wenn diese Thätigkeit auf Erwerb gerichtet ist, die Erlaubnis ihrer mit der Ortsschulbehörde als solcher nicht zu identifizierenden vorgesetzten Dienstbehörde einzuholen, unberührt.

M.-Erl. v. 6. Oktober 1882 (Ctrbl. 1882, S. 716).

§ 194. Unzulässigkeit einer übermäßigen Beschäftigung mit Privatunterricht.

Die Ortsschulbehörden, namentlich die städtischen Schulkommissionen, werden also angewiesen, die Erteilung von Privatunterricht seitens der Lehrer an öffentlichen Elementar- und Mittelschulen sorgfältig zu überwachen und wo sich die Überzeugung herausstellt, daß ein Lehrer sich im Übermaß oder in einer gerechtfertigtes Mißtrauen erregenden Weise mit Privatunterricht beschäftigt, hiergegen von Amts wegen einzuschreiten. Den das Lehrerberufungsrecht ausübenden Kommunen und allen sonstigen Kollatoren von Schulstellen wird außerdem empfohlen, in die künftig auszustellenden Lehrervokationen die Bestimmung aufzunehmen, daß der Berufene nur mit Erlaubnis der Ortsschulbehörde Privatunterricht erteilen darf. Auch berechtigt die Regierung dieselben hiermit, die angeordneten, den Lehrern zu gewährenden Gehaltserhöhungen an die gleiche Bedingung zu knüpfen und diese den betreffenden Lehrern zu Protokoll bekannt zu machen.

Verfgg. der Kgl. Reg. zu Potsdam v. 21. Januar 1868 (Ctrbl. 1868, S. 224—226).

§ 195. Agenturen von Feuer- und Hagelversicherungsgesellschaften.

Durch die sich immer mehr und mehr häufenden Anträge, unsererseits zu gestatten, daß Lehrer Nebenämter, insonderheit Agenturen der Versicherungs-Anstalten mannigfaltiger Art übernehmen, und durch Wahrnehmung mancher daraus für die Verwaltung ihrer Schulämter und Kirchendienste entstehenden Nachteile genötigt, haben wir beschlossen, die Verwaltung von Nebenämtern solcher Art, welche unter Umständen die schnelle oder augenblickliche Thätigkeit und wohl gar Reisen der damit Betrauten erfordern und demnach Störungen in pünktlicher Verwaltung ihrer Schulämter 2c. mit sich führen, namentlich also auch die Verwaltung von Agenturen der Feuer- nnd Hagel-Versicherungsgesellschaften, hinfort nicht mehr zu gestatten, und werden daher desfallsige etwa eingehende neue Anträge regelmäßig zurückgewiesen.

Verfgg. der Kgl. Reg. zu Potsdam v. 13. Juli 1861 (Ctrbl. 1861, S. 495).

(Vergleiche auch die Verfügung derselben Behörde vom 23. Mai 1875 (Ctrbl. 1875, S. 411).

§ 196. Gewerbebetrieb seitens der Lehrer und der Angehörigen 2c. derselben.

Nach Vorschrift des § 19 der Gewerbeordnung vom 17. Januar 1845 und al. 2 der Gewerbeordnung vom 21. Juni 1869 bezw. der A. K. O.

vom 13. Juli 1839 bedürfen Lehrer als mittelbare Staatsbeamte zum Betriebe eines Gewerbes der Erlaubnis der vorgesetzten Dienstbehörde, und zwar muß diese Erlaubnis auch zu dem Gewerbetriebe ihrer Ehefrauen, der in ihrer väterlichen Gewalt stehenden Kinder, ihrer Dienstboten und anderer Mitglieder ihres Hausstandes eingeholt werden. Die zur Erteilung der Erlaubnis allein kompetente Instanz ist die **Bezirksregierung.**

Verschiedene Unzuträglichkeiten, welche in jüngster Zeit durch nicht erlaubten Gewerbebetrieb seitens mehrerer Lehrer, bezw. der zu ihrem Hausstande gehörigen Personen zu unserer Kenntnis gelangt sind, veranlassen uns, Ew. Hochwohlgeboren hierdurch zu beauftragen, den Lehrern durch die Schulvorstände die vorgenannte Vorschrift von neuem einzuschärfen und dabei zu erkennen zu geben, daß wir fortan keinem Lehrer oder Lehrerangehörigen die Erlaubnis zu einem Gewerbebetriebe erteilen, sowie die etwa erteilte Erlaubnis sofort zurückziehen werden, sobald sich daraus Unzuträglichkeiten für die berufliche Stellung zeigen.

Verfgg. der Kgl. Reg. zu Arnsberg vom 16. August 1876 (Ctrbl. 1876, S. 682).

§ 197. Kompetenz bei Gestattung der Übernahme von Nebenämtern.

Die Stadtverordneten-Versammlung ist durch kein Gesetz berufen oder ermächtigt, in die Leitung und Beaufsichtigung des Schulwesens sich einzumischen. **Das Verlangen der dortigen Stadtverordneten-Versammlung, daß die Übernahme von Nebenämtern seitens der städtischen Lehrer von ihrer Genehmigung abhängig gemacht werde, ist hiernach unberechtigt.**

M.-Erl. v. 14. April 1863 (Ctrbl. 1863, S. 297).

§ 198. Nebenverdienst für Privatunterricht und Lehrereinkommen.

Hierbei mache ich dem Magistrate noch bemerklich, daß bei der Prüfung der Zulässigkeit des Einkommens einer Lehrerstelle der dem Inhaber aus der Erteilung von Privatunterricht erwachsende Nebenverdienst nicht berücksichtigt werden darf.

M.-Erl. v. 7. April 1863 (Ctrbl. 1863, S. 207).

§ 199. Elementarlehrer als Schiedsmänner.

Nur ausnahmsweise, wenn gar keine anderen, zur Übernahme des qu. Amtes geeigneten Persönlichkeiten in dem betreffenden Bezirke vorhanden sein sollten und je nach den Verhältnissen der Schule sowie des Lehrers die Übernahme des Nebenamtes ohne für das Schulwesen zu gewärtigende Nachteile statthaft erscheinen, wird die Erlaubnis dazu erteilt.

Verfgg. der Kgl. Reg. zu Posen v. 30. Mai 1862 (Ctrbl. 1862, S. 433).

§ 200. Unzulässigkeit der Übertragung des Schulzenamtes an einen Lehrer.

Ew. Hochwohlgeboren erwidere ich auf die Eingabe vom 18. Februar cr., daß nach den bestehenden Verwaltungsgrundsätzen auf die Übertragung des Schulzenamtes an einen Lehrer nicht eingegangen werden kann.

M.-Erl. v. 27. April 1866 (Ctrbl. 1866, S. 258).

§ 201. Untersagung ärztlicher Praxis durch die Lehrer.

Seit Emanation der Gewerbeordnung von 1869 sind uns mehrfach Beschwerden darüber zugegangen, daß sich Elementarlehrer mit arzeneilicher Praxis und mit der Verabfolgung homöopathischer Heilmittel beschäftigen.

Es bedarf kaum des Hinweises darauf, daß mit einer derartigen Überschreitung des Berufskreises nicht bloß schwere Verantwortung verbunden ist, sondern daß dadurch auch die dem Amte gehörende Zeit und Kraft in störender, höchst bedenklicher Weise geschmälert werden müssen. Wenn schon durch ministerielle Anordnung den Lehrern und deren Ehefrauen der Betrieb von Krämerei, Schankwirtschaft 2c. um deshalb streng untersagt bleibt, weil dadurch Beziehungen mit dem Publikum herbeigeführt werden, welche das amtliche Ansehen allmählich untergraben, leicht den Verdacht persönlicher Interessen erregen und unter allen Umständen die eigentliche Berufsthätigkeit schmälern, — so gelten solche Gefahren in noch höherem Maße und mit entschieden größerer Verantwortung der Hingabe an medizinische Pfuscherei.

Die bereits vorliegenden Erfahrungen haben leider nur zu deutlich gezeigt, daß der Lehrer durch solche Abweichungen von der eigentlichen Aufgabe gar bald seine Stellung untergräbt, und daß der Beifall und Zulauf, welchen er sich etwa bei Unverständigen erwirbt, durch die Unzufriedenheit und den Tadel der Verständigen reichlich überwogen wird. Im Interesse der Schulen und der notwendigen Achtung, welche wir dem Einzelnen, wie dem ganzen Stande zu erhalten wünschen, sehen wir uns daher veranlaßt, hiermit den Lehrern unseres Verwaltungsbezirkes die Ausübung aller und jeder medizinischen Praxis nachdrücklich unter dem Hinweis darauf zu verbieten, daß wir Übertretungen inskünftige mit strengen Disziplinar-Maßregeln ahnden werden.

Verfgg. der Kgl. Reg. zu Trier vom 17. Februar 1872 (Ctrbl. 1872, S. 356).

§ 202. **Die Beteiligung an Auswanderungsgeschäften ist den Lehrern verboten.**

Es ist amtlich ermittelt und festgestellt worden, daß an verschiedenen Orten des Inlandes durch Auswanderungsunternehmer der Versuch gemacht worden ist, Elementarlehrer zur heimlichen Beförderung der Auswanderung unter Zusicherung von namhaften Prämien zu verleiten.

Da die Vermutung nahe liegt, daß ein planmäßiges Hineinziehen der Lehrer in diese verwerfliche Agitation stattfindet, so veranlasse ich die Königliche Regierung 2c., den Lehrern Ihres Aufsichtskreises die Übernahme von Agenturen in Auswanderungsangelegenheiten, sowie die Beteiligung an derartigen Geschäften zu untersagen.

M.-Erl. v. 7. August 1872 (Ctrbl. 1872, S. 492).

§ 203. **Elementarlehrer als Kreistagsabgeordnete.**

Aus Anlaß eines Spezialfalles hat der Herr Minister des Innern in Übereinstimmung mit dem Herrn Justizminister sich dahin geäußert, daß keine Veranlassung vorliegen dürfe, die Zulässigkeit der Übernahme eines Mandats als Kreistagsabgeordneter seitens eines Staatsbeamten von der Genehmigung der vorgesetzten Dienstbehörde desselben abhängig zu machen. Ich schließe mich dieser Auffassung an 2c. — Der p. N. hat jedoch seinem Vorgesetzten von der Anberaumung einer jeden Kreistagssitzung vor letzterer rechtzeitig Anzeige zu machen, bezw. behufs seiner Teilnahme an derselben Urlaub nachzusuchen. Dieser Urlaub wird in einzelnen Fällen zu versagen sein, wenn dies in Umständen, welche die Erfüllung dienstlicher Obliegenheiten als durchaus notwendig erscheinen lassen, seine Rechtfertigung findet.

M.-Erl. v. 24. November 1873 (Ctrbl. 1874, S. 209).

§ 204. **Ausschluß des Lehrers vom Kreisausschuß.**

Geistliche, Kirchendiener und Elementarlehrer können nicht Mitglieder des Ausschusses sein. (§ 131 der Kreisordnung vom 13. Dezember 1872.)

§ 205. Ausschluß der Lehrer vom passiven, kommunalen Wahlrecht.

Nach § 17, 3 und § 30, 3 der Städteordnung, können Geistliche, Kirchendiener und Lehrer*) weder Stadtverordnete, noch Mitglieder des Magistrats sein.

§ 206. Übernahme der Funktion eines Amtssekretärs seitens der Lehrer.

Auf den Bericht vom 21. v. Mts., betreffend die Annahme der Stelle eines Amtssekretärs seitens der Schullehrer, eröffne ich der Königlichen Regierung, daß eine allgemeine Verfügung darüber, ob die Genehmigung dazu zu erteilen oder zu versagen sei, nicht erteilt werden kann.

Die etwaigen Gesuche der Lehrer, ihnen die Genehmigung zur Besorgung der schriftlichen Arbeiten der Amtsvorsteher oder zur Übernahme der Funktion eines Amtssekretärs zu erteilen, sind in den einzelnen Fällen unter Berücksichtigung aller hierbei in Betracht zu ziehenden Umstände zu prüfen und nur dann unter Vorbehalt des Widerrufs zu genehmigen, wenn die vorgängige sorgfältige Prüfung zu der Befürchtung keinen Anlaß giebt, daß das Interesse der Schule dadurch geschädigt werde.

M.-Erl. v. 17. Februar 1874 (Ctrbl. 1874, S. 299).

§ 207. Bestellung von Lehrern als Standesbeamte und Stellvertreter derselben.

Nach § 4 des Gesetzes vom 9. März d. J., betreffend die Beurkundung des Personenstandes und die Form der Eheschließung, darf im Falle eines besonderen Bedürfnisses das Amt eines Standesbeamten auf Vorschlag des Kreisausschusses, oder, wo ein solcher nicht besteht, nach Anhörung der Gemeindebehörden statt der in § 2 und 3 genannten Gemeindebeamten auch — abgesehen von den Geistlichen — anderen Personen mit ihrer Einwilligung übertragen werden. Durch diese Bestimmung ist die Möglichkeit gegeben, auch die Elementarschullehrer als Standesbeamte oder Stellvertreter zu bestellen, und voraussichtlich wird es sich nicht gänzlich vermeiden lassen, einzelnen Lehrern in ländlichen Bezirken die erwähnten Funktionen zu übertragen. Da nach den bestehenden allgemeinen Anordnungen die Schullehrer zur Übernahme eines Nebenamtes der Genehmigung ihrer vorgesetzten Dienstbehörde bedürfen, so wird die Königliche Regierung hierdurch ermächtigt, auf den Antrag des Oberpräsidenten den Lehrern die Genehmigung zur Übernahme des Amtes eines Standesbeamten oder Stellvertreters in den Fällen zu erteilen, in welchen das Amt nach Lage der örtlichen Verhältnisse weder Gemeindebeamten, noch auch anderen Personen füglich übertragen werden kann und besondere Gründe nicht entgegenstehen. Bei der Prüfung der bezüglichen Anträge wird zwar nicht zu verkennen sein, daß die Funktionen eines Standesbeamten sich mit den Amtspflichten der Schullehrer oft schwer dürften vereinigen lassen, andererseits ist aber auch zu erwägen, daß das erwähnte Gesetz vom 9. März d. J. mit dem 1. Oktober d. J. in Kraft tritt und bis dahin die Bestellung qualifizierter Standesbeamten für die im Geltungsbereiche des Gesetzes belegenen Gemeinden unter allen Umständen erfolgen muß. Indem noch bemerkt wird, daß die Genehmigung stets nur mit dem Vorbehalte, daß sie seitens der Schul-Aufsichtsbehörde zu jeder Zeit widerrufen werden kann, zu erteilen ist, wird der Königlichen Regierung 2c. insbesondere zur Pflicht gemacht, die zu treffende Entscheidung in allen Fällen thunlichst zu beschleunigen, damit auch für den Fall einer Ablehnung des

---

*) Lehrer an Mittel- und höheren Töchterschulen sind nicht Lehrer im Sinne der §§ 17, 3 u. 30, 3 der Städteordnung und darum als Stadtverordnete wählbar.

Antrages dem Oberpräsidenten zur Ermittlung und Bestellung anderer Persönlichkeiten eine möglichst geräumige Frist verbleibt.

M.-Erl. v. 30. Mai 1874 (Ctrbl. 1874, S. 302).

§ 208. Wahl der Lehrer in den Gemeindekirchenrat.

Auf den Bericht vom 25. Mai d. J. eröffne ich der Königlichen Regierung, daß die Frage, ob Lehrer, welche in den Gemeindekirchenrat gewählt sind, zur Übernahme des Ältestenamtes die Genehmigung ihrer vorgesetzten Dienstbehörde bedürfen, nach der gegenwärtigen Lage der Gesetzgebung verneinend zu beantworten ist.

Die Stellung in den Gemeindekörpern ist mit Besoldung nicht verbunden; sie ist auch als ein Nebenamt im Sinne der Dienstdisziplin nicht anzusehen 2c.

Hiernach ist der den Rektor N. zu N. betreffende Fall anderweitig zur Erledigung zu bringen und Abschrift der von der Königlichen Regierung deshalb zu erlassenden Verfügung mir einzureichen.

M.-Erl. v. 15. Juli 1874 (Ctrbl. 1874, S. 422).

§ 209. Verbot der Ausübung der Jagd durch Schullehrer.

1.

Es soll in der Zukunft darauf gehalten werden, daß kein Schullehrer sich mit der Betreibung der Jagd beschäftige. Ausnahmen von dieser Regel werden nur in Rücksicht auf die Gesundheit einzelner Individuen, und auch hier nur in den seltensten Fällen zu gestatten sein, da es keinem Zweifel unterliegt, daß körperliche Bewegung auch auf andere Weise, als durch Betreibung der Jagd geschafft werden kann.

M.-Erl. v. 20. Mai 1852 (Min.-Bl. S. 114).

2.

Bereits durch die Generalreskripte der früheren nassauischen Landes-Regierung vom 15. Dezember 1817 und vom 21. November 1851 ist den Lehrern an den Volksschulen die Ausübung der Jagd als unverträglich mit ihrem Berufe untersagt worden. Wir haben daher nur mit Mißfallen wahrnehmen können, daß wiederholt einzelne Lehrer dies Verbot mißachten und eben jetzt als Jagdpächter auftreten. Es ist nicht erforderlich, hier von neuem die Bedenken darzulegen, welche sich aus einer richtigen Auffassung des Volksschullehrerberufes gegen die Betreibung der Jagd durch die Lehrer ergeben. Es herrscht darüber unter den Verständigen und treuen Gliedern des Lehrerstandes nur eine Stimme.

Auch die Gesuche um ausnahmsweise Gestattung der Jagdausübung aus Gesundheitsrücksichten können von uns nicht willfährig beschieden werden, weil der Lehrer sich auf andere, seinem Beruf nicht nachteilige Weise die erstrebte körperliche Bewegung verschaffen kann.

Die Teilnahme an den Jagdpachten bringt den Lehrer aber leicht in unangenehme, seiner Stellung in der Gemeinde schädliche Verwickelungen.

Verfgg. der Kgl. Reg. zu Wiesbaden vom 2. Juli 1867 (Ctrbl. 1867, S. 470).

3.

Die Herren Kreisschulinspektoren beauftragen wir, unter Hinweis auf die diesseitige Cirkular-Verfügung vom 31. Mai 1853 den ihnen unterstellten Lehrern zur genauen Nachachtung in Erinnerung zu bringen, daß kein Lehrer zur Betreibung der Jagd befugt ist, der nicht unsere ausdrückliche Erlaubnis dazu hat, und daß letztere nur in Ausnahmefällen erteilt werden kann.

Verfgg. der Kgl. Reg. zu Liegnitz v. 13. Novbr. 1879 (Nr. 11017).

Nach dem M.-Erl. vom 5. Septbr. 1884 ist die Verfügung vom 20. Mai 1852 nicht mehr in ihrem ganzen Umfange aufrecht zu erhalten. Die Lehrer sind vielmehr durch keine gesetzliche Bestimmung von der Ausübung der Jagd ausgeschlossen; sie ist ihnen daher zu gewähren, wenn nicht in der Persönlichkeit oder Amtsführung Gründe vorliegen, aus welchen sie im dienstlichen Interesse einem Lehrer zu versagen ist. Aus allgemeinen Erwägungen oder Befürchtungen darf dies nicht geschehen; es müssen vielmehr nachweisbare Thatsachen vorhanden sein, durch welche die Regierung sich veranlaßt findet, von ihren Disziplinarbefugnissen Gebrauch zu machen.

C. Disziplinarverfahren gegen Elementarlehrer.

Das Verhalten der Lehrer als Staatsbürger unterliegt der Beurteilung nach den bestehenden Landesgesetzen. (Art. 4 der Verfassungsurkunde vom 31. Januar 1850.) Es fallen daher die vorkommenden Verbrechen, Vergehen und Übertretungen der Lehrer unter die Bestimmungen des Strafgesetzes.

Da ferner der Lehrer nach Art. 23 der Verfassungsurkunde als mittelbarer Staatsbeamter anzusehen ist, so unterliegen alle **Amts**vergehen dem Gesetz vom 21. Juli 1852, betreffend die Dienstvergehen der nicht richterlichen Beamten und die Versetzung derselben in den Ruhestand. (Ges.-Samml. S. 465 ff.)

Zur Entlassung provisorisch angestellter Lehrer bedarf es einer Einleitung der Disziplinaruntersuchung nicht, dieselbe kann durch die Regierung angeordnet werden.

§ 210. Das Gesetz, betreffend die Dienstvergehen der nicht richterlichen Beamten.

§ 1. Das gegenwärtige Gesetz findet unter den darin ausdrücklich gemachten Beschränkungen auf alle in unmittelbarem Staatsdienste stehende Beamten Anwendung, die nicht unter die Bestimmungen des die Richter betreffenden Gesetzes vom 7. Mai 1851 fallen.

Erster Abschnitt.

Allgemeine Bestimmungen über Dienstvergehen und deren Bestrafung.

§ 2. Ein Beamter, welcher
1) die Pflichten verletzt, die ihm sein Amt auferlegt, oder
2) sich durch sein Verhalten in oder außer dem Amte der Achtung, des Ansehens oder des Vertrauens, den sein Beruf erfordert, unwürdig zeigt, unterliegt den Vorschriften dieses Gesetzes.

§ 3. Ist eine der unter 2 fallenden Handlungen (Dienstvergehen) zugleich in den gemeinen Strafgesetzen vorgesehen, so können die durch dieselben angedrohten Strafen nur auf Grund des gewöhnlichen Strafverfahrens von denjenigen Gerichten ausgesprochen werden, welche für die gewöhnlichen Strafsachen zuständig sind.

§ 4. Im Laufe einer gerichtlichen Untersuchung darf gegen den Angeschuldigten ein Disziplinarverfahren wegen der nämlichen Thatsachen nicht eingeleitet werden.

Wenn im Laufe eines Disziplinarverfahrens wegen der nämlichen Thatsachen eine gerichtliche Untersuchung gegen den Angeschuldigten eröffnet wird, so muß das Disziplinarverfahren bis zur rechtskräftigen Erledigung des gerichtlichen Verfahrens ausgesetzt werden.

§ 5. Wenn von den gewöhnlichen Strafgerichten auf Freisprechung erkannt ist, so findet wegen derjenigen Thatsachen, welche in der gerichtlichen Untersuchung zur Erörterung gekommen sind, ein Disziplinarverfahren nur noch insofern statt, als dieselben an sich und ohne ihre Beziehung zu dem gesetzlichen Thatbestande der Übertretung, des Vergehens oder des Verbrechens, welche den Gegenstand der Untersuchung bilden, ein Dienstvergehen enthalten.

Ist in einer gerichtlichen Untersuchung eine Verurteilung ergangen, welche den Verlust des Amtes nicht zur Folge gehabt hat, so bleibt derjenigen Behörde, welche über die Einleitung des Disziplinarverfahrens zu verfügen hat, die Entscheidung darüber vorbehalten, ob außerdem ein Disziplinarverfahren einzuleiten oder fortzusetzen sei.

§ 6. Spricht das Gesetz bei Dienstvergehen, welche Gegenstand eines Disziplinarverfahrens werden, die Verpflichtung zur Wiedererstattung oder zum Schadenersatze, oder sonst eine civilrechtliche Verpflichtung aus, so gehört die Klage der Beteiligten vor das Civilgericht, jedoch vorbehaltlich der Bestimmung des § 100.

§ 7. Ist von dem gewöhnlichen Strafrichter auf eine Freiheitsstrafe von längerer als einjähriger Dauer, auf eine schwerere Strafe, auf Verlust der bürgerlichen Ehre, auf zeitige Untersagung der Ausübung der bürgerlichen Ehrenrechte, auf immerwährende oder zeitige Unfähigkeit zu öffentlichen Ämtern oder auf Stellung unter Polizeiaufsicht erkannt, so zieht das Straferkenntnis den Verlust des Amtes von selbst nach sich, ohne daß darauf besonders erkannt wird.*)

§ 8. Ein Beamter, welcher sich ohne den vorschriftsmäßigen Urlaub von seinem Amte entfernt hat, oder den erteilten Urlaub überschreitet, ist, wenn ihm nicht besondere Entschuldigungsgründe zur Seite stehen, für die Zeit der unerlaubten Entfernung seines Diensteinkommens verlustig.

§ 9. Dauert die unerlaubte Entfernung länger als acht Wochen, so hat der Beamte die Dienstentlassung verwirkt.

Ist der Beamte dienstlich aufgefordert worden, sein Amt anzutreten oder zu demselben zurückzukehren, so tritt die Strafe der Dienstentlassung schon nach fruchtlosem Ablauf von vier Wochen seit der ersten Aufforderung ein.

§ 10. Die Entziehung des Diensteinkommens (§ 8) wird von derjenigen Behörde verfügt, welche den Urlaub zu erteilen hat. Im Falle des Widerspruches findet das förmliche Disziplinarverfahren statt.

§ 11. Die Dienstentlassung kann nur im Wege des vollständigen Disziplinarverfahrens ausgesprochen werden. Sie wird nicht verhängt, wenn sich ergiebt, daß der Beamte ohne seine Schuld von seinem Amte fern gewesen ist.

§ 12. Die Einleitung eines Disziplinarverfahrens wegen unerlaubter Entfernung vom Amte und die Dienstentlassung vor Ablauf der Fristen (§ 9) ist nicht ausgeschlossen, wenn sie durch besondere erschwerende Umstände als gerechtfertigt erscheint.

§ 13. Die in § 9 erwähnte Aufforderung, sowie alle anderen Aufforderungen, Mitteilungen, Zustellungen und Vorladungen, welche nach den Bestimmungen dieses Gesetzes erfolgen, sind giltig und bewirken den Lauf der Fristen, wenn sie demjenigen, an den sie ergehen, unter Beobachtung der für gerichtliche Insinuationen vorgeschriebenen Formen in Person zugestellt oder wenn sie in seiner letzten Wohnung an dem Orte insinuiert werden,

---

*) Mit Zuchthaus bestrafte Beamte sind zur Bekleidung öffentlicher Ämter dauernd unfähig.

wo er seinen letzten Wohnsitz im Inlande hatte. Die vereidigten Verwaltungsbeamten haben dabei den Glauben der Gerichtsboten.

§ 14. Die Disziplinarstrafen bestehen in Ordnungsstrafen, Entfernung aus dem Amt.

§ 15. Die Ordnungsstrafen sind: 1) Warnung, 2) Verweis, 3) Geldbuße*), 4) gegen untere Beamte auch Arreststrafe auf die Dauer von höchstens acht Tagen, welche jedoch nur in solchen Räumen zu vollstrecken ist, die den Verhältnissen der zu bestrafenden Beamten angemessen sind.

Zu dieser Beamtenklasse werden im allgemeinen nur gerechnet: Exekutoren, Boten, Kastellane, Diener und die zu ähnlichen, sowie die zu bloß mechanischen Funktionen bestimmten Beamten. Außerdem ist das Staatsministerium ermächtigt, in der Steuer-, Post-, Polizei- und Eisenbahnverwaltung diejenigen Beamtenkategorien speziell zu bezeichnen, gegen welche Arreststrafen verhängt werden können.

§ 16. Die Entfernung aus dem Amte kann bestehen:

1) in Versetzung in ein anderes Amt von gleichem Range, jedoch mit Verminderung des Diensteinkommens und Verlust des Anspruches auf Umzugskosten, oder mit einem von beiden Nachteilen.

Diese Strafe findet nur auf Beamte im unmittelbaren Staatsdienste Anwendung;

2) in Dienstentlassung.

Diese Strafe zieht den Verlust des Titels und Pensionsanspruches von selbst nach sich; es wird darauf nicht besonders erkannt, es sei denn, daß vor Beendigung des Disziplinarverfahrens aus irgend einem von dessen Ergebnis unabhängigen Grunde das Amtsverhältnis bereits aufgehört hat und daher auf Dienstentlassung nicht mehr zu erkennen ist.

Gehört der Angeschuldigte zu den Beamten, welche einen Anspruch auf Pension haben und lassen besondere Umstände eine mildere Beurteilung zu, so ist die Disziplinarbehörde ermächtigt, in ihrer Entscheidung zugleich festzusetzen, daß dem Angeschuldigten ein Teil des reglementsmäßigen Pensionsbetrages auf Lebenszeit oder auf gewisse Jahre als Unterstützung zu verabreichen sei.**)

§ 17. Welche der in den §§ 14 bis 16 bestimmten Strafen anzuwenden sei, ist nach der größeren und geringeren Erheblichkeit des Dienstvergehens mit Rücksicht auf die sonstige Führung des Angeschuldigten zu ermessen, unbeschadet der besonderen Bedingungen der §§ 8 und 9.

Zweiter Abschnitt.

Von dem Disziplinarverfahren.

§ 18. Jeder Dienstvorgesetzte ist zu Warnungen und Verweisen gegen seine Untergebenen befugt.

§ 19. In Beziehung auf die Verhängung von Geldbußen ist die Befugnis der Dienstvorgesetzten begrenzt, wie folgt:

Die Vorsteher derjenigen Behörden, welche unter den Provinzialbehörden stehen, einschließlich der Landräte, können gegen die ihnen selbst untergebenen Beamten, sowie gegen die Beamten der ihnen untergeordneten Behörden Geldbuße bis zu 3 Thlrn. verfügen. Gleiche Befugnis haben die Vorsteher

---

*) Geldbußen, die von der Regierung einem Lehrer auferlegt werden, dürfen im Falle des Unvermögens nicht in Gefängnißstrafe verwandelt werden (Staatsministerialbeschluß vom 2. März 1850).

**) cfr. Cirkularverfgg. der Herren Minister des Innern und der Finanzen vom 23. Dezember 1883 und Erlaß des Herrn Kultusministers vom 29. Febr. 1884.

der Postanstalten in Bezug auf ihre Untergebenen und die Postinspektoren in Bezug auf die Untergebenen ihres Bezirks.

Andere Vorgesetzte der unteren Beamten dürfen solche Geldbußen nur insofern verfügen, als ihnen die Befugnis zur Verhängung von Geldbußen durch besondere Gesetze oder auf Grund solcher Gesetze erlassene Instruktionen beigelegt ist 2c.

Welche Beamten im Sinne dieses Paragraphen zu den unteren zu rechnen sind, wird durch das Staatsministerium bestimmt.

§ 20. Nur diejenigen Dienstvorgesetzten, welche gegen die in § 15 Nr. 4 bezeichneten Beamten Geldbuße verhängen können, sind ermächtigt, gegen dieselben Arreststrafen zu verfügen.

Diejenigen Vorgesetzten, deren Strafgewalt auf Geldbuße bis zu 3 Thlrn. beschränkt ist, dürfen bei den Arreststrafen das Maß von drei Tagen nicht überschreiten.

§ 21. Gegen die Verfügung von Ordnungsstrafen findet nur Beschwerde im vorgeschriebenen Instanzenzuge statt.

§ 22. Der Entfernung aus dem Amte muß ein förmliches Disziplinarverfahren vorhergehen. Dasselbe besteht in der von einem Kommissar zu führenden schriftlichen Voruntersuchung und in einer mündlichen Verhandlung nach den folgenden näheren Bestimmungen.

§ 23. Die Einleitung des Disziplinarverfahrens wird verfügt und der Untersuchungskommissar wird ernannt:

1) wenn die Entscheidung der Sache vor den Disziplinarhof gehört (§ 24 Nr. 1), von dem Minister, welcher dem Angeschuldigten vorgesetzt ist.
   Ist jedoch Gefahr im Verzuge, so kann diese Verfügung und Ernennung vorläufig von dem Vorsteher der Provinzialbehörde des Ressorts ausgehen. Es ist alsdann die Genehmigung des Ministers einzuholen und, sofern dieselbe versagt wird, das Verfahren einzustellen;
2) in allen anderen Fällen von dem Vorsteher der Behörde, welche die entscheidende Disziplinarbehörde bildet (§ 24 Nr. 2), oder von dem vorgesetzten Minister.

§ 24. Die entscheidenden Disziplinarbehörden erster Instanz sind:

1) der Disziplinarhof zu Berlin (§ 29) in Ansehung derjenigen Beamten, zu deren Anstellung nach den Bestimmungen, welche zur Zeit der verfügten Einleitung der Untersuchung gelten, eine von dem Könige oder von dem Minister ausgehende Ernennung, Bestätigung oder Genehmigung erforderlich ist;
2) die Provinzialbehörden, als:
   die Regierungen,
   die Provinzial-Schulkollegien,
   die Provinzial-Steuerdirektionen,
   die Oberbergämter,
   die Generalkommissionen,
   die Militärintendanturen,
   das Polizeipräsidium zu Berlin,
   die Eisenbahnkommissariate:
   in Ansehung aller Beamten, die bei ihnen angestellt oder ihnen untergeordnet und nicht vorstehend unter I. begriffen sind.

Den Provinzialbehörden werden in dieser Beziehung gleichgestellt die unter dem Minister stehenden Central-Verwaltungsbehörden in Dienstzweigen, für welche keine Provinzialbehörden bestehen, sowie die Generallandschafts- und Hauptritterschafts-Direktionen.

§ 25. Für diejenigen Kategorien von Beamten, welche nicht unter den in § 24 bezeichneten begriffen sind, ist die entscheidende Disziplinarbehörde die Regierung, in deren Bezirk sie fungieren, und für die in Berlin oder im Auslande fungierenden die Regierung in Potsdam.

§ 26. Die Zuständigkeit der Provinzialbehörden kann von dem Staatsministerium auf einzelne Kategorien solcher Beamten ausgedehnt werden, welche von den Ministern ernannt oder bestätigt werden, aber nicht zu den etatsmäßigen Mitgliedern einer Provinzialbehörde gehören.

§ 27. Für den Fall, daß bei der zuständigen Disziplinarbehörde die beschlußfähige Anzahl von Mitgliedern nicht vorhanden ist, oder wenn auf den Antrag des Beamten der Staatsanwaltschaft oder des Angeschuldigten der Disziplinarhof das Vorhandensein von Gründen anerkennt, aus welchen die Unbefangenheit der zuständigen Disziplinarbehörde bezweifelt werden kann, tritt eine andere durch das Staatsministerium substituirte Disziplinarbehörde an deren Stelle.

§ 28. Streitigkeiten über die Kompetenz der Disziplinarbehörden als solcher werden von dem Staatsministerium, nach Vernehmung des Gutachtens des Disziplinarhofes, entschieden.

§ 31. Bei den Provinzialbehörden werden die Disziplinarsachen in besonderen Plenarsitzungen erledigt, an welchen mindestens drei stimmberechtigte Mitglieder teilnehmen müssen. In diesen Plenarsitzungen steht, bei den Regierungen, den Mitgliedern derselben nur dasjenige Stimmrecht zu, welches ihnen durch die allgemeinen Vorschriften für Verhandlung im Plenum beigelegt ist. Bei den übrigen Provinzialbehörden nehmen an den zur Erledigung der Disziplinarsachen bestimmten Plenarsitzungen nur die etatsmäßigen Mitglieder und diejenigen teil, welche eine etatsmäßige Stelle versehen.

§ 32. In der Voruntersuchung wird der Angeschuldigte unter Mitteilung der Anschuldigungspunkte vorgeladen und, wenn er erscheint, gehört; es werden die Zeugen eidlich vernommen und die zur Aufklärung der Sache dienenden sonstigen Beweise herbeigeschafft.

Die Verrichtungen der Staatsanwaltschaft werden durch einen Beamten wahrgenommen, welchen die Behörde ernennt, von der die Einleitung des Disziplinarverfahrens verfügt wird.

Bei der Vernehmung des Angeschuldigten und dem Verhöre der Zeugen ist ein vereideter Protokollführer zuzuziehen.

§ 33. Der dem Angeschuldigten vorgesetzte Minister ist ermächtigt, mit Rücksicht auf den Ausfall der Voruntersuchung, das fernere Verfahren einzustellen und geeigneten Falls nur eine Ordnungsstrafe zu verhängen.

Ist eine sonstige Behörde, welche die Einleitung der Untersuchung verfügt hat, der Ansicht, daß das fernere Verfahren einzustellen sei, so muß sie darüber an den Minister zu dessen Beschlußnahme berichten.

In beiden Fällen erhält der Angeschuldigte Ausfertigung des darauf bezüglichen mit Gründen zu unterstützenden Beschlusses.

§ 34. Wird das Verfahren nicht eingestellt, so wird nach Eingang einer von dem Beamten der Staatsanwaltschaft anzufertigenden Anschuldigungsschrift der Angeschuldigte unter abschriftlicher Mitteilung dieser Anschuldigungsschrift zu einer von dem Vorsitzenden der Disziplinarbehörde zu bestimmenden Sitzung zur mündlichen Verhandlung vorgeladen.

§ 35. Bei der mündlichen Verhandlung, welche in nicht öffentlicher Sitzung stattfindet, giebt zuerst ein von dem Vorsitzenden der Behörde aus der Zahl ihrer Mitglieder ernannter Referent eine Darstellung der Sache, wie sie aus den bisherigen Verhandlungen hervorgeht.

Der Angeschuldigte wird vernommen.

Es wird darauf der Beamte der Staatsanwaltschaft mit seinem Vor- und Antrage, und der Angeschuldigte in seiner Verteidigung*) gehört.

Dem Angeschuldigten steht das letzte Wort zu.

§ 36. Wenn die Behörde auf den Antrag des Angeschuldigten oder des Beamten der Staatsanwaltschaft, oder auch von Amts wegen die Vernehmung eines oder mehrerer Zeugen, sei es durch einen Kommissar, oder mündlich vor der Behörde selbst, oder die Herbeischaffung anderer Mittel zur Aufklärung der Sache für angemessen erachtet, so erläßt sie erforderliche Verfügung und verlegt nötigenfalls die Fortsetzung der Sache auf einen andern Tag, welcher dem Angeschuldigten bekannt zu machen ist.

§ 37. Der Angeschuldigte, welcher erscheint, kann sich des Beistandes eines Advokaten oder Rechtsanwalts als Verteidiger bedienen. Der nicht erscheinende Angeschuldigte kann sich durch einen Advokaten oder Rechtsanwalt vertreten lassen, der Disziplinarbehörde steht es jedoch jederzeit zu, das persönliche Erscheinen des Angeschuldigten unter der Warnung zu verordnen, daß bei seinem Ausbleiben ein Verteidiger zu seiner Vertretung nicht werde zugelassen werden.

§ 38. Bei der Entscheidung hat die Disziplinarbehörde, ohne an positive Beweisregeln gebunden zu sein, nach ihrer freien, aus dem ganzen Inbegriffe der Verhandlung und Beweise geschöpften Überzeugung zu beurteilen, inwieweit die Anschuldigung für begründet zu erachten.

Die Entscheidung kann auch auf bloße Ordnungsstrafe lauten.

Die Entscheidung, welche mit Gründen versehen sein muß, wird in der Sitzung, in welcher die mündliche Verhandlung beendigt worden ist, oder in einer der nächsten Sitzungen verkündigt und eine Ausfertigung derselben dem Angeschuldigten auf sein Verlangen erteilt.

§ 39. Über die mündliche Verhandlung wird ein Protokoll aufgenommen, welches die Namen der Anwesenden und die wesentlichen Momente der Verhandlung enthalten muß, das Protokoll wird von dem Vorsitzenden und dem Protokollführer unterzeichnet.

§ 40. Das Rechtsmittel des Einspruches (Restitution oder Opposition) findet nicht statt.

§ 41. Gegen die Entscheidung steht die Berufung an das Staatsministerium sowohl dem Beamten der Staatsanwaltschaft als dem Angeschuldigten offen.

§ 42. Die Anmeldung der Berufung geschieht zu Protokoll oder schriftlich bei der Behörde, welche die anzugreifende Entscheidung erlassen hat. Von seiten des Angeschuldigten kann sie auch durch einen Bevollmächtigten geschehen.

Die Frist zu dieser Anmeldung ist eine vierwöchentliche, welche mit dem Ablaufe des Tages, an welchem die Entscheidung verkündigt worden ist, und für den Angeschuldigten, welcher hierbei nicht zugegen war, mit dem Ablaufe des Tages beginnt, an welchem ihm die Entscheidung zugestellt worden ist.

§ 43. Zur schriftlichen Rechtfertigung der Berufung steht demjenigen, der dieselbe rechtzeitig angemeldet hat, eine fernere vierzehntägige Frist offen.

Diese Frist kann auf den Antrag des Appellanten angemessen verlängert werden.

§ 44. Die Anmeldung der Berufung und die etwa eingegangene Appel-

---

*) Eine schriftliche Verteidigung ist unzulässig.

lationsschrift wird dem Appellanten in Abschrift zugestellt, oder dem Beamten der Staatsanwaltschaft, falls er Appellant ist, in Urschrift vorgelegt.

Innerhalb vierzehn Tagen nach erfolgter Zustellung oder Vorlegung kann der Appellant eine Gegenschrift einreichen.

§ 45. Nach Ablauf der in dem § 44 bestimmten Frist werden die Akten an das Staatsministerium eingesandt.

Das Staatsministerium beschließt auf den Vortrag eines von dem Vorsitzenden ernannten Referenten; in Sachen jedoch, in welchen der Disziplinarhof in erster Instanz geurteilt hat, auf den Vortrag zweier von dem Vorsitzenden ernannter Referenten, von denen einer dem Justizministerium angehören muß.

Ist die Berufung von der Entscheidung einer Provinzialbehörde eingelegt, so kann das Staatsministerium keinen Beschluß fassen, bevor das Gutachten des Disziplinarhofes eingeholt worden ist.

Der Disziplinarhof kann die zur Aufklärung der Sache etwa erforderlichen Verfügungen erlassen. Er kann auch eine mündliche Verhandlung anordnen, zu welcher der Angeschuldigte vorzuladen und ein Beamter der Staatsanwaltschaft zuzuziehen ist. Der letztere wird in diesem Falle vom Minister des Ressorts bezeichnet.

§ 46. Lautet die Entscheidung oder das Gutachten des Disziplinarhofes auf Freisprechung des Angeschuldigten oder nur auf Warnung oder Verweis, so kann das Staatsministerium, wenn es den Angeschuldigten strafbar findet, nicht die Strafe der Dienstentlassung, sondern nur eine geringere Disziplinarstrafe verhängen oder die einstweilige Versetzung in den Ruhestand mit Wartegeld verfügen.

§ 47. Eine jede Entscheidung der Disziplinarbehörde, gegen die kein Rechtsmittel mehr stattfindet und durch welche die Dienstentlassung ausgesprochen ist, bedarf der Bestätigung des Königs, wenn der Beamte vom Könige ernannt oder bestätigt worden ist.

Dritter Abschnitt.

Vorläufige Dienstenthebung.

§ 48. Die Suspension eines Beamten tritt kraft des Gesetzes ein:

1) wenn in dem gerichtlichen Strafverfahren seine Verhaftung beschlossen, oder gegen ihn ein noch nicht rechtskräftig gewordenes Urteil erlassen ist, welches auf den Verlust des Amtes lautet oder diesen kraft des Gesetzes nach sich zieht;
2) wenn im Disziplinarverfahren eine noch nicht rechtskräftige Entscheidung ergangen ist, welche auf Dienstentlassung lautet.

§ 49. In dem im vorhergehenden Paragraphen unter Nr. 1 vorgesehenen Falle dauert die Suspension bis zum Ablauf des zehnten Tages nach Wiederaufhebung des Verhaftungsbeschlusses oder nach eingetretener Rechtskraft desjenigen Urteils höherer Instanz, durch welches der angeschuldigte Beamte zu einer anderen Strafe als der bezeichneten verurteilt wird.

Lautet das rechtskräftige Urteil auf Freiheitsstrafe, so dauert die Suspension, bis das Urteil vollstreckt ist. Wird die Vollstreckung des Urteils ohne Schuld des Verurteilten aufgehalten oder unterbrochen, so tritt für die Zeit des Aufenthaltes oder der Unterbrechung eine Gehaltsverkürzung (§ 51) nicht ein. Dasselbe gilt für die im ersten Absatze dieses Paragraphen erwähnte Zeit von zehn Tagen, wenn nicht vor Ablauf derselben die Suspension vom Amte im Wege des Disziplinarverfahrens beschlossen wird.

In dem § 48 unter Nr. 2 erwähnten Falle dauert die Suspension bis zur Rechtskraft der in der Disziplinarsache ergehenden Entscheidung.

§ 50. Die zur Einleituug der Disziplinaruntersuchung ermächtigte Behörde kann die Suspension, sobald gegen den Beamten ein gerichtliches Strafverfahren eingeleitet, oder die Einleitung einer Disziplinaruntersuchung verfügt wird, oder auch demnächst im ganzen Laufe des Verfahrens bis zur rechtskräftigen Entscheidung verfügen.

§ 51. Der suspendierte Beamte behält während der Suspension die Hälfte seines Diensteinkommens.*)

Auf die für Dienstunkosten besonders angesetzten Beträge ist bei Berechnung der Hälfte des Diensteinkommens keine Rücksicht zu nehmen.

Der innebehaltene Teil des Diensteinkommens ist zu den Kosten, welche durch die Stellvertretung des Angeschuldigten verursacht werden, der etwaige Rest zu den Untersuchungskosten zu verwenden. Einen weiteren Beitrag zu den Stellvertretungskosten zu leisten, ist der Beamte nicht verpflichtet.

§ 52. Der zu den Kosten (§ 51) nicht verwendete Teil des Einkommens wird dem Beamten nicht nachgezahlt, wenn das Verfahren die Entfernung aus dem Amte zur Folge gehabt hat.

Erinnerungen über die Verwendung des Gehalts stehen dem Beamten nicht zu; wohl aber ist ihm auf Verlangeu eine Nachweisung über diese Verwendung zu erteilen.

§ 53. Wird der Beamte frei gesprochen, so muß ihm der innebehaltene Teil des Diensteinkommens vollständig nachgezahlt werden.

Wird er nur mit Ordnungsstrafe belegt, so ist ihm der innebehaltene Teil ohne Abzug der Stellvertretungskosten nachzuzahlen, soweit derselbe nicht zur Deckung der Untersuchungskosten und der Ordnungsstrafe erforderlich ist.

§ 54. Wenn Gefahr im Verzuge ist, kann einem Beamten auch von solchen Vorgesetzten, die seine Suspension zu verfügen nicht ermächtigt sind, die Ausübung der Amtsverrichtungen vorläufig untersagt werden; es ist aber darüber sofort an die höhere Behörde zu berichten.

Siebenter Abschnitt.

Besondere Bestimmungen in betreff der Entlassung von Beamten, welche auf Widerruf angestellt sind 2c.

§ 83. Beamte, welche auf Probe, auf Kündigung, oder sonst auf Widerruf angestellt sind, können ohne ein förmliches Disziplinarverfahren von der Behörde, welche ihre Anstellung verfügt hat, entlassen werden.

Dem auf Grund der Kündigung entlassenen Beamten ist in allen Fällen bis zum Ablaufe der Kündigung sein volles Diensteinkommen zu gewähren.

Achter Abschnitt.

§ 87. Die nachbenannten Verfügungen, welche im Interesse des Dienstes getroffen werden können, sind nicht Gegenstand des Disziplinarverfahrens vorbehaltlich des im § 46 vorgesehenen Falles:

1. Versetzung in ein anderes Amt von nicht geringerem Range und etatsmäßigem Diensteinkommen, mit Vergütung der reglementsmäßigen Umzugskosten.**)

Als eine Verkürzung im Einkommen ist es nicht anzusehen, wenn die Gelegenheit zur Verwaltung von Nebenämtern entzogen wird, oder

*) In Betracht kommt hierbei auch die freie Dienstwohnung, bezw. die zu gewährende Mietsentschädigung. Die freie Wohnung ist auf Verlangen zu räumen. Erl. der Minister des Innern und der Finanzen v. 25. Juli 1883 (Ctrbl. 1884, S. 174).

**) Die Volksschullehrer werden von den verpflichteten Gemeinden abgeholt, oder es ist wegen des Umzuges eine Entschädigung zu vereinbaren.

die Beziehung der für die Dienstkosten besonders ausgesetzten Einnahmen mit diesen Unkosten selbst fortfällt rc.

§ 88. Ein Beamter, welcher wegen Blindheit, Taubheit oder eines sonstigen körperlichen Gebrechens oder wegen Schwäche seiner körperlichen oder geistigen Kräfte zu der Erfüllung seiner Amtspflichten dauernd unfähig ist, soll in den Ruhestand versetzt werden.

§ 89. Sucht der Beamte in einem solchen Falle seine Versetzung in den Ruhestand nicht nach, so wird ihm oder seinem nötigenfalls hierzu besonders zu bestellenden Kurator von der vorgesetzten Dienstbehörde unter Angabe des zu gewährenden Pensionsbetrages und der Gründe der Pensionierung eröffnet, daß der Fall seiner Versetzung in den Ruhestand vorliege.

§ 90. Innerhalb sechs Wochen nach einer solchen Eröffnung (§ 89) kann der Beamte seine Einwendung bei der vorgesetzten Dienstbehörde anbringen. Ist dies geschehen, so werden die Verhandlungen an den vorgesetzten Minister eingereicht, welcher, sofern nicht der Beamte vom König ernannt ist, über die Pensionierung entscheidet.

Gegen diese Entscheidung steht dem Beamten der Rekurs an das Staatsministerium binnen einer Frist von vier Wochen nach Empfang der Entscheidung zu.

Des Rekursrechtes ungeachtet kann der Beamte von dem Minister sofort der weiteren Amtsverwaltung vorläufig enthoben werden.

Ist der Beamte von dem Könige ernannt, so erfolgt die Entscheidung von dem Könige auf den Antrag des Staatsministeriums.

§ 91. Dem Beamten, dessen Versetzung in den Ruhestand verfügt ist, wird das volle Gehalt noch bis zum Ablaufe desjenigen Vierteljahres fortgezahlt, welches auf den Monat folgt, in dem ihm die schließliche Verfügung über die erfolgte Versetzung in den Ruhestand mitgeteilt worden ist.

§ 92. Wenn der Beamte gegen die ihm gemachte Eröffnung (§ 89) innerhalb sechs Wochen keine Einwendung erhoben hat, so wird in derselben Weise verfügt, als wenn er seine Pensionierung selbst nachgesucht hätte.

Die Zahlung des vollen Gehaltes dauert bis zu dem im § 91 bestimmten Zeitpunkte.

§ 93. Ist ein Beamter vor dem Zeitpunkte, mit welchem die Pensionsberechtigung für ihn eingetreten sein würde, dienstunfähig geworden, so kann er gegen seinen Willen nur unter Beobachtung derjenigen Formen, welche für die Disziplinaruntersuchung vorgeschrieben sind, in den Ruhestand versetzt werden.

Wird es jedoch für angemessen befunden, dem Beamten eine Pension zu dem Betrage zu bewilligen, welcher ihm bei Erreichung des vorgedachten Zeitpunktes zustehen würde, so kann die Pensionierung desselben nach den Vorschriften der §§ 88—92 erfolgen.

§ 94. Die vorstehenden Bestimmungen über einstweilige und gänzliche Versetzung in den Ruhestand finden nur auf Beamte in unmittelbarem Staatsdienste Anwendung.

§ 95. In Bezug auf die mittelbaren Staatsdiener bleiben die wegen Pensionierung derselben bestehenden Vorschriften in Kraft.

Wenn jedoch mittelbare Staatsdiener vor dem Zeitpunkte, mit welchem eine Pensionsberechtigung für sie eingetreten sein würde, dienstunfähig geworden, so können auch sie gegen ihren Willen nur unter den für Beamte in unmittelbarem Staatsdienste vorgeschriebenen Formen (§ 93) in den Ruhestand versetzt werden.

Neunter Abschnitt.
Allgemeine Bestimmungen.

§ 97. Die Vorschriften des gegenwärtigen Gesetzes gelten auch in Ansehung der zur Disposition gestellten oder einstweilen in den Ruhestand versetzten Beamten.

§ 100. Alle diesem Gesetze entgegenstehenden Bestimmungen sind aufgehoben. Dagegen wird durch dasselbe in der Befugnis der Aufsichtsbehörden, im Aufsichtswege Beschwerden Abhülfe zu verschaffen, oder Beamte zur Erfüllung ihrer Pflichten in einzelnen Sachen anzuhalten, und dabei alles zu thun, wozu sie nach den bestehenden Gesetzen ermächtigt sind, nichts geändert.

§ 102. Dieses Gesetz tritt an die Stelle der vorläufigen Verordnung vom 11. Juli 1849.

§ 211. Bedingungen für Einleitung des Disziplinarverfahrens gegen Lehrer; Wahrnehmung der Funktion als Staatsanwalt.

Auf den Bericht vom 3. v. M. u. J. erwidere ich dem Königlichen Konsistorium, daß mit den Funktionen der Staatsanwaltschaft in Disziplinaruntersuchungen in der Regel ein Mitglied der erkennenden Provinzialbehörde betraut wird. Wo dies nach den obwaltenden Verhältnissen nicht ausführbar erscheint, kann ausnahmsweise entweder ein derselben untergeordneter Beamter mit entsprechenden Aufträgen versehen oder eine koordinierte Behörde ersucht werden, einen ihrer Beamten zur Übernahme der Funktion als Staatsanwalt zu bestimmen.

In dieser Weise hat auch das Königliche Konsistorium in vorkommenden Disziplinaruntersuchungen wider Lehrer zu verfahren. Dabei bemerke ich, daß das förmliche Disziplinarverfahren überhaupt nur dann einzuleiten ist, wenn die vorläufigen Verhandlungen eine sichere Unterlage für den Antrag auf Amtsentsetzung darbieten. Wo diese Voraussetzung fehlt, und die von einem Lehrer begangene Dienstwidrigkeit durch Warnung, Verweis oder Ordnungsstrafe angemessen gerügt werden würde, ist das förmliche Disziplinarverfahren, wie es in den §§ 22 ff. des Gesetzes vom 21. Juli 1852 beschrieben wird, überhaupt nicht einzuleiten.

M.-Erl. v. 8. Januar 1869 (Ctrbl. 1869, S. 178).

§ 212. Kompetenzverhältnisse bezüglich der Disziplinargewalt.

(Auszug.) Den Privatpatronen steht eine Disziplinargewalt über die von ihnen berufenen, oder mit Genehmigung der Aufsichtsbehörde auf Kündigung angenommenen Lehrer nicht zu, mithin auch nicht die durch die Disziplinargewalt bedingte Befugnis zur Entlassung oder Kündigung eines Lehrers.

M.-Erl. v. 5. Juli 1862 (Ctrbl. 1862, S. 434).

§ 213. Disziplinarbehörden über Elementarlehrer.

(Auszug.) Das Königlich Preußische Staatsministerium hat wiederholt ausgesprochen, daß die bestehenden Gesetze auch auf die Lehrer in der Provinz Hannover Anwendung finden. Darum kann weder die Dienstentlassung, noch die freiwillige Pensionierung eines dortigen öffentlichen Lehrers in anderen, als in den durch jene Gesetze vorgeschriebenen Formen oder durch andere als die dort bezeichneten Behörden erfolgen. Selbst wenn vor der Vereinigung der Provinz Hannover mit der preußischen Monarchie den Presbyterien der ref. Gemeinden Hannovers und in höherer Instanz dem Moderamen die Disziplinargewalt über die Lehrer an den öffentlichen Schulen dieser Gemeinden zugestanden haben sollte, würde dieselbe nach Einführung des Gesetzes vom 21. Juli 1852 durch § 100 desselben ihr Ende erreicht haben.

Ich befinde mich hiernach außer Stande, dem Presbyterium der ref. Gemeinden zu N. oder dem Moderamen in dieser Angelegenheit eine andere Kompetenz zuzugestehen, als das Recht, bei der Königlichen Landdrostei zu N., als der zuständigen Disziplinarbehörde, Anträge zu stellen.

M.-Erl. v. 13. März 1871 (Ctrbl. 1871, S. 310).

§ 214. **Verfahren bei Entscheidung in Disziplinarsachen wider nicht richterliche Beamte.**

In der Sitzung des Königlichen Staatsministeriums vom 24. Mai d. J. ist beschlossen worden, daß in Gemäßheit der durch das Gesetz vom 22. Juli 1852, betreffend die Dienstvergehen der nicht richterlichen Beamten 2c. nicht aufgehobenen, hierher einschlagenden früheren Vorschriften bei Entscheidungen der Provinzialbehörden in Disziplinaruntersuchungen wider nicht richterliche Beamte bei Stimmengleichheit das Votum des Vorsitzenden, nicht aber die mildere Meinung den Ausschlag geben soll. Hiernach ist in vorkommenden Fällen zu verfahren.

M.-Erl. v. 28. Juli 1865 (Ctrbl. 1865, S. 513).

§ 215. **Einstellung des Disziplinarverfahrens gegen Lehrer im Laufe der Untersuchung.**

Es ist nicht statthaft, im Laufe der Untersuchung das Disziplinarverfahren einzustellen; — es muß vielmehr dem Verfahren Fortgang gegeben werden und dem berufenen Disziplinargerichtshof überlassen werden, falls er die Amtsentsetzung nicht glaubt aussprechen zu sollen, gemäß § 38 des Disziplinargesetzes auf eine Ordnungsstrafe zu erkennen.

M.-Erl. v. 8. Juni 1866 (Ctrbl. 1866, S. 387).

§ 216. **Disziplinarverfahren, nachdem der Angeschuldigte von der Gerichtsbehörde außer Verfolgung gesetzt worden ist.**

Den Motiven, aus welchen die Königliche Regierung zu N. nach ihrem Bericht vom 3. d. Mts. von Einleitung der Diszlipinaruntersuchung wider den Lehrer N. zu N. Abstand genommen hat, kann ich nicht beipflichten. Derselbe ist von der Anschuldigung 2c. nicht durch den Assisenhof freigesprochen, sondern durch den rheinischen Appellations-Gerichtshof zu Köln außer Verfolgung gesetzt. Schon aus diesem Grunde findet der § 5 des Disziplinargesetzes vom 21. Juli 1852 auf den vorliegenden Fall keine Anwendung, wie denn auch der Oberprokurator durch sein Schreiben vom 25. Dezember v. J. der Königlichen Regierung die Akten ausdrücklich zu dem Zwecke mitgeteilt hat, um wegen Entfernung des Angeschuldigten aus seinem Amt das Weitere zu veranlassen. Nach Lage der zurückfolgenden gerichtlichen Akten erachte ich diesen Antrag für begründet.

Demnach ersuche ich Ew. Hochwohlgeboren ergebenst, gegen den N. die Disziplinaruntersuchung zum Zwecke der Dienstentlassung einzuleiten und mich davon, daß dies geschehen ist, in Kenntnis zu setzen. Sollten aber Ew. Hochwohlgeboren in Rücksicht auf die von anderen Gesichtspunkten ausgehende Behandlung, welche die Königliche Regierung bisher der Sache hat angedeihen lassen, Bedenken tragen, Ihrerseits die Einleitung der Untersuchung zu verfügen, so wollen Sie mir gefälligst unter Wiederbeifügung der Akten einen geeigneten Untersuchungskommissar bezeichnen, wonächst ich gemäß § 23 Nr. 2, 1 c. von hier aus das Nötige verfügen werde.

M.-Erl. v. 19. März 1866 (Ctrbl. 1866, S. 388).

§ 217. Freisprechende Urteile der Gerichte schließen das freie und uneingeschränkte Ermessen der Disziplinarbehörde nicht aus.

Ew. Hochwohlgeboren erwidere ich auf den gefl. Bericht vom 3. v. Mts., daß ich auch nach wiederholter Erwägung von der Einleitnng der Disziplinaruntersuchung wider den Lehrer N. in N. nicht Abstand nehmen kann.

An sich sind die Strafrechtspflege und die Beamtendisziplin völlig selbständige und von einander unabhängige Gebiete, das zeigt sich noch heute bei der Disziplin über Geistliche und Kirchenbeamte, und bestand unter der Herrschaft der Verordnung vom 10. Juli 1849 auch für die Beamtendisziplin im allgemeinen zu Recht. In einer Beziehung ist das Prinzip durch den § 5 des Gesetzes vom 21. Juli 1852 modificiert, wenn nämlich von den ordentlichen Gerichten auf Freisprechung erkannt ist. Diesem ganz bestimmt begrenzten Falle, welcher als Ausnahme strikt zu interpretieren ist, kann aber ein Beschluß des Gerichts, durch welchen der Angeschuldigte außer Verfolgung gesetzt wird, nicht gleichgestellt werden. Es ist nicht anzuerkennen, daß durch solchen Beschluß die Thatsachen, welche der Verfolgung des Angeschuldigten zu Grunde liegen, noch entschiedener verneint werden, als durch ein freisprechendes Urteil. Konsequent durchgeführt würde dieses Argument zu der Annahme nötigen, daß der Disziplinargerichtshof Thatsachen, welche unter das Strafgesetz fallen, überhaupt nicht selbständig zu beurteilen habe gleichviel ob die Gerichte dagegen einschreiten oder nicht.

Ich muß deshalb daran festhalten, daß, mit alleiniger Ausnahme freisprechender Urteile, keinerlei Beschlüsse der Gerichte das freie und uneingeschränkte Ermessen der Disziplinarbehörden ausschließen. Keinesfalls kann ich mich für ermächtigt halten, in einer prinzipiell so wichtigen Frage der eigenen Entschließung der geordneten Disziplinargerichtshöfe über ihre Zuständigkeit durch Nichteinleitung der Disziplinaruntersuchung vorzugreifen.

Demgemäß ersuche ich Ew. Hochwohlgeboren ergebenst unter Rückausschluß der Anlagen, wegen Ausführung meines Erlasses vom 19. März d. J., gefälligst das Weitere zu veranlassen.

M.-Erl. v. 12. Mai 1866 (Ctrbl. 1866, S. 389).

§ 218. Verfahren in Disziplinaruntersuchungen bei dem Todesfalle des Angeschuldigten.

Bei Rücksendung der Anlagen des Berichts vom 16. v. Mts., die Disziplinaruntersuchung wider den Lehrer N. betreffend, trete ich den Ausführungen der Majorität des Kollegiums darin bei, daß in den Fällen, wo der Angeschuldigte, bevor das auf Amtsentlassung lautende Resolut der Disziplinarbehörde die Rechtskraft beschritten hat, also noch während der Untersuchung stirbt, die Untersuchungsakten zu reponieren und die entstandenen Kosten niederzuschlagen sind.*) Einer Berichterstattung an mich bedarf es in diesen Fällen nicht.

M.-Erl. v. 5. April 1867 (Ctrbl. 1867, S. 266).

§ 219. Verfahren in Disziplinaruntersuchungen in der Provinz Hannover.

Durch die Entscheidung des Königlichen Staatsministeriums vom 31. v. Mts. ist festgestellt, daß die Verordnung vom 23. September 1867 (Ges.-Samml. S. 1613) und das Disziplinargesetz vom 21. Juli 1852 (Ges.-Samml. S. 465) auch auf die Lehrer in der Provinz **Hannover** Anwendung finden.

---

*) Den Erben ist in solchen Fällen die einbehaltene Hälfte des Diensteinkommens unverkürzt nachzuzahlen. Auch haben die Hinterbliebenen Anspruch auf Gnadengehalt.

Das Königliche Konsistorium veranlasse ich, hierauf bei Behandlung und Entscheidung der jetzt schwebenden und künftig einzuleitenden Disziplinaruntersuchungen wider Lehrer die erforderliche Rücksicht zu nehmen.

M.-Erl. v. 25. November 1868 (Ctrbl. 1869, S. 53).

§ 220. Berufungsfrist in Disziplinaruntersuchungssachen.

1.

Der Bericht, welchen die Königliche Regierung am 4. d. Mts. über die Vorstellung des Lehrers N. erstattet hat, läßt es zweifelhaft, ob bei den ergangenen Disziplinarentscheidungen formell richtig verfahren worden ist. Aus § 42 al. 2 in Verbindung mit § 38 al. 3 des Gesetzes vom 21. Juli 1852 ergiebt sich, daß die Frist zur Anmeldung des Rechtsmittels der Berufung erst dann zu laufen beginnt, wenn dem Angeschuldigten die Entscheidung mit vollständigen Gründen bekannt geworden ist. Die Verkündigung des Urteils im Audienztermin hat diese Wirkung nur dann, wenn zugleich die vollständigen Gründe mitverkündet worden sind. Dies scheint in der N.schen Sache nicht geschehen zu sein, da der Termin am 22. Oktober v. J. stattgefunden hat, das Urteil aber vom 26. Oktober v. J. datiert, sonach, wie anzunehmen, erst nach Abhaltung des Termins mit Gründen abgesetzt ist, ohne daß dem p. N., eine Ausfertigung desselben mitgeteilt worden ist.

Wenn sich die Sache also verhält, ist dem Angeschuldigten eine Ausfertigung des Urteils vom 26. Oktober v. J. nachträglich zu behändigen und abzuwarten, ob er dagegen innerhalb der gesetzlichen Frist Berufung anmeldet.

M.-Erl. v. 17. März 1868 (Ctrbl. 1868, S. 228).

2.

Ew. Hochwohlgeboren erwidere ich auf den gefl. Bericht vom 18. v. Mts. bezüglich der Berufungsfristen in Disziplinaruntersuchungssachen ergebenst, daß ich die Ansicht teile, der Erlaß meines Herrn Amtsvorgängers vom 17. März 1868 (Ctrbl. de 1868, S. 228) lasse sich mit dem des Herrn Finanzministers und des Herrn Ministers des Innern vom 23. Februar 1871 (Anlage a.) nicht vollständig vereinigen. Indem ich den Ausführungen in dem letzterwähnten Erlasse beipflichte, finde ich nichts dagegen zu erinnern, daß nach Maßgabe desselben die dortige Königliche Regierung auch in den die Lehrer und sonstige Beamte meines Ressorts betreffenden Disziplinaruntersuchungssachen verfahre, und hinsichtlich der Verkündigung der Urteile und der Berechnung der Berufungsfrist diejenigen Grundsätze zur Anwendung bringe, welche sie als den gesetzlichen Bestimmungen entsprechend erachtet. Ich mache jedoch darauf aufmerksam, daß der erwähnte Erlaß vom 23. Februar 1871 über die Form der Verkündigung der Entscheidung keine Bestimmung trifft, sondern in dieser Beziehung lediglich auf die §§ 38 und 42 des Disziplinargesetzes für nicht richterliche Beamte verweist.

M.-Erl. v. 24. Dezember 1874 (Ctrbl. 1875, S. 72).

(Anlage a.) 1) Auf die in dem Berichte vom 23. November pr. unserer Entscheidung unterbreitete Frage,

> ob in den nach dem Gesetz vom 21. Juli 1852 (Ges.-Samml. S. 465) verhandelten Disziplinarsachen die Appellations-Anmelduungsfrist von dem Ablaufe des Tages an zu rechnen sei, an welchem das Urteil unter kurzer Mitteilung der Gründe dem anwesenden Angeschuldigten publiziert sei? oder erst von dem Ablauf des Tages der Behändigung einer Urteilsausfertigung an?

erwidern wir der Königlichen Regierung, daß bei einem den gesetzlichen Vorschriften entsprechenden Verfahren das angeregte Bedenken überhaupt nicht vorkommen kann.

Das allegierte Gesetz vom 21. Juli 1852 bestimmt wörtlich:

„§ 38. Die Entscheidung, welche mit Gründen versehen sein muß, wird in der Sitzung verkündigt und eine Ausfertigung derselben dem Angeschuldigten auf sein Verlangen erteilt."

„§ 42. Die Anmeldung der Berufung geschieht bei der Behörde, welche die anzugreifende Entscheidung erlassen hat. Die Frist zu dieser Anmeldung ist eine vierwöchentliche, welche mit dem Ablaufe des Tages, an welchem die Entscheidung verkündigt worden ist, und für den Angeschuldigten, welcher hierbei nicht zugegen war, mit dem Ablaufe des Tages beginnt, an welchem ihm die Entscheidung zugestellt worden ist."

Hiernach charakterisiert sich die Anmeldungsfrist (im Gegensatz zu der prorogierbaren Rechtfertigungsfrist des § 43 ibid.) als ein Fatale, dessen Beginn für den bei der Urteilspublikation gegenwärtigen Angeschuldigten lediglich von diesem Zeitpunkte abhängt. Die Disziplinarbehörde erster Instanz ist nicht befugt, diesem gesetzlich festgestellten Anfangstermin einen anderen (den Tag der Urteilszustellung) eigenmächtig zu substituieren. Inwieweit die mündliche Verkündigung der Entscheidung im einzelnen Falle, oder auch die in einem Kollegium etwa gewohnheitsmäßig gewordene Art der Motivierung gegen die Vorschrift des § 38 cit. verstößt und infolgedessen der Lauf der Berufungsanmeldefrist zu ändern geneigt ist: darüber hat weder die Behörde, deren Entscheidung angegriffen wird, noch der Departementschef, sondern lediglich im geordneten Instanzenzuge das Königliche Staatsministerium zu urteilen, welches über die Berufung selbst, mithin auch über die Rechtzeitigkeit derselben befindet. (§§ 41, 45 l. c.)

2) Was ferner die mit Bezug auf unseren Cirkularerlaß vom 21. Februar 1858 erbetene Auskunft betrifft,

ob der im Disziplinarstrafverfahren mit den Funktionen der Staatsanwaltschaft betraute Beamte zur vorläufigen Anmeldung der Berufung und Berichterstattung an den Departementschef auch dann verpflichtet sei, wenn die erste Entscheidung auf Strafversetzung oder Dienstentlassung mit Bewilligung eines Teils der reglementsmäßigen Pension als Unterstützung lautet?

so erscheint es wünschenswert, daß der dem Angeschuldigten vorgesetzte Minister von allen Entscheidungen Kenntnis erhalte, welche nicht das höchste Strafmaß aussprechen, damit etwaigen auffallenden Verschiedenheiten in der Rechtsprechung der Disziplinarbehörden im Interesse einer gleichmäßigen Handhabung der Disziplin durch Anrufung der Judikatur des Königlichen Staatsministeriums begegnet werden kann.

Der Vertreter der Staatsanwaltschaft wird deshalb in allen Fällen, in welchen nicht auf Dienstentlassung mit ihren regelmäßigen Folgen (Verlust des Titels und Pensionsanspruchs) erkannt ist, das Rechtsmittel der Berufung vorläufig anzumelden und mit Einreichung der Untersuchungsakten dem Departementschef gutachtlich Bericht zu erstatten haben.

Berlin, den 23. Februar 1871 (Ctrbl. 1875, S. 73 u. 74).

Der Finanz-Minister.	Der Minister des Innern.
(gez.) Camphausen.	J. V.: (gez.) Bitter.

3.

In Verfolg des Berichts vom 19. Januar d. J., die Disziplinaruntersuchung wider den Lehrer N. zu N. betreffend, erhält die Königliche Regierung anbei ꝛc. mit dem Eröffnen, daß die durch Verfügung der Königlichen Regierung vom Januar d. J. ausgesprochene Zurückweisung des von dem p. N. eingeleiteten Rechtsmittels der Berufung nicht für begründet erachtet werden kann.

Nach al. 3 des § 38 des Gesetzes vom 21. Juli 1852 **muß** die Entscheidung des Disziplinarrichters mit Gründen versehen sein. Es kann daher die Entscheidung, die ohne Gründe verkündigt worden, nicht als vollständig und gehörig verkündet erachtet werden. Es muß daher auch, wie dies wiederholt von dem Königlichen Disziplinarhof ausgeführt und von dem Königlichen Staatsministerium stets anerkannt worden ist, die Frist zur Anmeldung der Berufung nicht von dem Tage der Verkündigung der nicht mit Gründen versehenen Entscheidung, sondern erst von dem Tage an berechnet werden, an dem dem Angeschuldigten die vollständige Ausfertigung der Entscheidung mitgeteilt worden ist.

Aus dem Protokoll über die Plenarsitzung der Königlichen Regierung vom 29. Oktober geht nun zwar hervor, daß die Entscheidung in der fraglichen Disziplinarsache dem Angeschuldigten am Schlusse der Sitzung verkündigt worden, es geht aber daraus nicht hervor, daß dieselbe mit Gründen verkündigt worden ist. Da nach § 39 a. a. O. das Protokoll die wesentlichen Momente der Verhandlung enthalten soll, und die Angabe, ob die Entscheidung mit Gründen versehen gewesen, als ein wesentliches Moment der Verhandlung anzusehen ist, so muß angenommen werden, daß das letztere nicht der Fall gewesen. Die Frist zur Anmeldung der Berufung lief daher erst vom 27. November 1874, an welchem Tage dem Angeschuldigten die Ausfertigung der Entscheidung mitgeteilt worden ist, so daß dieselbe gewahrt erscheint, nachdem die Berufung am 25. Dezember ejusd. bei der Königlichen Regierung eingegangen ist. Hiernach kann auch selbstredend dadurch nichts geändert werden, daß in dem Schreiben des Landrats zu N. vom 18. November v. J. dem Angeschuldigten irriger Weise der Tag, an welchem die Entscheidung mündlich verkündet worden, als derjenige bezeichnet ist, von welchem ab die vierwöchentliche Frist zur Berufungsanmeldung zu berechnen ist.

Indem ich demgemäß unter Aufhebung der gedachten Verfügung der Königlichen Regierung vom 19. Januar d. J. die Königliche Regierung veranlasse, das von dem Lehrer N. eingelegte Rechtsmittel der Berufung zuzulassen und dessen weitere Instruktion so schleunig als möglich herbeizuführen, bemerke ich noch, daß die Prüfung der Formalien eines Rechtsmittels bei dessen Anmeldung zu erfolgen und das Disziplinargericht erster Instanz hierüber zunächst selbständig zu befinden hat, so daß dem Angeschuldigten nur überlassen bleibt, die Verfügung, durch welche ein von ihm eingelegtes Rechtsmittel zurückgewiesen wird, im Beschwerdewege anzufechten. Dadurch, daß im vorliegenden Falle die Königliche Regierung die Prüfung der Formalien erst alsdann vorgenommen hat, als seitens des Angeschuldigten die Verlängerung der gesetzlichen Frist zu Einreichung der Rechtfertigungsschrift nachgesucht wurde, hat diese Untersuchungshaft eine erhebliche Verzögerung erlitten.

M.-Erl. v. 9. April 1875 (Ctrbl. 1875, S. 300).

§ 221. Unzulässigkeit der Berufung gegen eine von dem Ressortchef unter Einstellung des Disziplinarverfahrens verhängte Ordnungsstrafe.

Auf die Vorstellung vom 16. April d. J. erwidere ich Ihnen, daß nach dem Beschluß des Königlichen Staatsministeriums eine Berufung gegen eine von dem Ressortchef auf Grund des § 33 des Gesetzes vom 21. Juli 1852

— Ges.-Samml. S. 465 — unter Einstellung des Disziplinarverfahrens verhängte Ordnungsstrafe nicht zulässig ist.

M.-Erl. v. 6. Dezember 1870 (Ctrbl. 1871, S. 4).

§ 222. Deckung der Kosten in Disziplinaruntersuchungssachen.

Auf den Bericht vom 26. März d. J. eröffne ich dem Königlichen Konsistorium, daß, da der Beschwerdeführer N. zur Tragung der Kosten in beiden gegen ihn anhängig gewesenen Disziplinarsachen rechtskräftig verurteilt und seine Verpflichtung durch § 51 des Disziplinargesetzes vom 21. Juli 1852 — in Hannover eingeführt durch die Verordnung vom 23. September 1867 — nicht auf den Überrest der einbehaltenen Gehaltshälfte eingeschränkt ist, von dem N. die nicht gedeckten, noch rückständigen Kosten eingezogen und nach Maßgabe der Verordnung vom 23. September 1867 (Ges.-Samml. S. 1553, folg.) beigetrieben werden können; nach Art. VIII. der erstgedachten Verordnung vom 23. September 1867 (Ges.-Samml. S. 1613) dürfen jedoch an Gerichtskosten nur die baren Auslagen erhoben werden. Als solche sind die von dem Amtsdiener liquidierten Gebühren und die für den Advokaten M. in Ansatz gebrachten ... nicht gerechtfertigt. Es gehört zu den Pflichten des Amtsdieners, die Insinuationen und Ladungen in Fällen wie der vorliegende, auf Grund seines Dienstverhältnisses unentgeltlich zu besorgen, — Gesetz vom 27. Februar 1868 (Ges.-Samml. S. 177), und Bekanntmachungen im Amtsblatt vom 21. März 1868, S. 107 — und, was die Gebühren des p. M. anbelangt, so können dieselben dem p. N. aus folgendem Grunde nicht zur Last gelegt werden. Wie bereits in dem Erlasse vom 9. Januar 1869 (Ctrbl. 1869, S. 178) angeordnet ist, soll in der Regel mit den Funktionen der Staatsanwaltschaft in Disziplinaruntersuchungen ein Mitglied der erkennenden Provinzialbehörde beauftragt werden; wenn dies nicht ausführbar ist, ist ausnahmsweise ein derselben untergeordneter Beamter zu bestellen oder es ist eine koordinierte Behörde zu ersuchen, einen ihrer Beamten zur Übernahme der Funktion als Staatsanwalt zu bestimmen.

Das Königliche Konsistorium hat diesem nach die Liquidation der Kosten um die bezeichneten Beträge von ... und ... zu ermäßigen und den N. demnächst zu bescheiden, auch den Amtsdiener von der bezüglich der Insinuationsgebühren getroffenen Entscheidung zu benachrichtigen. In Zukunft sind die vorstehenden Grundsätze bei der Aufstellung der Kostenliquidation und dem Verfahren in Disziplinarsachen zu beachten. In dem vorliegenden Falle will ich ausnahmsweise genehmigen, daß die von dem Advokaten M. liquidierten ... aus fiskalischen Fonds gezahlt und ... verrechnet werden.

M.-Erl. v. 15. Mai 1873 (Ctrbl. 1873, S. 326).

§ 223. Verfahren in Disziplinaruntersuchungen wider Lehrer, welche zugleich ein kirchliches Amt bekleiden.

Für das zwischen der Königlichen Regierung und dem Königlichen Konsistorium in N. streitig gewordene Verfahren in Disziplinaruntersuchungen wider Lehrer, welche zugleich ein kirchliches Amt bekleiden, muß, wie ich der Königlichen Regierung auf den Bericht vom 13. v. Mts. erwidere, vor allem der Gesichtspunkt der thunlichsten Beschleunigung festgehalten werden, da diese Untersuchungen erfahrungsmäßig ohnedies einen sehr erheblichen Zeitaufwand erfordern.

Um dieses Interesses willen wird es sich als Regel empfehlen, daß die Königliche Regierung nach Einleitung der Untersuchung und Ernennung des Untersuchungskommissars die Verhandlungen dem Königlichen Konsistorium zur Beschlußfassung wegen des kirchlichen Amtes mitteilt, daß sodann derselbe, vom Königlichen Konsistorium mit Auftrag zu versehende Untersuchungskommissarius die Verhandlungen mit Rücksicht auf die kombinierte Amtsstellung des Angeschuldigten und auf die hierdurch bedingten formellen Anforderungen des Verfahrens führt und abschließt, und daß er hiervon, gleichzeitig mit der Vorlegung der Verhandlungen bei der Königlichen Regierung, dem Königlichen Konsistorium Anzeige macht. Nach Abfassung der erstinstanzlichen Entscheidung seitens der Königlichen Regierung sind sodann die Verhandlungen dem Königlichen Konsistorium zur Beschlußfassung hinsichtlich des kirchlichen Amtes mitzuteilen.

M.-Erl. v. 20. Juni 1871 (Ctrbl. 1871, S. 403).

§ 224. Verbot der Teilnahme von Lehrern an gewissen Vereinen.

1.

Es sind in neuester Zeit an vielen Orten des hiesigen Regierungsbezirks durch bekannte Agitatoren der polnischen Nationalpartei verschiedene **Vereine** ins Leben gerufen, die sich unter dem Namen: **Gesangvereine, Gewerbevereine, landwirtschaftliche Vereine, Vereine zur Förderung der Volksbildung** u. s. w. gebildet haben, — und teilweise statutenmäßig, alle aber thatsächlich nur Mitglieder **polnischer** Nationalität aufnehmen. Da nun alle diese Vereine erst vor kurzem und fast überall zu einer und derselben Zeit entstanden sind, so liegt die Vermutung nahe, daß dieselben nationalpolitischen Sonderbestrebungen dienen sollen.

Nach den uns vorliegenden Berichten sind auch **Lehrer** diesen Vereinen beigetreten oder zum Beitritt aufgefordert worden. Da wir indes nicht gestatten können, daß Lehrer sich an Unternehmungen beteiligen, deren Zwecke nicht klar hervortreten und die betreffenden Lehrer, indem sie dieselben von ihren eigentlichen Berufspflichten entfernen, leicht in eine ihrer Stellung nicht entsprechende Lage bringen können, so sehen wir uns veranlaßt, allen Lehrern unseres Regierungsbezirks die **Teilnahme** an solchen Vereinen hiermit ausdrücklich zu **untersagen.** Gegen die dawider Handelnden werden wir mit entsprechenden Maßregeln vorgehen.

Verfgg. der Kgl. Reg. zu Posen v. 18. März 1872 (Ctrbl. 1872 S. 206).

2.

In Polen ist ein polnischer Nationalverein, angeblich zur Förderung der nationalen Volksbildung, begründet worden. Derselbe soll in Preußen Oberschlesien und die Provinzen Posen und Westpreußen umfassen. Voraussichtlich wird sich die Agitation für den Verein auch in den dortigen Bezirk erstrecken. Für diesen Fall mache ich die Königliche Regierung auf die Verfügung der Königlichen Regierung zu Posen vom 18. März cr. — abgedruckt im Aprilheft des Centralblattes S. 206 — aufmerksam.

M.-Erl. v. 27. Mai 1872 (Ctrbl. 1872, S. 324).

3.

Es ist zu unserer Kenntnis gelangt, daß neuerdings in den Versammlungen verschiedener Vereine die staatliche Gesetzgebung in betreff der Beaufsichtigung des Unterrichts- und Erziehungswesens und die zur Ausführung erlassenen Anordnungen der Staatsbehörden Gegenstand heftiger Angriffe und Verdächtigung geworden sind. Wir sehen uns hierdurch veranlaßt, die Lehrer an den öffentlichen Elementarschulen unseres Bezirks darauf hinzuweisen, daß den Lehrern, wie ihnen die Rechte der Staatsdiener zustehen, so auch die Pflichten der Staatsdiener im amtlichen und außeramtlichen Verhalten obliegen. Es ist mit der amtlichen Stellung eines Staatsdieners, welcher berufen und verpflichtet ist, bei Ausführung der Landesgesetze und der Anordnungen der Staatsregierung treu und gewissenhaft mitzuwirken, unvereinbar, wenn sich derselbe als Leiter oder Mitglied an einem Vereine beteiligt, dessen Bestrebungen gegen die Landesgesetze oder gegen die Maßnahmen der Staatsbehörden gerichtet sind. Durch ein solches außerordentliches Verhalten verletzt der Staatsdiener seine Amtspflicht und gefährdet die Achtung, das Ansehen und das Vertrauen, welches sein Beruf erfordert.

Im Hinblick auf die Vorschriften des Disziplinargesetzes vom 21. Juli 1852 machen wir die Lehrer im eigenen Interesse darauf aufmerksam, daß sie sich ernsten Disziplinarmaßregeln aussetzen, wenn sie sich an den Vereinen der oben bezeichneten Art beteiligen und uneingedenk sind der ihnen als Staatsdiener gebotenen Zurückhaltung von jeder Agitation gegen die Staatsregierung.

Verfgg. der Kgl. Reg. zu Oppeln vom 11. April 1872 (Ctrbl. 1872, S. 325).

§ 225. Verbot der Beteiligung an öffentlichen Demonstrationen und Agitationen gegen die Regierung.

Die Beteiligung an öffentlichen Demonstrationen und Agitationen gegen die bestehende Regierung enthält eine Verletzung der Amtspflichten. Disziplinargesetz vom 21. Juli 1852 § 2, Verordnung vom 30. April 1847 § 2 (Ges.-Samml. S. 196). — Hierher gehören auch Wahlagitationen, — Unterschrift von Wahlaufrufen 2c.

D. Amtssuspension.

§ 226. Zahlung der Gehaltshälfte an suspendierte Beamte.

Dem Königlichen Provinzial-Schulkollegium 2c. lasse ich hierneben eine von dem Herrn Finanzminister an die Behörden seines Ressorts in betreff der Zahlung der den suspendierten Beamten zustehenden Hälfte ihres Gehalts unter dem 27. Februar d. J. erlassene Cirkularverfügung (Anlage a.) zur Kenntnisnahme und gleichmäßigen Beachtung in Abschrift zugehen.

M.-Erl. v. 5. August 1865 (Ctrbl. 1865, S. 453).

(Anlage a.) Hinsichtlich der Zahlung der den suspendierten Beamten zustehenden Hälfte des Gehalts wird folgendes angeordnet:

1) die den suspendierten Beamten gesetzlich zu gewährende Hälfte des Gehalts ist ihnen von dem auf den Zeitpunkt der Suspension folgenden Zahlungstermine ab in monatlichen Raten praenumerando zu zahlen;
2) wenn die Suspension im Laufe eines Monats eintritt, so ist der Zeitpunkt, von welchem ab die Hälfte des Diensteinkommens der suspendierten Beamten einbehalten wird, auf den ersten Tag des nächstfolgenden Monats zu bestimmen. Hat der Beamte vor dem Eintritt der Suspension bereits das volle Gehalt für die folgenden Monate erhoben, so ist er zwar zur Erstattung des übernommenen Gehaltsteils verpflichtet; jedoch ist die Wiedereinziehung desselben nicht durch Anrechnung auf die dem Beamten zu seinem notdürftigen Unterhalt ausgesetzte Hälfte des Gehalts zu bewirken, sondern unabhängig davon zu betreiben. Hiernach ist auch dann zu verfahren, wenn die Suspension als Folge eines gegen den Beamten ergangenen, noch nicht rechtskräftig gewordenen

Urteils eingetreten ist, welches auf den Verlust des Amtes lautet, oder diesen kraft des Gesetzes nach sich zieht;

3) die Frage, bis zu welchem Zeitpunkt dem suspendierten Beamten ein Anspruch auf den zu seinem Unterhalt bestimmten Gehaltsteil zusteht, wenn demnächst auf Verlust des Amts rechtskräftig gegen ihn erkannt wird, beantwortet sich dahin, daß von dem Ablauf des Monats ab, in welchem das Erkenntnis die Rechtskraft erlangt, eine fernere Gehaltszahlung nicht zu leisten ist.

Den vorstehenden Bestimmungen gemäß ist in vorkommenden Fällen das Erforderliche zu veranlassen.

Berlin, den 27. Februar 1865. Der Finanz-Minister.

§ 227. Gehaltszahlung an suspendierte Lehrer während eines nicht nachgesuchten Urlaubs.

Das Königliche Staatsministerium hat die beifolgende Vorstellung des Lehrers N. aus N., worin sich derselbe über die Verfügung der Königlichen Regierung vom 9. v. Mts. beschwert, zur ressortmäßigen Verfügung an mich abgegeben.

Diese Beschwerde erscheint nicht unbegründet. Denn, wenngleich auch suspendierte Lehrer eines Urlaubs bedürfen, und der p. N. formell darin gefehlt haben mag, daß er solchen nicht ausdrücklich nachgesucht hat, so setzt doch der im § 8 des Gesetzes vom 21. Juli 1852 angedrohte Verlust des Diensteinkommens eine Versäumung des Amts voraus, von welcher bei einem suspendierten jedenfalls nur ausnahmsweise und unter besonderen Umständen die Rede sein kann. Das Vorhandensein solcher besonderen Umstände, welche eine Verweigerung des Urlaubs rechtfertigen können, ist aus den Vorlagen nicht ersichtlich. Vielmehr scheint der Magistrat in N. die formell unrichtige Behandlung der Angelegenheit seitens des p. N. nur als einen Vorwand zu benutzen, um sich der Zahlung des Suspensionsgehalts zu entziehen. Ihm hierzu behilflich zu sein, liegt aber für die Aufsichtsbehörde um so weniger Anlaß vor, als der p. N. das Bedürfnis, sich zeitweilig in H. aufzuhalten, mit zutreffenden Gründen motiviert, und es im allgemeinen nur sehr erwünscht sein kann, wenn Lehrer, welche sich in Disziplinaruntersuchung befinden, während des Verfahrens in der Rekursinstanz ihren Aufenthalt außerhalb der Gemeinde nehmen, bei deren Schulen sie angestellt sind.

Die Königliche Regierung veranlasse ich demnach, entweder der Beschwerde Abhilfe zu schaffen und, daß dies geschehen, mir anzuzeigen, oder über die etwa entgegenstehenden Bedenken unter Wiederbeifügung der Anlagen bald zu berichten.

M.-Erl. v. 22. April 1869 (Ctrbl. 1869, S. 283).

§ 228. Stellvertretungskosten während der Amtssuspension.

Auf die von dem Königlichen Staatsministerium zur ressortmäßigen Verfügung an mich abgegebene Vorstellung vom 4. d. Mts., die Zahlung der Stellvertretungskosten während der Suspension des Lehrers N. in N. betreffend, erwidere ich dem Magistrat, daß die Kosten der Stellvertretung eines vom Amt suspendierten Lehrers, soweit sie aus der innebehaltenen Gehaltshälfte nicht gedeckt werden können, lediglich den zur Unterhaltung der Schule Verpflichteten zur Last fallen, ohne daß es darauf ankommen kann, ob die Anregung zur Einleitung der Disziplinaruntersuchung von ihnen ausgegangen ist oder nicht.

M.-Erl. v. 21. Oktober 1861 (Ctrbl. 1861, S. 749).

§ 229. **Der einbehaltene Teil des Diensteinkommens wird nicht nachgezahlt, wenn auf eine strafrechtliche Freisprechung im Wege der Disziplinaruntersuchung die Entlassung aus dem Amte erfolgt.**

In Fällen, wo das strafrichterliche Verfahren mit einer Freisprechung endigt, und die in demselben erörterten Thatsachen im Sinne des § 5 des Disziplinargesetzes für nicht richterliche Beamte vom 21. Juli 1852 keinen Anhalt für ein noch einzuleitendes Disziplinarverfahren ergeben, solches auch nicht eingeleitet wird, muß auf Grund der strafrechtlichen Freisprechung die vollständige Nachzahlung der einbehaltenen Gehaltshälfte an einen nach § 50 a. a. O. suspendierten Beamten erfolgen. — Wenn dagegen nach der erfolgten richterlichen Freisprechung auf Grund der in dem gerichtlichen Verfahren erörterten Thatsachen nach Maßgabe des § 5 noch eine Disziplinaruntersuchung verhängt wird*) — und zwar mit dem Erfolge einer auf Entlassung aus dem Amte lautenden Verurteilung, — so hat der entlassene und schon während des gerichtlichen Verfahrens suspendiert gewesene Beamte **auf Nachzahlung** des innebehaltenen Teils seines Diensteinkommens überhaupt keinen Anspruch.

*) Erk. des Reichsgerichts, IV. Civils., vom 5. November 1883.

E. Versetzung der Elementarlehrer im Interesse des Dienstes.

§ 230. **Zulassung der Versetzung.**

1.

(Auszug.) Die von der Königlichen Regierung in dem Bericht dargelegte Ansicht, daß eine zwangsweise Versetzung des Lehrers gesetzlich unzulässig sei, ist nicht unbedingt richtig. Denn wenn auch der § 16 des Disziplinargesetzes vom 21. Juli 1852 die mit besonderen Nachteilen verbundene Strafversetzung der Elementarlehrer, insoweit sie zu den mittelbaren Staatsbeamten gehören, im Wege des Disziplinarverfahrens ausschließt, so läßt doch der § 87 ad 1 eine Versetzung der Lehrer in ein anderes Amt von nicht geringerem Range und etatsmäßigem Diensteinkommen mit Vergütung der reglementsmäßigen Umzugskosten, **im Interesse des Dienstes zu.** **) Daß diese letztere Bestimmung auf Beamte sowohl in mittelbarem, als in unmittelbarem Staatsdienste Anwendung findet, ergiebt der § 94 1 c.

M.-Erl. v. 31. Dezember 1861 (Ctrbl. 1861, S. 99).

2.

Da nach Ew. Hochwohlgeboren gefl. Bericht vom . . . der Lehrer M. zu M. inzwischen mit seinem Einverständnis nach D. versetzt ist, — **eine Maßregel, welche im Interesse des Dienstes nach § 87 Nr. 1 und § 94 des Gesetzes vom 21. Juli 1852 auch ohne Zustimmung des p. N.** hätte angeordnet werden können und nur als Strafmaßregel gegen Elementarlehrer gemäß § 16 1 c. nicht anwendbar erscheint, — so finde ich nichts dagegen zu erinnern, daß die von der Staatsanwaltschaft gegen die Entscheidung der Königlichen Regierung eingelegte Berufung zurückgenommen werde ꝛc.

M.-Erl. v. 17. August 1867 (Ctrbl. 1867, S. 686).

**) Wenn ein Lehrer sich beharrlich weigert, die ihm im Interesse des Dienstes übertragene Lehrerstelle anzunehmen, so kann gegen ihn die Disziplinaruntersuchung eingeleitet und er des Amtes entsetzt werden.

§ 231. **Auch bei vorwurfsfreier Verwaltung einer Stelle kann der Lehrer im Interesse des Dienstes versetzt werden.**

Der Lehrer N. zu N. ist, wie die Königliche Regierung aus der Anlage ersehen wolle, nochmals gegen seine Versetzung auf die Schulstelle in W. vorstellig geworden. Ich sehe mich indes durch seine Anführungen nicht veranlaßt, diese Angelegenheit in andere Wege zu leiten. Daß die Bestimmungen über die unfreiwillige Versetzung der Lehrer „im Interesse des Dienstes" auf ihn keine Anwendung finden können, weil er sein Amt vorwurfsfrei verwaltet und durch seine Leistungen die Gemeinde und die vorgesetzten Behörden befriedigt habe, ist eine irrige Auffassung. Der p. N. übersieht, daß es höhere und weiterreichende Interessen des Dienstes giebt, und daß sich der Einzelne da, wo sie zur Geltung gebracht werden müssen, wie in dem vorliegenden Falle, mit seinem persönlichen Interesse unterzuordnen habe. Auch seine Berufung auf das Ministerialreskript vom 31. Dezember 1861, insofern es bestimmt, daß die Versetzung im Interesse des Dienstes in ein Amt von nicht geringerem Range erfolgen müsse, ist unzutreffend. Der p. N. verwaltete in N. eine Elementarlehrerstelle, und eine solche hat er wieder an der Schule zu W. erhalten. Der Ort kann hierbei nicht in Betracht kommen, da die Qualität der Schule davon unabhängig ist. Wenn er jedoch behauptet, daß er durch seine Versetzung in seinem Einkommen benachteiligt worden sei und darauf den Antrag auf Versetzung in eine ihn hinlänglich entschädigende Stelle gründet, so wird er den Nachweis für die Richtigkeit seiner Behauptung zu führen haben. Es wird dann event. zu erwägen sein, auf welche Weise die Differenz auszugleichen ist.

M.-Erl. v. 25. September 1869 (Ctrbl. 1870, S. 34).

§ 232. **Unzulässigkeit einer Strafversetzung der Elementarlehrer.**

Eine **Straf**versetzung bei mittelbaren Staatsdienern ist nach § 16 Nr. 1 a. a. O. des Gesetzes vom 21. Juli 1852 nicht zulässig.

Beschluß des Staatsministeriums v. 2. Januar 1868 (Ctrbl. 1868, S. 226).

F. Kündigungsfrist der Elementarlehrer. *)

§ 233. **Zulassung des Austritts vor Ablauf der dreimonatlichen Frist.**

Auf die Vorstellung vom 8. v. Mts. eröffne ich dem Magistrat, daß nach den bestehenden Bestimmungen ein Lehrer nach Anordnung der Königl. Regierung vor Ablauf einer geschehenen dreimonatlichen Kündigung aus seiner Stelle austreten darf, wenn von der Königlichen Regierung für eine vorübergehende Wahrnehmung der Geschäfte des abgehenden Lehrers gesorgt wird. Der Lehrer N. mußte sein neues Amt in F. am 1. v. Mts. antreten, und in N. konnte seine Stelle in der Zeit vom 1. bis 18. v. Mts., während welcher er dort nur noch zu fungieren gehabt hätte, ohne Schwierigkeiten interimistisch verwaltet werden. Dies hat die Königliche Regierung angeordnet, und demnach unterliegt die Verfügung derselben vom 29. Juni d. J. keinem Bedenken.

M.-Erl. v. 13. August 1864 (Ctrbl. 1864, S. 485.)

§ 234. **Unzulässigkeit einer sechsmonatlichen Kündigungsfrist an Elementarschulen.**

Auf die an den Oberpräsidenten der Provinz N. gerichtete und mir zur ressortmäßigen Bestimmung vorgelegte Eingabe vom 8. v. Mts. eröffne ich

*) Die Kündigung des Dienstes ist nach Allg. Landr. T. II. Tit. 10 § 94 bei derjenigen Instanz anzubringen, von welcher die Besetzung eines Amtes abhängt.

dem Magistrat, daß die Festsetzung einer sechsmonatlichen Kündigungsfrist nur für Lehrer an höheren Schulen angeordnet ist. Zu diesen Schulen gehört die dortige Töchterschule nicht, und es kann daher nach den bestehenden Bestimmungen für die an der letzteren angestellten Lehrer nur die Bedingung einer dreimonatlichen Kündigung in die Vokation aufgenommen werden. Dies hat die Königliche Regierung zu N. in betreff des Lehrers N. angeordnet, und demnach entspricht die Verfügung derselben den bestehenden, durch das Interesse des Dienstes gebotenen Bestimmungen. Daß der N. gegen die sechsmonatliche Kündigungsfrist nichts erinnert hat, schließt die Aufrechthaltung dieser Bestimmung nicht aus.

M.-Erl. v. 23. September 1867 (Ctrbl. 1867, S. 685).

§ 235. Berechtigung der Aufsichtsbehörde, die Kündigungsfrist zu kürzen.

Ew. haben unter dem 28. v. Mts. über die Königliche Regierung zu N., weil sie den Abgang des Lehrers N. zu N. in ein Lehramt zu G., ohne eine dreimonatliche Kündigungsfrist inne zu halten, genehmigt hat, Beschwerde erhoben, indem Sie annahmen, daß das Dimissoriale vor Ablauf dieser Frist nur unter Zustimmung des Patronats und des Schulvorstandes hätte erteilt werden dürfen. Diese Annahme trifft indes nicht zu. Mit dem Patronat ist nur das Recht der Wahl, der Berufung und der Präsentation verbunden, nicht aber das der Entlassung des Lehrers aus dem Amt. Diese Befugnis steht allein der Königlichen Regierung als Aufsichtsbehörde zu. Wenn das Interesse der Schulverwaltung überhaupt es erfordert, und wenn für die vorübergehende Wahrnehmung der Funktionen des abgehenden Lehrers gesorgt wird, ist die Aufsichtsbehörde berechtigt, die gewöhnliche Kündigungsfrist zu kürzen und den früheren Austritt des Lehrers anzuordnen. Diese Bedingungen sind nach dem Bericht der Königlichen Regierung in dem vorliegenden Falle vorhanden.

M.-Erl. v. 16. Oktober 1868 (Ctrbl. 1868, S. 722).

§ 236. Unzulässigkeit des Vorbehalts einer längeren Kündigungsfrist.

Auf das Rekursgesuch vom 2. d. Mts. eröffne ich dem Magistrat, daß nach den bestehenden Bestimmungen (Ctrbl. 1859, S. 301), der Vorbehalt einer längeren als dreimonatlichen Kündigungsfrist in den Vokationen der Lehrer nicht zu genehmigen ist. Die Königliche Regierung zu N. ist daher ebenso berechtigt als verpflichtet, der von dem Magistrate mit der Bestimmung einer sechsmonatlichen Kündigungsfrist ausgestellten Vokation für den Lehrer N. die Bestätigung zu versagen. Daß der Magistrat mit dem p. N. eine solche Kündigungsfrist als Bedingung seiner Anstellung vereinbart, und die Königliche Regierung angeblich hiergegen keinen Einspruch erhoben hat, ändert an der Sache selbst nichts, und ich kann daraus keine Veranlassung nehmen, der Königlichen Regierung die Bestätigung der Vokation mit dem vorschrifts-widrigen Vorbehalt einer sechsmonatlichen Kündigungsfrist aufzugeben.

M.-Erl. v. 13. Mai 1870 (Ctrbl. 1870, S. 364).

§ 238. Unzulässigkeit einer längeren als sechsmonatlichen Kündigungsfrist.

Auf den Bericht vom 30. v. Mts., betreffend die Entlassung des Lehrers N. zu N. aus seinem Amte, eröffne ich der Königlichen Regierung das Folgende:

Nach der Rekursvorstellung des Magistrats zu B. vom 15. v. Mts. hat derselbe die Wahl des genannten Lehrers zu Anfang des Monats September angezeigt und um deren Bestätigung gebeten. Bereits unter dem 18. dess. Mts.

hat die Königliche Regierung verfügt, daß die Entlassung desselben erst zum 1. April k. J. erfolgen könne. Geschieht dies, so liegen zwischen der Kündigung des alten und dem Antritt des neuen Amtes nahezu sieben Monate. Eine so umfängliche Kündigungsfrist zu fordern, giebt das Cirkularreskript vom 10. Februar 1857 der Königlichen Regierung bei den zu Ihrer Besetzung stehenden Schulstellen keine Befugnis. Al. 2 des allegierten Reskripts bestimmt die Kündigungsfrist für den Fall, daß ein Elementarlehrer überhaupt sein Amt niederlegen will. Sie kann längstens 6 Monate betragen. Es kann aber nicht die Absicht sein, die Lehrer, welche, wie der N., im Lehramt bleiben, ungünstiger zu stellen, als diejenigen, welche es überhaupt aufgeben.

Ich veranlasse daher die Königliche Regierung, indem ich noch auf den deklarierenden Erlaß vom 19. April 1870 (Ctrbl. de 1870, S. 365) Bezug nehme, den Lehrer N., wenn es nicht möglich sein sollte, die Stelle in N. bereits zu Anfang des nächsten Jahres zu besetzen, spätestens bis zum 15. Februar k. J. von dort zu entlassen.

M.=Erl. v. 22. November 1875 (Ctrbl. 1875, S. 117).

§ 238. Einhaltung der sechsmonatlichen Kündigungsfrist beim Dienstaustritt.

Die Königliche Regierung zu N. hat mir Ihre Beschwerde vom 16. Januar d. J. zur Entscheidung vorgelegt.

Der Umstand, daß bei der Bestätigung Ihrer Vokation das Cirkularreskript vom 10. Februar 1857 unbeachtet geblieben ist, kann die rechtliche Wirksamkeit der von Ihnen angenommenen Vokation in keiner Weise beeinträchtigen, und sind Sie schon aus diesem Grunde an die in der Vokation festgesetzte sechsmonatliche Kündigungsfrist gebunden.

Es kommt aber hinzu, daß Sie Ihre Stellung nicht zu dem Zwecke gekündigt haben, um in ein anderes öffentliches Schulamt überzutreten. Es liegt mithin der Fall vor, welchen das Cirkularreskript vom 10. Februar 1857 im Auge hat, wenn es verordnet, daß Lehrer, welche ihr Amt überhaupt niederlegen wollen, drei Monate zuvor kündigen müssen, jedoch nicht verlangen können, vor dem Schluß des laufenden Unterrichtssemesters entlassen zu werden. Hiernach hat die Königliche Regierung mit Recht angeordnet, daß Sie aus Ihrer jetzigen Stellung erst mit dem 1. April d. J. entlassen werden können; zu einer Abänderung Ihrer Vokation, nachdem Sie Ihre Stellung bereits gekündigt haben, ist kein Anlaß vorhanden.

M.=Erl. v. 4. März 1868 (Ctrbl. 1868, S. 227).

§ 239. Austritt am Schluß des Semesters.*)

Der Prediger und Rektor N. zu N. hat in den beiden mit sämtlichen Anlagen hier beigefügten Vorstellungen vom 6. und 14. d. Mts. gegen die Verfügung der Königlichen Regierung vom 1. d. Mts. Rekurs ergriffen. Dies veranlaßt mich zu folgender Eröffnung:

Ist es richtig, daß die Stadtschule zu N. in die Kategorie der Elementarschulen gehört, so kann auch der an derselben angestellte Rektor, mag er sonst persönlich eine höhere Qualifikation besitzen, nur als Elementarlehrer betrachtet werden. Die Königliche Regierung scheint von derselben Annahme ausgegangen zu sein, da sonst die Berufung auf das Ministerialreskript vom

---

*) In der Regel sind die Lehrer beim Stellenwechsel nicht inmitten eines Monats' sondern nur zum Schlusse des Monats zu entlassen.
M.=Erl. v. 13. März 1883.

10. Februar 1857, welches die Kündigungsfrist für Elementarlehrer feststellt, nicht zutreffen würde. Wenn aber in Gemäßheit dieses Reskripts der N. verpflichtet sein soll, sein Schulamt, welches er bereits am 3. Februar cr. gekündigt hat, bis zum 1. Oktober cr. zu behalten, so kann ich dieser Auffassung der Königlichen Regierung nicht beitreten. Dasselbe ordnet an, daß ein Elementarlehrer, welcher sein Amt niederlegen will, dieses drei Monate vorher zu kündigen habe, jedoch könne er nicht verlangen, vor dem Schluß des **laufenden** Semesters entlassen zu werden. Daraus folgt, daß Elementarlehrer, welche zu Anfang eines Semesters ihr Amt kündigen, um es niederzulegen, nicht immer schon nach 3, sondern event. auch erst nach 6 Monaten zur Entlassung kommen. Daß aber, wenn von dem Tage der Kündigung bis zum Schluß des laufenden Semesters weniger als 3 Monate liegen, noch das dem laufenden Semester folgende ganze Halbjahr das Amt behalten werden müßte, ist eine weder aus dem Wortlaut des Reskripts herzuleitende, noch mit den Intentionen desselben übereinstimmende Folgerung. Wäre sie richtig, so würde der Abgang eines Elementarlehrers, der sein Amt niederlegen will, analog den Bestimmungen für das höhere Schulamt in der Regel nur zu Ostern und Michaelis erfolgen und je nach Umständen auf einen Zeitraum hinausgeschoben werden können, der dreimal so lang ist, als die eigentliche Kündigungsfrist. Das Ministerialreskript hat aber etwas anderes für Elementarlehrer festsetzen wollen. Dies geht unzweifelhaft aus der Bestimmung hervor, daß der Vorbehalt einer längeren als dreimonatlichen Kündigungsfrist in den Vokationen für Elementarlehrer nicht genehmigt werden soll, während die Cirkularverfügung vom 7. Juni 1823 anordnet, daß in die Bestallungen für das höhere Schulamt die Bedingung einer sechsmonatlichen Kündigungsfrist aufzunehmen sei. Die Vokationen des N. enthalten wegen Kündigung des Amtes überhaupt nichts. Ginge derselbe in ein anderes Schulamt in einem anderen Bezirk über, so wäre keine Frage, daß er, der Bestimmung des Reskripts vom 10. Februar entsprechend, spätestens 3 Monate nach erfolgter Kündigung entlassen werden müßte. Da er aber das Schulamt aufgiebt, und für diesen Fall ein Verbleiben event. bis zu 6 Monaten gefordert werden kann, da er ferner nicht bloß Lehrer, sondern Rektor und deshalb schwerer zu entbehren ist, auch seine Vertretung bis zum 1. Mai sich kaum noch in angemessener Weise ordnen läßt, so wird er im Interesse der Schule nicht vor dem 1. Juni entlassen werden können. Keinesfalls aber darf der Entlassungstermin über den 1. Juli hinaus gelegt werden. Dem Magistrat steht kein Recht zu, das Verbleiben des N. in seinem Amt bis zum 1. Oktober zu fordern, und die Königliche Regierung hat keine Pflicht, ihn in dieser seiner Forderung, wie in der Verfügung vom 1. April geschehen ist, zu schützen.

Hiernach ist das weitere zu veranlassen, und hat insbesondere auch die Königliche Regierung über die Vorschläge für die Vertretung des N. zu befinden, da es nicht ersichtlich ist, warum Sie deren Angemessenheit nicht sollte prüfen können.

M.=Erl. v. 19. April 1870 (Ctrbl. 1870, S. 365).

§ 240. Kompetenzverhältnisse bei Kündigung provisorisch angestellter Lehrer.

Der Magistrat befindet sich, wie ich demselben auf die Beschwerde vom 30. Juli d. J. eröffne, mit seinen Anschauungen über die von ihm in Anspruch genommene Berechtigung, einem provisorisch angestellten Lehrer das Amt zu kündigen, im Irrtum.

Daß Elementarlehrer bis zur bestandenen Nachprüfung nur provisorisch angestellt werden, ist eine lediglich im Interesse der Schule resp. der Disziplin von der Aufsichtsbehörde angeordnete Maßregel. Für den Berufenden folgt daraus dem Berufenen gegenüber keinerlei Recht, welches ihm sonst nicht zusteht, also auch nicht dasjenige der Kündigung. Die Befugnis, einem Lehrer sein Amt zu kündigen oder ihn aus demselben zu entlassen, ist bedingt durch die Disziplinargewalt, und befindet sich daher lediglich bei der Aufsichtsbehörde, nicht aber bei dem Magistrat, der die Gewalt nicht besitzt.

M.=Erl. v. 12. September 1870 (Ctrbl. 1870, S. 611).

G. Verschiedene Angelegenheiten.

§ 241. Der Lehrer ist verpflichtet der Dienstbehörde Anzeige zu machen, wenn er gerichtlich als Sachverständiger oder Zeuge vorgeladen wird.

Jeder Beamte, auch der Lehrer, ist verpflichtet, bei gerichtlicher Vorladung

a) als Sachverständiger,

b) als außerhalb des Wohnorts zu vernehmender Zeuge,

c) als Zeuge über Umstände, auf welche sich seine Pflicht zur Amtsverschwiegenheit bezieht,

sofort seiner nächsten vorgesetzten Dienstbehörde unter Angabe des Sachverhältnisses, in welchem die Vernehmung erfolgen soll, unter näherer Darlegung der Gründe, welche etwa im Dienstinteresse die Vernehmung als unzulässig oder nachteilig erscheinen lassen, sofortige Anzeige zu machen, damit diese rechtzeitig — d. h. vor dem Termine — das ihr gesetzlich zustehende Einspruchsrecht wahren und eventuell für die gehörige Vertretung während der Terminsdauer sorgen kann.

Dasselbe gilt auch für alle die Fälle, in welchen die gedachten Beamten durch einen Angeklagten unmittelbar vorgeladen werden sollten (§ 219 der Strafprozeßordnung).

M.=Erl. v. 25. Mai 1883 (Ctrbl. 1883, S. 344).

§ 242. Heranziehung der Geistlichen und Lehrer zur Einquartierungslast im Falle einer Mobilmachung.

(Auszug.) Die Dienstgrundstücke der Geistlichen und Lehrer sind von Einquartierungslasten nach § 4 al. 7 der Städteordnung vom 30. Mai 1853 befreit. Wenn die Menge der Truppen zu deren Mitbenutzung zwingt, so kann dies nur gegen Entschädigung nach § 17 des Gesetzes vom 11. Mai 1851 geschehen.

Zu den **Kasernierungs=Kosten** im Wege der Kommunal=Besteuerung sind die Geistlichen und Lehrer nach § 4 al. 12 der Städteordnung in der Regel nicht heranzuziehen.

M.=Erl. v. 13. Oktober 1860 (Ctrbl. 1861, S. 30 ff.).

§ 243. Zulässigkeit der Heranziehung der Lehrer zu den Einquartierungslasten.

(Auszug.) In wie weit hiernach von den Geistlichen und Schullehrern eine **Befreiung** von der Einquartierungslast für die Dauer des mobilen Zustandes der Armee geltend gemacht werden kann, hängt, wie dies auch in der Verfügung vom 13. Oktober 1860 ausdrücklich hervorgehoben ist, hauptsächlich davon ab, auf welche Weise von den Gemeinden die Verpflichtung zur Quartiergewährung erfüllt und dazu die Mitwirkung der Gemeindeglieder in Anspruch genommen wird. Erfolgt die Unterbringung der Mannschaften und Pferde durch Umlegung auf die vorhandenen Gebäude, so können die

Dienstgrundstücke der Geistlichen und Elementarlehrer, insoweit denselben die im § 775 Titel 11 Teil II des A. L. R. und in den Städte- und Landgemeinde-Ordnungen festgesetzten Befreiungen zu statten kommen, zur Tragung der Einquartierungslast überhaupt nicht, oder doch nach § 17 des Gesetzes vom 11. Mai 1851 nur gegen Entschädigung herangezogen werden. Abgesehen von den Fällen einer hiernach allerdings nur ausnahmsweise zulässigen Mitbenutzung der gedachten Grundstücke steht es den Gemeinden aber auch frei, Mannschaften und Pferde im Wege der Kasernierung oder der Einmietung unterzubringen und die dadurch entstandenen Kosten durch Ausschreibung einer Kommunalsteuer (mit Genehmigung der Regierung) herbeizuschaffen, in welchem Falle die Beitragspflicht überall nach den bestehenden allgemeinen Bestimmungen zu beurteilen ist. Zu derartigen Steuern können event. auch Geistliche und Schullehrer zu kontribuieren verpflichtet sein, insbesondere nach den Vorschriften der verschiedenen Städte- und Landgemeinde-Ordnungen alsdann, wenn ihnen die Befreiung von direkten und persönlichen Gemeindeabgaben nicht schon zur Zeit der Verkündigung der Gemeindeordnung vom 11. März 1850 zugestanden hat.

M.-Erl. v. 23. Juli 1863 (Ctrbl. 1863, S. 706 ff.).

§ 244. Freilassung der Geistlichen und Lehrer von persönlichen Schulbeiträgen rücksichtlich ihres Diensteinkommens.

Die Frage wegen Heranziehung der Geistlichen und Lehrer zu den persönlichen Schulbeiträgen hat seit Erlaß der Reskripte vom 9. Dezember 1830 und 15. Dezember 1833 eine wiederholte Erwägung gefunden, welche zur Anerkennung der Befreiung der Geistlichen und Lehrer von persönlichen Schulbeiträgen rücksichtlich ihres Diensteinkommens geführt hat ꝛc.

M.-Erl. v. 18. August 1865 (Ctrbl. 1865, S. 621).

§ 245. Heranziehung der Lehrer zur kirchlichen Besteuerung.

Auch die Lehrer sind von dem Gesetze vom 3. Juni 1876, betreffend die Aufhebung der Parochial-Exemption (Ges.-Samml. S. 154) betroffen worden, und deren Freiheit von Kirchenabgaben, wo sie bisher bestanden haben sollte, ist somit bereits mit dem 1. Januar 1877 erloschen.

Verfgg. der Kgl. Reg. zu Königsberg v. 5. Oktober 1882.

M.-Erl. v. 21. März 1867 (Ctrbl. 1867, S. 302).

§ 246. Freilassung der Elementarschullehrer von Schulsocietätslasten, nicht von Schulgeld.*)

Ew. Excellenz erwidere ich ꝛc., daß die Elementarschullehrer, weil sie vermöge ihrer amtlichen Stellung der Korporation der zur Schule gewiesenen Hausväter gegenüberstehen und daher nicht den Mitgliedern der Schulsocietät beizuzählen sind, auch zu keinen Lasten herangezogen werden können, deren Tragung resp. Aufbringung der Schulsocietät als solcher obliegt. Zu diesen Lasten gehört aber das sog. Schulgeld nicht, weil dasselbe nicht von den Mitgliedern der Schulsocietät als solchen, sondern von den Vätern der die Schule besuchenden Kinder ohne Rücksicht darauf, ob sie zur Schulsocietät gehören oder nicht, zu zahlen ist. Eine Freilassung vom Schulgeld können daher die Lehrer, insofern ihnen nicht Vokation oder ein besonderer Rechtstitel zur Seite steht, nicht verlangen. Hiernach erscheint die Ausdehnung

---

*) Vergl. § 250.

meiner die Freilassung der Lehrer von Hausväterbeiträgen anordnenden Erlasse auf das Schulgeld rechtlich nicht zulässig ꝛc.

M.-Erl. v. 9. Dezember 1867 (Ctrbl. 1867, S. 763).

Bemerkung. Das Königliche Oberverwaltungsgericht hat unterm 17. Januar 1877 entschieden, daß den Geistlichen und Lehrern kein gesetzlicher Anspruch auf Freilassung von den Schulbeiträgen zur Seite stehe. Vergl. § 247.

§ 247. Heranziehung der Lehrer zur Unterhaltung der Societätsschulen.

1.

Der Königlichen Regierung eröffne ich auf den Bericht vom 16. Dezember v. J., daß, falls die Schulen in N. Societätsschulen sind, auch die Schullasten von den denselben angehörigen Hausvätern aufgebracht werden, ich umsomehr Anstand nehmen muß, der von dem dortigen Schulvorstande beschlossenen Heranziehung der Lehrer zu den Schullasten entgegen zu sein, als inzwischen auch das Königliche Oberverwaltungsgericht unter dem 17. v. Mts. dahin erkannt hat, daß den Lehrern ein gesetzlicher Anspruch auf Freilassung*) von den Schulbeiträgen nicht zur Seite stehe.

M.-Erl. v. 28. Februar 1877 (Ctrbl. 1877, S. 166).

2.

Auf die Vorstellung vom 20. September d. J., betreffend die Beitragspflicht der Geistlichen und Lehrer zur Unterhaltung der Societätschulen erwidere ich, daß der von Ihnen zugleich im Auftrage der dortigen Lehrer gestellte Antrag, anzuordnen, daß Pfarrer und Lehrer zu derjenigen Quote der Schulunterhaltungskosten, welche durch Zuschläge zur Klassen- und Einkommensteuer aufgebracht werde, herangezogen werden dürfen, nicht begründet ist, und daß ich mich demnach nicht in der Lage befinde, diesem Antrage zu entsprechen.

M.-Erl. v. 25. Oktober 1880 (Ctrbl. 1881, S. 241).

§ 248. Eine Erhöhung des Lehrereinkommens infolge Verminderung desselben durch Heranziehung zu den Schulsteuern ist nicht zu vermeiden.

Ew. Hochehrwürden Vorstellung vom 6. November v. J. betreffend die Verteilung und Aufbringung der Unterhaltungsbeiträge für die Schule in N. bietet, wie ich Ihnen unter Rücksendung der Anlage erwidere, keinen ausreichenden Anlaß, auf die von Ihnen gewünschte principielle Erörterung der Frage einzugehen, ob es zulässig sei, den Lehrer von Schulunterhaltungsbeiträgen frei zu lassen, ob und inwieweit der Schulvorstand und bezw. die Schulsocietät die Freilassung des Lehrers von Schulunterhaltungsbeiträgen beschließen könne, und ob und inwieweit bei der vorjährigen Verteilung dieser Beiträge überhaupt vorschriftsmäßig verfahren worden.

Den, wie Sie angeben, im vergangenen Jahre durch den Ortsschulzen als Schulvorstandsvorsitzenden gestellten Antrag, Sie von der Schulsteuer zu befreien, scheinen Sie selbst nicht weiter verfolgen zu wollen. Insoweit Sie aber etwa meinen, in der Bestimmung Ihres Anteils an der Schulsteuer infolge der Freilassung des Lehrers von derselben über die Gebühr belastet zu sein, so kommt in Betracht, daß, wenn der Lehrer fortan zur Schulsteuer herangezogen würde, dies gleichwohl eine thatsächliche Ermäßigung Ihres Anteils an dieser Steuer nicht im Gefolge haben würde, weil in diesem Falle zur Ausgleichung der durch die Heranziehung des Lehrers zur Schulsteuer eintretenden Verminderung des Einkommens desselben eine ent-

*) Die Freilassung ist nur in dem Falle zu beanspruchen, „wenn die Vokation oder ein anderer Rechtstitel zur Seite steht".

sprechende Erhöhung der Besoldung desselben nicht füglich zu vermeiden sein würde, indem seinerzeit bei Bemessung der Auskömmlichkeit der Besoldung und bei Festsetzung derselben die Voraussetzung zu Grunde gelegen hat, daß der Lehrer, einer langjährigen Praxis entsprechend, von Schulunterhaltungsbeiträgen befreit sei.

M.-Erl. v. 5. Mai 1880 (Ctrbl. 1881, S. 240).

§ 249. **Die Lehrer sind als Hausväter der Schulsocietät zu den Schulunterhaltungsbeiträgen heranzuziehen.**

(Auszug.) Die Königliche Regierung beauftrage ich, den gedachten Schulvorstand unverzüglich zu bescheiden, daß es ihm unbenommen bleibe, sowohl den Pfarrer **wie auch den Lehrer als Hausväter der Schulsocietät N. gemäß der Vorschrift** des § 31 Tit. 12 Teil II. A. L. R. **zu den Schulunterhaltungsbeiträgen heranzuziehen**, und daß die Beihilfe der mit den Befugnissen zur Vollstreckung der Exekution versehenen Behörde zu der nötigenfalls zwangsweise zu vollstreckenden Einziehung der geforderten Schulbeiträge nicht werde versagt werden.

Zugleich ist dem Schulvorstande unter Hinweisung auf die Erkenntnisse des Königlichen O. V. G. vom 17. März und 7. April v. J. (Ctrbl. 1880, S. 674 und 677) bemerklich zu machen, daß, wenn der Pfarrer oder der Lehrer oder beide gegen ihre Heranziehung zu den Schulbeiträgen reklamieren, der Schulvorstand sich über die Reklamation schlüssig zu machen und Bescheid zu erteilen habe, gegen welchen den Reklamanten die Klage im Verwaltungsstreitverfahren gemäß § 77 Nr. 1 des Zuständigkeitsgesetzes vom 27. Juli 1876 zustehe.

Es empfiehlt sich, von dem dergestalt dem Schulvorstande zu erteilenden Bescheide gleichzeitig dem Pfarrer und dem Lehrer Mitteilung zu machen und dieselben darüber zu verständigen, daß sie ihre etwaige Reklamation gegen ihre Heranziehung zu Schulbeiträgen an den Schulvorstand selbst zu richten haben. Dabei überlasse ich der Königlichen Regierung, den Pfarrer und den Lehrer auch auf meinen Erlaß vom 10. April v. J., betreffend die Beitragspflicht der Geistlichen und Lehrer zur Unterhaltung der Societätsschulen (Ctrbl. 1880, S. 679), aufmerksam zu machen.

Der Königlichen Regierung steht die formale Befugnis zu, insoweit das Diensteinkommen der Lehrer durch die Heranziehung derselben zu den Schulbeiträgen, von welchen dieselben infolge einer langjährigen Verwaltungspraxis früher als befreit angesehen worden sind, auf einen solchen Betrag herabsinkt, daß es für ein auskömmliches nicht mehr zu erachten ist, nach vorschriftsmäßiger zuvoriger Verhandlung mit den zur Schulunterhaltung Verpflichteten, ev. von Aufsichtswegen eine entsprechende Erhöhung des Diensteinkommens anzuordnen und die Verpflichteten zu dessen Aufbringung anzuhalten.

Indessen wird zu einer solchen Maßnahme füglich nur in solchen konkreten Fällen Anlaß vorliegen, in welcher nach Prüfung der besonderen Verhältnisse, insbesondere der Beträchtlichkeit der von dem Lehrer zu leistenden Schulbeiträge, die unter Umständen, z. B. bei Schulbaufällen, für den Lehrer recht drückend werden können, als wirklich begründet anerkannt werden muß, daß das Diensteinkommen in derjenigen Höhe, in welcher dasselbe seiner zeit von der Königlichen Regierung normiert worden, durch die Kürzung um den Betrag der von dem Lehrer zu leistenden Schulbeiträge in der That unauskömmlich wird. Daraus allein, daß die Lehrer, den gesetzlichen Vorschriften entsprechend, jetzt überhaupt zu Schulbeiträgen herangezogen werden, während bei Normierung der Minimalgehälter seinerzeit vorausgesetzt worden, daß die Lehrer von Schulbeiträgen frei seien, kann kein ausreichender Anlaß entnommen werden, allgemein, nämlich unterschiedslos, für alle Fälle anzuordnen, daß die Gehälter der Lehrer um den Betrag der von ihnen zu leistenden Schulbeiträge zu erhöhen seien, zumal die letzteren in der Mehrzahl der Fälle kaum 100 Prozent der Klassensteuer, zu welcher die Mehrzahl der Landschullehrer nur zur zweiten Stufe mit jährlich 6 Mark veranlagt sein dürften, erreichen werden.

M.-Erl. v. 2. März 1881 (Ctrbl. 1881, S. 633).

§ 250. **Schulgeldzahlung der Elementarlehrer für eigene Kinder.***)

Auf den Bericht vom 14. v. Mts. erwidere ich der Königlichen Regierung, daß mein Erlaß vom 9. Dezember v. J. die Frage, inwieweit Lehrer für ihre Kinder Schulgeld zu zahlen verpflichtet sind, lediglich nach allgemeinen Gesichtspunkten behandelt und die Entscheidung nur für Fälle giebt, für welche es an speciellen Rechtsnormen fehlt. Da die Freilassung der Lehrer des dortigen Bezirks von Zahlung des Schulgeldes für ihre Kinder auf dem allgemeinen Herkommen beruht, so wird die diesfällige Verfügung der Königlichen Regierung vom 3. Januar 1855 durch meinen Erlaß nicht alteriert.

M.-Erl. v. 23. Juni 1868 (Ctrbl. 1868, S. 624).

§ 251. **Der Lehrer ist zur Unterhaltung der Societätsschulen beitragspflichtig. Der Rechtsweg auf die Beitragspflicht ist ausgeschlossen.**

Der Lehrer K. in E. hält es nicht für berechtigt, von seinem Einkommen als Elementarlehrer **einen Beitrag zu den Bedürfnissen der Schule im Wege der Schulsteuer zu erheben.**

Die Vorderrichter hatten den Rechtsweg in dieser Sache für unstatthaft erklärt. Der Revisionsantrag des K. wurde vom Reichsgericht, vierter Civilsenat, aus folgenden Gründen abgewiesen:

Die streitige von dem Kläger unter Androhung exekutivischer Beitreibung laut Schulsteuerheberolle der Gemeinde für das Jahr 1879/80 zur Bestreitung der Schulbedürfnisse erforderte **Schulsteuer gehört nach dem Thatbestande und auch unbestritten zu den auf einer allgemeinen gesetzlichen Verbindlichkeit beruhenden Abgaben, zu deren Entrichtung alle Mitglieder der beklagten Gemeinde verpflichtet sind.** Über die Verbindlichkeit der Gemeindemitglieder zur Entrichtung dieser Abgaben findet daher nach den § 78, 79 Teil II Tit. 14 des Allg. Landr. in Verbindung mit der Kabinetsordre vom 19. Juni 1836 — Ges.-Samml. S. 198 — und des § 15 des Gesetzes vom 24. Mai 1861 — S. 241 — ein Prozeß nicht statt und ist der Rechtsweg insofern ausgeschlossen, als von dem einzelnen Verpflichteten eine Befreiung nicht aus besonderen Gründen, Privilegium, Vertrag, Verjährung, behauptet wird.

Ein derartiges Privilegium hat der Kläger selbst nicht für sich in Anspruch genommen, und die in der Klage ganz allgemein aufgestellte Behauptung, daß die Lehrer durch Verjährung Befreiung erworben, ist, wie schon von dem Richter der ersten Instanz hervorgehoben worden, in keiner Weise näher begründet, bedarf daher auch keiner näheren Erörterung, ist auch weiter nicht erfolgt.

Der Kläger hat sich in seiner Klage allgemein auch auf seinen An-

*) Vergl. § 246.

stellungsvertrag berufen und jetzt in der mündlichen Verhandlung geltend gemacht, daß ihm in seinem Vertrage ein den Bedürfnissen entsprechendes Gehalt zugesichert worden. Er hat aber nicht behaupten können, daß ihm durch irgend eine Bestimmung in dem Vertrage eine Befreiung von den Schulbeiträgen oder anderen Gemeindelasten versprochen worden. **Aus der Zusicherung eines festen Gehaltes folgt indes noch in keiner Weise irgend eine solche Befreiung, so wenig wie andere Gemeinde- oder die Staatsdiener durch Aussetzung bestimmter Gehälter von den allgemeinen Gemeinde- und den Staatsabgaben befreit werden.**

Ebenso unbegründet ist die weitere Behauptung des Klägers, daß er durch die Anstellung als Lehrer seitens der Gemeinde und nach § 29 Teil II Tit. 12 des Allg. Landr. der Gemeinde gegenüber gestellt und als ein außerhalb derselben stehender Dritter anzusehen sei, und daher jene Vorschriften über Ausschließung des Rechtsweges auf ihn keine Anwendung fänden. Beide Vorrichter haben aus völlig zutreffenden, mit keiner gesetzlichen Vorschrift in Widerspruch stehenden Gründen ausgeführt, daß der Kläger Mitglied der beklagten Schulgemeinde sei. Der Rechtsweg ist somit von den vorigen Richtern mit Recht für unstatthaft erklärt und war daher die Revision unter Verurteilung des Revisionsklägers in die Kosten zurückzuweisen.

Entscheidung des Reichsgerichts v. 29. Septbr. 1881 (Ctrbl. 1882, S. 676—78.)

§ 252. *Freilassung*) der Elementarlehrer von direkten Kommunalauflagen.*

Ew. Excellenz erwidern wir ergebenst, daß Elementarlehrer hinsichtlich **ihrer Besoldung und Emolumente überall gleichmäßig von allen direkten Kommunalauflagen — sowohl der einzelnen bürgerlichen Stadt- und Landgemeinden, als der weiteren kommunalen Körperschaften** (Armenverbände u. s. w.) **und der kreis-, kommunal- und provinzialständischen Verbände — vollständig freizulassen sind.** Daß dies den bestehenden gesetzlichen Bestimmungen entspricht, ergiebt sich schon aus dem Cirkularerlaß vom 2. Juli 1856 ꝛc.

Diese Auffassung hat aber auch neuerlich noch in der Allerh. Verordn. vom 23. v. Mts., betreffend die Heranziehung der Staatsdiener zu den Kommunalauflagen in den neuen Landesteilen (Ges.-Samml. S. 1648), eine ausdrückliche Bestätigung erfahren, indem die entsprechende Festsetzung im § 1 derselben nach dem im Eingang allgemein vorangeschickten Motiv getroffen ist,

> um die Staatsdiener in diesen Landesteilen bezüglich ihrer Beitragspflicht zu den Kommunalbedürfnissen **den Staatsdienern in der übrigen Monarchie** nach Maßgabe der Grundsätze des Gesetzes vom 11. Juli 1822 gleichzustellen.

M.-Erl. v. 25. November 1867 (Ctrbl. 1867, S. 762).

---

*) Die Befreiung der Elementarlehrer von direkten Kommunalabgaben hinsichtlich des Diensteinkommens wird ausgesprochen:

a) durch § 10 ff. des Gesetzes vom 11. Juli 1822†),
b) durch § 16 der Schulordnung vom 11. Dezember 1845,
c) durch § 4 der Städteordnung vom 30. Mai 1853,
d) durch § 1 der Allerh. Verordnung für die neuen Provinzen vom 23. September 1867 (durch Verordnung vom 22. Dezember auf das ganze Bundesgebiet ausgedehnt.)

†) § 10 ff. des Gesetzes vom 11. Juli 1822 findet auch auf die Heranziehung zu den Kreisabgaben Anwendung.

§ 253. **Die Lehrer an Mittelschulen, höheren und mittleren Mädchenschulen sind kommunalsteuerpflichtig.**

1.

Euer Hochwohlgeboren lassen wir beifolgend ein Rekursgesuch des Magistrats zu N. N. vom 6. Novbr. v. J. in betreff der Veranlagung der Lehrer an der höheren Töchter-, höheren Bürger- und Mädchen-Mittelschule zur Gemeinde-Einkommensteuer nebst Anlagen mit dem ergebensten Bemerken zugehen, daß wir Bedenken tragen, die beiliegende Entscheidung vom 18. Oktober v. J. aufrecht zu erhalten. Den Ausführungen der Verfügung vom 18. Oktober v. J. treten wir zwar darin bei, daß für die Anwendbarkeit der Bestimmungen im § 4 der Städte-Ordnung vom 30. Mai 1853 über die Befreiung der Elementar-Schullehrer von den direkten persönlichen Gemeinde-Abgaben es unerheblich ist, ob die betreffende Schulanstalt vor oder nach Verkündigung der Gemeinde-Ordnung vom 11. März 1850 errichtet worden ist.

Was dagegen die Feststellung des Begriffs der Elementar-Schutlehrer im Sinne des § 4 der Städte-Ordnung anlangt, so ist bereits in unserer Verfügung an den Ober-Präsidenten der Provinz Schleswig-Holstein vom 10. Juni 1871 ausgesprochen worden, daß das Reskript vom 25. August 1865 — welches in der gedachten Beziehung derselben Auffassung Ausdruck giebt, wie das Reskript vom 21. Februar 1865, auf welches Euer Hochwohlgeboren die Entscheidung vom 18. Oktbr. v. J. stützen — nicht den Zweck hat, den Begriff der Elementarschulen in Bezug auf die Anwendbarkeit der gesetzlichen Bestimmungen über die Kommunalsteuer-Exemtion der Elementar-Schullehrer zu definieren. Nach den zur Zeit des Erlasses der betreffenden Gemeindeverfassungsgesetze maßgebend gewesenen Bestimmungen werden, zumal die Vorschrift in § 4 Absatz 12 der Städte-Ordnung ein strikt zu interpretierendes Kommunalsteuer-Privilegium enthält, als Elementar-Schullehrer im Sinne des § 4 a. a. O. nur die an den eigentlichen Volksschulen angestellten Lehrer angesehen werden können. Dagegen sind Lehrer an Schulen, welche, obschon nicht mit der Berechtigung zu Entlassungsprüfungen versehen, doch ihrem ganzen Endzwecke nach über der Stufe der obligatorischen Volksschule stehen, in Bezug auf die Kommunalsteuerpflicht als Elementar-Schullehrer im Sinne des § 4 a. a. O. nicht zu betrachten. Ob die betreffenden Schulanstalten der Aufsicht der Regierung oder des Provinzial-Schul-Kollegiums unterstellt sind, ist für die Anwendung der bezeichneten Gesetzesbestimmungen ohne Bedeutung.

Da es sich im vorliegenden Falle um die kommunale Besteuerung von Lehrern handelt, welche an derartigen Mittelschulen und nicht an den eigentlichen Volksschulen angestellt sind, ersuchen wir Euer Hochwohlgeboren ergebenst, der beiliegenden Beschwerde gefälligst Abhilfe zu verschaffen und den Magistrat in N. N. mit entsprechendem Bescheide zu versehen.

Berlin, den 25. Dezember 1881.

Der Minister der geistlichen, Unterrichts- und Medizinal-Angelegenheiten
(gez.) v. Goßler.
Der Minister des Innern.
Im Auftrage. (gez.) Herrfurth.

2.

Auf den gefl. Bericht vom 2. 12. pr., betreffend die Heranziehung der Lehrer und Lehrerinnen an der Knabenmittelschule und der höheren Töchterschule in Insterburg zur Gemeinde-Einkommensteuer erwidere ich Ew. Hochwohlgeboren unter Wiederanschluß der Anlagen ergebenst, daß es bei den Grundsätzen der diesseits in Gemeinschaft mit dem Herrn Minister der geistl, 2c.

Angelegenheiten in analogem Falle getroffenen, behufs Sicherstellung einer gleichmäßigen Praxis demnächst im Ministerialblatt der inneren Verwaltung pro 1882 (S. 31) veröffentlichten Entscheidung vom 25. Dezbr. 1881 sein Bewenden behalten muß, und ich die — wie Ew. Hochwohlgeboren in Ihrem Berichte anerkennen — mit diesen Grundsätzen in Widerspruch tretende dortseitige Vorentscheidung vom 3. August pr. nicht aufrecht zu erhalten vermag.

Auf den von Ew. Hochwohlgeboren in Bezug genommenen Erlaß des damaligen Herrn Ministers des Innern vom 24. Mai 1880 kann, insoweit in der erwähnten Entscheidung vom 25. Dezember 1881 abweichende Grundsätze festgestellt sind, gegenwärtig nicht mehr zurückgegangen werden.

Was die von dem Herrn Minister der geistl. Angelegenheiten bezüglich der Verpflichtung zur Beteiligung an den Elementarlehrer-Witwen und Waisenkassen getroffenen Bestimmungen anbelangt, so können dieselben für die im vorliegenden Falle allein in Frage kommende sinngemäße Interpretation des § 4 ad 12 der Städte-Ordnung nicht maßgebend sein. Im übrigen vermag ich auch die Befürchtung, daß die bezüglich der Verpflichtung den gedachten Kassen beizutreten, und bezüglich der Verpflichtung zur Teilnahme an den Kommunalsteuern bestehende Inkongruenz besondere Unzuträglichkeiten zur Folge haben müsse, als begründet nicht anzuerkennen.

Ew. Hochwohlgeboren ersuche ich hiernach ergebenst, die durch Ihre Entscheidung vom 3. August pr. aufrecht erhaltenen Verfügungen des Kgl. Regierungspräsidenten zu Gumbinnen gefl. außer Kraft zu setzen und den gedachten Regierungspräsidenten, sowie den Magistrat in N. mit geeignetem Bescheide zu versehen.

Erl. des Ministers des Innern vom 10. Juni 1884. I. B. 4041.

Bemerkung. Befreit von den Gemeindelasten sind der Sterbe- und Gnadenmonat (§ 10 des Ges. v. 11. Juni 1822).

§ 254. Verkauf von Schreibmaterialien seitens der Lehrer.

1.

Auf die an das Königliche Staatsministerium gerichtete und von demselben ressortmäßig an mich abgegebene Vorstellung vom 2. v. Mts. eröffne ich Ihnen nach näherer Prüfung, daß, da nach dem Reskript vom 8. März 1842 den Elementarlehrern in kleinen Städten und auf dem Lande gestattet ist, ihren Schülern Schreibmaterialien lediglich für den Schulbedarf zu verkaufen, Ihre Beschwerde über die auch im übrigen zutreffende Oberpräsidialverfügung vom 8. August c. für begründet nicht erachtet werden kann.

M.-Erl. v. 19. Oktober 1865 (Ctrbl. 1865, S. 730).

2.

Der Verkauf von Schreibmaterialien seitens der Lehrer an die Schulkinder ist nur gestattet, wo der anderweite Ankauf mit Schwierigkeiten für die letztern verbunden ist, und solange dadurch keinerlei Unzuträglichkeiten hervorgerufen werden. Insbesondere darf die amtliche Stellung des Lehrers darunter nicht leiden. Daß Sie auf Rechnung der Armenkasse oder mit anderen Ihnen zur Unterstützung armer Schulkinder gewährten Mitteln diesen die nötigen Unterrichtsmittel besorgen, unterliegt keinem Bedenken. Ebenso gehört es zur disziplinarischen Befugnis des Lehrers, daß die letzteren in einer dem Interesse des Unterrichts entsprechenden Weise von den Schulkindern bereit gehalten werden.

M.-Erl. v. 22. Januar 1869 (Ctrbl. 1869, S. 295).

§ 255. **Verkauf von Schulbüchern durch die Lehrer.**

Infolge wiederholt bei uns vorgelegter Anträge veranlassen wir sämtliche Schulinspektoren, die Lehrer ihres Aufsichtsbezirkes bei Gelegenheit der nächsten Konferenz darauf aufmerksam zu machen, daß der Verkauf von Schulbüchern „**mit Nutzen**" seitens der Lehrer als Gewerbebetrieb anzusehen ist, der bei der Polizeibehörde angemeldet werden muß und ohne Zahlung von Gewerbesteuer und unsere ausdrückliche Erlaubnis, welche wir einem Lehrer als Beamten unseres Ressorts nicht erteilen werden, nicht betrieben werden darf.

Vfgg. der Königlichen Regierung zu Arnsberg v. 31. Dezember 1870 (Ctrbl. 1871, S. 199).

§ 256. **Hinsichtlich der staatsbürgerlichen Rechte und Pflichten nimmt der Lehrer keine Ausnahmestellung ein.**

Ein Lehrer hatte in einer Eingabe an den Minister der Unterrichtsangelegenheiten bemerkt, daß er die Volkszeitung lese, weil ihn das Mithalten derselben vierteljährlich nur 2 Sgr. koste. Von privater Seite sei er darauf hingewiesen worden, daß er sich dadurch mißliebig machen könne. Hierüber erbitte er sich die Entscheidung des Herrn Ministers.

Der hierauf ergangene Bescheid lautete:

„Auf die Eingabe vom 12. November v. J., in welcher Sie die Anfrage stellen, ob seitens der Staatsbehörden dagegen ein Bedenken obwalte, daß Lehrer die Volkszeitung lesen, eröffne ich Ihnen, daß hinsichtlich der allgemeinen staatsbürgerlichen Rechte und Pflichten die Lehrer im preußischen Staate keine Ausnahmestellung einnehmen."

M.-Erl. v. 9. Januar 1862 (Ctrbl. 1862, S. 45).

§ 257. **Die Zulassung der Elementarlehrer zur Prüfung pro facultate docendi ist ausgeschlossen.**

1.

Es ist in den letzten Jahren oft vorgekommen, daß Elementarlehrer sich mit dem Studium der neueren Sprachen beschäftigt und dann um Zulassung zum Examen pro facultate docendi für dieselben gebeten haben. Da solche Lehrer selten die Mängel ihrer Vorbildung genügend auszugleichen vermögen, so ist ihre Aufnahme unter die wissenschaftlichen Lehrer an Gymnasien und Realschulen im allgemeinen nicht wünschenswert. Wenngleich wohl die Zulassung derartiger Kandidaten zum Examen pro facultate docendi neuerdings nicht selten genehmigt worden ist, so hat einerseits wirklich bedeutendem Talent und vorzüglicher Kenntnis, auch wenn Universitätsstudien nicht vorhergegangen waren, der Weg zu höheren Schulstellen nicht verschlossen werden sollen, andererseits ist dabei auf den thatsächlichen Mangel an Lehrern Rücksicht genommen, jedesmal aber in solchem Falle die Bedingung gestellt, daß der Examinand die Befähigung im Englischen und Französischen bis einschließlich Prima zu unterrichten nachweise, außerdem aber, gemäß der Verfügung vom 11. August 1854, eine genügende allgemeine Bildung darthue. Andernfalls soll solchen Kandidaten gar kein Prüfungszeugnis erteilt werden.

M.-Erl. v. 23. Mai 1865 (Ctrbl. 1865, S. 404).

2.

Dem Königlichen Provinzial-Schulkollegium lasse ich anliegend origin. s. l. rem. eine Eingabe des dortigen Elementarlehrers N., worin derselbe um Zulassung zum Examen pro facultate docendi bittet, zur Äußerung zugehen 2c.

Im allgemeinen bemerke ich dazu folgendes:

Die in dem Prüfungsreglement § 25 enthaltene Bestimmung über Fachlehrer in den neueren Sprachen findet in der Regel nur auf solche Schulamtskandidaten Anwendung, die, ohne eine höhere Lehranstalt besucht oder Universitätsstudien getrieben zu haben, sich durch längeren Aufenthalt in England oder Frankreich eine genaue Kenntnis der betreffenden Sprache erworben haben. Ist dies nicht der Fall, so können Elementarlehrer nur dann ausnahmsweise zu dem Examen zugelassen werden, wenn anzunehmen ist, daß sie mit einer für alle Klassen einer Realschule ausreichenden Kenntnis beider neueren Sprachen eine vollkommen genügende allgemeine Bildung einschließlich des Lateinischen verbinden und wenigstens in den unteren und mittleren Klassen von Real- oder höheren Bürgerschulen auch anderweitig als Lehrer zu verwenden sind.

M.-Erl. v. 2. Mai 1871, (Ctrbl. 1871. S. 354).

Bemerkung. Elementarlehrer sind bei Gymnasien als ordentliche Lehrer mit dem Recht der Ascension nicht anzustellen. Sofern das Königliche Provinzial-Schulkollegium es in einzelnen Fällen gleichwohl im Interesse eines Gymnasiums hält, daß die Anstellung eines Elementarlehrers für andere als die technischen Fächer ausnahmsweise erfolge, ist dazu die Genehmigung des Herrn Ministers einzuholen.
(Ctrbl. 1863, S. 15).

§ 258. Verleihung von Titeln.*) 25jährige Dienstzeit.

Die städtischen Behörden sind nicht berechtigt, Titel zu verleihen, da die Verleihung derselben ein Prärogativ der Krone resp. ihrer Organe ist, womit die in dem Strafgesetzbuch § 105 enthaltene Bestimmung in Verbindung steht. Den Titel „Oberlehrer“ dem zur Kategorie der Elementarlehrer gehörenden Lehrer N. daselbst beizulegen, kann ich mich aber nicht veranlaßt sehen, da dieser Titel an Elementarlehrer überhaupt nicht verliehen, auch von der Feier einer 25jährigen Dienstzeit amtlich keine Notiz genommen wird.

M.-Erl. v. 2. Februar 1863 (Ctrbl. 1863, S. 91).

§ 259. Maximalzahl der Pflichtstunden.

Dem Antrag auf eine allgemeine Festsetzung der wöchentlichen Stundenzahl, welche zu erteilen ein Lehrer verpflichtet sein soll, kann ich, wie ich der Königlichen Regierung auf den Bericht vom 19. Juni cr. erwidere, keine Folge geben. Wenn auch 30 und 32 bei einklassigen und Halbtagsschulen die Regel bilden werden, so kann dies doch nicht ohne weiteres auf alle Schulen Anwendung finden. Abgesehen davon, daß zuweilen nach Vokation oder Herkommen eine geringere Stundenzahl feststeht, wird bei den mehrklassigen Schulen und namentlich bei denjenigen Lehrern, welche in den Oberklassen gehobener Stadtschulen unterrichten, schwierigere Lehrgegenstände zu behandeln, resp. die Korrekturen schriftlicher Arbeiten zu besorgen haben, hierauf billige Rücksicht zu nehmen sein.

Sonach läßt sich auch im allgemeinen nicht bestimmen, bei welcher Stundenzahl eine Vergütung für Mehrarbeit zu gewähren ist. Insbesondere ist dies nicht angängig bei Erteilung des Turnunterrichts, da hierbei besondere Umstände in Betracht kommen, namentlich in welchem Umfange dieser Unterricht erteilt wird 2c.

Hieraus folgt, daß überall auf die obwaltenden Verhältnisse Rücksicht

---

*) Die Regierung zu Liegnitz verbietet die Führung des Titels „Rektor“ seitens derjenigen Lehrer, die zwar die Rektoratsprüfung bestanden haben, aber noch keine Rektorstellen bekleiden (Verfgg. v. 27. Novbr. 1880).

zu nehmen und in jedem einzelnen zur Entscheidung gebrachten Fall besondere Bestimmungen zu treffen sind.

M.-Erl. v. 6. August 1873 (Ctrbl. 1873, S. 556).

§ 260. Beteiligung der Lehrer und der Schulkinder an den Religionsprüfungen bei Kirchenvisitation.

Dem Kreissynodalvorstande eröffne ich auf die Vorstellung vom 28. September v. J., betreffend die Teilnahme der Lehrer mit ihren Schulen an der Kirchenvisitation, nachdem ich mir über die Lage der Sache in der dortigen Provinz habe Bericht erstatten lassen, daß ich mich nicht veranlaßt sehe, Nr. 4 der Cirkularverfügung der Königlichen Regierung zu Königsberg vom 10. Februar 1875.*), wie beantragt ist, aufzuheben. Ich muß Bedenken tragen, die Teilnahme der Lehrer und der Schuljugend an den Kirchenvisitationen, wie bisher Sitte war, jetzt bei veränderter Sachlage zu einem genügenden Gebot zu machen.

Wenn der Kreissynodalvorstand für eine derartige Ordnung anführt, daß ihm sonst nicht die Möglichkeit gegeben sei, das ihm anstehende Recht und die ihm auferlegte Pflicht, die religiöse Erziehung der Jugend zu beachten und die Interessen der Kirchengemeinde in Bezug auf die Schule zu vertreten, namentlich auch Mißstände in der religiösen Unterweisung der Jugend bei den gesetzlichen Organen der Schulverwaltung zur Anzeige zu bringen, zu üben bezw. zu erfüllen, so bemerke ich, daß dies nicht zutreffend ist. Nach der angefochtenen Regierungsverfügung steht es dem Delegierten der Religionsgesellschaft frei, dem in der Schule erteilten Religionsunterrichte beizuwohnen, sich von den Fortschritten der Schüler zu überzeugen und auf etwa bemerkte Mängel an geeigneter Stelle aufmerksam zu machen und deren Beseitigung zu beantragen. Der Kreissynodalvorstand hat ferner Gelegenheit, bei den Schulprüfungen sich von der Erteilung des Religionsunterrichts und von den erreichten Erfolgen Kenntnis und Überzeugung zu verschaffen. Auf diesem Wege wird jedenfalls ein gründlicheres Urteil gewonnen werden können, als dies bei der kurzen Zeit möglich ist, welche der Superintendent bei der Kirchenvisitation insbesondere in größeren Parochien auf die Erforschung der Religionskenntnisse der Schulkinder verwenden kann.

Ich stimme übrigens mit dem Wunsche des Kreissynodalvorstandes und der Königlichen Regierung, die ihm in der Verfügung vom 10. Februar 1875 Ausdruck gegeben hat, durchaus überein, daß die löbliche Sitte erhalten bleiben möge, zweifle aber auch nicht, daß dies gelingen werde.

Die Königliche Regierung hat den Visitationstag schulfrei gemacht und dadurch sowohl den Schulkindern wie den Schullehrern die Teilnahme an der Kirchenvisitation ermöglicht. Es wird Sache der kirchlichen Organe

---

*) Nr. 4 dieser Cirkularverfügung lautet:

Der Ort, wo die Leitung des Religionsunterrichts zu erfolgen hat, ist die **Schule**. Im diesseitigen Bezirke besteht indes von alters her der Brauch, daß die evangelischen Superintendenten und katholischen Dekane (Erzpriester) die Schullehrer und Schulkinder behufs Prüfung in der Religion bei Gelegenheit der Kirchenvisitation in der Kirche selbst versammeln. Es ist wünschenswert, daß diese schöne Sitte, welche das Band zwischen Gemeinde und Schule stärkt, fortbestehe, und weisen wir die Herren Kreisschulinspektoren an, auf rechtzeitige Requisition der Superintendenten resp. Dekane (Erzpriester) für den jährlichen Kirchenvisitationstag in den betreffenden Kirchspielen bezw. Schulen, **einen** schulfreien Tag zu gewähren, so daß die Konfirmanden des laufenden und des nächstfolgenden Jahres, sowie die übrigen Schulkinder und die Schullehrer der betreffenden Konfession an der Kirchenvisitation teilnehmen können. Die Anwesenheit der Beteiligten darf indes durch die Schulverwaltung nicht erzwungen werden.

sein, die Eltern zu vermögen, daß sie ihre Kinder zu kirchlichen Religionsprüfungen gestellen, und bei geeigneter Einwirkung werden auch die Lehrer ihre Beteiligung nicht versagen. Bisher ist dies nur in vereinzelten Fällen geschehen und es steht zu erwarten, daß es bei diesen wenigen Ausnahmen, wenn die allgemeine Sitte sie nicht überwinden sollte, bewenden bleiben wird. Sollten jedoch wider Erwarten einzelne Lehrer sich in demonstrativer Weise von der Beteiligung an der Religionsprüfung bei Gelegenheit der Kirchenvisitation fern halten oder in agitatorischer Weise ihre Berufsgenossen von der Teilnahme abzuhalten suchen, so wird die Königliche Regierung, sobald ihr davon Kenntnis gegeben wird, gegen ein solches Verhalten einzuschreiten nicht unterlassen.

M.-Erl. v. 14. Mai 1877 (Ctrbl. 1877, S. 347).

§ 261. **Zulässigkeit der Wahl eines Lehrers in den Schulvorstand in der Provinz Hannover.**

(Auszug.) Wenn die Erfordernisse des § 9 des Gesetzes vom 14. Oktober 1848 in der Person des Lehrers erfüllt sind, so ist seine Wahl zum Schulvorstande zulässig.

M.-Erl. v. 16. September 1870 (Ctrbl. 1870, S. 616).

§ 262. **Nichtzulassung der Rektoren als vollberechtigte Mitglieder einer städtischen Schuldeputation.**

Ihrem Gesuch vom 23. v. Mts., die Königliche Regierung zu N. zu veranlassen, der Schuldeputation zu N. die Erteilung des vollen Stimmrechts an die Rektoren der dieser Aufsichtsbehörde unterstellten Schulanstalten aufzugeben, kann ich nicht willfahren.

Die Schuldeputation ist, wie aus Ihrer Vorstellung hervorgeht, nach der Verordnung vom 26. Juni 1811 zusammengesetzt und den betreffenden Rektoren ist gestattet, den Sitzungen mit beratender Stimme beizuwohnen. Die Schuldeputation zu veranlassen, die Rektoren als vollberechtigte Mitglieder in sich aufzunehmen, dazu fehlt es an jedem gesetzlichen Anhalt und behält es hiernach bei der Verfügung der Königlichen Regierung vom 24. September cr. sein Bewenden.

M.-Erl. v. 3. November 1868 (Ctrbl. 1869, S. 60).

§ 263. **Zuziehung des Rektors zu den Sitzungen der Schuldeputation.**

Auf die Eingabe vom 5. v. Mts. gereicht Ihnen zum Bescheide, daß den Rektoren der Volksschulen nicht ohne weiteres das Recht zusteht, den Sitzungen der Schuldeputation mit beratender Stimme beizuwohnen. Dies Recht haben sie nur dann, wenn dasselbe ihnen ausdrücklich verliehen ist. Hiermit steht die Schlußbestimmung in der Verfügung vom 25. Juni pr. (Ctrbl. S. 495), welche Ihnen Veranlassung zu entgegengesetzter Auffassung geboten hat, nicht in Widerspruch, da in dieser Verfügung die Zuziehung des Rektors zu den Sitzungen der Schuldeputation mit beratender Stimme zwar als eine zulässige und resp. angemessene Einrichtung, aber nicht als eine solche bezeichnet ist, deren Einführung von dem Rektor gefordert werden kann. Gegen den Willen der Schuldeputation kann ihr der Rektor weder als beschließendes, noch als beratendes Mitglied aufgezwungen werden.

M.-Erl. vom 23. November 1874 (Ctrbl. 1874, S. 709).

§ 264. **Zulassung von Lehrern zu den Sitzungen der Schulvorstände.**

Es ist den Schulvorständen unbenommen, zu ihren Sitzungen auch Lehrer hinzuzuziehen. Viele Schulangelegenheiten werden schneller und zweckdienlicher erledigt werden, wenn man dabei auch die Ansichten und Ratschläge der Lehrer zum Ausdruck kommen läßt. — Es versteht sich aber von selbst, daß die Lehrer bei der gegenwärtigen Organisation der Schulvorstände bei den Abstimmungen derselben nicht stimmberechtigt sind und auch nur so weit und so lange den Sitzungen der Schulvorstände beizuwohnen haben, als diese es wünschen.

Verfgg. der Kgl. Reg. zu Düsseldorf vom 9. Juli 1873 (Ctrbl. 1873, S. 496).

§ 265. **Unzulässigkeit der Verpflichtung der Lehrer, den Kindern anderer Konfession den Religionsunterricht *) zu erteilen.**

Nach Inhalt des an das Königliche Ober-Präsidium erstatteten Berichts vom 3. September v. J. nimmt die Königliche Regierung in die Urkunden über Anstellung oder Bestätigung der Lehrer beider Konfessionen die Bestimmung auf, daß der Lehrer verpflichtet sein soll:

> die einem andern Bekenntnis zugethane Jugend seiner Schule auf Verlangen ihres Pfarrers in den Lehren ihres Glaubens nach Inhalt ihres Religionshandbuchs zu unterweisen.

Ich kann die Auferlegung einer derartigen Verpflichtung nicht für zulässig erachten. Sie beschwert das Gewissen, indem sie den Lehrer zwingt, in Glaubenssätzen zu unterweisen, zu welchen er sich nicht bekennt, welche er möglicherweise als falsch verwirft. Auch wenn ihm nur das Überwachen des Auswendiglernens des Religionshandbuches seitens der Kinder der andern Konfession auferlegt wird, so kann dies in vielen Fällen für ihn anstößig und verletzend sein.

Die Bestimmung unter Nr. 3 des Cirkular-Reskripts vom 3. März 1844, welche lautet:

> Der Lehrer soll das Auswendiglernen des vorschriftmäßigen Katechismus bei den seiner Konfession nicht angehörigen Kindern nur alsdann veranlassen und überwachen, wenn der Pfarrer dieser Kinder dazu die Erlaubnis erteilt;

ist nicht so zu verstehen, daß der Lehrer verpflichtet sei, das Auswendiglernen unter den angegebenen Bedingungen zu veranlassen und zu überwachen, sondern ist als eine ihm hierzu erteilte Erlaubnis aufzufassen. In diesem Sinne wird die Bestimmung von den geistlichen Obern der evangelischen Kirche aufgefaßt ꝛc.

Kann hiernach den Lehrern die Überwachung des Auswendiglernens des Katechismus bei den ihrer Konfession nicht angehörigen Kindern nicht, noch weniger die Unterweisung dieser Kinder in den Lehren ihres Glaubens nach Inhalt des Religionsbuches als eine Zwangspflicht auferlegt werden, so muß die dem entgegenstehende Bestimmung aus den Lehrerbestallungs- und Bestätigungsurkunden der Königlichen Regierung in Zukunft wegbleiben.

Ich veranlasse die Königliche Regierung daher, überhaupt in allen

---

*) Der Religionsunterricht ist ein obligatorischer Unterrichtsgegenstand der Volksschule und ist für die Kinder der beiden Konfessionen getrennt zu erteilen, und zwar so, daß Kinder anderer Konfession vom Unterrichte auszuschließen sind. Auch jüdische Kinder dürfen am christlichen Religionsunterricht nicht teilnehmen. Die Kosten, welche durch die Erteilung des konfessionellen Religionsunterrichts erwachsen, sind von der Schulgemeinde zu tragen. (Vergl. M.-Erl. v. 4. Oktober 1881, v. 5. April 1883, v. 27. Mai 1882, Verfügung der Reg. zu Königsberg v. 30. Dezbr. 1881, der von Breslau v. 5. April 1884, der von Danzig v. 16. Febr. 1883 ꝛc).

Bestallungs- und Bestätigungsurkunden der Lehrer beider Konfessionen in Zukunft die Eingangs gedachte Bestimmung fortzulassen.

M.-Erl. v. 23. Januar 1867 (Ctrbl. 1867, S. 116).

§ 266. Weg für die Anbringung von Unterstützungsgesuchen seitens der Lehrer.

Aus Anlaß mehrfach vorgekommener Fälle finde ich mich veranlaßt, die unmittelbare Anbringung von Unterstützungsgesuchen der Elementarlehrer bei mir, sowie die Weiterbeförderung solcher Gesuche seitens der Lokal- oder Kreisschulinspektoren direkt an mich zu untersagen.

Die Königliche Regierung veranlasse ich, dies den Lehrern Ihres Verwaltungsbezirks, wie den genannten Vorgesetzten derselben, mit dem Bemerken zu eröffnen, daß solche Gesuche in der Regel lediglich an die Königliche Regierung abgegeben werden würden. Die desfallsige Anweisung ist von Zeit zu Zeit in Erinnerung zu bringen.

M.-Erl. v. 12. Juni 1867 (Ctrbl. 1867, S. 348).

§ 267. Annahme eines Präparanden zur Hilfe des Lehrers.

(Auszug.) Wenn die vorhandene Schülerzahl einer Schule derartig ist, daß die Kraft eines Lehrers überhaupt nicht hinreicht, die Schüler mit Erfolg zu unterrichten, so bleibt zu erwägen, ob ein zweiter geprüfter Lehrer angestellt werden muß, und bis ein solcher gefunden ist, eine auf möglichst kurze Zeit zu beschränkende aushilfsweise Annahme eines für das Lehrfach sich erst vorbereitenden Präparanden gestattet werden kann.

Etwaige Ausfälle an den ordnungsmäßigen Schulunterhaltungs-Beiträgen würden die dazu Verpflichteten zu tragen haben.

M.-Erl. v. 9. April 1868 (Ctrbl. 1868, S. 556).

§ 268. Vermietung eines Teils der Lehrerwohnung.

Die von Ew. Wohlgeboren an den Herrn Minister des Innern gerichtete, von demselben ressortmäßig an mich zur Verfügung abgegebene Beschwerde vom 16. November cr. über die Verfügung der Königlichen Regierung zu **Kassel** vom 19. September pr., wodurch dieselbe zu der mit Zustimmung des Schulvorstandes erfolgten Vermietung eines Teils der Dienstwohnung des Kantors N. daselbst ihre Genehmigung erteilt hat, kann ich für begründet nicht erachten.

Ew. Wohlgeboren haben für Ihre Behauptung, daß dergleichen Dienstwohnungen nicht vermietet werden dürfen, Rechtsgründe nicht angeführt; das Gegenteil folgt vielmehr aus dem dem Inhaber der Stelle als Nießbraucher zustehenden Nutzungsrecht und ist bereits ausgesprochen durch den in die neue Samml. der kurhessischen Landesordnung von **Kulenkamp** aufgenommenen Konsistorialbeschluß vom 14. April 1797.

Der Kantor N. hat unterm 3. Juli pr. dem Schulvorstande dortselbst vorgestellt, daß er aus persönlichen Rücksichten eine kleine, stille, unbescholtene Familie in seine Dienstwohnung aufzunehmen wünsche, und für jede dadurch etwa entstehende Beschädigung Garantie übernehme. Der Schulvorstand hat ihm nach näherer Prüfung die Genehmigung unter dem Vorbehalte jederzeitiger Zurückziehung und unter der Bedingung erteilt, daß er für alle Beschädigungen durch die Mieter einstehe. N. ist Witwer und steht nach der Verheiratung seiner Tochter ganz allein, er hat daher nicht nur an der Hälfte seiner Dienstwohnung genügenden Raum, sondern es ist für ihn sogar sehr wünschenswert, eine zuverlässige Hausgenossenschaft für Erkrankungsfälle und dergleichen zu haben.

Unter diesen Umständen lag für die Königliche Regierung als Oberschulbehörde keine Veranlassung vor, ihre Zustimmung zu der Vermietung des entbehrlichen Wohnungsraumes zu versagen.

M.-Erl. v. 27. Februar 1872 (Ctrbl. 1872, S. 227).

Vergl. § 269.

§ 269. Zur Vermietung der Dienstwohnung eines Schullehrers bedarf es der Zustimmung der die Wohnung gewährenden Gemeinde 2c., sowie der Genehmigung der Schulaufsichtsbehörde.

In der von dem Herrn Oberpräsidenten mir zur Entscheidung vorgelegten Beschwerdesache des Gemeinderates zu N. bezüglich der Vermietung der Dienstwohnung des Lehrers N. erwidere ich der Königlichen Regierung mit Bezug auf die an den Herrn Oberpräsidenten erstatteten Berichte vom 2. Juni und 30. November v. J., daß nicht bloß im Geltungsgebiete des pr. A. L. R., sondern auch in dem des franz. Rechtes das Recht der Lehrer an den ihnen von den dazu Verpflichteten (Gemeinden, Schulgemeinden 2c.) gewährten Dienstwohnungen lediglich ein mit Rücksicht auf das Amt und die Person des Inhabers des Amtes bewilligtes Gebrauchs- oder Wohnungsrecht, nicht ein Nießbrauchsrecht ist und deshalb den Lehrern nicht die Befugnis zuzugestehen ist, die ihnen angewiesenen Dienstwohnungen ohne Zustimmung derjenigen, welche solche zu gewähren haben, an andere abzutreten oder zu vermieten (§§ 22 bis 28 Tit. 19 Teil I. A. L. R., Art. 628, 631 bis 634 des Code civil).

Es ist deshalb die Beschwerde des Gemeinderates zu N. über die Verfügung der Königlichen Regierung vom 12. Februar v. J., insoweit durch die letztere dem Lehrer N. die Vermietung seiner Dienstwohnung auch ohne Zustimmung, bezw. gegen den Widerspruch der Gemeinde gestattet wird, nicht für unbegründet zu erachten.

Der Erlaß vom 27. Februar 1872*) (Ctrbl. 1872, S. 227) ist unter anderen Voraussetzungen ergangen, und deshalb die Berufung der Königlichen Regierung auf diesen Erlaß zur Begründung Ihrer entgegengetzten Auffassung für zutreffend nicht zu erachten.

M.-Erl. v. 12. März 1881 (Ctrbl. 1881, S. 469).

§ 270. Urlaubsnachsuchung für den Lehrer.

Zur Herbeiführung eines gleichmäßigen Verfahrens bei der **Beurlaubung für Elementarlehrer** finden wir uns veranlaßt, folgendes festzusetzen:

1) Die Lehrer müssen, soviel als möglich, zu den in Privatangelegenheiten zu machenden Reisen die Zeit der Schulferien wählen.

2) Zu den während dieser Zeit zu machenden Reisen bedürfen dieselben, sofern sie kein kirchliches Nebenamt bekleiden, keines besonderen Urlaubs, sondern haben darüber nur dem Schulrevisor Anzeige zu machen.

3) Zu Reisen außerhalb der Ferienzeit (zu welcher jedoch die innerhalb der Schulwochen, also nicht in den Ferien gelegenen Sonn- und einzelnen Feiertage nicht gehören) wird den Lehrern, wenn deren Abwesenheit nur **einen** bis einschließlich **drei** Tage dauert, der Urlaub von dem **Schulrevisor** erteilt und von demselben auch die nötige Vertretung angeordnet.

Derselbe hat in Städten von dem erteilten Urlaub sowohl als von der Art der Vertretung des Beurlaubten unverweilt dem Vorsitzenden der Schuldeputation Anzeige zu machen.

---

*) Vergl. § 268.

4) Dauert die Abwesenheit länger als drei Tage, jedoch nicht über **eine Woche**, so muß der Urlaub mit der Bescheinigung des Schulrevisors über die Vertretung von den Lehrern auf dem **Lande** bei den **Kreisschulinspektoren**, resp. bei dem Superintendenten und in den **Städten** bei der **Schuldeputation** nachgesucht werden.

Eine solche Erlaubnis dürfen die städtischen Schuldeputationen, Superintendenten und Kreisschulinspektoren jedoch nur dann erteilen, wenn die einstweilige Besorgung des Amtes von dem urlaubnachsuchenden Lehrer gehörig nachgewiesen worden. Die Aussetzung des Unterrichts darf nur dann gestattet werden, wenn zur Besorgung desselben kein Mittel übrig bleibt, die Versagung des Urlaubs aber mit bedeutenden und unabwendbaren Nachteilen für den Lehrer verknüpft sein würde.

5) Soll der Urlaub **über eine Woche** erteilt werden, so muß die Erlaubnis hierzu mit der vom Schulrevisor bescheinigten Angabe der Vertretung für Landschullehrer durch den Kreisschulinspektor, resp. Superintendenten und für städtische Lehrer unter Beistimmung der Schuldeputation durch den Magistrat bei **uns** nachgesucht werden.

6) Mit den Urlaubsgesuchen zu Badereisen ist ein ärztliches von dem Kreisphysikus darüber ausgestelltes Zeugnis, daß die verordnete Kur nicht am Wohnorte des Lehrers bewirkt werden kann, sondern daß der Gebrauch des Heilmittels an Ort und Stelle wirklich erforderlich ist, einzureichen ꝛc.

Verfgg. der Kgl. Reg. zu Oppeln v. 31. Dezember 1870 (Ctrbl. 1870, S. 736).

271. Verpflichtung zur Anschaffung der Lehrmittel, insbesondere der Geige, für die Volksschule.

Auf den Bericht vom 7. d. M. erwidere ich der Königlichen Regierung, daß diejenigen, welchen die Unterhaltung einer Volksschule obliegt, die für diese Schule erforderliche Geige ebenso, wie die sonstigen Lehrmittel zu beschaffen verpflichtet sind.

Es wird aber jedenfalls manchen Uebelständen vorgebeugt werden, wenn der Lehrer der bisherigen Praxis in dortigen Verwaltungsbezirken gemäß auch ferner seinerseits für die Geige sorgt. Ein Zwang, dafür aufzukommen, darf indessen nicht ausgeübt werden.

M.=Erl. v. 21. Februar 1873 (Ctrbl. 1873, S. 180).

§ 272. Kompetenzverhältnisse bei Einführung neuer Bücher.

Der Königl. Regierung sende ich das mit dem Bericht vom 12. v. M. eingereichte Verzeichnis der von den Ortsschulbehörden im dortigen Verwaltungsbezirk beantragten Lehrbücher für den Religions= und Leseunterricht mit dem Bemerken zurück, daß die bereits eingeführten Bücher bis auf weiteres in Gebrauch bleiben. Meiner Genehmigung bedürfen nur die Anträge auf Einführung neuer Bücher und auf Einführung bereits anderweit gebrauchter in neue Schulen. Es ist daher unter Beachtung dieses Gesichtspunktes näher zu berichten und gemäß meiner Cirkular=Verfügung vom 27. Februar d. J. zugleich nachzuweisen, ob für Fälle der letzteren Art von Einführung von Lehr= und Lernbüchern für den Religionsunterricht seitens der kirchlichen Behörden zugestimmt sei.

M.=Erl. v. 7. Juni 1873 (Ctrbl. 1873, S. 435).

§ 273. Einführung neuer Lesebücher.

Auf den Bericht vom 15. August c. erwidere ich dem Königlichen Konsistorium, daß es nicht in meiner Absicht gelegen hat, durch die Verfügung vom 11. v. M., das Lesebuch von N. betreffend, eine Änderung der bezüglichen Ressortverhältnisse, nach welchen die allgemeinen Angelegenheiten der Lesebücher von dem Königlichen Prov.-Schulkollegium, die besonderen von dem Königlichen Konsistorium bearbeitet werden, herbeizuführen. Ich wünsche es dabei zu belassen, daß die Prüfung neuer und umgearbeiteter Lesebücher, sowie die Einführung von Lesebüchern, welche zwar anderweitig bereits genehmigt, aber dort noch nicht verbreitet sind, in den Unterrichtsgebrauch der Schulen der dortigen Provinz in den Geschäftskreis des Königlichen Prov.-Schulkollegiums gehören, und daß in Fällen, wo in Gemäßheit der allgemeinen Verfügung vom 5. Mai 1876 meine Genehmigung erforderlich ist, dieselbe von dieser Behörde, selbstverständlich nach vorgängigem Benehmen mit dem Königlichen Konsistorium, eingeholt wird. Dagegen bewendet es ebenso dabei, daß wie bisher die Genehmigung zur Einführung von Lesebüchern in eine bestimmte, dem Ressort des Königlichen Konsistoriums angehörige Schule, bei demselben beantragt und von ihm gewährt, bezw. versagt wird.

M.-Erl. vom 8. Oktober 1879.

§ 274. Verfahren bei der Vereidigung der Lehrer.

Aus den Berichten, welche von mir durch die Verfügung vom 13. Juni d. J. über das bisher bei der Vereidigung der Lehrer beobachtete Verfahren erfordert worden sind, habe ich ersehen, daß dasselbe in den verschiedenen Verwaltungsbezirken ein sehr ungleichartiges und zum Teil mit den bestehenden gesetzlichen Bestimmungen nicht im Einklange ist. Zur Herstellung eines übereinstimmenden Verfahrens und zur Beseitigung der mir vorgetragenen Zweifel bestimme ich behufs genauer und allgemeiner Beachtung für die Zukunft folgendes:

1) Sämtliche Lehrer an öffentlichen Volksschulen, welche fortan neu angestellt werden, haben den Diensteid in derjenigen Form und zwar nur in derjenigen Form abzuleisten, welche für die unmittelbaren und mittelbaren Staatsbeamten durch die Allerhöchsten Verordnungen vom 22. Januar und 6. Mai 1867 und den im Anschluß an die erstere erlassenen Staatsministerialbeschluß vom 31. Oktober 1867 vorgeschrieben ist. Andere Zusätze, als die in den gedachten Allerhöchsten Verordnungen zugelassen, sind unstatthaft. Die Verpflichtung, welche sich auf ein mit dem Lehramte verbundenes kirchliches Amt bezieht, ist von dem oben gedachten Eid zu trennen.

2) Die Vereidigung erfolgt bei der ersten Anstellung, es sei dieselbe eine definitive, provisorische oder interimistische. Lehrer, welche noch nicht geprüft sind, und vorübergehend oder aushilfsweise zur Verwaltung einer Lehrerstelle verwendet werden, leisten den Eid nach zurückgelegter Prüfung.

3) Die Vereidigung erfolgt in der Regel durch den Lokalschulinspektor.*) Es kann indes auch, wo dies angemessener erscheint, der Kreisschulinspektor damit beauftragt werden.

4) Die Bestimmungen 1—3 finden auch auf Lehrerinnen an öffentlichen Schulen Anwendung. Ausgenommen sind diejenigen, welche lediglich zum Unterricht in den Handarbeiten angenommen sind, ohne fest angestellt zu sein.

In betreff der bereits angestellten Lehrer und Lehrerinnen, welche noch

*) Die Kgl. Regierung zu Breslau verlangt, daß die Vereidigung stets im Klassenlokale vor der versammelten Schuljugend, im Beisein sämtlicher an der Schule wirkenden Lehrer erfolge. Zu dieser Feierlichkeit ist auch der Patron, sowie der Schulvorstand einzuladen (Verfgg. v. 18. September 1876).

überhaupt nicht vereidet sind, oder welche, wie dies in mehreren Verwaltungsbezirken der Fall, nicht den Eid auf die Verfassung geleistet haben, ist das Erforderliche nachträglich zu veranlassen.*)

M.-Erl. v. 5. Oktober 1873 (Ctrbl. 1873, S. 667).

§ 275. Unzulässigkeit von Geldsammlungen unter den Schulkindern zu Geburtstagsgeschenken für die Lehrer.

Es ist zu unserer Kenntnis gekommen, daß in einigen Schulen unter den Schulkindern aus Veranlassung der Wiederkehr der Geburtstage von Lehrern **Geldsammlungen zum Behufe von Geburtstagsgeschenken** für die letzteren veranstaltet zu werden pflegen. So erfreulich es sein muß, wenn die Eltern von Schulkindern den Lehrern derselben gegenüber sich aufmerksam und erkenntlich beweisen, — so wünschenswert es ist, daß Schüler die schulpflichtige Pietät und Dankbarkeit gegen die Lehrer nicht verleugnen, so können wir doch nicht umhin, jede Veranstaltung und Vornahme von Geldsammlungen unter den letzteren für unstatthaft zu erklären. — Auch in dem Falle, daß angenommen werden kann, die sammelnden und kontribuierenden Schüler handeln unter Genehmigung der betreffenden Eltern und Erzieher, wird ein zartfühlender Lehrer im Grunde nicht wünschen können, daß Schüler sich zu seinen gunsten besteuern, oder daß etwa gar die Eitelkeit der Kinder wohlhabender Eltern sich hervorthue und möglicherweise auf ärmere Schüler einen Druck ausübe, durch welchen diese verletzt oder über Vermögen in Anspruch genommen werden; er wird nicht wünschen können, eine Gabe zu empfangen, welcher der Verdacht der Unfreiwilligkeit oder unlauterer Beweggründe mehr oder weniger anhaften und den Wert schmälern kann.

Euer Hochwürden beauftragen wir, gegenwärtige Verfügung zur Kenntnis und Nachachtung aller Lehrer Ihres Amtskreises zu bringen.

Verfgg. der Kgl. Reg. zu Coeslin vom 21. Oktober 1873 (Ctrbl. 1873, S. 726).

§ 276. Benutzung von Schullokalen für das öffentliche Impfgeschäft.

Auf den Bericht vom 9. Dezember v. J., betreffend die Beschwerde des Lokalschulinspektors und Pfarrers N. zu N. wegen Vornahme von Impfungen kleiner Kinder in den Schulen der ländlichen Inspektion N., eröffne ich der Königlichen Regierung bezüglich der Benutzung von Schullokalen zum Impfgeschäft resp. bezüglich der Anwendung von Zwang zur Hergabe der Schullokale für dieses Geschäft folgendes:

Die Beschaffung des Impflokals für die öffentlichen Impfungen ist nach § 2 Abs. 3 des Gesetzes vom 12. April 1875 Sache der **politischen Gemeinden.** Da nach § 5 des Reichsimpfgesetzes vom 8. April 1874 die Impforte so gewählt werden müssen, daß kein Ort des Bezirkes von dem nächstgelegenen Impforte mehr als 6 Kilometer entfernt ist, so darf vorausgesetzt werden, daß es auf dem Lande **großer** Lokalitäten für die Vornahme des Impfgeschäfts überhaupt nicht bedarf.

Die Inanspruchnahme der Schulstube für diesen Zweck mag den Gemeinden bequem sein, ist aber in Rücksicht auf die damit leicht verbundenen Störungen des Unterrichtes doch nur dann gerechtfertigt, wenn wirklich kein anderes

---

*) Diese Verfügung ist von der größten Wichtigkeit für alle diejenigen, welche nicht bei der ersten Anstellung schon vereidigt wurden, da nach § 5 des Pensionsgesetzes vom 6. Juli 1885 die Dienstzeit erst vom Tage der Vereidigung gerechnet wird. Der letzte Absatz des betreffenden Paragr. gestattet jedoch den Nachweis, daß die Dienstzeit thatsächlich früher begann.

brauchbares Lokal verfügbar ist. Die vorliegenden Verhandlungen machen den Eindruck, als würde es mit dem Anerkenntnis der Notwendigkeit, die Schulstube als Impflokal zu benutzen, sehr leicht genommen und als würde schon die Rücksicht, den politischen Gemeinden eine geringfügige Ausgabe für Anmietung eines andern Lokals zu ersparen, als ein hinreichender Anlaß angesehen, um die Schulstube in Anspruch zu nehmen. Und doch kann letzteres lediglich als ein Notbehelf geduldet werden. Nach dieser Richtung hin scheint mir die vorliegende Beschwerde des Pfarrers N. nicht jeder Berechtigung zu entbehren, und gebe ich der Königlichen Regierung zur Erwägung, inwieweit die von ihr erlassenen Verfügungen nach diesen Gesichtspunkten zu erläutern sein möchten.

Wo aber in der That ein anderes Impflokal als die Schulstube nicht verfügbar ist, da müssen die hiermit verbundenen Unbequemlichkeiten von der Schule getragen werden, und es kann dem Lokalschulinspektor nicht gestattet werden, durch seinen Widerspruch den regelmäßigen Verlauf des Impfgeschäfts teilweise zu vereiteln. Die Benutzung des Schullokals für die Impftermine setzt entweder die Zustimmung des Schulvorstandes, oder, falls diese nicht zu erlangen ist, die Anordnung der in externis vorgesetzten Schulbehörde voraus; Lehrer und Schulinspektor haben mit Rücksicht auf den eventuellen Ausfall der Schulstunden zwar Nachricht von der Vornahme des Impfgeschäfts zu erhalten, in der Sache aber durchaus keine Einwirkung.

Der Königlichen Regierung überlasse ich hiernach, den Pfarrer N. ablehnend zu bescheiden.

M.-Erl. v. 28. Februar 1879 (Ctrbl. 1879, S. 296).

§ 277. Unbefugtes Betreten des Schulzimmers.

Erkenntnis des Obertribunals vom 11. Dezember 1878.

Das Betreten eines Schulzimmers einer öffentlichen Schule zu einem bewußten widerrechtlichen Zwecke ist, selbst wenn der mit der Handhabung der Ordnung und der Wahrung des Hausrechts zunächst betraute Lehrer gegen dieses Betreten nichts einwendet, als Hausfriedensbruch zu bestrafen; dies gilt auch für den Fall, daß die Eintretenden — Schulvorsteher oder sonstige Schulbeamte sind.

§ 278. Eingriffe in die Schuldisziplin.

Da nach dem Berichte der Königlichen Regierung vom 12. Oktober cr. im dortigen Verwaltungsbezirk es häufig vorgekommen ist, daß Eltern, Vormünder oder andere Angehörige von Schulkindern während der Unterrichtszeit in das Schullokal eingedrungen sind, um dem Lehrer über die Behandlung der Kinder Vorwürfe zu machen, und nicht selten die zur Strafe in der Schule nach Beendigung des Unterrichts zurückbehaltenen Kinder von ihren Angehörigen vor Ablauf der vom Lehrer festgesetzten Strafzeit fortgeholt worden sind, so erscheint es allerdings zweckmäßig, solchen Eingriffen in die Schuldisziplin durch Androhung von Polizeistrafen entgegen zu wirken. Es würde jedoch zu Zweifeln und Bedenken führen, sollte die zutreffende Polizeiverordnung hinsichtlich der Störung des Unterrichtes nach dem Vorschlag der Regierung auf die durch Schreien, Schimpfen oder sonstigen Lärm in der Nähe des Unterrichtslokals veranlaßten Störungen beschränkt werden, da sehr wohl Fälle denkbar sind, in denen der in der Nähe des Schullokals verursachte Lärm nicht polizeiwidrig betrachtet, der Unterricht aber auch auf andere Weise als durch Geräusch absichtlich und unbefugt gestört werden kann.

Mit Rücksicht hierauf erscheint es angemessener, die zu erlassende Verfügung allgemeiner zu fassen. Die Königliche Regierung wird demnach autorisiert, jede unbefugte Störung des öffentlichen Schulunterrichts überhaupt, sowie jedes unbefugte Eindringen in öffentliche Unterrichtslokale, sei es während oder außer den Unterrichtsstunden, vorbehaltlich der besonderen Ahndung der damit oben verbundenen anderweitigen Gesetzesübertretungen, mit einer Polizeistrafe von 1—5 Thlrn. oder im Unvermögensfalle des Kontravenienten mit verhältnismäßiger Gefängnisstrafe zu belegen und für die öffentliche Bekanntmachung der demgemäß zu erlassenden Verfügung zu sorgen.

M.-Erl. v. 8. Dezember 1844 (M.-Bl. pro 1845, S. 10).

§ 279. Kompetenz der Landräte in Bezug auf die Lehrer.

Dem Königlichen Landratsamte wird eröffnet, daß die aus dem § 18 des Disziplinargesetzes vom 21. Juli 1852 von dem Landrate hergeleitete Berechtigung zur Erteilung eines Verweises an Lehrer für begründet nicht zu erachten ist. — Der Landrat ist nicht der Dienstvorgesetzte des Lehrers im Sinne des oben citierten § und darum zur Warnung und Verweisung gegen den Lehrer nicht befugt.

Reg.-Verfgg. Oppeln d. 20. Januar 1878 (Pr.-L.-Ztg. Nr. 34).

§ 280. Kompetenz-Verhältnisse des Landrats und Schulinspektors.

Die Disziplinargewalt über die Lehrer steht den Landräten nicht zu, und haben sie deshalb auch nicht das Recht, gegen dieselben Ordnungsstrafen zu verhängen. Dieses Recht steht nach dem Min.-R. vom 12. Juni 1843 — I. 1288 A. **nur der Regierung** zu. Dem Schulinspektor steht nur das Recht der Ermahnung und der Zurechtweisung zu. Wenn dies nicht fruchtet, ist der Regierung davon Anzeige zu machen, welche dann in geeigneter Weise einzuschreiten hat.

M.-Erl. v. 27. Juli 1874.

§ 281. Gegen die Lehrer kann nur die Regierung Ordnungsstrafen verhängen.*)

Der Königlichen Regierung wird in Bescheidung auf Ihre Anfrage vom 16. Januar d. J., die Disziplinargewalt der Landräte und Schulpfleger in Bezug auf Schulvorstände und **Lehrer** betreffend, folgendes eröffnet:

Gegen die Lehrer kann nur die Regierung Ordnungsstrafen verhängen. Dem Schulinspektor steht nur das Recht der Ermahnung und der Zurechtweisung zu. Wenn dies nicht fruchtet, mag er der Regierung Anzeige davon machen, welche sodann in geeigneter Weise einzuschreiten hat. Ebensowenig darf der Landrat Disziplinargewalt über dieselben ausüben.

M.-Erl. v. 12. Juni 1843 (Giebe, Verordg.).

§ 282. Kollektiveingaben von Lehrervereinen und Umgehung des Instanzenweges sind nicht gestattet.

Unter Hinweis auf § 22 der Verfassungsurkunde vom 31. Januar 1850, nach welchem Petitionen unter einem Gesamtnamen nur Behörden und Korporationen gestattet sind, wollen Sie den Unterzeichneten eröffnen, daß wir uns in eine Diskussion mit ihnen über die zweckmäßige Einrichtung von Rechenheften nicht einlassen können. Auch sind dieselben auf den vorgeschriebenen Instanzenweg aufmerksam zu machen und darüber zu belehren, daß

*) Vergl. § 19 des Disziplinargesetzes vom 21. Juli 1852 (§ 219) und § 313 d. Werkes.

es unstatthaft und verboten ist, mit Umgehung der vorgesetzten Behörden direkte Eingaben an uns zu richten.

Verfgg. der Kgl. Reg. zu Düsseldorf vom 21. Juni 1878.

§ 283. **Die Ablehnung der Annahme eines dienstlichen Bescheides wegen Portokosten ist nicht zulässig.**

1.

Die Königliche Regierung erhält anbei eine in betreff der Vereinigung des Küsteramts daselbst mit der Lehrerstelle in L. erlassene **Verfügung, deren Annahme der Adressat wegen Portobelastung in unziemlicher Weise abgelehnt hat, mit der Veranlassung, dieselbe dem letzteren durch den Landrat des Kreises N. zu Protokoll behändigen** und eröffnen zu lassen, **daß, falls er wiederum die Annahme mit amtlichem Siegel verschlossener Bescheide wegen Belastung derselben mit dem tarifmäßigen Porto ablehnen sollte, er auf seine Eingabe entweder gar keinen Bescheid erhalten oder, sofern eine Verfügung an ihn aus sachlichen Gründen notwendig sei, nur durch das Landratsamt zu Protokoll werde beschieden werden.**

M.-Erl. v. 9. Januar 1867 (Ctrbl. 1867, S. 131).

2.

(Auszug.) **Sie waren verpflichtet, das äußerlich als „Dienstsache" bezeichnete Schreiben des Landrates anzunehmen und als Extrahent die Kosten der Benachrichtigung mit 10 Pf. zu tragen.**

Da Sie dieses unterlassen haben, so müssen Ihnen auch die durch Ihre Weigerung entstandenen ferneren Kosten zur Last fallen.

M.-Erl. v. 19. August 1879 (Ctrbl. 1879, S. 509).

H. Angelegenheiten der Witwen- und Waisenkassen.

§ 284.*) **Gesetz, betreffend die Erweiterung, Umwandlung und Neuerrichtung von Witwen- und Waisenkassen für Elementarlehrer.**

Wir **Wilhelm** 2c.

§ 1. Die Statuten der unter Leitung der Staatsbehörden in den verschiedenen Teilen des Landes bestehenden Witwen- und Waisenkassen für die Hinterbliebenen der öffentlichen Elementarlehrer sind durch die bisherige Verwaltung unter Mitwirkung des beteiligten Lehrerstandes einer Revision zu unterwerfen.

§ 2. Zweck dieser Revision ist die Erhöhung der den Hinterbliebenen der Kassenmitglieder zu zahlenden Pension vom 1. Januar 1871 ab auf jährlich mindestens 50 Thaler, ohne später mögliche Erhöhungen dieses Minimalsatzes auszuschließen.

Über den Anspruch der einzelnen Hinterbliebenen auf Pension, über Anfall und Ende des Pensionsgenusses bestimmen die zu revidierenden Statuten (§ 1).

§ 3. Um den angegebenen Zweck zu erreichen, können nach Anhörung der in jedem Kreise zu bildenden Vorstände (§ 7) die jährlichen Beiträge von jeder in dem Bereich der Kasse befindlichen öffentlichen Lehrerstelle, sowie von denjenigen Kassenmitgliedern, welche keine Lehrerstelle inne haben, bis

*) Das Gesetz v. 20 Mai 1882, betreffend die Fürsorge für Witwen und Waisen der unmittelbaren Statsbeamten findet auf die Miglieder der Elementarlehrer-Witwen- und Waisenkassen keine Anwendung. M.-Erl. v. 30. Septbr. 18382 (Ctrbl. 1882, S. 706 c.)

auf den Betrag von 5 Thalern gesteigert, von allen Elementarlehrern bei ihrer ersten definitiven Anstellung ein Antrittsgeld von 8 Thalern, und von den Kassenmitgliedern bei Gehaltsverbesserungen, die ihnen zu teil werden, ein einmaliger Beitrag von 25 Prozent*) des Jahresbetrages derselben gefordert werden.

§ 4. Die Gemeinden und die selbständigen Guts- und Domanialbezirke, sowie diejenigen Institute, Kassen 2c., welchen die Unterhaltung einer Lehrerstelle obliegt, sind verpflichtet, einen jährlichen Beitrag von 4 Thalern für jede ihrer Lehrerstellen**) zu der Lehrer-Witwen- und Waisenkasse des Bezirkes zu zahlen, welchem sie angehören.

Sind mehrere Gemeinden, selbständige Guts- oder Domanialbezirke zu einem Schulverbande vereinigt oder einer Schule zugewiesen, so ist der zu leistende Beitrag nach Maßgabe des gesamten in den einzelnen Gemeinden, Guts- und Domanialbezirken aufkommenden Betrages der Einkommen-, Klassen-, Grund- und Gebäudesteuer auf die Betreffenden zu verteilen.

§ 5. Gelingt es auch mit Hinzunahme dieser Beträge nicht, die im § 2 festgesetzten Minimalsätze der Pension zu erreichen, so ist aus der Staatskasse der erforderliche Zuschuß zu leisten.

§ 6. Die Verwaltung der Elementar-Witwen- und Waisenkasse verbleibt der Regierung.

Doch werden als Kuratoren der Kasse von den Mitgliedern der Anstalt aus ihrer Mitte drei Vertreter erwählt.

§ 7. In jedem der zu einem Bezirk vereinigten Kreise resp. Ämter oder selbständigen Städte wird ein Vorstand gebildet, zu welchem, neben Vertretern des Kreises resp. des Amtes oder der selbständigen Stadt der Landrat, Amtshauptmann oder Bürgermeister als Vorsitzender und neben Vertretern der Schulinspektion drei von den Mitgliedern der Kasse zu wählende Lehrer gehören müssen.

§ 8. Die Erhöhung der bisherigen Beiträge und Antrittsgelder, sowie die Festsetzung der zu zahlenden Witwen- und Waisenpensionen erfolgt, letzteres auf Grund sachverständigen Gutachtens, nach Anhörung der Vorstände (§ 7) durch Beschluß des Ministers der Unterrichtsangelegenheiten.

§ 9. Zum Kapital müssen geschlagen werden die Antritts-, die

---

*) Behufs gleichmäßiger Erhebung der Verbesserungsgelder ist durch den M.-Erl. v. 27. Mai 1882 (Ctrbl. 1882 S. 25 ff.) folgendes bestimmt:

1) 25% der Aufbesserung ist auch dann zu zahlen, wenn ein Lehrer bei seiner Anstellung ein Diensteinkommen erhält, das den Minimalsatz übersteigt.†) Es kommt hierbei jedoch nur die Differenz in Betracht.
2) Der Beitrag ist bei jeder Aufbesserung des Diensteinkommens zu zahlen, gleichgültig, ob die Aufbesserung durch Aufrücken in eine höhere Gehaltsstufe, durch Versetzung oder Gewährung einer Zulage begründet ist.
3) Ausgenommen sind die Zulagen, welche zur Erfüllung des Minimalgehaltes gewährt werden.
4) Auch von den Alterszulagen ist die Abgabe zu entrichten.
5) Eine Stundung des Gehaltsverbesserungsgeldes darf nur auf den Zeitraum eines Jahres ausgedehnt werden.

Wenn eine Lehrerstelle mit einem kirchlichen Amte kombiniert ist, so muß bei der Bemessung des Gehaltsaufbesserungsgeldes das ganze Einkommen des Lehrers in Anrechnung gebracht werden. M.-Erl. v. 6. April 1882 (Ctrbl. 1882, S. 728).

**) Von Lehrerstellen, welche definitiv mit einer Lehrerin besetzt werden, sind Witwenkassenbeiträge nicht zu erheben.

Vergl. § 287.

---

†) Diese Bestimmung ist neuerdings aufgehoben.

Gehaltsverbesserungsgelder, die eingehenden Geschenke und Vermächtnisse, soweit nicht ausdrücklich anders über sie bestimmt ist, und die Kollekten.*)

§ 10. Die Aufhebung der unter Leitung der Staatsbehörde stehenden Elementarlehrer-Wittwen- und Waisenkassen zum Zweck einer Erweiterung der Assoziationsbezirke, die Veränderung ihrer Statuten, die Vereinigung mehrerer solcher Kassen zu einer gemeinschaftlichen Kasse, die Zuschlagung einzelner Landesteile zu einem bereits bestehenden Kassenverbande, die Errichtung neuer solcher Kassen mit juristischer Persönlichkeit, mit Beitragspflicht aller öffentlichen Elementarlehrerstellen innerhalb eines gewissen Bezirks und mit Berechtigung zur administrativen Beitreibung der jährlichen und einmaligen statutenmäßigen Beiträge, sowie der Antrittsgelder der Teilnahmepflichtigen, wobei jedoch überall die in diesem Gesetz enthaltenen Bestimmungen zur Geltung kommen, und die bereits erworbenen Rechte der einzelnen Teilnehmer gewahrt werden müssen, erfolgt durch Königliche Verordnung, welche durch die Amtsblätter der beteiligten Bezirke zu verkündigen ist.

§ 11. Für diejenigen Landesteile, in welchen derartige Kassen unter der Leitung von Staatsbehörden nicht bestehen, sind solche spätestens bis zu dem in § 2 angegebenen Zeitpunkte nach den in diesem Gesetze vorgeschriebenen Normen gleichfalls durch königliche Verordnung ins Leben zu rufen, insofern nicht anderweitig in noch auskömmlicher Weise daselbst für die Lehrerwitwen und Waisen gesorgt ist.

§ 12. Durch dieses Gesetz werden weder bestehende Gerechtsame der Lehrerwitwen und Waisen, noch besondere Leistungen zu deren Gunsten aufgehoben. Diese Gerechtsame und Leistungen werden jedoch, soweit sie nicht auf einem privatrechtlichen Titel beruhen, auf die nach den §§ 3 und 4 zu gewährenden Zuschüsse zu den Witwen- und Waisenkassen angerechnet.

Urkundlich 2c.

Gegeben Berlin, den 22. Dezember 1869.

§ 285. **Gesetz, betreffend Abänderung des Gesetzes über die Erweiterung, Umwandlung und Neuerrichtung von Witwen- und Waisenkassen 2c. vom 22. Dezember 1869, sowie die Ausdehnung dieses Gesetzes auf den Kreis Herzogtum Lauenburg, vom 24. Februar 1881.**

Wir **Wilhelm** 2c.

Artikel 1.

An die Stelle des in § 2 des Gesetzes, betreffend die Erweiterung, Umwandlung und Neuerrichtung von Witwen- und Waisenkassen für Elementarlehrer vom 22. Dezember 1869 bestimmten Minimalsatzes für die Pensionen der Hinterbliebenen der öffentlichen Elementarlehrer von einhundert und fünfzig Mark tritt vom 1. April 1881 ab der Minimalsatz von zweihundert fünfzig Mark.

Artikel 2.

Der § 9 des Gesetzes vom 22. Dezember 1869 wird aufgehoben.

Artikel 3.

Das Gesetz vom 22. Dezember 1869, betreffend die Erweiterung, Umwandlung und Neuerrichtung von Witwen- und Waisenkassen für Elementarlehrer, wird auch auf den Kreis Herzogthum Lauenburg ausgedehnt und tritt daselbst gleichzeitig mit dem vorliegenden Gesetze in Kraft.

---

*) Aufgehoben durch Art. 2 des Gesetzes vom 24. Februar 1881 (S. § 285, Art. 2).

Artikel 4.

Von dem Geltungsbereich dieses Gesetzes sind die Kassenbezirke der Grafschaften Wernigerode, Stolberg-Stolberg und Stolberg-Roßla, der Städte Berlin, Hannover, Frankfurt a. M. und Greifswalde bis auf weiteres ausgeschlossen. Die Einführung des Gesetzes in die vorbezeichneten Kassenbezirke bleibt Königlicher Verordnung vorbehalten.

Urkundlich 2c.

Gegeben Berlin, den 24. Februar 1881.

§ 286. **Zusammenstellung derjenigen Punkte, über welche in den revidierten Statuten der Lehrerwitwen- und Waisenkassen Bestimmungen zu treffen sind.**

Erläuterungen.

I. Allgemeine Bestimmungen.

1. Überschrift.

Die revidierten Statuten sind als solche in der Überschrift zu bezeichnen

2. Einleitung.

In der Einleitung sind die älteren Statuten nebst deren Ergänzungen aufzuführen.

3. Zweck und Domizil der Kasse.

4. Begrenzung des räumlichen Bezirks der Kasse.

II. Die Mitgliedschaft zur Kasse.*)

5. Erwerb derselben.

a) Öffentliche Elementarlehrer.

Zu der Kasse gehört jeder Lehrer an einer öffentlichen Elementarschule ohne Unterschied der Religion und Konfession. Da die Kassenbeiträge nicht von den Lehrern selbst, sondern von der Stelle — § 3 des Gesetzes — gewährt werden, so bedarf es einer förmlichen Aufnahme der Lehrer in den Kassenverein nicht; wohl aber ist festzustellen, von welchem Zeitpunkt (Ernennung oder Antritt des Amts) ab die Lehrer ein Anrecht auf Pensionen für ihre Hinterbliebenen erwerben.

---

*) 1) Alle Lehrer, welche nicht bei den höheren, d. h. bei solchen Unterrichtsanstalten angestellt sind, welchen mindestens die Berechtigung zu Entlassungsprüfungen für den einjährig-freiwilligen Militärdienst zusteht, einschließlich der Elementarlehrer an den Vorschulen nicht staatlicher Gymnasien, Realgymnasien und Realprogymnasien 2c., fallen in den Wirkungskreis der Elementarlehrer-Witwen- und Waisenkasse. (M.-Erl. v. 26. Oktober 1882, Ctrbl. 1882, S. 724.)

„Überall ist daran festzuhalten, daß die von einem Lehrer bekleidete Lehrerstelle diesem die Mitgliedschaft an der Elementarlehrer-Witwen- und Waisenkasse sichert, während die Mitgliedschaft bei der Allgem. Witwen-Verpflegungsanstalt auf Grund persönlicher Verhältnisse erworben wird."

2) Lehrer, die zu den unmittelbaren Staatsbeamten gehören und ihre Pension aus der Staatskasse zu beziehen haben, sind von der Elementarlehrer-Witwenkasse auszuschließen. (M.-Erl. v. 30. Novbr. 1882.)

3) Lehrer an den nicht ausschließlich aus Staatsfonds unterhaltenen Gewerbeschulen sind in die Elementarlehrer-Witwen- und Waisenkasse aufzunehmen. (M.-Erl. v. 17. Juli 1883.)

4) Vorschullehrer an staatlichen höheren Lehranstalten (M.-Erl. v. 20. April 1880), ebenso die etatsmäßig angestellten Lehrer an Landwirtschaftsschulen sind zum Beitritt zu der Allgm. Witwen-Verpflegungsanstalt berechtigt.

5) Lehrer an höheren Mädchenschulen und an Mittelschulen gehören in den Wirkungskreis der Elementarlehrer-Witwenkasse.

b) Provisorisch angestellte Elementarlehrer.

Den provisorisch angestellten Lehrern kann überhaupt ein solcher Anspruch nur dann gewährt werden, wenn die Kasse auch ohne Zuschuß aus der Staatskasse ihren Verpflichtungen im ganzen dauernd zu genügen im stande ist.

Denjenigen provisorischen Lehrern, welche bereits auf Grund der jetzt geltenden Statuten den bezeichneten Anspruch erworben haben, bleibt derselbe in seiner bisherigen Höhe vorbehalten.

c) Mitglieder, welche ein öffentliches Elementarlehreramt nicht bekleiden.

Die bisherigen Mitglieder dieser Kategorie behalten unter Erfüllung ihrer bisherigen Verpflichtungen gegen die Kasse ihre Ansprüche an dieselbe nach deren jetziger Höhe und Umfang. Machen dieselben auf die erhöhte Pension Anspruch, so müssen sie für ihre Person alle Leistungen übernehmen, welche die jetzt zur Kasse gehörigen Mitglieder fortan zu gewähren haben, und außerdem die Beiträge einer Schulstelle, sowie einer Gemeinde zu einer solchen aus eigenen Mitteln zahlen.

Sollen für die Zukunft noch Personen, die nicht dem Elementarlehrerstande angehören, Aufnahme in den Kassenverband finden, so kann dies nur unter denselben Bedingungen geschehen, wie dies hinsichtlich des Erwerbes eines Anspruchs auf erhöhte Pension durch die jetzigen Kassenmitglieder dieser Kategorie vorstehend bestimmt worden ist. Es wird aber für den Fall solcher Bestimmung darauf aufmerksam gemacht, daß

a) genau zu bestimmen ist, welcher Kategorie von Personen, z. B. Küster, der Erwerb der Mitgliedschaft freigestellt wird, und daß
b) die Aufnahme in jedem einzelnen Fall ausdrücklich erfolgen muß, also auch der Termin, bis zu welchem die Aufnahme erfolgen darf, festzustellen ist,
c) welche Mitglieder ihre Familie mit mehr als einer Portion versichert haben.

Die Versicherung mehrerer Pensions-Portionen ist für die Zukunft ausgeschlossen; diejenigen Lehrer jedoch, welche bereits mehrere Pensions-Portionen versichert haben, bleiben gegen Fortzahlung der bisherigen bezüglichen Beiträge im Besitz ihrer Anrechte auf die zweite und event. weitere Pensions-Portion in deren bisheriger Höhe, falls sie es nicht vorziehen, ihre Ansprüche gegen Wegfall der ferneren Gegenleistungen aufzugeben.

6. Schluß der Mitgliedschaft an der Kasse.

a) Bei Niederlegung des Amts.

Dem das Amt niederlegenden Lehrer kann die Mitgliedschaft erhalten werden, solange er neben den statutenmäßigen Beiträgen aus der von ihm bisher bekleideten Lehrerstelle auch die Beiträge der Gemeinden aus eigenen Mitteln fortzahlt, da die fortlaufenden Leistungen aus der Lehrerstelle und von den Gemeinden seinem Amtsnachfolger zu gute kommen.

b) Bei Versetzungen.

Die Mitgliedschaft des Lehrers bei seiner Versetzung in einen andern Kassenbezirk geht für ihn verloren, da er durch Antritt der neuen Stelle sofort ex lege Mitglied der neuen Bezirkskasse wird.

c) Bei Emeritierungen.

Die Emeriten haben denjenigen Teil der Beiträge aus der bis zu ihrer Emeritierung bekleideten Stelle fortzuzahlen, welcher verhältnismäßig auf ihr Emeritengehalt trifft. Die dem Nachfolger zu gute kommenden Beiträge aus der Stelle selbst dauern in unverminderter Höhe fort. Diejenigen jetzt lebenden Emeriten, welche nach den bis jetzt geltenden Statuten überhaupt keine weiteren Beiträge oder solche in geringerem als dem vorstehend bemerkten Maße zu zahlen haben, behalten den Anspruch auf die ihren Relikten jetzt statutenmäßig zustehenden Pensionen. Den Anspruch auf die höhere Pension können sie nur durch Zahlung der vorbestimmten Beiträge erwerben; zu einer Erklärung hierüber ist ihnen eine auf 6 Wochen zu beschränkende Frist zu gewähren.

d) Bei Amtsentsetzungen.

Den Familien der des Amts entsetzten Lehrer kann unter Zustimmung der Regierung der Anspruch auf Pension erhalten bleiben, falls und solange sie die ad Nr. 6 a bestimmten Beiträge fortzahlen.

e) Bei Beförderung in ein höheres Amt.

Den in ein höheres Amt, z. B. in ein geistliches oder höheres Schulamt versetzten Lehrern ist die Mitgliedschaft an der Kasse nur zu erhalten, wenn sie

a) die Fortzahlung der Stellen- und der Gemeinde- ꝛc. Beiträge aus eigenen Mitteln übernehmen, und
b) nach den besonderen Verhältnissen ihres neuen Amts keine Gelegenheit haben, für ihre Familie eine gleich hohe oder höhere Pension, wie die in der Lehrer-Witwen- und Waisenkasse gewährte, aus einer unter öffentlicher Leitung stehenden Kasse zu erwerben.*)

Es ist nicht überflüssig durch eine besondere Bestimmung festzusetzen, daß Rückzahlungen irgend einer Art aus der Kasse, außer etwa bei indebite erfolgten Zahlungen, nicht stattfinden.

III. Die Einnahmen der Kassen.

7. Beiträge der Kassenmitglieder.

a) Eintrittsgelder.

Das Eintrittsgeld im Maximum von 8 Thalern muß bei der ersten definitiven Anstellung der Lehrer gefordert werden, was nicht ausschließt, daß eine Zahlung in Terminen unter Verzinsung der Rückstände mit 5 Prozent, jedoch längstens für einen Zeitraum von zwei Jahren, nachgelassen wird. Im Fall nach Nr. 5 auch den Relikten provisorisch angestellter Lehrer eine Pension gewährt werden soll, so muß für deren Antrittsgeld besondere Festsetzung getroffen werden.**)

b) Gehalts-Verbesserungsgelder.

Die Gehalts-Verbesserungsgelder können in einer Höhe bis 25 Prozent der jährlichen Verbesserung gefordert werden. Es empfiehlt sich auch dann unter die Höhe nicht herabzugehen, wenn die subsidiären Verpflichtungen der Staatskasse dies zulassen sollten, weil von allen Auflagen auf die Lehrer der Beitrag dieser Art am wenigsten fühlbar ist und nur die Verbesserung um ein Quartal hinausschiebt.

c) Jährliche Beiträge derjenigen Kassenmitglieder, welche ein öffentliches Elementarlehreramt nicht bekleiden.

Hierher gehören die persönlichen Beiträge aller Mitglieder, welche nicht ein öffentliches Lehramt bekleiden, cf. Nr. 5 b und c inkl. der der Emeriten Nr. 6 c.

Für alle diese sub 7 a bis c aufgeführten Beiträge sind die Zahlungs-

---

*) Vergl. § 299.
**) Vergl. § 289.

fristen ꝛc. statutenmäßig festzusetzen und über Post- oder Pränumerando-zahlung Bestimmung zu treffen.

d) Beiträge der Kassenmitglieder bei Eingehung einer zweiten oder weiteren Ehe.

Die Zahlung derartiger einmaliger Beiträge ist zwar im Gesetz nicht vorgeschrieben, doch auch durch dasselbe nicht ausgeschlossen. Es empfiehlt sich im Interesse der Kassen, derartige einmalige Leistungen den Kassen-mitgliedern aufzuerlegen, besonders für den Fall, daß eine größere Alters-differenz zwischen den neuvermählten Gatten vorhanden ist, und nach dieser Altersdifferenz den Beitrag abzustufen.

8. Beiträge von den Lehrerstellen.

§ 3 des Gesetzes verpflichtet die Lehrerstellen zu den Kassenbeiträgen, woraus folgt, daß dieselben von den Gehaltszahlungen vorweg zurückzu-behalten, auch während der Vakanzzeiten fortzuzahlen sind. Diese Beiträge treten an die Stelle der bisher in den meisten Fällen von den Lehrern persönlich gewährten jährlichen Beiträge. In den Statuten sind die Fällig-keitstermine dieser Beiträge festzusetzen.

9. Beiträge der Gemeinden ꝛc.

Der § 4 des Gesetzes bestimmt:

Die Gemeinden und selbständigen Guts- oder Domanialbezirke, sowie diejenigen Institute, Kassen ꝛc., welchen die Unterhaltung einer Lehrerstelle obliegt, sind verpflichtet, einen jährlichen Beitrag von 4 Thalern für jede ihrer Lehrerstellen zu der Lehrer-Witwen- und Waisenkasse des Bezirks zu zahlen, welchem sie angehören.

Sind mehrere Gemeinden, selbständige Guts- oder Dominialbezirke zu einem Schulverbande vereinigt oder einer Schule zugewiesen, so ist der zu leistende Beitrag nach Maßgabe des gesamten, in den einzelnen Gemeinden, Guts- oder Domanialbezirken aufkommenden Betrages der Einkommen-, Klassen-, Grund- und Gebäudesteuer auf die Betreffenden zu verteilen.

Es empfiehlt sich, diese Bestimmung des Gesetzes in die Statuten wörtlich aufzunehmen, wodurch etwaige nähere statutarische Ausführungsbestim-mungen nicht ausgeschlossen sind.

10 Sonstige Einnahmen der Kassen.

a) Zinsen der angesammelten Kapitalien.

b) Kollekten.

Die Kollekten sind nicht nach bestimmten wiederkehrenden Tagen im Jahre in den Statuten aufzunehmen, sondern es ist zu sagen: „soweit deren Einsammlung durch die dazu kompetenten Behörden bewilligt ist“.

c) Geschenke und Vermächtnisse.

Über die Zulässigkeit der Annahme ist nach den allgemeinen Landes-gesetzen zu entscheiden. Die Zuwendungen dieser Art wachsen nach § 9 dem Kapital zu, insofern die Bedingungen, unter welchen dieselben erfolgen, dies zulassen.

IV. Die Ausgaben der Kassen.

11. Die Witwenpensionen.

a) Anfall derselben.

Die Witwenpensionen sind auf 250 Mark jährlich, „ohne spätere mögliche Erhöhungen des Minimalsatzes auszuschließen“, vorläufig festzusetzen.

Zugleich sind Bestimmungen über den Zeitpunkt des entstehenden Anspruchs auf Pension, über die Auszahlungstermine, über die Art der auszustellenden Quittungen, sowie über event. Übersendungen per Post zu treffen.

Hinsichtlich der Auszahlungstermine ist im besondern zu bemerken, daß in allen Fällen, wo zur Zeit Pensionen postnumerando gezahlt werden, dies auch für die Zukunft zu geschehen hat, da die Kumulierung zweier Pensionsraten auf einen Auszahlungstermin zu vermeiden ist. Der Anspruch auf die Minimalpension des neuen Gesetzes von 50 Thalern beginnt erst mit dem 1. Januar 1871.

Den Hinterbliebenen eines Selbstmörders kann unter Zustimmung der Regierung eine halbe Pension durch den betreffenden Kreisvorstand und die drei Kuratoren zugebilligt werden.

Ist der Selbstmord im Wahnsinn verübt, so bleibt der Pensionsanspruch der Hinterbliebenen unverkürzt.

Hinsichtlich geschiedener Ehefrauen ist an dieser Stelle das Nötige anzuordnen. Denselben kann nur dann, und zwar unter Zustimmung der Regierung eine Witwenpension gewährt werden, wenn sie bei der Scheidung nicht für den schuldigen Teil erkannt worden sind. Was im Fall der Konkurrenz einer geschiedenen Ehefrau mit einer Witwe aus einer nachfolgenden Ehe geschehen soll, ist vorzusehen; ingleichen die Konkurrenz einer Witwe aus späterer Ehe mit Waisen aus einer früherer Ehe, wobei jedoch überall zu beachten bleibt, daß durch den Tod eines Kassenmitgliedes nie ein weiterer Anspruch aller Hinterbliebenen als auf Höhe einer Witwenpension entstehen kann.

b) Verlust der Witwenpension.

Das Anrecht auf die Witwenpension geht außer durch den Tod auch durch die Wiederverheiratung der Witwe resp. einer geschiedenen Ehefrau, sowie durch Auswanderung aus dem Gebiet des norddeutschen Bundes verloren. Ferner kann die Witwe durch solche Vergehen oder Verbrechen, welche die Entziehung der bürgerlichen Ehrenrechte auf immer oder auf Zeit zur Folge haben, sowie durch einen unsittlichen Lebenswandel sich des Fortgenusses der Pension unwürdig machen. In welcher Weise dieser letztere Fall konstatiert werden soll, ist statutarisch festzusetzen.

Die Erneuerung des Anspruchs einer wiederverheirateten Witwe nach dem Tode ihres späteren Ehemannes ist auszuschließen.

Selbstverständlich bleiben hier wie überall etwa bereits erworbene Ansprüche geschiedener oder wiederverheirateter Witwen nach den jetzt geltenden Statuten erhalten.

12. Die Waisenpensionen.

a) Anfall derselben.

Ist eine Witwe nicht vorhanden, so ist den leiblichen ehelichen Kindern des verstorbenen Kassenmitgliedes als einer Waisenfamilie der Anspruch auf eine Pension in der Höhe, in welcher die Witwe, wenn eine solche vorhanden wäre, dieselbe erhalten haben würde, einzuräumen. Dieser Anspruch ist jedoch auf diejenigen Waisen zu beschränken, welche das 16. Lebensjahr noch nicht erreicht haben, es sei denn, daß die Kassenmitglieder die Unterstützung der Waisen für diesen Zeitpunkt hinaus wünschen und dieselbe ohne Zutritt der Staatskasse zur Erfüllung aller Verpflichtungen der Kasse durchzuführen vermögen. Wo bisher schon den Waisen eine Unterstützung über diesen Zeitpunkt hinaus statutenmäßig gewährt wird, bleibt der Anspruch den jetzigen empfangsberechtigten Waisen zwar erhalten, jedoch von dem vollendeten 15. Lebensjahre an nur in der jetzigen statutenmäßigen Höhe.

Bei dem Ausscheiden eines Mitgliedes der Waisenfamilie aus der Zahl der Empfangsberechtigten wächst dessen Anteil den übrigen Geschwistern zu, bis zuletzt die jüngste Waise zum Genuß der ganzen Pension gelangt.

Statutarische Bestimmungen sind auch hier über die Zahlungstermine nötig neben den besonderen Vorschriften über die Behörde oder Person, an welche mit rechtlichem Erfolg für die Waisen gezahlt werden kann.

Inwieweit Waisen nebst Witwen ein Anspruch auf Pension zugebilligt werden kann, ist zwar schon sub 11 a bestimmt worden, doch wird es zweckmäßig sein, hier kurz darauf zu verweisen.

Wenn eine Witwe oder geschiedene Ehefrau durch Wiederverheiratung oder moralische Unwürdigkeit den Pensionsanspruch verliert, so kann den etwa vorhandenen Waisen die halbe Pension unter Zustimmung der Regierung gewährt werden. Die Bewilligung hierüber hinausgehender Unterstützungen ist nur dann zulässig, wenn dies ohne Konkurrenz der Staatskasse bei Erfüllung sämtlicher Verpflichtungen der Kasse zu ermöglichen ist. Konkurrieren jedoch volle Waisen aus früherer Ehe mit den vaterlosen Waisen aus späterer Ehe und verliert die Mutter der letzteren die Pension, so kann die volle Pension den vorhandenen Waisen nach statutarisch zu bestimmenden Anteilen überwiesen werden.

Hinsichtlich der Auszahlungstermine 2c. werden dieselben Bestimmungen maßgebend sein, welche vorstehend für die Pensionen der vollen Waisenfamilien gegeben sind.

Es ist an sich nicht zulässig, auch den nur vaterlosen Waisen eine Unterstützung außer der Minimalpension für deren verwitwete Mutter zu gewähren, doch kann solche Bestimmung erst dann in Kraft treten, wenn die dauernde Sufficienz der betreffenden Kasse zu derartigen Leistungen nach Erfüllung aller derselben sonst obliegenden Verpflichtungen sachverständig festgestellt ist.

b) Verlust der Waisenpension.

Das Anrecht auf die Waisenpension geht außer durch den Tod durch Erreichung des 16. Lebensjahres oder durch Auswanderung aus dem Gebiete des norddeutschen Bundes verloren. Wenn den Waisen nach Nr. 12 a ein über die gewöhnliche Pension hinausgehender Anspruch bewilligt worden ist, so ist hier zu bestimmen, in welchen Fällen z. B. der Unwürdigkeit die Pension verloren geht.

13. Verwaltungskosten.

Die Verwaltungskosten dürfen nur in baren Auslagen bestehen. Insofern jedoch die Erfüllung aller sonstigen statutarischen Verpflichtungen der Kasse ohne Konkurrenz der Staatskasse dauernd sicher gestellt sein sollte, können in der Zukunft mäßige Reisekosten und Diäten für Versammlungen der Kuratoren 2c. gewährt werden.

Etwa zur Zeit vorhandene Ansprüche auf Remunerationen 2c. müssen bis zum Abgang der Berechtigten fortgewährt werden.

V. Die Verwaltung der Kasse.

14. Im allgemeinen.

Die Verwaltung der Kasse ist im § 6 des Gesetzes der Regierung überwiesen; dieselbe hat daher die Kasse in allen gerichtlichen und außergerichtlichen Geschäften cum facultate substituendi zu vertreten, was in dem Statut ausdrücklich zu bemerken ist.

Die Aufsichtsbehörde über die Regierungen in diesen Kassenangelegenheiten ist der Minister der Unterrichtsangelegenheiten.

15. Mitwirkung der Kassenmitglieder bei der Verwaltung.

a) Die Kassenkuratoren.

Es sind die nötigen Bestimmungen über die Wahl der drei Kuratoren zu treffen, wobei die Art der Vorladung der Wähler, der Zeitraum zwischen der Ausschreibung und der Abhaltung der Wahl, die Art der Abstimmung, die Entscheidung bei Gleichheit der Stimmen in Betracht kommt. Das Ergebnis der Wahl ist im Amtsblatt bekannt zu machen.

Jedenfalls dürfen nur wirkliche Mitglieder der Kasse das aktive Wahlrecht erhalten. Ob den Emeriten, insofern sie Beiträge zahlen und innerhalb des Kassenbezirks ihren Wohnsitz haben, ein Stimmrecht zu gewähren, ob letzteres in diesen wie in allen sonstigen Fällen mittelst schriftlicher Vollmacht ausgeübt werden kann und unter welchen Voraussetzungen eine Wahl abgelehnt resp. durch welche Mittel deren Annahme erzwungen werden darf, ist statutarisch festzustellen.

b) Die Kreis- 2c. Vorstände.

Das sub 15 a Bestimmte findet hier analoge Anwendung und müssen auch die drei zu jedem Kreisvorstand gehörigen Kassenmitglieder von diesen allein gewählt werden.

c) Die Kassenmitglieder.

Die Kassenmitglieder können sich sofort bei der Verwaltung der Kasse nur durch die Wahl ihrer Vertreter in den Kreisvorständen event. durch die der Kuratoren beteiligen.

Inwieweit die Kreisvorstände und Kuratoren bei der Verwaltung der Kassen mitzuwirken haben, geht aus den nachfolgenden Bestimmungen hervor.

16. Das Verzeichnis der Kassenmitglieder.

Über die Mitglieder der Kasse sind Verzeichnisse anzulegen und fortzuführen nach einem Schema, dessen Zufertigung noch vorbehalten bleibt. Jeder Kreis- 2c. Vorstand führt ein Verzeichnis über die sämtlichen Kassenmitglieder seines Bezirks, und die Regierung ein Verzeichnis über alle Kassenmitglieder des Kassenbezirks. Die erforderlichen Nachrichten über Neuanstellungen, Bestätigungen, Versetzungen, Gehaltsverbesserungen, Amtsniederlegungen 2c. der Lehrer hat die Regierung den Vorsitzenden der betreffenden Kreis- 2c. Vorstände mitzuteilen.

Die Führung der Verzeichnisse kann einem der drei Vertreter der Kassenmitglieder jedes Kreisvorstandes durch den Vorsitzenden desselben auf je ein Jahr übertragen werden.

17. Die Einziehung und Auszahlung der Gelder.

Die Einziehung und Auszahlung der Gelder erfolgt durch die Regierungs-Haupt- resp. Institutenkasse unter Vermittelung der Königlichen Kreis- resp. der Kreis-Kommunalkassen auf Anweisung der Regierung. Der letzteren verbleiben die Anordnungen über die Abführung der überschüssigen Gelder bei den Kreis- 2c. Kassen an die Regierungs-Hauptkasse.

Die Einziehung der statutenmäßigen Beiträge zu den Kassen erfolgt event. im Wege der administrativen Exekution.

18. Die Kassenbücher.

Über die Führung der Kassenbücher bei den Regierungs- 2c. und den Kreis- 2c. Kassen hat die Regierung die erforderlichen Bestimmungen zu treffen.

19. Die Anlegung der Kassenkapitalien.

Die Anlegung der Kassenkapitalien erfolgt durch die Regierung nach Anhörung der Kassenkuratoren in pupillarisch sicheren Hypotheken, in depositalmäßigen Papieren und Sparkassenbüchern.

20. Die Rechnungslegung.

Die Rechnungslegung, für welche ein Musterschema nachfolgen wird, erfolgt alljährlich durch die Regierung, nachdem vor Feststellungder Rechnung die Kassenkuratoren gehört sind. Die Rechnungen werden sodann den Kreisvorständen mitgeteilt, und wenn innerhalb dreier Monate nach Zufertigung an die letzteren Einwendungen dagegen nicht erhoben sind, so gilt die Rechnung als dechargiert. Das erforderliche Attest ist von der Regierung unter die Rechnung zu setzen. Demnächst wird dieselbe nach ihren Hauptergebnissen durch die Amts- und Kreisblätter des Kassenbezirks publiziert und je ein Exemplar dem Minister der geistlichen ꝛc. Angelegenheiten und dem Finanzminister eingereicht. Abschrift der vollständigen Rechnungslegung ist jedes Kassenmitglied gegen Erstattung der Kopialien zu verlangen berechtigt.

VI. Schlußbestimmungen.

21. Die etwaige Insufficienz der Kasse.

Insofern die Kasse nicht fähig sein sollte, ihre statutenmäßigen Verpflichtungen zu erfüllen, sind die erforderlichen Zuschüsse aus der Staatskasse unter Vorlegung der letztabgeschlossenen Jahresrechnung in substantiierter Weise bei dem Minister der Unterrichtsangelegenheiten zu beantragen.

22. Abänderungen des Statuts.

Zu Anträgen auf Abänderungen des Statuts ist außer den drei Kuratoren jeder Kreisvorstand berechtigt. Bevor derartige Beschlüsse dem Minister der Unterrichtsangelegenheiten zur Bestätigung vorgelegt werden, sind alle Kreisvorstände und die Kuratoren zur Sache zu hören.

Es empfiehlt sich, Anträge dieser Art schon einige Zeit vor den Beratungen zur Kenntnis der zur Begutachtung Berechtigten zu bringen. Hierher gehören im besonderen alle Anträge auf Erhöhung oder Herabsetzung der Pensionen, sowie der Beiträge der Kassenmitglieder.

23. Übergangsbestimmungen.

Es bedarf der Festsetzung des Zeitpunktes, von welchem ab das revidierte Statut in Kraft tritt. Auch ist der besseren Übersicht wegen hier auf alle Verhältnisse zu verweisen, für welche die Vorschriften der älteren Statuten einstweilen noch Giltigkeit behalten.

M.-Erl. v. 31. Januar 1870 (Ctrbl. 1870, S. 160—169).

§ 287. **Von einer Lehrerstelle, welche definitiv mit einer Lehrerin besetzt wird, sind Witwenkassenbeiträge nicht zu erheben.**

Bei Wiederanschluß der Beschwerde der Lehrerin N. vom 6. März d. J. wegen Heranziehung zu Beiträgen für die Elementarlehrer-Witwen- und Waisenkasse, erwidere ich der Königlichen Regierung, daß Ihre Ansicht, die mit Lehrerinnen definitiv besetzten Lehrerstellen noch als Lehrerstellen fortzuführen, unhaltbar ist, da solche Stellen mit der definitiven Besetzung durch Lehrerinnen auch **Lehrerinnenstellen** werden. Die Heranziehung derselben zu Witwen- und Waisen-Kassen-Beiträgen ist deshalb von dem Tage der definitiven Besetzung durch Lehrerinnen unzulässig.

M.-Erl. v. 22. Mai 1878 (Ctrbl. 1878, S. 521).

§ 288. **Die Witwenpension wird nicht gewährt, wenn eine Witwe demnächst mit einem nicht dem Lehrerstande angehörigen Manne verheiratet gewesen ist.**

Auf Vorstellung vom 31. März d. J. wegen Wiedergewährung der Witwenpension an die geschiedene N., früher Lehrerwitwe N., eröffne ich Ihnen, daß dem Antrage nicht entsprochen werden kann, nachdem die p. N. ihre Ansprüche an die Lehrerwitwen- und Waisenkasse des Regierungsbezirks N. durch die Verheiratung mit einem nicht dem Lehrerstande angehörigen Manne freiwillig aufgegeben hat. Daß diese Ehe gerichtlich getrennt und die Frau durch alle Instanzen hindurch für den nichtschuldigen Teil erklärt worden ist, kann auf die Entscheidung in dieser Frage keinen Einfluß haben.

M.-Erl. v. 31. Juli 1878 (Ctrbl. 1878, S. 522).

§ 289. **Berechtigung der provisorisch angestellten Lehrer auf die Mitgliedschaft bei den Lehrer-Witwen- und Waisenkassen.**

Auf den Bericht &c. erkläre ich mich einverstanden, daß **die provisorisch angestellten Lehrer auch fernerhin als öffentliche Lehrer angesehen und zu dem Anspruche auf den durch das Gesetz vom 24. Februar cr. normierten neuen Pensionssatz von 250 Mark verstattet werden. Dagegen haben dieselben bei ihrer ersten Verheiratung dasselbe Antrittsgeld wie die anderen Kassenmitglieder bei der definitiven Anstellung, also im Minimum von 24 Mark, ingleichem auch die Gehaltsverbesserungsgelder zu zahlen.**

M.-Erl. v. 4. Mai 1881 (Ctrbl. 1881, S. 548).

§ 290. **Fürsorge der in andere Stellungen des Lehrerstandes übergehenden Elementarlehrer für ihre dereinstigen Witwen.**

Nach Analogie der in der Cirkular-Verfügung vom 17. v. M. — G. III. l. 325 — getroffenen Bestimmungen wolle das Königliche Provinzial-Schulkollegium auch diejenigen Fälle behandeln, in welchen Elementarlehrer zu anderen Stellungen des Lehrerstandes, z. B. zu dem Amte eines Seminarlehrers, wenn auch nur provisorisch, berufen werden. In allen solchen Fällen ist stets auf die Fürsorge der Lehrer für ihre dereinstigen Witwen zu halten; besonders ist darauf Bedacht zu nehmen, daß die der Regel nach bereits erworbene Mitgliedschaft bei den Elementarlehrer-Witwen- und Waisenkassen in irgend welcher Form so lange erhalten bleibt, bis etwa der betreffende Lehrer in anderer und umfassenderer Weise für seine hinterlassene Familie Fürsorge getroffen hat. Die Statuten der beregten Kassen gestatten fast ausnahmslos bei der in Rede stehenden Voraussetzung die Fortsetzung der Mitgliedschaft bei den Kassen als eine persönliche, und wird das Königliche Provinzial-Schulkollegium mit den die letztere verwaltenden Behörden in den geeigneten Fällen ins Benehmen zu treten haben.

M.-Erl. v. 16. Juni 1881 (Ctrbl. 1881, S. 547).

§ 291. **Die Kuratoren der Lehrerwitwenkassen sind in allen das Kassenvermögen betreffenden Fragen zu hören.**

Wenn auch zugegeben ist, daß die Anhörung der Kassenkuratoren für die Niederschlagung eines Einnahmerestes bei der gedachten Kasse statutarisch nicht speciell vorgeschrieben ist, so liegt es doch im Geiste der den Kassenmitgliedern resp. deren gesetzlichen Organen eingeräumten Beteiligung an der Verwaltung der Kasse, daß dieselben überall zu hören sind, wo es sich um gesetzlich nicht direkt entschiedene, den Zustand des Kassenvermögens beeinflussende Fragen handelt. Nach diesem Grundsatz ist in Zukunft zu verfahren.

M.-Erl. v. 8. November 1877 (Ctrbl. 1878, S. 47).

VI. Züchtigungsrecht und Schulzucht überhaupt.

A. Züchtigungsrecht.

§ 292. **Dem Lehrer steht das Recht der Züchtigung zu.**

Dem Lehrer steht das Recht einer väterlichen Züchtigung zu.

Das **A. L. R.** schreibt hierüber in Teil II. Tit. 12 folgendes vor:

§ 50. Die Schulzucht darf niemals bis zu Mißhandlungen, welche der Gesundheit der Kinder auch nur auf entfernte Art schädlich werden könnten, ausgedehnt werden.

§ 51. Glaubt der Schullehrer, daß durch geringere Züchtigungen der eingewurzelten Unart eines Kindes, oder dem überwiegenden Hange desselben zu Lastern und Ausschweifungen nicht hinlänglich gesteuert werden könne, so muß er der Obrigkeit und dem geistlichen Schulvorsteher davon Anzeige machen.

§ 52. Diese müssen alsdann, mit Zuziehung der Eltern oder Vormünder, die Sache näher prüfen und zweckmäßige Besserungsmittel verfügen.

§ 53. Aber auch dabei dürfen die der elterlichen Zucht vorgeschriebenen Grenzen nicht überschritten werden.

§ 293. **Die Allerhöchste Kabinetsordre, betreffend die Schulzucht in den Provinzen, wo das Allg. Landrecht noch nicht eingeführt ist. Vom 14. Mai 1825.**

Damit im ganzen Umfange der Monarchie die Schulzucht mit Erfolg gehandhabt und nirgend der Schulbesuch vernachlässigt werde, setze ich, auf den Antrag des Staatsministerii, auch für diejenigen Landesteile, in welchen das Allgem. Landrecht bisher nicht eingeführt ist, in Übereinstimmung mit den Vorschriften desselben hierdurch fest:

(1—3 handelt über Schulpflicht).

4) Die Schulzucht darf niemals bis zu Mißhandlungen ausgedehnt werden, die der Gesundheit des Kindes auch nur auf entfernte Art schädlich werden können.

5) Züchtigungen, welche in diesen der Schulzucht gesetzten Schranken verbleiben, sollen gegen die Lehrer nicht als strafbare Mißhandlungen oder Injurien behandelt werden.

6) Wird das Maß der Züchtigung ohne wirkliche Verletzung des Kindes überschritten, so soll dieses von der dem Schulwesen vorgesetzten Provinzial-Behörde durch angemessene Disziplinarstrafen an dem Lehrer geahndet werden. Wenn dagegen dem Kinde, durch den Mißbrauch des Züchtigungsrechts, eine wirkliche Verletzung zugefügt wird, soll der Lehrer nach den bestehenden Gesetzen im gerichtlichen Wege bestraft werden.

§ 294. **Auszug aus dem Strafgesetzbuche für das deutsche Reich vom 15. Mai 1871.**

§ 223. Wer vorsätzlich einen Anderen mißhandelt oder an der Gesundheit schädigt, wird wegen Körperverletzung mit Gefängnis bis zu drei Jahren oder mit Geldstrafe bis zu 1000 Mark bestraft.

§ 224. Hat die Körperverletzung zur Folge, daß der Verletzte ein wichtiges Glied des Körpers, das Sehvermögen auf einem oder beiden Augen, das Gehör, die Sprache oder die Zeugungsfähigkeit verliert, oder in erheblicher Weise dauernd entstellt wird, oder in Siechtum, Lähmung oder Geisteskrankheit verfällt, so ist auf Zuchthaus bis zu fünf Jahren oder Gefängnis nicht unter einem Jahre zu erkennen.

§ 225. War eine der vorbezeichneten Folgen beabsichtigt und eingetreten, so ist auf Zuchthaus von 2 bis zu 10 Jahren zu erkennen.

§ 226. Ist durch die Körperverletzung der Tod des Verletzten verursacht worden, so ist auf Zuchthaus nicht unter drei Jahren oder Gefängnis nicht unter drei Jahren zu erkennen.

§ 228. Sind mildernde Umstände vorhanden, so ist in den Fällen des § 224 auf Gefängnis nicht unter Einem Monat, und im Falle des § 226 nicht unter 3 Monaten zu erkennen.

§ 230. Wer durch Fahrlässigkeit die Körperverletzung eines Anderen verursacht, wird mit Geldstrafe bis zu 900 Mark oder mit Gefängnis bis zu zwei Jahren bestraft. War der Thäter zu der Aufmerksamkeit, welche er aus dem Auge setzte, vermöge seines Amtes, Berufes oder Gewerbes besonders verpflichtet, so kann die Strafe auf drei Jahre Gefängnis erhöht werden.

§ 231. In allen Fällen der Körperverletzung kann auf Verlangen des Verletzten neben der Strafe auf eine an denselben zu erlegende Buße bis zum Betrage von 6000 Mark erkannt werden.

§ 232. Die Verfolgung der durch Fahrlässigkeit verursachten Körperverletzungen tritt nur auf Antrag ein, insofern nicht die Körperletzung mit Übertretung einer Amts-, Berufs- oder Gewerbspflicht begangen worden ist.

§ 295. Vorschriften über körperliche Züchtigung.

Die einzelnen Bezirksregierungen haben über körperliche Züchtigungen genaue Vorschriften*) erlassen, welche ihrem Inhalte nach sich sehr wenig voneinander unterscheiden.

Es mögen hier die Verordnungen der Königlichen Regierung von Königsberg vom 2. Juli 1845 (Ctrbl. de 1870, S. 750 ff.) im Auszuge folgen:

Die Anordnungen, welche wir noch zur Verhütung ungebührlicher — namentlich körperlicher — Züchtigung teils wiederholen, teils neu treffen, sind folgende:

1) Niemals darf der Lehrer sich erlauben, die Schüler zu mißhandeln. Zu den Mißhandlungen gehören das Schlagen oder Stoßen mit der Hand oder Faust, mit einem Stocke, Lineale, oder überhaupt mit einem harten Werkzeuge, das Reißen an den Haaren oder an den Ohren.
2) Wenn der Lehrer zu strafen genötigt ist, so thue er es nie im Zorne, sondern jederzeit mit **der** väterlichen Teilnahme, welche die Besserung des Schülers im Auge hat. Jede in leidenschaftlicher Aufregung oder in liebloser Gesinnung vollzogene Bestrafung ist an sich schon tadelswürdig und kann leicht in Mißhandlungen ausarten.
3) **Die** körperliche Züchtigung, welche der Lehrer ohne Zuziehung des Schulinspektors oder Rektors vollzieht, darf nur mit einer aus dünnen Zweigen geflochtenen**) Rute in die flache Hand***) erteilt werden.

---

*) Die Ausübung des Züchtigungsrechts gegen die gegebenen Bestimmungen kann die Züchtigung zu einer strafbaren Körperverletzung machen (Erk. des Reichsgerichts v. 29. Septbr. 1881).

**) Nach der Verfg. v. 29. Januar 1882 darf die Rute nicht vertrocknet sein. Die Schläge sind auf die ausgestreckte linke Hand zu erteilen.

***) Von einigen Regierungen wird verordnet, daß die Züchtigung bei Knaben auf dem Rücken und Gesäß, bei den Mädchen nur auf dem Rücken auszuführen sei, wobei als Werkzeug auch ein dünnes Stöckchen verwendet werden darf. Reg.-Verfgg. zu Merseburg, Stettin, Cöslin 2c.

4) In der Regel darf nur nach geschlossenem Unterrichte körperlich gestraft werden. Sollte nach den Andeutungen dieser Verfügung eine derartige Ahndung während der Lehrstunden nötig erscheinen, so soll sie nur auf dem freien Raume des Lehrzimmers erfolgen, niemals darf ein Schüler geschlagen werden, solange er noch zwischen Tischen und Bänken steht.

5) Die Erteilung jeder körperlichen Strafe hat der Lehrer in das Klassenbuch — unter Angabe der Gründe und Beschaffenheit der Strafe — einzutragen.

6) Alle bedeutenderen Vergehungen dürfen in der Regel nur nach Beratung im Schulvorstande und in Gegenwart des Schulinspektors, oder — in den größeren Schulen — auf Beschluß der Lehrerkonferenz und im Beisein des Rektors bestraft werden. Bei diesen Bestrafungen sind auch andere — jedoch niemals harte — Züchtigungswerkzeuge, als die vorerwähnte Rute zulässig.

7) Bei der Bestrafung der Mädchen ist jederzeit die nötige schonende Rücksicht auf ihren schwächeren Körperbau und auf ihr in der Regel zarteres Gefühl zu nehmen.

8) In den Städten, in welchen es mehrere Schulen gleichen Ranges giebt, werden einzelne bedeutende Vergehungen durch die Ausschließung oder Entfernung des strafwürdigen Schülers zu ahnden sein.

9) Die zur Züchtigung bestimmten Werkzeuge werden jederzeit im Schulschranke zu bewahren sein, bis sie gebraucht werden sollen. Es ist unschicklich, wenn der Lehrer dieselben während des Unterrichts in der Hand führt.

10) Zugleich untersagen wir noch jede Bestrafung — auch wenn sie nicht eine körperliche wäre — welche das Ehrgefühl tief verletzt, oder bei den Mitschülern Schadenfreude erregt. Dahin rechnen wir das Anhängen von Schandtafeln, das Knieenlassen, Schimpfworte u. a.

Wer von den Lehrern unseres Bezirks künftig gegen eine dieser Bestimmungen fehlt, hat Rüge und geeigneten Falls Bestrafung nach den Vorschriften des Allg. Landrechts Teil II. Tit. 20, §§ 333—336 und des Gesetzes vom 14. Mai 1825 zu gewärtigen. Die Entschuldigung, mit den hier von uns gegebenen Bestimmungen nicht bekannt gewesen zu sein, kann keine Berücksichtigung finden.

§ 296. Dienstaufsicht über Lehrer in Bezug auf Ausübung der Schulzucht.

Auf den Bericht vom ꝛc. erwidere ich folgendes: Aus dem Rechte der Dienstaufsicht folgt, daß den Vorgesetzten der Lehrer die Befugnis zusteht, ihnen wegen Ausübung der Schulzucht — also wegen Anwendung von Zucht- oder Erziehungs- und Besserungsmitteln insbesondere — allgemeine und einzelne Anweisungen zu erteilen, und demgemäß geeigneten Falls ihnen auch in der Anwendung der körperlichen Züchtigung bestimmte Schranken zu setzen.

Es sind deshalb die Verfügungen der Königlichen Regierung vom . . . an die städtische Schuldeputation in N. in soweit für begründet nicht zu erachten, als in diesen Verfügungen das Züchtigungsrecht als eine solche dem Lehrer zustehende Befugnis hingestellt worden ist, welche demselben von seinen Dienstvorgesetzten und selbst von der höheren vorgesetzten Dienstbehörde, der Königl. Regierung, nicht entzogen werden könne.

M.-Erl. v. 8. Februar 1879 (Ctrbl. 1879, S. 282).

§ 297. Kompetenzverhältnisse bei Beschwerden über Mißbrauch des Züchtigungsrechtes.

1.

(Auszug.) In der Prozeßsache des Freibauers N. zu N., Klägers, wider den Pfarrer P. zu P., Verklagten, betreffend Injurien, erkennt der „Königliche Gerichtshof zur Entscheidung der Kompetenzkonflikte"*) für Recht:

daß der Rechtsweg in dieser Sache unzulässig, und der erhobene Kompetenzkonflikt daher für begründet zu erachten.

Der Kläger behauptet, daß der Verklagte bei Gelegenheit des Religionsunterrichts seinem Sohne „mehrere Ohrfeigen" gegeben, ihn bei den Ohren gefaßt und an denselben so gerissen habe, daß sie „blau und angeschwollen" waren. Der Kläger stellte den Antrag auf Bestrafung wegen Mißhandlung. In dem Termine zur Beantwortung der Klage erhob Kläger den Einwand der Inkompetenz des Gerichts und erbat sich zur Erhebung des Kompetenzkonfliktes eine 14tägige Frist. Innerhalb dieser Zeit wurde letzterer durch den Fürstbischof in B. erhoben.

Der Königliche Gerichtshof zur Entscheidung der Kompetenzkonflikte erachtete den Konflikt für begründet und den Rechtsweg für ausgeschlossen, weil die vom Kläger angezeigten Handlungen des Verklagten „keine im Rechtswege zu ahndende Überschreitung seines Züchtigungsrechtes" sind. Der Kläger hat eine „wirkliche" Verletzung seine Sohnes, wie die Allerh. Kab.-Ord. vom 14. Mai 1825 zur Begründung der Verfolgung eines Mißbrauchs des Züchtigungsrechtes im Rechtswege erfordert, nicht angegeben; denn daß die **Ohren** des Knaben **„blau angeschwollen"** gewesen, kann dafür nicht erachtet werden.

Entscheidung des Königl. Gerichtshofes zur Entscheidung der Kompetenzkonflikte vom 12. Januar 1861 (Ctrbl. 1861, S. 435).

2.

(Auszug.) Der Angeklagte Lehrer P. hat geständlich am 12. Dezember 1865 während des Schulunterrichts in der Schule zu O. seinen Schüler S. gezüchtigt. Dessen Vater, der Kolon S., hat seinen Sohn am folgenden Tage dem Kreisphysikus Dr. N. zu L. vorgestellt und dieser in seinem Attest vom 26. Dezember 1865 sich dahin ausgesprochen:

„Die Exploration ergab einen etwa 5 Zoll langen blutig unterlaufenen, etwa 1 Zoll breiten Striemen an der äußersten Fläche des Oberarms und mehrere **blutrünstige Flecke auf den Schulterblättern."**

Nachdem in dem Gutachten die Ansicht ausgesprochen wird, daß die Züchtigung eine Mißhandlung zu nennen sei, heißt es darin wörtlich weiter:

„Schaden für Gesundheit und Leben wird nicht davon resultieren, wie ich vermute."

Der Staatsanwalt hatte gegen Lehrer P. auf Grund des § 316 des Strafgesetzbuches die Anklage wegen „vorsätzlicher Körperverletzung" in der Ausübung seines Amtes erhoben.

Die Königliche Regierung hat den Kompetenzkonflikt angemeldet; der Königliche Gerichtshof zur Entscheidung der Kompetenzkonflikte erachtete den

*) Wenn gegen einen Lehrer wegen vermeintlicher Überschreitung des Züchtigungsrechts auf dem Wege der Civilklage vorgegangen wird, so ist der Konflikt auf Grund der Verordnung vom 1. August 1879 zu erheben; ist das Vorgehen jedoch im Wege der Privatklage erfolgt, so geschieht die Erhebung des Konflikts auf Grund des Gesetzes vom 13. Febr. 1854. Im ersteren Falle entscheidet der Gerichtshof für Kompetenzkonflikte, im letzteren das Oberverwaltungsgericht.

erhobenen Konflikt für begründet und den Rechtsweg in dieser Sache für unzulässig, weil aus dem Befundsatteste nicht hervorgehe, daß eine **wirkliche** Verletzung im Sinne des Gesetzes vorhanden sei. Das spätere Gutachten des Dr. X. bestätigt ebenfalls nicht, daß die vorgefundenen Beschädigungen die Ursache seien, aus welcher eine Gefahr für die Gesundheit des Gezüchtigten entspringt, und kann daher auch kein Argument abgeben, um anzunehmen, daß durch die fragliche Züchtigung eine wirkliche Verletzung im Sinne des Gesetzes zugefügt worden.

Aus diesen Gründen erscheint daher die dem Angeklagten zur Last gelegte Überschreitung seines Amts zur Verfolgung im gerichtlichen Verfahren nicht angethan.

Erk. des Königl. Gerichtshofes zur Entscheidung der Kompetenzkonflikte vom 11. Mai 1867 (Ctrbl. 1867, S. 603—614).

3.

(Auszug.) Ein Realschüler war von einem Lehrer der Schule wegen Unhöflichkeit und Unfolgsamkeit außerhalb des Schullokals körperlich gezüchtigt worden. Gegen die von dem Vater des Knaben hierüber erhobenen gerichtlichen Klagen hatte die Regierung in **Magdeburg** den Kompetenzkonflikt erhoben. Derselbe ist in dem Urtel des Gerichtshofes zur Entscheidung der Kompetenzkonflikte vom 12. Oktober 1861 als begründet anerkannt worden. Die Gründe sind von allgemeinem Interesse und lauten:

„Hiernach ist mit Gewißheit anzunehmen, daß die dem Knaben K. erteilte Züchtigung schlimmsten Falls in einigen, teils auf der Straße, teils in dem Hausflur der Wohnung des Verklagten ihm gegebenen „**Ohrfeigen**" bestanden hat. Von etwaigen schlimmen Folgen dieser Züchtigung erwähnt der Kläger selbst nichts, ebensowenig von einer dadurch veranlaßten Verletzung. Wenn daher die Züchtigung als ein Akt der Ausübung der dem Verklagten zustehenden Schulzucht betrachtet werden kann, so findet nach der Vorschrift der Allerhöchsten Ordre vom 14. Mai 1825, wonach nur im Falle einer dem Kinde durch den Mißbrauch des Züchtigungsrechtes zugefügten wirklichen Verletzung eine gerichtliche Verfolgung des Lehrers zulässig ist, der Rechtsweg in der Sache nicht statt. Auf diese Gründe ist der erhobene Konflikt gestützt.

In der Gegenerklärung des Klägers und in dem Erkenntnisse des Appellationsgerichts wird dagegen die oben gedachte Voraussetzung bestritten, daß nämlich in der, dem Sohne des Klägers von dem Verklagten erteilten Züchtigung ein Akt der Ausübung der Schulzucht zu finden sei. In dem Appellationserkenntnis heißt es in dieser Beziehung:

> das Recht und die Ausübung der Schulzucht, wie sie die §§ 50—53 Teil II. Tit. 12 A.-L.-R. den Lehrern gewähren, liegt dann nicht mehr vor, wenn Verklagter, welcher ohnehin nur technischer Lehrer der Anstalt sein soll, die der Sohn des Klägers als Schüler besucht, und so mithin mit Ausübung der Schuldisziplin im allgemeinen nicht betraut sein wird, letzteren, wie behauptet ist, auf öffentlicher Straße, außerhalb der Schulanstalt und der Schulzeit, schlug, im vorgerückten Alter, nicht wegen Vergehen und grober Ungebührlichkeiten, sondern wegen Unberücksichtigung seiner Person.

Dieser in der Gegenerklärung des Klägers über den Konflikt im wesentlichen wiederholten Ausführung kann nicht beigetreten werden. Denn der Umstand, daß der Verklagte, wie die Regierung bestätigt, nur technischer Hilfslehrer ist, scheint deshalb als unerheblich, weil weder aus den gesetzlichen Bestimmungen, noch aus der Natur der Sache zu entnehmen ist, daß die Schuldisziplin und das damit verbundene Recht der Schulzucht nur den ordentlichen Lehrern, und nicht auch technischen Lehrern und Hilfslehrern zukomme. Vielmehr ist mit der Regierung anzunehmen, daß solche Lehrer die Schuldisziplin mit allen übrigen Lehrern einer Anstalt teilen.*) Der zweite, in dem Appellationserkenntnis aufgestellte Grund, daß einem Lehrer das Recht der Schulzucht außerhalb der Schulanstalt auf offener Straße nicht zustehe, ist ebenso unrichtig.

Die öffentlichen Schulen sind nicht bloß Unterrichts- sondern zugleich Erziehungsanstalten. Die Lehrer haben darin den Schülern nicht allein Kenntnisse beizubringen, sondern auch, was ebenso wichtig und oft wichtiger noch ist, über deren sittliche Ausbildung zu wachen. Und gerade hauptsächlich zu diesem Erziehungszweck, und viel weniger zu dem des bloßen Unterrichts, ist den Lehrern das Recht der Schulzucht beigelegt. Dies deutet schon der Name dieses Rechts an, klarer aber noch ergiebt sich aus den von der Schulzucht handelnden §§ 50—53 Teil II. Tit. 12 Allg. Landrecht, in denen dieselbe nicht als Mittel zur Förderung des Unterrichts der Kinder, sondern vielmehr ihrer Sittlichkeit bezeichnet und namentlich in § 51 dem Schullehrer vorgeschrieben wird:

> daß, wenn er durch geringere Züchtigungen der eingewurzelten Unart eines Kindes oder dem überwiegenden Hange desselben zu Lastern und Ausschweifungen nicht steuern zu können glaube, er der Obrigkeit und dem geistlichen Schulvorsteher davon Anzeige machen solle.

Ist aber hiernach Überwachung und Förderung der Sittlichkeit vornehmlich der Zweck der Schulzucht, so kann man ihre Anwendung, ohne diesen Zweck zu beeinträchtigen, weder auf den Ort, noch auf die Stunden des Unterrichts einschränken wollen. Denn gerade außer diesem Orte und dieser Zeit treten die Unarten der Schüler erfahrungsmäßig am häufigsten hervor, und die Lehrer haben daher nicht bloß das Recht, sondern selbst die Pflicht, wenn sie die Schüler, zumal an öffentlichen Orten, bei Verübung solcher Unarten betreten, mit angemessener Strenge dagegen einzuschreiten. Kein Vater kann vernünftigerweise in seinem Erziehungs- und Züchtigungsrecht über die Kinder durch eine solche Mitwirkung des Lehrers sich für beeinträchtigt halten, er wird vielmehr anerkennen, daß diese Mitwirkung seine väterliche Zucht nicht beschränkt, sondern dieselbe vielmehr in Augenblicken, wo sie nicht wirksam werden kann, angemessen ergänzt und unterstützt. Aus diesen Gründen muß angenommen werden, daß dem Verklagten auch bei dem in Rede stehenden Vorfalle das Recht der Schulzucht über den Sohn des Klägers zustand.

(Ctrbl. 1861, S. 717—719.)

4.

Der 13jährige Sohn des Klägers, Katners K., ist im Dezember v. J. in der Schule zu N. von seinem Lehrer, dem Verklagten N., gezüchtigt worden. Der Kläger ist von der Königl. Staatsanwaltschaft in **Kiel** auf den Weg der Privatklage verwiesen und hatte eine solche erhoben mit dem Antrage, den Verklagten wegen vorsätzlicher Mißhandlung mit Übertretung der Amtspflicht nach §§ 187, 190, 203 des Strafgesetzbuches mit etwa vierwöchentlichem Gefängnis, achtwöchentlicher Amtssuspension und Auferlegung der Kosten zu bestrafen.

Er behauptet, daß der Lehrer wegen einer unerheblichen Unart zunächst

*) Die Bestrafung eines Schülers einer anderen Schule steht einem Lehrer nicht zu.

zwei Stockschläge auf den Hintern und später am Schluß des Unterrichts beim Nachsitzen drei Faustschläge auf den Rücken und noch vier Stockschläge auf den Hintern gegeben habe. Er hat ein ärztliches Zeugnis beigebracht, wonach auf dem Schultergrate und auf den großen Gesäßmuskeln eine **Kontusionsanschwellung** ohne erkennbare Blutextravasate resp. striemenförmige **Sugillationen** vorgefunden, erhebliche, gefahrbringende Verletzungen aber nicht wahrgenommen sind; der Verletzte könne einige Tage am Gehen behindert werden. — Die Königliche Regierung zu **Schleswig** erhob den Konflikt, weil die dem Lehrer N. vorgeworfene Überschreitung des Züchtigungsrechts nicht zur gerichtlichen Verfolgung geeignet sei. Denn die mäßige Anwendung von Schlägen gehört zu den erlaubten Mitteln der Schulzucht; eine wirkliche Verletzung sei dem Knaben nicht zugefügt worden.

Der Konflikt wird als begründet erachtet. — Der Umstand, daß die Schläge der Gesundheit des Knaben hätten schädlich werden **können**, ist noch nicht genügend, um ein gerichtliches Verfahren zu begründen.

Erk. des Kgl. Gerichtsh. für Kompetenzkonflikte vom 11. September 1869 (Ctrbl. 1870, S. 6–8).

5.

(Auszug.) Der Handarbeiter D. zu W. hatte gegen den bei der dortigen Knabenschule angestellten Lehrer W. Klage erhoben, weil derselbe den 9jährigen Sohn des erstern in einer die Grenzen des dem Lehrer zustehenden Züchtigungsrechts überschreitenden Weise mißhandelt haben sollte. Er hat ein Attest beigebracht, nach dessen Inhalt 1) das linke **obere Augenlid** des Knaben **geschwollen** und **bläulichrot sugilliert**, 2) auf der Nasenwurzel eine oberflächliche **Hautabschälung** von der Größe eines halben Sechsers gefunden, diese Beschädigungen jedoch für die Gesundheit des Knaben nicht nachteilig erachtet werden können.

Der Konflikt wird erhoben und als begründet erachtet, weil die Verletzung für die Gesundheit des Kindes nach ausdrücklichem Zeugnisse des Arztes unschädlich sei.

Erk. des Kgl. Gerichtsh. zur Entscheidung der Kompetenzkonflikte vom 12. Mai 1870 (Ctrbl. 1870, S. 294).

6.

§ 298. **Ausschluß des Rechtsweges bei Beschwerden über Züchtigung eines Schulkindes durch den Lokalschulinspektor.**

(Auszug.) Der Weber E. zu R. hat den Pfarrer W. wegen thätlicher Beleidigung seines Sohnes belangt, weil er diesem in der Schule, da er auf die Frage, weshalb er die Kirche nicht besucht, keine Antwort gegeben, einen Schlag ins Gesicht versetzt. Der Pfarrer soll hierzu nicht befugt gewesen sein, weil er weder Schul- noch Konfirmations-Unterricht gegeben, überhaupt zu jener Zeit als Lehrer nicht fungiert hat.

Von dem gräflich St'schen Konsistorium ist Konflikt erhoben, weil dem Pfarrer als Geistlichen, Schulaufseher und Religionslehrer unzweifelhaft das Züchtigungsrecht über die Schulknaben zustehe, und dieses in keiner Weise überschritten sei.

Der Minister der geistlichen Angelegenheiten ist dem Konflikte beigetreten. Von einer Verletzung des Gezüchtigten sei aber nicht entfernt die Rede, ja nicht einmal von Überschreitung des Züchtigungsrechts, und könne daher der Pfarrer W. unter keinen Umständen mit einer Injurienklage in Anspruch genommen werden.

Der Konflikt ist als wohlbegründet anerkannt worden.

Erk. des Königlichen Gerichtshofes zur Entscheidung der Kompetenzkonflikte vom 13. Mai 1871 (Ctrbl. 1871, S. 488).

7.

(Auszug.) Der Pfarrer P. zu C. hat am 5. Dezember v. J. den 10jährigen Sohn des Kötters N. zu B. wegen unkeuscher Handlungen durch Stockschläge körperlich gezüchtigt. Der Arzt fand bei der Untersuchung „an den posterioribus des Knaben, namentlich an dem rechten Hinterteile, eine blau sugillierte Anschwellung von der Größe einer Handfläche". Kläger beantragte die Bestrafung des Verklagten wegen Mißhandlung.

Nach diesem Antrage ist in erster Instanz in contumaciam auf 3 Thaler Geldbuße event. 1 Tag Haft erkannt.

Der Verklagte hat appelliert, indessen ist von der Königlichen Regierung zu A. der Konflikt erhoben, weil gesundheitsschädliche Folgen im vorliegenden Falle weder durch dies erwähnte ärztliche Attest nachgewiesen, noch in der Klage behauptet worden sind.

Hierauf wurde der Konflikt für begründet erachtet.

Erk. des Königlichen Gerichtshofes zur Entscheidung der Kompetenzkonflikte vom 14. November 1873 (Ctrbl. 1874, S. 360).

8.

(Auszug.) Pfarrer C. zu B., im Regbzk. Wiesbaden, welcher in der Schule zu B. kathol. Religionsunterricht erteilte, hat seinen Schüler, den 11jährigen A., mit einem Riemen durch Schläge über den Rücken gezüchtigt. Der Vater des Knaben hat bei dem Königlichen Amtsgericht zu N. auf Bestrafung des Pfarrers C. wegen fahrlässiger Körperverletzung und Amtsmißbrauches angetragen.

Der Arzt hatte folgendes bescheinigt:

> das linke Schulterblatt vom untern Winkel bis zur Gräte und über den linken Arm hinaus, ferner die Mitte des Rückens in der Größe einer halben Hand, und einzelne Stellen auf der rechten Rückenseite waren voll Blutunterlaufungen der cutis.

Die Königliche Regierung zu Wiesbaden erhob den Kompetenzkonflikt, weil weder der ärztliche Befund einen Nachteil für die Gesundheit des Knaben konstatiert, noch die Klage einen solchen behauptet, daß vielmehr der Knabe zufolge der Versicherung des Schulinspektors durch die Züchtigung keinen Augenblick am Schulbesuche verhindert worden ist.

Der Kläger hat ein weiteres Gutachten des Dr. D. vom 30. April v. J. beigebracht, worin bemerkt wird:

> Züchtigungen, die einen Blutaustritt in die cutis veranlassen, gehen über das Maß einer gewöhnlichen Züchtigung hinaus. Denn es finden Zerreißungen von Geweben und Gefäßen statt, die nur infolge größerer Gewaltanstrengung zu stande kommen können. Und dieser Fall lag vor in der Züchtigung des p. A. am 31. Januar. Diese Züchtigung ging über das Maß einer gewöhnlichen Züchtigung hinaus.

Allein, sofern diese Bemerkungen allgemeiner Natur sind, treffen sie nicht dasjenige, worauf es hier ankommt. Denn sie passen auf jeden blauen Fleck, während doch nicht jeder blaue Fleck als Verletzung im Sinne des Gesetzes anzusehen ist. Sofern sie aber den speciellen Fall betreffen, lassen sie außer acht, daß Überschreitungen des Züchtigungsrechtes disziplinarischer Ahndung unterliegen, die gerichtliche Zuständigkeit aber durch das Vorhandensein einer wirklichen Verletzung bedingt ist. Da eine solche nicht vorliegt, war der Rechtsweg, wie geschehen, auszuschließen.

Erk. des Kgl. Gerichtsh. zur Entscheidg. der Kompetenzkonflikte vom 14. Februar 1880 (Ctrbl. 1880. S. 749—751).

9.

Der Verklagte ist Dorfdiener zu D., einem Dorfe in Westpreußen. Zu den Schülern der dortigen Schule gehört der elfjährige Sohn des Einwohners J., des Klägers. Der des Diebstahls an Sachen der Mitschüler beschuldigte Knabe wurde auf Befehl des Pfarrers und Lokalschulinspektors von dem Verklagten körperlich gezüchtigt, der Vater des Knaben belangte deshalb den Verklagten wegen Mißhandlung seines Sohnes im Wege des Injurienprozesses, und wurde dieser von der Kreisgerichtskommission zu N. mittels Erkenntnisses vom 1. Mai 1875 der Mißhandlung des Sohnes des Klägers für schuldig befunden und deshalb zu einer Geldstrafe von 9 Mark ev. zweitägiger Gefängnisstrafe verurteilt.

In der vom Verklagten beschrittenen zweiten Instanz erhob die Königliche Regierung zu M. auf Grund des Gesetzes vom 13. Februar 1854 § 1 den Konflikt, und wurde das gerichtliche Verfahren einstweilen sistiert. Der hiervon vorschriftsmäßig in Kenntnis gesetzte Kläger hat hierauf nicht geantwortet, der Verklagte aber mit dem erhobenen Konflikte sich einverstanden erklärt.

Der Sachverhalt ist nach der Aussage der Zeugen: des Pfarrers und Schulinspektors K., des Lehrers B. und des Gasthofbesitzers K., folgender:

Der Pfarrer K. ist Schulinspektor, K. Schulvorstand und B. Lehrer der Schule zu D. Die beiden ersteren hielten am 17. September 1874 eine Schulinspektion ab. Bei dieser Gelegenheit teilte der Lehrer B. dem Pfarrer K. mit, daß sich der Sohn des Klägers Diebereien gegen Mitschüler habe zu schulden kommen lassen, und ordnete K. als Schulinspektor an, daß dafür der Knabe 25 Hiebe mit dem Rohrstocke des Lehrers erhalten solle. Da der Lehrer es nicht für angebracht hielt, die Züchtigung selbst auszuführen, so wurde damit der Verklagte in seiner Eigenschaft als Schuldiener beauftragt. Diesem Befehle nachkommend, legte er den Knaben über die Bank, erteilte ihm etwa 16 Hiebe über das Hinterteil mit dem Rohrstocke des Lehrers von der Dicke eines kleinen Fingers und schlug hierbei nicht gerade leicht zu, aber auch nicht excessiv stark, sondern so, wie es bei einer Züchtigung zu geschehen pflegt. Die weitere Züchtigung unterblieb auf Veranlassung des Schulvorstehers K. Über die Behauptung des Klägers, daß der Knabe von den Schlägen **braun und blutrünstig** gewesen sei und nicht habe sitzen können, haben die Zeugen nichts zu bekunden vermocht.

Der Gerichtskommissarius nahm an, daß die Züchtigung des Knaben nicht in den Grenzen der zulässigen Schulzucht geblieben sei. Es wurde dies aus dem zarten Alter des Gezüchtigten, der Zahl der Schläge und der Art, wie sie erteilt worden, gefolgert und angenommen, daß der dem Verklagten von dem Schulinspektor K. erteilte Auftrag ein unerlaubter und daher der Verklagte seine Ausführung abzulehnen verpflichtet gewesen sei. Demgemäß wurde der Verklagte unter Anwendung des § 223 St.-G.-B., wie angegeben, wegen Mißhandlung verurteilt.

Der erhobene Konflikt ist begründet. Nach der Polizeiverordnung der Königlichen Regierung zu M. vom 17. März 1858 ist für alle Schulorte ein besonderer Schuldiener zu bestellen oder der Gemeindediener mit den Verrichtungen desselben zu beauftragen nnd dieser dem Schulvorstande untergeordnet, von dessen Vorsitzendem er seine Weisung erhält. Nach § 31 der Schulordnung für Elementarschulen der Provinz Preußen vom 11. Dezember 1845 führt der Pfarrer des Kirchspiels in Abwesenheit des Patrons als Lokalschulinspektor den Vorsitz in dem Schulvorstande.

Nach den Aussagen der Zeugen ist der Verklagte als Dorfdiener gleichzeitig auch Schuldiener und hat in dieser letzteren Eigenschaft auf Befehl des Schulinspektors, seines Vorgesetzten, die Züchtigung ausgeführt. Es kann also nicht zweifelhaft sein, daß der Verklagte hierbei im Amte gehandelt hat.

Aber auch der Annahme des Richters, daß der Verklagte einen **unerlaubten** Auftrag befolgt habe und dafür verantwortlich sei, kann nicht beigetreten werden. Dem Pfarrer K. stand schon als Schulinspektor auf Grund seiner allgemeinen, in den §§ 31 und 32 der gedachten Schulordnung festgesetzten Amtsbefugnisse ein Züchtigungsrecht neben dem Lehrer zu, wie dies vom Gerichtshofe bereits mehrfach auf Grund ähnlicher Bestimmungen für andere Provinzen angenommen worden. Die Schulordnung für die Provinz Preußen enthält aber in § 10 noch die besondere Bestimmung:

„Die Bestrafung der Schulkinder durch den Lehrer darf die Grenzen einer mäßigen elterlichen Zucht nicht überschreiten. Wo der Lehrer mittels derselben die Schuldisziplin nicht zu erhalten vermag, hat er dem Pfarrer Anzeige zu machen, welcher **allein**, oder in schwierigen Fällen in Gemeinschaft mit dem Schulvorstande die notwendigen Maßregeln trifft. Wegen Überschreitung des Züchtigungsrechts bleibt der Schullehrer nach den gesetzlichen Bestimmungen verantwortlich."

Danach darf der Lehrer von der elterlichen Zucht nur einen mäßigen Gebrauch machen, während der Schulinspektor hier ausdrücklich als derjenige bezeichnet wird, zu dessen Kompetenz die Verhängung strenger Strafe gehört. Es ist ihm hierbei keine andere Schranke gesetzt, als den Eltern selbst, welche nach dem Allg. Landrecht dieselbe ist, wie die der Schulzucht. Es sagt nämlich:

§ 86 Tit. 1 Teil II. A. L. R.:

Die Eltern sind berechtigt, zur Bildung der Kinder alle der Gesundheit derselben unschädlichen Zwangsmittel zu gebrauchen.

§ 50 Tit. 12 a. a. O.:

Die Schulzucht darf niemals bis zu Mißhandlungen, welche der Gesundheit der Kinder auch nur auf entfernte Art schädlich werden können, ausgedehnt werden.

In dem § 72 der gedachten Schulordnung für Preußen sind zwar die Landrechtlichen Bestimmungen über Schulzucht aufgehoben, nicht aber auch die Kabinetsordre vom 14. Mai 1825, betreffend die Schulzucht, in welcher sich die angeführte Bestimmung des § 50 Tit. 12 Teil II. A. L. R. ad 4 fast wörtlich wiederfindet, und außerdem für Excesse die Grenze zwischen der Disziplinarrüge und der richterlichen Bestrafung näher geregelt wird.

Es heißt ad 6:

Wird das Maß der Züchtigung ohne **wirkliche** Verletzung des Kindes überschritten, so soll dieses von der dem Schulwesen vorgesetzten Provinzialbehörde durch angemessene Disziplinarstrafen an dem Lehrer geahndet werden. Wenn dagegen dem Kinde durch den Mißbrauch des Züchtigungsrechts eine wirkliche Verletzung zugefügt wird, soll der Lehrer nach den bestehenden Gesetzen im **gerichtlichen** Wege bestraft werden.

Nach diesem Maßstabe ist auch in der Provinz Preußen zu beurteilen, unter welchen Umständen das gerichtliche Verfahren einzutreten hat. Danach aber bleiben selbst Überschreitungen des Züchtigungsrechts der Disziplinarrüge vorbehalten; nur wirkliche Verletzungen, das ist eine wirklich erfolgte Schädigung des körperlichen Organismus, sollen richterlich bestraft werden.

Wäre es nun auch wahr, daß, worüber die Zeugen in erster Instanz nichts zu bekunden vermocht haben, der Knabe braune und blutrünstige Flecke davon getragen, so kann doch darin keine wirkliche Verletzung im Sinne der citirten Kabinetsordre gefunden werden, und der in zweiter Instanz durch Benennung der Ehefrauen S. und M. angetretene Beweis darüber,

> daß der Knabe infolge der „Mißhandlung" blutunterlaufene Streifen auf dem geschlagenen Teile seines Körpers gehabt, daß er 6 Tage habe zu Bett liegen, aus demselben habe gehoben und in dasselbe habe gelegt werden müssen,

kann schon deshalb nicht berücksichtigt werden, weil aus den behaupteten Thatsachen ohne sachverständiges Gutachten noch nicht hervorgehen würde, daß eine wirkliche Verletzung vorgelegen habe.

Danach ist jedenfalls nicht anzunehmen, daß der Schulinspektor K. der Vorgesetzte des Verklagten, bei Anordnung der Strafe die Grenzen der ihm zustehenden Schulzucht dergestalt überschritten hat, daß deshalb der Richter hätte angerufen werden können, und ist daher auch der **Verklagte** dafür dem Richter nicht verantwortlich, der nur den Befehl seines Vorgesetzten ausgeführt hat und in diesem Befehle eine Unerlaubtheit zu erblicken keinen Grund hatte.

Danach war der Rechtsweg in Gemäßheit des § 3 des Gesetzes vom 13. Februar 1854 für unzulässig zu erachten.

Berlin, den 8. Januar 1876, Kgl. Gerichtshof (Ctrbl. 1876, S. 311—314).

§ 299. Anderweitige Entscheidungen.

a) „**Der Haut beraubte Stellen, mit Blut unterlaufene schmerzhafte Geschwulste,**" obgleich keine dieser Verletzungen nach ärztlichem Gutachten für lebensgefährlich oder von dauernder, Besorgnis erregender Nachwirkung erachtet, stellen solche Mißhandlung dar, wie sie nach der Kabinetsordre vom 14. Mai 1825 den Kindern bei Ausübung der Schulzucht nicht zugefügt werden dürfen und als Mißbrauch des Züchtigungsrechts anzusehen seien.
Erk. v. 22. November 1856 (Min.-Bl. pro 1858, S. 40).

b) dem Lehrer liegt die Pflicht der Beaufsichtigung der Schüler bei Gelegenheit des Gottesdienstes ob und steht die Beurteilung über die Straflosigkeit einer Handhabung des Schülers allerdings dem die Aufsicht führenden Lehrer zu. Bei „**Schlägen mit der Hand ins Gesicht**" liegt eine den Mißbrauch des Züchtigungsrechts charakterisierende wirkliche Verletzung nicht vor.
Erk. v. 24. Januar 1857 (Just.-Min.-Bl. pro 1858, S. 75).

c) „**Einige sugillierte Stellen auf dem Rücken,**" entstanden durch Schläge mit einem Stock von Armeslänge und der Dicke eines halben kleinen Fingers, obgleich große Schmerzen verursachend, die aber nach ärztlichem Gutachten keinen nachteiligen Einfluß auf die Gesundheit gehabt haben, sind keine Verletzungen im Sinne der Allerh. Kabinetsordre vom 14. Mai 1825.
Erk. v. 7. März 1857 (Just.-Min.-Bl. pro 1858, S. 77).

d) **Der Lehrer ist befugt, den einer andern, als der ihm anvertrauten Schulklasse angehörigen Schüler zu züchtigen, da die Schulzucht ein gemeinschaftliches Recht des ganzen Lehrerpersonals ist,** welches sich objektiv ohne Unterschied auf alle Schüler der Anstalt erstreckt, sofern nicht durch besondere ausdrückliche Dienstinstruktion Beschränkungen vorgeschrieben seien.

Erk. v. 18. April 1857 (Just.-Min.-Bl. pro 1858, S. 58).

e) „**Eine Sugillation** (blutunterlaufene Stelle)", wodurch das Allgemeinbefinden, mit Ausnahme einer physischen Alteration, nicht gestört ist, gefährdet die Gesundheit des Kindes nicht, daher nicht jede sichtbare Spur einer Züchtigung, so unbedeutend sie auch sein mag, sondern nur eine die Gesundheit gefährdende Beschädigung sich als das Fundament eines gerichtlichen Verfahrens qualificiere. Die Grenzen der Schulzucht sind in der Allerhöchsten Kabinetsordre vom 14. Mai 1825 angegeben, in welcher auch die Überschreitung dieser Schranken mit Strafe bedroht wird.

Erk. v. 21. November 1857 (Just-Min.-Bl. 1858, S. 80).

f) Ein Geistlicher hatte den Vater eines Schulkindes schriftlich beschuldigt, „lügenhafte Aussagen" gemacht zu haben und hatte dadurch seine Amtsbefugnis überschritten.

Erk. v. 9. Januar 1858 (Just.-Min.-Bl., S. 59).

g) Ein Geistlicher hatte ein Schulkind in Beziehung auf sein Schulversäumnis der „**Lüge**" bezichtigt. Um deswillen, daß er es auch einen „**dummen Menschen**" genannt, würde der Rechtsweg nicht zugelassen worden sein.

Erk. v. 9. Januar 1858 (Kletke II., S. 484).

h) „**Backenstreiche oder Schläge links oder rechts an den Kopf**" können als Mißhandlung im Sinne der Allerhöchsten Kabinets-Ordre vom 14. Mai 1825 nicht erachtet werden.

Erk. v. 4. April 1858 (Just.-Min.-Bl., S. 67).

i) Dem Pfarrer steht als Religionslehrer oder als Schulaufseher wie dem Schullehrer das Recht der Züchtigung von Schulkindern selbst **außerhalb des Orts und der Zeit des Unterrichts zu. „Kontusionsgeschwulst, blaue oder rote Striemen, Hautabschindung,"** entstanden durch Züchtigung mit einem Instrument (Stock) sind Verletzungen, aus welchen, obgleich sie binnen wenigen Tagen, ohne Nachteil zu hinterlassen, zu heilen sind, der Thatbestand einer Mißhandlung im Sinne der Allerhöchsten Kabinets-Ordre vom 14. Mai 1825 hergeleitet werden kann.

Erk. v. 6. April 1856 (Min.-Bl. S. 37 de 1858).

k) Der Rechtsweg ist unzulässig, wenn der Schulvorstand zur Beseitigung des unordentlichen Schulbesuchs die Anwendung körperlicher Züchtigung beschlossen, und der Präses des Schulvorstandes in Ausführung dieses Beschlusses ein Kind ohne die Grenzen der Schulzucht zu überschreiten gezüchtigt hat.

Erk. v. 25. August 1858 (Min.-Bl. S. 182).

l) Ein Pastor hatte im Konfirmandenunterricht ein Kind gezüchtigt. Es wurde ein „Blutigreißen des Ohrs" als eine Verletzung im Sinne der Allerhöchsten Kabinets-Ordre vom 14. Mai 1825 über die Grenzen der Schulzucht nicht erklärt.

Erk. v. 5. Oktober 1858.

§ 299a. Die gerichtliche Verfolgung eines Lehrers wegen Beleidigung eines Schulkindes aus Anlaß von Vorhaltungen oder Rügen bei Ausübung der Schulzucht ist unzulässig.

1.

Der Anbauer N. in N. hat wegen Beleidigung seines Sohnes eine Privatklage gegen den Lehrer N. daselbst bei dem Königlichen Amtsgerichte

N. erhoben. Die Beleidigung soll darin bestanden haben, daß der letztere dem die Schule in N. besuchenden Sohne des Privatklägers während des Unterrichts die Verübung eines Diebstahles vorgehalten habe. Der Privatkläger hat als Vertreter seines Sohnes die Bestrafung des Lehrers nach § 187 des Strafgesetzbuchs und die Verurteilung desselben zu einer Buße nach § 188 daselbst beantragt. — Das Königliche Konsistorium zu N. hat den Konflikt erhoben.

Das Königliche Oberverwaltungsgericht hat darüber folgendes erkannt:

„Das Amt eines Lehrers als solches schließt das Erziehungsrecht und die Handhabung der Schulzucht in sich. **Der Lehrer hat vermöge dessen die Pflicht, über das sittliche Verhalten der Schulkinder auch außerhalb der Schulzeit zu wachen.** Er ist demnach berechtigt, sofern ihm Ausschreitungen seiner Schüler zu Ohren kommen, solche nicht bloß in der Schule selbst, **sondern auch außerhalb des Orts und der Zeit des Unterrichts** in den zulässigen Grenzen zu **rügen und zu strafen.** Er kann nach der Verordnung vom 14. Mai 1825 das Schulkind selbst züchtigen, wenn er sich nur innerhalb der durch diese Verordnung gezogenen Grenzen hält. und ist für die **richtige Handhabung der Schulzucht in diesen Grenzen nur seiner vorgesetzten Behörde verantwortlich.** Vor der gerichtlichen Verfolgung schützt ihn die Verordnung vom 14. Mai 1825 nicht minder, wie der § 193 des Strafgesetzbuches, welcher Vorhaltungen und Rügen der Vorgesetzten gegen ihre Untergebenen ꝛc. nur insofern für strafbar erklärt, als das Vorhandensein einer Beleidigung aus der Form der Äußerung oder aus den Umständen, unter welchen sie geschah, hervorgeht.

Es muß hiernach für unerheblich erachtet werden, ob die Vorhaltung, welche der Lehrer dem Sohne des Privatklägers machte, auf Wahrheit beruht oder nicht. Der ꝛc. N. durfte ihm die Vorhaltung machen, wenn er dieselbe für wahr hielt. Daß aber ꝛc. N. wider **besseres Wissen** eine unwahre Behauptung zur Kränkung des Schülers oder seiner Eltern vorgebracht habe, ist vom Privatkläger nicht einmal behauptet. — Nach dem eigenen Vortrage des Privatklägers fällt dem Beklagten eine Überschreitung seiner Amtsbefugnisse nicht zur Last. Es war daher in Gemäßheit des § 3 des Gesetzes vom 13. Februar 1854 (Ges.=Samml. S. 86) in Verbindung mit § 11 des Einführungsgesetzes zum Gerichtsverfassungsgesetze vom 27. Januar 1877 (Reichsgesetzbl. S. 77) der erhobene Konflikt für begründet und der Rechtsweg für unzulässig zu erachten."

Entscheidung des Königl. Oberverwaltungsgerichts vom 8. Oktober 1881 (Ctrbl. 1881, S. 671).

2.

Am 16. August 1881 züchtigte der Lehrer N. in der Schule zu M. den sechsjährigen Sohn des Besitzers N., weil er nicht ordentlich lesen konnte. Er bediente sich dabei des **Stockes,** mit dem er stets die Schulkinder züchtigte.

Der Arzt hatte bescheinigt, daß auf der rechten Schulter mehrere erhebliche **Blutsugillationen** vorgefunden worden sind.

Das Schöffengericht zu S. sprach den Angeklagten am 24. Januar 1882 frei, weil es annahm, daß derselbe die Grenzen seines Züchtigungsrechtes nicht überschritten habe.

Der Privatkläger legte gegen das Erkenntnis Berufung ein, doch die Königl. Regierung zu N. erhob den Konflikt.

Das Königliche Oberverwaltungsgericht, erster Senat, entschied in seiner Sitzung vom 7. Februar 1883 in der Angelegenheit nach eingehender Untersuchung folgendes:

„Es ist nur für festgestellt zu erachten, daß nach der Züchtigung der Körper des Knaben mehrere **blaue Flecke mit einer leichten Anschwellung gezeigt hat. Jede empfindliche Züchtigung — und zu einer solchen ist der Lehrer berechtigt — läßt derartige Erscheinungen zurück.** Es kann daher aus diesen nicht geschlossen werden, daß die Züchtigung eine übermäßige gewesen sei, die Grenzen einer mäßigen Züchtigung überschritten habe.“ (Ctrbl. 1883, S. 314—316.)

Insoweit die Landschulgesetzgebungen den Lehrern ein Züchtigungsrecht erteilen, fällt die in Ausübung innerhalb der Grenzen desselben vorgenommene Handlung nicht unter das Strafgesetz, auch wenn sie objektiv als eine Körperverletzung im Sinne des Strafgesetzbuches sich darstellt. **Überschreitet** der Lehrer das ihm gewährte Züchtigungsrecht, indem er innerhalb der ihm gezogenen Züchtigungsgrenze eine Züchtigung vornimmt, die er im gegebenen Falle subjektiv für berechtigt erachtet, die aber thatsächlich auf einem objektiv unrichtigen Urteil über das Verschulden des Zöglings oder über das Maß der anzuwendenden Strafe beruht, so ist er **nicht prinzipiell** wegen Körperverletzung zu verfolgen (da ihm der Dolus gefehlt hat) und es bleibt in diesem Falle der Schulbehörde überlassen, den Lehrer disziplinell zur Verantwortung zu ziehen.

Entscheidung des Reichsgerichts (III. Straffenat) vom 14. April 1880.

Schulzucht überhaupt.

§ 300. **Schulzucht bei Vergehen und Verbrechen von Kindern unter 12 Jahren.**

Der Königl. Regierung erwidere ich auf den Bericht vom 4. Dezember pr., daß ich dem Wunsche, eine Ergänzung des § 55 des Strafgesetzbuchs vom 31. Mai 1870 durch eine für Preußen geltende Bestimmung zu erwirken, nach welcher Kinder unter 12 Jahren für die von ihnen begangenen Vergehen und Verbrechen einer Erziehungs- oder Besserungsanstalt überwiesen werden dürfen, nicht zu entsprechen vermag.

Der § 56 I. c. charakterisiert in Übereinstimmung mit dem § 42 des früheren preußischen Strafgesetzbuchs vom 14. April 1851 die Überweisung jugendlicher Verbrecher in eine derartige Anstalt unzweifelhaft als einen Akt straflicher Verfolgung.

Mit dem Erlasse der gewünschten Bestimmung würde daher das Verbot des § 56 aufgehoben, also durch einen Eingriff in die nicht mehr auf den Umfang der preußischen Monarchie einzuschränkende und soeben erst abgeschlossene Strafgesetzgebung für das deutsche Reich ein Zustand wieder herbeigeführt werden, welchen der Gesetzgeber für schädlich erachtet und deshalb gerade abgeschafft hat.

Ich kann aber auch ein Bedürfnis zur Ergänzung des § 55 in dieser Richtung nicht anerkennen, da, wie von der Königlichen Regierung selbst in Übereinstimmung mit mehreren Erkenntnissen des Gerichtshofs für Kompetenzkonflikte und mit der bisherigen Praxis anerkannt wird, die außerhalb der Schule von den Kindern begangenen und straflos gebliebenen Übertretungen von der Schulzucht nicht ausgeschlossen sind, die Schule daher den Beruf hat, derartige Handlungen der Kinder nach der ihr zuständigen Disziplinargewalt in einer den Zwecken der Erziehung entsprechenden Weise zu ahnden.

Die gegen eine solche Übung der Schulzucht von der Königlichen Regierung erhobenen Bedenken kann ich nicht teilen.

Zunächst ist es, wie die Königliche Regierung hervorhebt, allerdings möglich, daß infolge des § 55 des Strafgesetzbuchs die Fälle, in denen die

Schulzucht zur Anwendung kommen müßte, häufiger eintreten würden als früher. Die Bedeutung der Schule kann aber mit dem erweiterten Umfange dieses ihres Berufes nur gewinnen und werden die Leiter der Schule ihre Aufgabe nur um desto ernster zu erfassen haben, namentlich aber nicht vor Konflikten mit den Eltern der Kinder zurückschrecken, welche freilich erfahrungsmäßig oft genug von der naturgemäß durch die Züchtigung ihrer Kinder bedingten inneren Bewegung sich verleiten lassen, gegen die Anwendung der Zucht zu protestieren und darüber Beschwerde zu führen.

Ich zweifle nicht, daß in den meisten Fällen, in denen Schulstrafen für außerhalb der Schule begangene Handlungen der Kinder verhängt und vollzogen werden, es wesentlich dazu beitragen wird, jeden Klagen der Eltern vorzubeugen, wenn ihrer eigenen Strafbefugnis nicht vorgegriffen wird, die Schulzucht daher erst dann eintritt, wenn die Eltern resp. die Vormünder nicht im stande oder nicht gewillt sind, wirksame Zucht zu üben.

Ich nehme hierzu auf eine im Centralbl. pro 1872, S. 33, abgedruckte Cirkular-Verfügung der Königl. Regierung zu Frankfurt vom 28. Oktober pr. Bezug.

Ein weiteres Bedenken der Königlichen Regierung geht dahin, daß die Schulzuchtmittel nicht für alle Fälle ausreichen werden.

Es bedarf zunächst keiner Erwähnung, daß die Schulzuchtmittel die durch die Kabinetsordre vom 14. Mai 1825 gesetzten Grenzen nicht überschreiten dürfen. Gewähren dieselben aber einerseits einen weiten Spielraum für geringere und härtere Strafen — von der Ermahnung bis zur empfindlichen körperlichen Züchtigung, so entspringt andererseits auch die Innehaltung dieser Grenze der berechtigten Annahme zu dem § 55 des Strafgesetzbuchs, daß Kinder unter 12 Jahren nicht mit dem Unterscheidungsvermögen handeln, welches die Vergehen und Verbrechen der Erwachsenen charakterisiert und deshalb eben die strafrechtliche Verfolgung rechtfertigt.

Aus dieser Erwägung muß denn auch eine entsprechende körperliche Züchtigung als das äußerste Maß der Ahndung dieser Handlungen der Kinder um so mehr für ausreichend erachtet werden, als sich an diese Züchtigung eine besondere Beobachtung und fortgesetzte erziehliche Handlung von Seiten des Lehrers anschließen wird, welche notwendig und geeignet erscheint, um Rückfällen vorzubeugen und die innere Wendung zur Besserung herbeizuführen.

Ein drittes Bedenken findet die Königliche Regierung darin, daß die Schule der nötigen Kräfte entbehrt, um den einzelnen Fall zur disziplinarischen Behandlung von seiten der Schule vorzubereiten, also den Thatbestand festzustellen. In der Regel aber wird die Polizei, deren Beruf in dieser Beziehung durch den § 55 des Strafgesetzbuches nicht verändert ist, diese Feststellung nach wie vor besorgen, die Schule also weiterer Ermittelung überhoben sein, und nur ausnahmsweise Ergänzungen vorzunehmen haben.

Ich zweifle indessen auch nicht, daß, wenn von Seiten der Schule noch derartige weitere Ermittelungen und Feststellungen nötig erachtet werden sollten, die betreffenden Staatsbehörden den an sie gerichteten Ersuchen bereitwillig Folge leisten werden.

Kann ich hiernach die gegen Anwendung der Schulzucht in allen dazu geeigneten Fällen von der Königl. Regierung erhobenen Bedenken nicht für begründet, muß ich dieselben vielmehr ebensosehr dem Stande der Gesetzgebung für entsprechend, als ausreichend erachten, so scheint es auch weder geboten noch geraten, über die in Rede stehende Frage generelle Änderungen zu treffen, die nur den Zweck haben könnten, ein Verfahren für anwendbar zu erachten, welches bisher unverändert beobachtet ist und dessen Berechtigung von keiner Seite angezweifelt wird.

M.-Erl. v. 28. März 1872 (Ctrbl. 1872, S. 369).

Vergl. die Verfügg. der Kgl. Reg. zu Frankfurt a. O. vom 28. Oktober 1871 (Ctrbl. 1872, S. 33). Kgl. Regierung zu Trier vom 14. Oktober 1871 (Ctrbl. 1872, S. 35), M.-Erlaß vom 9. März 1874 (Ctrbl. 1874, S. 361), Kgl. Reg. zu Koblenz vom 5. Februar 1877 (Ctrbl. 1877, S. 429).

§ 301. **Auszug aus dem Strafgesetzbuch für das deutsche Reich vom 15. Mai 1871 und 26. Februar 1876.**

Strafausschluß oder Strafmilderung. § 55. Wer bei Begehung der Handlung das 12. Lebensjahr noch nicht vollendet hat, kann wegen derselben nicht strafrechtlich verfolgt werden. — Gegen denselben können jedoch nach Maßgabe der landesgesetzlichen Vorschriften die zur Besserung und Beaufsichtigung geeigneten Maßregeln getroffen werden. Insbesondere kann die Unterbringung in eine Erziehungs- oder Besserungsanstalt erfolgen, nachdem durch Beschluß der Vormundschaftsbehörde die Begehung der Handlung festgestellt und die Unterbringung für zulässig erklärt ist.

§ 56. Ein Angeschuldigter, welcher zu einer Zeit, als er das 12., aber nicht das 18. Lebensjahr vollendet hatte, eine strafbare Handlung begangen hat, ist freizusprechen, wenn er bei Begehung derselben die zur Erkennung ihrer Strafbarkeit erforderliche Einsicht nicht besaß. — In dem Urteile ist zu bestimmen, ob der Angeschuldigte seiner Familie überwiesen oder in eine Erziehungs- oder Besserungsanstalt gebracht werden soll. In der Anstalt ist er so lange zu behalten, als die der Anstalt vorgesetzte Verwaltungsbehörde solches für erforderlich erachtet, jedoch nicht über das vollendete 20. Lebensjahr.

§ 302. **Züchtigungsrecht der Lehrer auch außerhalb der Schule*).**

Nach § 5 der Kabinetsordre vom 14. Mai 1825 sollen die Züchtigungen welche in den der Schulzucht gesetzten Schranken verbleiben, d. h. die der Gesundheit unschädlich sind, gegen den Lehrer nicht als strafbare Mißhandlungen oder Injurien behandelt werden. Ein gerichtliches Einschreiten findet nach § 6 nur statt, wenn eine wirkliche, der Gesundheit schädliche Verletzung geschehen ist. Nach dem Urteil des Gerichtshofes vom 5. April und 22. November 1856 ist anerkannt, daß ein zur Schulzucht berechtigter Lehrer einem seiner Schüler auch außerhalb des Ortes und der Zeit des Unterrichts, namentlich auf der Straße oder auf dem Felde, wenn er ihn bei einer ungebührlichen Handlung betreffe, eine verdiente, angemessene Züchtigung auf der Stelle zu erteilen befugt sei. Die öffentlichen Schulen sind nicht bloß Unterrichts-, sondern zugleich Erziehungsanstalten; die Lehrer haben darin den Schülern nicht allein Kenntnisse beizubringen, sondern auch, was ebenso wichtig und oft wichtiger noch ist, über deren sittliche Ausbildung zu wachen. Und gerade zu diesem Erziehungszwecke, und viel weniger zu dem des bloßen Unterrichts ist den Lehrern das Recht der Schulzucht beigelegt. Die §§ 50 bis 53 des Allg. L.-R. Tit. 12 Teil II. schreiben dem Schullehrer vor, daß, wenn er durch geringere Züchtigung der eingewurzelten Unart eines Kindes oder dem überwiegenden Hange desselben zu Laster und Ausschweifungen nicht steuern zu können glaube, er der Obrigkeit und dem geistlichen Schulvorsteher davon Anzeige zu machen habe. Die Lehrer haben daher nicht bloß das Recht, sondern selbst die Pflicht, wenn die Schüler, zumal an öffentlichen

*) Vergl. § 299 d).

Orten, bei Verübung solcher Unarten betreten, mit angemessener Strenge dagegen einzuschreiten. Er beschränkt dadurch nicht, sondern ergänzt und unterstützt dadurch das Erziehungs- und Zuchtrecht des Vaters.

Erk. des Gerichtshofs zur Entscheidung der Kompetenzkonflikte vom 7. Mai 1859 (Ctrbl. 1859, S. 441).

§ 303. Bestrafung von Schulkindern wegen Holzdiebstahls.

Es sind bei uns fortgesetzt von einzelnen der Herren Kreis- und Lokalschulinspektoren Klagen über die häufig vorkommenden Bestrafungen schulpflichtiger Kinder mit Gefängnißhaft wegen Holzdiebstahls geführt worden, wobei in der Regel hervorgehoben ist, daß den nnter Zustimmung oder sogar meist auf Befehl ihrer Eltern handelnden Kindern das Bewußtsein von der Strafbarkeit ihres Vergehens völlig abgehe, daß der Aufenthalt im Gefängnis auf die Kinder nicht bessernd, sondern entsittlichend und abstumpfend wirke, und daß sie durch denselben nur zu ihrem Nachteil dem Unterricht entzogen würden.

Je weniger wir solchen an sich begründeten Klagen gegenüber in der Lage sind, auf eine Änderung der Gesetze oder der Rechtsprechung hinzuwirken, um so entschiedener haben wir die aus der Sachlage den mit dem Unterricht solcher Kinder betrauten Lehrern erwachsende Aufgabe hervorheben müssen, ihrerseits mit den Mitteln der Zucht und Ermahnung helfend hinzuzutreten und wegen Holzdiebstahls verurteilte Kinder vor den andern Schulkindern mit Worten zu strafen, um in denselben das Bewußtsein von der Sündhaftigkeit der begangenen Übertretung zu wirken und die Gewissen zu schärfen.

Hierauf ist uns berichtet worden, daß vielfach die Eltern die Bestrafung ihrer Kinder sorgfältig zu verheimlichen suchten und keine sichere Nachricht über die einzelnen Fälle, in denen Verurteilungen der Kinder wegen Holzdiebstahls vorgekommen, zu erhalten seien. Infolgedessen hat der Herr Oberstaatsanwalt beim Königlichen Kammergericht auf unsern Wunsch den sämtlichen Polizeianwälten seines Departements die Anweisung erteilt, künftighin Geistlichen auf deren besonderes Ansuchen im einzelnen Falle Auskunft über die Bestrafung von Schulkindern wegen Holzdiebstahls zu erteilen.

Die Herren Kreisschulinspektoren wollen hiervon die sämtlichen Lokalschulinspektoren und Lehrer ihrer Aufsichtskreise durch Mitteilung dieser Verfügung benachrichtigen, damit dieselben nötigenfalls den dargebotenen Weg benutzen, um sich von den fraglichen Verurteilungen ihrer Kinder Kenntnis zu verschaffen und sodann gegen diese in vollem Maß ihre Pflicht zu thun.

Verfgg. der Königl. Reg. zu Potsdam, vom 17. Juli 1867 (Ctrbl. 1867, S. 503).

Vergl. die Verfgg. der Königl. Reg. zu Frankfurt a. O. vom 17. April 1871 (Ctrbl. 1871, S. 382).

§ 304. Unterbringung verwahrloster Kinder.

§ 1. Wer nach Vollendung des 6. und vor Vollendung des 12. Lebensjahres eine strafbare Handlung begeht, kann von Obrigkeitswegen in eine geeignete Familie, oder in eine Erziehungs- und Besserungsanstalt untergebracht werden, wenn die Unterbringung mit Rücksicht auf die Beschaffenheit der strafbaren Handlung, auf die Persönlichkeit der Eltern oder sonstigen Erzieher des Kindes und auf dessen übrige Lebensverhältnisse zur Verhütung weiterer sittlicher Verwahrlosung erforderlich ist.

§ 2. Die Unterbringung zur Zwangserziehung erfolgt, nachdem das Vormundschaftsgericht durch Beschluß den Eintritt der Voraussetzung des § 1 unter Bezeichnung der für erwiesen erachteten Thatsachen festgestellt und die Unterbringung für erforderlich erklärt hat.

§ 3. Das Vormundschaftsgericht beschließt von Amtswegen oder auf Antrag: Die Staatsanwaltschaft ist verpflichtet, dem Vormundschaftsgericht von den im § 1 bezeichneten strafbaren Handlungen, welche zu ihrer Kenntnis gekommen sind, Mitteilung zu machen.

Das Vormundschaftsgericht soll vor der Beschlußfassung die Eltern oder, sofern diese nicht leben, die Großeltern, den Vormund, den Pfleger, den Gemeindevorstand hören, falls deren Anhörung ohne besondere Schwierigkeiten erfolgen kann, sowie in allen Fällen die Ortspolizeibehörde oder einen andern, durch den Minister des Innern zu bestimmenden Vertreter der Staatsregierung.

Das Vormundschaftsgericht kann Zeugen eidlich vernehmen.

Der Beschluß des Vormundschaftsgerichts ist in einer Schlußverhandlung zu verkündigen. Von dem zur Schlußverhandlung anberaumten Termin sind außer den im zweiten Absatz dieses Paragraphen genannten Personen und Behörden der Schulvorstand und der Waisenrat zu benachrichtigen. Dieselben sind berechtigt, über den Gegenstand der Verhandlung ihre Erklärung in diesem Termine oder vorher schriftlich abzugeben.

§ 4. Gegen den Beschluß des Vormundschaftsgerichts steht den in § 3 Absatz 2 und 4 genannten Personen und Behörden das Recht der Beschwerde zu, den Eltern bezw. den Großeltern jedoch nur dann, wenn der Schluß auf Unterbringung lautet.

Die Beschwerde hat aufschiebende Wirkung, wenn sie innerhalb einer Woche, von Verkündigung des Beschlusses an gerechnet, bei dem Vormundschaftsgericht eingereicht wird.

§ 5. Hat die in § 3 angeordnete Anhörung der Eltern, beziehungsweise Großeltern, des Vormundes oder Pflegers nicht stattfinden können, so sind dieselben jederzeit berechtigt, die Wiederaufnahme des Verfahrens zu verlangen.

§ 6. Das Vormundschaftsgericht übersendet seinen auf Unterbringnug gerichteten Beschluß dem verpflichteten Kommunalverbande (§ 7) durch Vermittelung des Landrats (Amts-Hauptmanns ꝛc.).

§ 7. Verpflichtet zur Unterbringung ist derjenige Kommunalverband, in dessen Gebiet das beschließende Vormundschaftsgericht seinen Sitz hat.

§ 8. Die Unterbringung darf nicht in Anstalten erfolgen, welche zur Detention der im § 362 des Strafgesetzbuchs bezeichneten Personen oder zur Unterbringung von Kranken, Idioten, Landarmen und Gebrechlichen bestimmt sind.

§ 9. Die Kommunalverbände haben von der Unterbringung und von jedem Wechsel des Aufenthaltsortes Kenntnis zu geben, weil sie über nicht bevormundete Kinder eine geistliche Aufsicht üben, wie ihnen solche die Vormundschaftsordnung vom 5. Juli 1875, insbesondere in den §§ 53 und 54 in betreff der Mündel übertragen hat.

§ 10. Das Recht der Zwangserziehung hört, abgesehen von der Aufhebung des Überbringungsbeschlusses im Falle des § 5, auf:

1. mit dem vollendeten 16. Lebensjahre des Zöglings,
2. mit dem Beschlusse der Entlassung aus der Zwangserziehung.

Die Entlassung aus der Zwangserziehung ist von dem verpflichteten Kommunalverbande zu beschließen, sobald die Erreichung des Zwecks der

Zwangserziehung anderweit sicher gestellt oder dieser Zweck erreicht ist. Ist dies zweifelhaft, so kann von dem Verbande eine widerrufliche Entlassung verfügt werden, welche das Recht zur Zwangserziehung nicht berührt.

§ 11. Die gerichtlichen Verhandlungen sind gebühren- und stempelfrei. Die baaren Auslagen fallen der Staatskasse zur Last.

Beschwerden werden in dem für Vormundschaften bestehenden Instanzenzuge erledigt.

§ 12. Die in § 7 genannten Kommunalverbände (Provinzialverbände) haben für die Einrichtung öffentlicher Erziehungs- und Besserungsanstalten zu sorgen, wenn und insoweit es an Gelegenheit fehlt, durch Abkommen mit geeigneten Familien, Vereinen und Privatanstalten oder bestehenden öffentlichen Anstalten die Unterbringung der verwahrlosten Kinder zu bewirken.

Die Kosten, welche durch Einlieferung in die Familie oder Anstalt und die dabei nötige reglementsmäßige erste Ausstattung des Zöglings und durch die Rückreise der Entlassenen erwachsen, fallen dem Ortsarmenverbande, in welchem der Zögling seinen Unterstützungswohnsitz hat, alle übrigen Kosten des Unterhalts und der Erziehung, sowie der Fürsorge bei der Beendigung der Zwangserziehung den vorerwähnten Verbänden zur Last, soweit sie nicht aus dem eigenen Vermögen des Zöglings getragen oder von den aus privatrechtlichen Titeln zur Alimentation Verpflichteten eingezogen werden können.

§ 13. Die näheren Bestimmungen über die Verwaltung des den Kommunalverbänden durch dieses Gesetz übertragenen Verwaltungszweiges, sowie der zu errichtenden Erziehungs- und Besserungsanstalten erfolgen durch besondere von den Vertretungen der betreffenden Verbände zu erlassenden Reglements.

Diese Reglements bedürfen der Genehmigung des Ministers des Innern und des Ministers der geistlichen ꝛc. Angelegenheiten in betreff derjenigen Bestimmungen, welche sich auf die Aufnahme, die Behandlung, den Unterricht und die Entlassung der Zöglinge beziehen.

§ 14. Die zuständigen staatlichen Aufsichtsbehörden der im § 7 bezeichneten Kommunalverbände und in höherer Instanz der Minister des Innern haben Oberaufsicht über die zur Unterbringung von Zöglingen getroffenen Veranstaltungen zu führen; sie sind befugt, zu diesem Behufe Revision vorzunehmen.

§ 15. Wenn einer der in § 7 gedachten Verbände die ihm nach diesem Gesetz obliegenden, von der Behörde innerhalb der Grenzen ihrer Zuständigkeit festgestellten Leistungen zu erfüllen verweigert oder unterläßt, so entscheidet das Oberverwaltungsgericht auf Antrag des Oberpräsidenten.

§ 16. Die gesetzlichen Bestimmungen, wonach die zwangsweise Unterbringung von Kindern in eine geeignete Familie oder in eine Erziehungs- oder Besserungsanstalt auch ohne die Voraussetzung einer verübten strafbaren Handlung zugelassen ist, werden durch dies Gesetz überhaupt nicht berührt.

§ 17. Die gesetzlichen Bestimmungen über die religiöse Erziehung der Kinder gelten unverändert auch für die in diesem Gesetze geordnete Zwangserziehung.

§ 18. Dieses Gesetz tritt mit dem 1. Oktober 1878 in Kraft.

Gesetz v. 13. März 1878 (Ges.-S. S. 132, Nr. 8558).

§ 305. Beschädigung gemeinnütziger Anstalten.

Die Cirkular-Verfügung vom 1. Juli 1873, betreffend die Beschädigung von Telegraphenleitungen, wird mit dem Bemerken in Erinnerung gebracht, daß zu den gemeinnützigen Anstalten des öffentlichen Verkehrs, zu deren

Pflege und Schonung die Bevölkerung gewöhnt und schon die Jugend erzogen werden muß, in erster Linie die Eisenbahnen zu rechnen sind.

Da nach Mitteilungen von zuständiger Stelle wiederholt wahrgenommen ist, wie Schulkinder mit Steinen nach fahrenden Eisenbahnzügen und Maschinen werfen und dabei nicht nur Fensterscheiben zertrümmerten, sondern auch die Insassen belästigten, da ferner auch in manchen Fällen der Verdacht rege geworden ist, daß durch Knaben, die im schulpflichtigen Alter stehen, Steine auf die Schienen gelegt worden seien, so muß die sachgemäße Mitwirkung der Schule wiederholt in Anspruch genommen werden, um einem Unfug zu wehren, der die Betriebssicherheit auf den Eisenbahnen stört und das reisende Publikum ernstlich zu gefährden vermag. Es kommt darauf an, daß dem Gegenstande, namentlich in solchen Ortschaften, die in der Nähe einer Eisenbahn liegen, fortgesetzte Aufmerksamkeit zugewendet bleibe, und daß überall die erforderlich scheinenden Belehrungen und Warnungen von den Lehrern regelmäßig von Zeit zu Zeit wiederholt und der Jugend nachdrücklich eingeschärft werden.

Reg.-Verfgg. Frankfurt a. O., den 17. Oktober 1878 (Schulbl. S. 77 pro 1879).

§ 306. Verwendung von Kindern zu öffentlichen Schaustellungen.

Auf Grund der §§ 6 und 12 des Gesetzes vom 11. März 1850 und des § 76 der Provinzialordnung vom 29. Juni 1875 wird unter Zustimmung des Provinzialrats für den ganzen Umfang der Provinz Brandenburg mit Ausnahme der Stadt Berlin verordnet, was folgt:

§ 1. Die Verwendung von Kindern, welche das schulpflichtige Alter noch nicht erreicht haben, oder noch nicht aus der Schule entlassen sind, zu öffentlichen Schaustellungen irgend einer Art, insbesondere auch zu Theatervorstellungen, sowie auch das selbständige Auftreten derselben mit solchen Schaustellungen ist untersagt. Für theatralische Vorstellungen kann die Ortspolizeibehörde in einzelnen Fällen Ausnahme von dem vorstehenden Verbote gestatten.

§ 2. Mit Geldstrafe bis 30 M. event. entsprechender Haft werden bestraft:

1) Die Unternehmer von Schaustellungen irgend einer Art, welche entgegen dem § 1 Kinder zu denselben verwenden;

2) Die Inhaber öffentlicher Lokale, welche gestatten, daß in denselben Schaustellungen mit Übertretung der Vorschrift im § 1 stattfinden;

3) Die Eltern oder Vormünder, welche die Verwendung ihrer Kinder, bezw. Pflegebefohlenen zu Schaustellungen oder das selbständige Auftreten derselben in solchen zulassen.

§ 3. Alle den vorstehenden Bestimmungen etwa widerstreitende Lokal- und Kreispolizeiverordnungen treten außer Kraft.

Ober-Präs.-Verfgg. Potsdam, den 13. Febr. 1867 (Amtsbl., Stück 10, S. 65, Nr. 75).

§ 307. Schutz nützlicher Tiere.

Unter Hinweisung auf die Verfügung vom 2. Juni 1876 wird die Königliche Regierung veranlaßt, in der darin angedeuteten Weise durch geeignete Anordnungen fortgesetzt dahin zu wirken, daß in den Volksschulen der Sinn und das Interesse für den Schutz der nützlichen Vögel immer mehr erweckt und gefördert werde. Es empfiehlt sich zu dem Zwecke namentlich auch, auf Beschaffung einschlägiger Druckschriften und Abbildungen der betreffenden Vogelarten für den Schulgebrauch thunlichst Bedacht zu nehmen.

Min.-R., Berlin, den 2. Januar 1875 (Ctrbl. 1875, S. 53).

VII. Schulaufsicht.

§ 308. Gesetz, betreffend die Beaufsichtigung des Unterrichts- und Erziehungswesens. Vom 11. März 1872.

Wir Wilhelm, von Gottes Gnaden König von Preußen ꝛc., verordnen, in Ausführung des Artikels 23 der Verfassungsurkunde vom 31. Januar 1850, mit Zustimmung der beiden Häuser des Landtages, für den Umfang der Monarchie, was folgt:

§ 1. Unter Aufhebung aller in einzelnen Landesteilen stehenden Bestimmungen steht die Aufsicht über alle öffentlichen und Privat-Unterrichts- und Erziehungs-Anstalten dem Staate zu.

Demgemäß handeln alle mit dieser Aufsicht betrauten Behörden und Beamten im Auftrage des Staates.

§ 2. Die Ernennung der Lokal- und Kreisschulinspektoren und die Abgrenzung ihrer Aufsichtsbezirke gebührt dem Staate allein.

Der vom Staate den Inspektoren der Volksschule erteilte Auftrag ist, sofern sie das Amt als Neben- oder Ehrenamt verwalten, jederzeit widerruflich.

Alle entgegenstehenden Bestimmungen sind aufgehoben.

§ 3. Unberührt durch dieses Gesetz bleibt die den Gemeinden und deren Organen zustehende Teilnahme an der Schulaufsicht, sowie der Artikel 24 der Verfassungsurkunde vom 31. Januar 1850.

§ 4. Der Minister der geistlichen, Unterrichts- und Medizinal-Angelegenheiten wird mit der Ausführung dieses Gesetzes beauftragt.

Urkundlich ꝛc.

§ 309. Ausführung des Schulaufsichtsgesetzes.

Das Gesetz, betreffend die Beaufsichtigung des Unterrichts- und Erziehungswesens, ändert das bisherige Verhältnis, nach welchem die Schulaufsicht zumeist als ein Ausfluß kirchlicher Ämter unmittelbar mit denselben verbunden war, prinzipiell.

Das Recht der Beaufsichtigung der Schulen gebührt danach dem Staate allein, und es handeln demzufolge alle mit dieser Aufsicht betrauten Behörden und Beamten im Auftrage des Staates.

Der Eintritt der Rechtsverbindlichkeit des Gesetzes entzieht somit dem größten Teile der jetzt fungierenden Lokal- und Kreisschulinspektoren die Legitimation zur Fortführung dieses ihres Amtes.

Zur Fortführung ihres Amtes bedürfen sie, dem Gesetze entsprechend, eines Auftrages von Seiten des Staates.

Um keine Unterbrechung eintreten zu lassen, veranlasse ich die Königliche Regierung, **zunächst** die jetzt fungierenden Lokal- und Kreisschulinspektoren in diesem ihrem Amte zur Fortführung desselben im Auftrage des Staates zu bestätigen. Eine allgemeine Kundgebung scheint, in Verbindung mit einer Nachricht an die betreffenden geistlichen Behörden hierzu zu genügen.

Zugleich aber erwarte ich möglichst schleunigen Bericht darüber, welche von den Schulinspektoren des dortigen Bezirkes das Vertrauen der Königlichen Regierung nicht besitzen, unter Darlegung der Gründe, die es notwendig oder wünschenswert erscheinen lassen, den ihnen erteilten Auftrag nach § 2 des Gesetzes zu widerrufen, und unter gleichzeitiger Bezeichnung derjenigen Personen, welche sich dazu eignen und bereit sind, in die erledigten Stellen einzutreten.

Die Königliche Regierung wolle in dem erwarteten Berichte sich auch darüber gutachtlich äußern, ob und welche Veränderung der betreffenden Aufsichtsbezirke nötig oder wünschenswert erscheint.

Außer — im allgemeinen — dem Mangel der treuen Hingebung an die Interessen des Staates und eine denselben entsprechende Erziehung der Jugend bezeichne ich als besondern Grund zum Widerruf des erteilten Auftrages die Vernachlässigung des deutschen Sprachunterrichts in den Volksschulen der polnischen, namentlich der polnisch-katholischen Gegenden des Bezirks, welche mehr oder weniger immer dem Schulinspektor wird zur Last gelegt werden müssen.

Ich vertraue außerdem, daß die Königliche Regierung in dieser Beziehung auch in Zukunft fortgesetzt ein wachsames Auge haben und Sorge tragen wird, daß ihre Wahrnehmungen, soweit sie Veranlassung geben können, von dem Widerrufe des erteilten Auftrages Gebrauch zu machen, unverzüglich zu meiner Kenntnis gelangen.

Den Widerruf selbst auszusprechen und die Erteilung des Auftrages an andere dafür in Vorschlag zu bringende Personen will ich mir aus finanziellen und allgemeinen Gründen der oberen Schulaufsicht einstweilen hiermit vorbehalten.

M.-Erl. v. 13. März 1872 (Ctrbl. 1872, S. 203).

§ 310. Weitere Ausführung des Schulaufsichtsgesetzes.

Im Anschlusse an meine das Schulaufsichtsgesetz betreffende Verfügung vom 13. v. Mts. und zur Beseitigung angeregter Zweifel eröffne ich der Königlichen Regierung folgendes:

1) die Königliche Regierung ist ermächtigt, diejenigen Geistlichen, welche fortan in Ämter treten, mit denen bisher das Schulinspektorat verbunden war, zu Lokal- resp. Kreisschulinspektoren zu ernennen, sofern die Ernennung von der Königlichen Regierung für unbedenklich erachtet wird. Glaubt die Königliche Regierung dieselbe nicht eintreten lassen zu können, so ist an mich in derselben Weise zu berichten, wie dies die Verfügung vom 13. v. Mts. für den Fall des Widerrufs eines erteilten Auftrages anordnete.

2) Insoweit die Königliche Regierung bereits vor dem Gesetze vom 11. März cr. ermächtigt war, Schulinspektoren zu ernennen, ohne dabei an eine bestimmte Person gebunden zu sein, hat es bei dieser Befugnis sein Bewenden.

3) Mit Rücksicht einerseits auf die Beschränktheit der mir zur Remunerierung von Schulinspektoren zu Gebote stehenden Fonds und andererseits darauf, daß ich gegenwärtig das Gesamtmaß der an dieselben zu stellenden Ansprüche nicht zu übersehen vermag, so muß ich mir die Festsetzung der etwa erforderlich werdenden Remunerationen für die einzelnen Fälle zunächst vorbehalten.

M.-Erl. v. 16. April 1872 (Ctrbl. 1872, S. 257).

§ 310a. Schulaufsichtsbeamte dürfen für Volksschullehrer behufs Bewerbung 2c. keine Zeugnisse*) ausstellen.

Die Ausstellung von Zeugnissen seitens der Schulaufsichtsbeamten für Volksschullehrer und für früher im Schuldienste beschäftigt gewesene Personen behufs Bewerbung um andere Lehrerstellen 2c. muß als ungehörig angesehen werden.

*) Die seitens eines Kreisschulinspektors gesammelten Personalnotizen über einen Lehrer sind bei der Versetzung desselben sofort dem neuzuständigen Kreisschulinspektor zu übermitteln. Verfgg. der Reg. zu Breslau v. 4. März 1881.

Ich bestimme daher, daß derartige Zeugnisse von den Schulamtsbeamten fortan nicht mehr auszustellen sind, und vielmehr zwischen den Berufungsberechtigten, den Behörden und Beamten über die Befähigung, die Leistungen und die Führung der Bewerber mittels amtlichen Schriftwechsels unter einander die erforderliche Erkundigung einzuziehen ist.

M.-Erl. v. 26. Februar 1883 (Ctrbl. 1883, S. 294).

Behörden und Organe der Schulaufsicht.

Als Oberaufsichtsbehörden für die Schulaufsicht fungieren die **Bezirksregierungen**.

A. Die Regierung.

§ 311. **Auszug aus der Allerhöchsten Instruktion vom 23. Oktober 1817, betreffend die Geschäftsführung der Regierungen.**

§ 18. Der Königlichen Regierung, Abteilung für Kirchen- und Schulwesen, gebührt die Verwaltung aller geistlichen und Schulangelegenheiten, welche nicht dem Konsistorium übertragen worden sind. Unter dieser Einschränkung gebührt ihr daher:

a) die Besetzung sämtlicher, dem landesherrlichen Patronatsrechte unterworfenen geistlichen und Schullehrerstellen, sowie die Bestätigung der von Privatpersonen und Gemeinden dazu erwählten Subjekte;
b) die Aufsicht über deren Amts- und moralische Führung, die Urlaubserteilung für selbige;
c) die Aufrechterhaltung der äußern Kirchenzucht und Ordnung;
d) die Direktion und Aufsicht über sämtliche Kirchen, öffentliche und Privatschulen und Erziehungsanstalten, milde und fromme Stiftungen und Institute;
e) die Aufsicht und Verwaltung sämtlicher äußeren Kirchen- und Schulangelegenheiten, mithin auch die Regulierung des Stolwesens und des Schulgeldes;
f) die Aufsicht und Verwaltung des gesamten Elementarschulwesens*);
g) die gesamte Verwaltung des Kirchen-, Schul- und Stiftungsvermögens;
h) auch steht ihr ohne Genehmigung frei, Schulsocietäten einzurichten und zu verteilen.

Ihr sind sämtliche Geistliche und Schullehrer, die Superintendenten und mit ihnen in gleicher Kategorie stehende Geistliche anderer Konfession nicht ausgenommen, untergeordnet und die Regierung kann wider sie nötigenfalls die gesetzlichen Zwangs- und Strafverfügungen erlassen und zur Ausführung bringen.

B. Der Kreisschulinspektor.

Der Kreisschulinspektor wird von der Königlichen Regierung im Auftrage des Staates ernannt. Derselbe hat die dem Staate zustehende Schulaufsicht in dessen Auftrage innerhalb eines von der Aufsichtsbehörde begrenzten Kreises auf Grund einer speziellen Instruktion auszuüben. Wir lassen eine solche Instruktion folgen.

*) Bei Einführung neuer Lesebücher hat die Regierung die Genehmigung des Herrn Ministers einzuholen. Vergl. §§ 272 u. 273.

§ 312. Instruktion für die Königlichen Kreisschulinspektoren im Regierungsbezirk Düsseldorf vom 1. September 1874. (Giebe, B., S. 422.)

Der Kreisschulinspektor übt nach dem Gesetz vom 11. März 1872 die dem Staate zustehende Schulaufsicht in dessen Auftrage innerhalb eines von der Aufsichtsbehörde begrenzten Kreises. Innerhalb desselben ist er berufen, das Beste des Volksunterrichts und der Jugenderziehung nach allen Richtungen seiner Aufmerksamkeit und Fürsorge zu unterziehen und stehen alle öffentlichen und privaten, nicht zur Kategorie der anerkannten höheren Lehranstalten gehörigen, von der Regierung ressortierenden Unterrichtsanstalten, sowie die nach der Staatsministerial-Instruktion vom 31. Dezember 1839 zu behandelnden Erziehungsanstalten derselben Kategorie unter seiner Aufsicht.

Er hat darüber zu wachen, daß die für solche Anstalten geltenden allgemeinen Bestimmungen befolgt werden, und hat namentlich auch dahin zu wirken, daß in denselben die Königstreue und der nationale Sinn bei Schülern und Lehrern geweckt und gefördert wird.

Die unmittelbar vorgesetzte Behörde des Kreisschulinspektors ist die Königliche Regierung, als deren technisches Organ für die Aufsicht über das Schulwesen des Inspektionskreises er fungiert.

Den Landräten seines Inspektionskreises ist er koordiniert.

Zu den Schulvorständen, Lokalschulinspektoren, Schulrektoren, Lehrern und Lehrerinnen steht er in dem Verhältnis des Vorgesetzten.

Aus der vorstehend allgemein bezeichneten Aufgabe und Stellung des Kreisschulinspektors ergeben sich folgende Rechte und Pflichten desselben.

a. Rechte des Kreisschulinspektors.

Dem Kreisschulinspektor stehen in seinem Inspektionskreise folgende Rechte zu:

1. Über die Veränderungen bestehender und die Anlagen neuer Schuleinrichtungen vor deren Ausführung, ferner über den Fleiß und die Führung des ihm unterstellten Lehrerpersonals in Disziplinarfällen gehört zu werden.
2. In Angelegenheiten seines Geschäftskreises durch Vermittelung des zuständigen Landrats oder, wenn es die Umstände erheischen, direkt an die Königliche Regierung zu berichten, Vorschläge zu machen und Anträge zu stellen.
3. In geeigneten Fälle das Einschreiten des zuständigen Landrats nachzusuchen.
4. Die Gemeindebehörden in dienstlichen Angelegenheiten zu requirieren.
5. Den Sitzungen der Schulvorstände beizuwohnen und in denselben den Vorsitz zu führen.
6. Den Lehrern und Lehrerinnen seines Inspektionskreises Urlaub bis zu 14 Tagen zu erteilen.
7. Den öffentlichen Prüfungen in allen ihm unterstellten Anstalten beizuwohnen und dabei den Vorsitz zu führen.
8. In diesen Anstalten als Vorgesetzter aufzutreten und die ihm in dieser Instruktion zugeteilten Dienstgeschäfte zu verrichten.

b. Pflichten des Kreisschulinspektors.

I. In Bezug auf den äußeren Zustand der Schuleinrichtungen.

Wenn der Kreisschulinspektor davon Kenntnis erhält, daß es zur Verbesserung der vorhandenen Schuleinrichtungen der Trennung eines Schulbezirks durch zweckmäßige Umschulung oder Bildung eines neuen Schulbezirks mit einer besonderen Schule, oder daß es der Einrichtung neuer Klassen bei einer bestehenden Schule bedarf, so hat er den Lokalschulinspektor und den

Schulvorstand darüber zu hören, die erforderlichen örtlichen Besichtigungen und Recherchen selbst vorzunehmen und demnächst die entstandenen Verhandlungen mit den geeigneten Anträgen an den zuständigen Landrat zur weitern geschäftlichen Behandlung abzugeben.

Die zweckmäßige Erfüllung der den Schulvorständen obliegenden Verpflichtungen in Bezug auf nötige Reparaturen, Spiel- und Turnplätze ꝛc. hat der Kreisschulinspektor zu beaufsichtigen und erforderlichenfalls unzweckmäßige Maßnahmen durch zweckmäßigere zu ersetzen.

Seinen diesfalsigen Anordnungen muß Folge geleistet und kann eine etwa verlangte Änderung derselben nur im Wege der Beschwerde bei der Regierung nachgesucht werden.

II. In Bezug auf den Schulbesuch.

Der Kreisschulinspektor hat bei jeder Anwesenheit in einer Schule seines Aufsichtskreises die Beschaffenheit des Schulbesuches zu prüfen, bei auffälliger Unregelmäßigkeit desselben die Ursachen zu erforschen, und wenn sie in mangelhafter Dienstführung des Lehrerpersonals, oder in säumiger Ausführung der über die Bestrafung unentschuldigter Schulversäumnisse bestehenden Bestimmungen, oder endlich im Mißbrauch der Dispensationsbefugnis zu suchen sind, und es ihm selbst mit Hilfe des Landrats nicht gelingen sollte, Abhilfe zu treffen, durch Vermittelung des zuständigen Landrats an die Regierung zu berichten.

III. In Bezug auf die innere Verwaltung der Schulen und Schulklassen.

Der Kreisschulinspektor ist verpflichtet, jede seiner Aufsicht unterstellte Schulklasse jährlich wenigstens einmal zu revidieren und ihren Standpunkt durch eine eingehende Prüfung in allen planmäßig zu behandelnden Lehrgegenständen genau festzustellen und darüber zu berichten.

Von der Zeit dieser Revision hängt es ab, in welchem Umfange das nach dem geltenden Unterrichtsplan in der Klasse zu behandelnde, auf das ganze Schuljahr berechnete Pensum aus jedem Lehrgegenstande als durchgenommen vorausgesetzt werden kann.

Bedarf es darüber der näheren Feststellung, so ist dieselbe auf Grund der vom Lehrer geführten Pensenverteilung und des Lehrberichts oder Schultagebuchs vorzunehmen.

Bei der Revision selbst wird der Kreisschulinspektor seine Aufmerksamkeit auf folgende Gegenstände richten:

1) Ob die Klasseneinteilung mehrklassiger Schulen und die Bildung der Abteilungen in den einzelnen Klassen, sowie in den einzelnen Schulen zweckmäßig getroffen ist, und ob in Schulen und Klassen für beide Geschlechter die Mädchen von den Knaben räumlich gehörig gesondert sind.

2) Ob die vorgeschriebenen Tabellen und Listen gehörig und ununterbrochen geführt sind, und wie nach der Versäumnisliste der Schulbesuch beschaffen ist.

3) In welchem Zustande sich die von den Kindern geführten Schönschreibe- und Aufsatzhefte befinden, sowie ob die letzteren vom Lehrer resp. von der Lehrerin durchgesehen und das Datum der Korrektur vermerkt ist.

4) Ob die Aufgaben zu den schriftlichen Arbeiten in den Heften zweckmäßig gestellt und geeignet sind, zur Übung und Förderung des geordneten korrekten, freien Gedankenausdrucks der Kinder zu dienen, oder ob sie lediglich in mechanischem Wiedergeben auswendig gelernten Sprachstoffs bestehen.

5) Ob in jedem Lehrgegenstande das für die Klasse resp. Abteilung

planmäßig bestimmte Pensum nach einer als zweckmäßig anerkannten Methode und in einer der geistigen Entwickelung der Kinder förderlichen Weise gründlich behandelt und zum Verständnis gebracht ist.

6) Ob die Liebe zum Vaterlande und zum Herrscherhause in angemessener Weise geweckt und genährt wird.

7) Ob das Verhalten der Kinder auf eine laxe oder zu strenge Disziplin schließen läßt, ihre Aufmerksamkeit rege und ihre ganze Haltung angemessen und manierlich ist.

8) Ob die von den Kindern benutzten Schulbücher von der Regierung genehmigt und alle Kinder mit denselben versehen sind.

9) Ob das Schulinventarium vollständig und in der gehörigen Beschaffenheit, das Schulzimmer reinlich, zur rechten Zeit geweißt und mit ganzen Fenstern versehen ist.

10) Ob das Schulhaus und die Nebengebäude reparaturbedürftig, die Retiraden zweckmäßig angelegt und reinlich gehalten sind, ob der Spiel- und Turnplatz dem Bedürfnis entsprechend und der letztere mit Turngeräten ausreichend versehen ist.

11) Ob das Verhalten der Kinder auf dem Schulwege und sonst außerhalb der Schule wohlanständig ist.

12) Ob das Lehrerpersonal in Dienstwohnungen oder mietsweise untergebracht, ob es auskömmlich besoldet ist, sich eines eingezogenen Lebens und wohlanständigen Wandels befleißigt, oder ob in dieser oder einer anderen Beziehung Beschwerde gegen Lehrer und Lehrerinnen zu führen ist.

13) Ob der Lokalschulinspektor seinen instruktionsmäßigen Verpflichtungen nachkommt, wie sein Verhältnis zum Lehrerpersonal beschaffen ist, ob und in welcher Beziehung er zu Ausstellungen gegen sein außerdienstliches Verhalten Anlaß gegeben hat, und ob die von ihm zu führende Schulregistratur in Ordnung ist.

14) Ob eine Schulbibliothek vorhanden und mit guten Büchern versehen ist. Wo eine solche nicht vorhanden, ist auf deren Anschaffung Bedacht zu nehmen.

15) Ob eine Fortbildungsschule besteht, ob sie angemessen verwaltet, und wie sie besucht wird.

Die zur Information des Kreisschulinspektors etwa notwendigen Erkundigungen ad 12 und 13 über das Verhalten des Lehrerpersonals und des Lokalschulinspektors dürfen seinerseits nur von durchaus zuverlässigen und in allgemeiner Achtung stehenden Personen, mit sorgfältiger Schonung der beteiligten Persönlichkeiten, eingezogen werden.

IV. In Bezug auf das ihm untergebene Personal.

Der Kreisschulinspektor wird im allgemeinen sein Verhalten gegen das ihm untergebene Personal nach den Regeln strenger Gerechtigkeit, Unparteilichkeit und wohlwollenden Interesses einrichten und sich stets gegenwärtig halten, daß es zur Erreichung der wichtigen Aufgaben der Schulverwaltung des freudigen und treuen Zusammenwirkens aller Beteiligten bedarf.

Er wird daher den Schulvorständen und Lokalschulinspektoren gegenüber die verbindliche Form im schriftlichen und die freundliche Zusprache mit leidenschaftsloser Erörterung seiner Gründe und williger Anhörung der Gegengründe im mündlichen geschäftlichen Verkehr nicht unterlassen, seine Absicht mehr durch überzeugende Gründe als durch die Autorität seines Amtes zu erreichen bestrebt sein und das zwangsweise Einschreiten der Behörden der Regel nach nur dann nachsuchen, wenn er sich außer stande sieht, notwendige oder vorzüglich nützliche Einrichtungen durch seine persönliche Vermittelung zu erreichen, oder wenn seitens des Lokalschulinspektors seinen wiederholten wohlmeinenden Erinnerungen keine Folge geleistet worden ist.

Dem untergebenen Lehrerpersonal sei der Kreisschulinspektor ein wohlwollender, väterlicher Freund, welcher für die Freuden und Leiden des Lehrerstandes Teilnahme und Mitgefühl hat, zur Anhörung von Klagen und Erteilung von Ratschlägen willig und zur Hilfe in unverschuldeter Bedrängnis gern bereit ist, soweit er zu helfen vermag.

Er wird sich daher in seinem Verhalten gegen das Lehrerpersonal von Parteilichkeit frei zu halten bestrebt sein und sich in seinem Urteil über die Personen nicht durch eigene Zu- und Abneigung, sondern lediglich durch sachliche Gründe, durch die sittliche Zuverlässigkeit der Beteiligten, ihre Tüchtigkeit im Fach, ihre Hingebung und Treue für den Beruf bestimmen lassen.

Er wird es für seine Aufgabe ansehen, die Fehlenden durch Ermahnung und wohlwollende Zurechtweisung zu bessern und erst dann das strafende Einschreiten der Behörde nachzusuchen, wenn der persönliche Zuspruch und die wohlmeinende Zurechtweisung fruchtlos geblieben sind. Er wird endlich bemüht sein, das Streben nach Vervollkommnung für den Beruf unter dem Lehrerpersonal seines Inspektionskreises zu beleben und zur regen Beteiligung an den Veranstaltungen für die Fortbildung des Lehrerpersonals, wie Konferenzen und Lesevereinen zu ermuntern.

V. In Bezug auf Stellenerledigung, Vertretung, Halbtagschule.

Bei eintretender Erledigung einer Schulstelle seines Inspektionskreises hat der Kreisschulinspektor, sobald er davon Nachricht erhalten hat, rechtzeitig für die nach Umständen mögliche Verwaltung der Stelle bis zur Wiederbesetzung von Amtswegen Sorge zu tragen.

Ist dazu die Aufbringung besonderer Vertretungskosten erforderlich, so hat er dem Landrat von der getroffenen Anordnung Nachricht zu geben und die Beschaffung der entstehenden Kosten zu beantragen.

Ist kein besonderer Vertreter zu beschaffen und bedarf es deshalb der einstweiligen Einrichtung der Halbtagsschule in einer Klasse einer mehrklassigen Schule, so hat er die Klasse zu bezeichnen, deren Lehrer oder Lehrerin behufs Mitverwaltung der erledigten Stelle Halbtagsschule zu halten hat.

Handelt es sich um eine Stellenerledigung bei einer einklassigen Schule und um die Unmöglichkeit der Beschaffung eines besonderen Vertreters, so hat er die nach Umständen dem Zweck am besten entsprechenden Dispositionen zu treffen, oder an die Regierung bei Abgabe seiner Vorschläge zu berichten.

Im übrigen hat er die über die Erledigung und Wiederbesetzung von Schulstellen sprechenden Cirkularverfügungen zu beachten und darauf bedacht zu sein, daß die Art der Anstellung nach den darüber geltenden Bestimmungen in seinen Anträgen und Berichten bezeichnet werde.

VI. In Bezug auf die Lehrerwitwenkasse.

Der Kreisschulinspektor wird, soweit er zu dem nach § 29 des revidierten Statuts der Pensionskasse für die Witwen und Waisen der Elementarlehrer vom 11. April 1872 und nach der Natur der Sache dazu berufen ist, das Wohl der Hinterbliebenen verstorbener Lehrer seines Inspektionskreises nach Kräften zu fördern bemüht sein.

VII. In Bezug auf die Erstattung von periodischen Berichten.

Im Laufe des Monats Mai jedes Jahres hat jeder Kreisschulinspektor, wenn er ausschließlich als solcher angestellt ist und somit nicht die Kreisschulinspektion als Nebenamt verwaltet, einen allgemeinen Bericht über den Zustand des Schul- und Erziehungswesens seines Inspektionskreises durch Vermittelung des zuständigen Landrats an die Regierung zu erstatten und in demselben sich über die wünschenswerten Verbesserungen auszusprechen.

Die mit der Verwaltung der Kreisschulinspektion als Nebenamt beauftragten Personen sind zur Erstattung dieses Verwaltungsberichts nicht verpflichtet; sie haben nur die durch die Cirkularverfügung vom 21. Oktober 1873 vorgeschriebenen periodischen Berichte zu erstatten.

Es sind sonach folgende periodische Berichte zu erstatten:

a. Von den als besondere Beamte angestellten Kreisschulinspektoren:

1) Die Berichte über die vorgenommene Revision aller Schulen des Inspektionskreises, für jede Schule besonders und bald nach Abhaltung der Revision.
2) Der allgemeine Verwaltungsbericht im Monat Mai.
3) Der Bericht mit den durch die Cirkularverfügung vom 21. Oktober 1873 vorgeschriebenen tabellarischen Übersichten am Schluß des Jahres.

b. Von den die Kreisschulinspektion als Nebenamt verwaltenden Personen:

1) Die Berichte über die im dreijährigen Turnus vorgenommenen Schulrevisionen, für jede Schule besonders, bald nach Abhaltung der Revision.
2) Die ad a 3 erwähnten tabellarischen Übersichten.

VIII. In Bezug auf die Schulregistratur.

Der Kreisschulinspektor hat folgende Aktenstücke und Geschäftsbücher zu führen:

1) Ein Generalaktenstück zur Aufnahme aller ihm zugegangenen oder zur Abschriftnahme mitgeteilten allgemeinen Verordnungen über die Schulverwaltung.
2) Spezialakten für jede zu seiner Inspektion gehörige Schule.
3) Ein Geschäftsjournal zur Nachweisung der bei ihm eingehenden und zur Beantwortung gelangenden, sowie der von ihm ausgehenden amtlichen Schriftstücke.
4) Ein Register der von ihm ausgeführten Besichtigungen und Revisionen von Schulen und Schulklassen und der bei denselben gemachten Beobachtungen in kurzen Vermerken und Angaben der getroffenen Maßnahmen.

Die Einforderung dieses Registers zur Einsicht wird vorbehalten ꝛc.

IX. Stadtschulinspektionen.

Die von der Regierung zur Wahrnehmung der Rechte und Pflichten der Kreisschulinspektion für größere Städte bestellten Stadtschulinspektionen führen ihre Geschäfte bis auf weiteres nach ihren von der Regierung genehmigten Geschäftsordnungen, soweit diese von der gegenwärtigen Instruktion für die Kreisschulinspektoren abweichen.

In jeder anderen Beziehung hat die gegenwärtige Instruktion auch für Stadtschulinspektionen Geltung, mit der Maßgabe, daß die mit der Ausübung der dem Kreisschulinspektor zugeteilten technischen Aufsichtsbefugnisse zu betrauenden Mitglieder der Stadtschulinspektionen eines ausdrücklichen Auftrages von der Regierung bedürfen.

X. Schlußbestimmung.

Die gegenwärtige Instruktion tritt sofort in Geltung und wird die Dienstvorschrift für die Schulpfleger vom 3. (15.) Juli 1814 hiermit außer

Kraft gesetzt, wie die für die städtischen Schulkommissionen vom 2. Januar 1827, soweit sie nach der vorstehend unter VIII getroffenen Anordnung und nach dem Schulaufsichtsgesetz vom 11. März 1872 unanwendbar geworden ist.

§ 313. Aus den Dienstinstruktionen für die Königlichen Kreisschulinspektoren der katholischen Elementarschulen in der Provinz Posen. Vom 25. Oktober 1872. (Ctrbl. 1873, S. 4—10.)

§ 4. Die Kreisschulinspektoren haben die amtliche und außeramtliche Führung der Lehrer an den öffentlichen Elementarschulen, zu denen auch die sogenannten Rektorschulen, die gehobenen Bürger- und höheren Töchterschulen gehören, zu überwachen. Sie sind berechtigt, gegen die ihnen unterstellten Lehrer Warnungen und Verweise, sowie Geldbußen*) bis zu drei Thalern zu verfügen (§§ 18 und 19 des Gesetzes, betreffend die Dienstvergehen der nicht richterlichen Beamten u. s. w. vom 21. Juli 1852, Gesetz-Sammlung S. 465 ff.). Die Kreiskassen, zu denen die Strafen einzuzahlen sind, müssen davon in Kenntnis gesetzt werden.

In Fällen, in denen ein weiteres disziplinarisches Einschreiten gegen Lehrer erforderlich erscheint, muß der Sachverhalt der vorgesetzten Königlichen Regierung vorgetragen werden. Derselbe Weg ist da einzuschlagen, wo die Kreisschulinspektoren die Entlassung eines Lokalschulinspektors aus seinem Schulamte für geboten erachten.

§ 5. Die Kreisschulinspektoren sind befugt, den ihnen unterstellten Lehrern Urlaub bis zu 14 Tagen zu erteilen, vorausgesetzt, daß die Vertretung sichergestellt ist.

§ 314. Pflichten der Schulaufseher.

Allg. Landrecht Teil II. Tit. 12. — § 47. Die Schulaufseher müssen darauf acht haben, daß der Schulmeister sein Amt mit Treue und Fleiß abwarte. — § 48. Ihnen liegt es ob, unter Beistand der Obrigkeit, darauf zu sehen, daß alle schulfähigen Kinder nach obigen Bestimmungen**) erforderlichen Falls durch Zwangsmittel und Bestrafung der nachlässigen Eltern zur Besuchung der Lehrstunden angehalten werden.

C. Lokalschulinspektor.

§ 315. Amtliche Stellung der städtischen Lokalschulinspektoren.*)**

Nach § 1 der Instruktion vom 26. Juni soll in jeder Stadt nur eine einzige Behörde für die inneren sowohl, als für die äußeren Verhältnisse ihres Schulwesens unter dem Namen Schuldeputation errichtet werden. Das dieser Deputation zugestandene Recht der Aufsicht erstreckt sich nach § 11 dahin, daß sie auf genaue Befolgung der Gesetze und Anordnungen des Staats in Ansehung des ihr untergeordneten Schulwesens zu halten hat, und sie stellt sich in dieser Beziehung als das vorschriftsmäßige Organ der staatlichen Schulaufsichtsbehörde dar.

Daß, abgesehen von dem Kreisschulinspektor als dem Commissarius perpetuus der Königlichen Regierung, außer der Schuldeputation noch ein von der Regierung zu ernennender und über der Deputation stehender Lokal-

*) Eine derartige Bestimmung enthält die Dienstinstruktion der Königlichen Regierung zu Düsseldorf nicht. Vergleiche darüber Ministerialerlaß vom 27. Juli 1874 (§ 280) und vom 12. Juni 1843 (§ 281).

**) § 43. Jeder Einwohner, welcher den nötigen Unterricht für seine Kinder in seinem Hause nicht besorgen kann oder will, ist schuldig, dieselben nach zurückgelegtem fünftem Jahre zur Schule zu schicken.

***) cfr. § 310 a.

schulinspektor als Königlicher Kommissar fungiere, ist weder in der allegierten Instruktion vorgesehen, noch kann eine solche Einrichtung mit Bezug auf die einheitliche Leitung des Schulwesens für zweckmäßig erachtet werden.

Dagegen unterliegt es nach der Ministerial-Verfügung vom 30. April 1863 keinem Bedenken, und kann sich unter Umständen nur empfehlen, die der Schuldeputation zustehende Schulaufsicht quo ad interna in die Hand eines ihrer technischen Mitglieder zu legen. Der zu diesem Behufe von der Schuldeputation zu erwählende und vom Magistrat der Königlichen Regierung zur Bestätigung zu präsentierende Lokalschulinspektor hat aber selbstredend seine Stellung nicht **über** der Schuldeputation, sondern er ist das Organ derselben und führt die ihm anvertraute Aufsicht in ihrem Auftrage.

Das Recht der Spezialaufsicht über die Schulen, welches nach § 14 der allegierten Instruktion den Predigern zusteht, bleibt bei dieser Bestellung eines Mitgliedes der Schuldeputation zum Lokalschulinspektor unverändert.*)

M.-Erl. v. 27. Juni 1867 U. 14 444.

§ 316. Vertretung beurlaubter Prediger in der Lokalschulinspektion.

Das Königliche Kirchenvisitatorium ermächtigen wir hierdurch, bei Urlaubserteilung an Prediger seitens ihrer vorgesetzten Behörden die mit der Wahrnehmung ihrer Funktionen im geistlichen Amte beauftragten Vertreter während dieser Zeit auch mit der Führung der Lokalschulinspektion zu betrauen.

Sollten besondere Verhältnisse eine anderweitige Vertretung des Predigers in der Schulinspektion erforderlich machen, so ist nähere Bestimmung bei uns zu beantragen.

Verfgg. der Kgl. Reg. zu Schleswig vom 11. August 1876 (Ctrbl. 1876, S. 458).

D. Schuldeputation.

§ 317. Organisation der städtischen Schuldeputation.

§ 1. Die Schuldeputationen sollen nach Maßgabe der Größe der Städte und des Umfangs des Schulwesens bestehen: 1) aus einem bis höchstens drei Mitgliedern des Magistrats;**) 2) ebensoviel Deputierten der Stadtverordneten; 3) aus einer gleichen Zahl des Schul- und Erziehungswesens kundiger Männer und 4) aus einem besondern Vertreter derjenigen Schulen, welche, ungeachtet sie nicht städtischen Patronats sind, den Schuldeputationen werden untergeordnet werden. In der Regel werden daher in den großen Städten 9, in den mittleren 6 und in den kleineren Städten 3 Personen und die etwaigen Vertreter derjenigen Schulen, welche nicht städtischen Patronats sind, die Schuldeputation bilden. Außerdem sollen in den größeren Städten die Superintendenten, insofern sie nicht schon zu ordentlichen Mitgliedern der Schuldeputation ernannt sind, das Recht haben, die Angelegenheiten ihrer Diözesen, soweit diese vor die dasige Schuldeputation gehören, vorzutragen und darüber ihre Stimme abzugeben.

§ 2. Bei Errichtung der Schulkommission treten in den großen und mittleren Städten zuerst die vom Magistrate und von den Stadtverordneten gewählten Deputierten zusammen und wählen zu jeder mit sachverständigen Mitgliedern zu besetzenden Stelle (§ 1, Nr. 3) drei Subjekte. Diese werden

---

*) Auch die Seminardirektoren haben alljährlich einige Schulen des Bezirks pro informatione zu bereisen.

**) Der Magistrat als solcher besitzt keine Disziplinargewalt über die Lehrer.

vom Magistrat der geistlichen und Schuldeputation vorgeschlagen, welche für jede Stelle eins aushebt, und nebst den übrigen Mitgliedern der städtischen Schuldeputation bestätigt. In den kleinen Städten, welche nicht über 3500 Einwohner haben, bedarf es der Wahl eines besonderen sachkundigen Mitgliedes nicht, sondern der jedesmalige Superintendent, wenn die Stadt der Sitz einer Superintendentur ist, oder sonst der erste Prediger des Orts soll schon von Amts wegen ohne weitere Wahl als sachverständiges Mitglied eintreten. Sollten irgendwo Gründe vorhanden sein, welche eine Abweichung hiervon nötig machen, so sind diese der Königlichen Regierung genau und bestimmt anzuzeigen. Die Vertreter der Schulen, welche nicht städtischen Patronats sind, ernennt die Regierung ohne vorherige Wahl der städtischen Behörden.

§ 3. In den Städten, wo es Schulen verschiedener Konfessionen giebt, welche städtischen Patronats sind, ist bei der Zusammensetzung der Schuldeputation hierauf Rücksicht zu nehmen, und das gehörige Verhältnis zu beobachten.

§ 4. In Städten, wo es mit der Schuldeputation in Verbindung stehende Gelehrtenschulen giebt, wird es zweckmäßig sein, daß unter den sachkundigen Mitgliedern immer ein Rektor oder einer der ersten Lehrer bei derselben sich befinde.

§ 5. Die mit sachverständigen Mitgliedern zu besetzenden Stellen dürfen zwar nicht ausschließlich Geistlichen, sondern können auch anderen würdigen und einsichtsvollen Männern übertragen, müssen jedoch so viel als möglich mit Geistlichen besetzt werden.

§ 6. Die städtischen Behörden haben bei der Wahl der Mitglieder der Schuldeputation dahin zu sehen, daß nur rechtschaffene, verständige, für die gute Sache des Schul- und Erziehungswesens erwärmte und von ihren Mitbürgern geachtete Männer in die Schuldeputation gesetzt werden.

§ 7. Die Stellen in den Schuldeputationen werden immer auf 6 Jahre besetzt. Nach Verlauf dieser Zeit werden die Deputationen auf dieselbe Art wie zu Anfang erneuert, und es können zwar die vorigen Mitglieder wieder deputiert und gewählt, müssen aber sämtlich von der geistlichen und Schuldeputation der Regierung aufs neue zur Bestätigung vorgeschlagen werden. Es steht jedoch jedem Mitgliede frei, nach 3 Jahren abzutreten.

§ 8. Der Wirkungskreis und die Amtsverwaltung der städtischen Deputation umfaßt folgendes:

§ 9. Die Behörden für die inneren und äußeren Angelegenheiten des Schulwesens der Städte im allgemeinen sollen nicht abgesondert von einander bestehen, sondern es soll die städtische Schuldeputation, um das Ganze unter eine einfache und harmonische Leitung zu bringen, nur eine einzige Behörde sowohl für die inneren als für die äußeren Angelegenheiten des Schulwesens ihrer Stadt bilden.

§. 10. Der Wirkungskreis der städtischen Schuldeputation dehnt sich zunächst auf sämtliche Lehr- und Erziehungsanstalten innerhalb der Städte und deren Vorstädte aus, welche städtischen Patronats sind, ohne Unterschied der Konfessionen und der verschiedenen Arten und Grade der Schulen; die städtischen Waisenhäuser, Armen- und milden Stiftungsschulen sind mit darunter begriffen, und nur in Ansehung der Verwaltung konkurriert in diesen die Armendirektion. Ferner werden sämtliche Elementarschulen in den Städten, welche nicht städtischen Patronats, und zwar die Königlichen ganz mit Vorbehalt der Vermögensverwaltung für die Patrone, ingleichen der Lehrerwahlen überhaupt (§ 21), den städtischen Schuldeputationen untergeordnet, desgleichen die Schulen der jüdischen Gemeinden. Schulen gemischten, städtischen und fremden Patronats, ohne Unterschied ihres Grades, werden der Aufsicht der städtischen Schuldeputationen ebenfalls übergeben, und nur ein oder zwei Deputierte von seiten des andern Patrons nach Maßgabe der Wichtigkeit der Schulen den Deputationen zugeordnet. Über alle Privatschulen und Privatinstitute führen unter Leitung der Regierung die Schuldeputationen diejenige Aufsicht, welche der Staat in Ansehung derselben ausübt.

§ 11. Das den Schuldeputationen zugestandene Recht der Aufsicht erstreckt sich dahin, daß sie auf genaue Befolgung der Gesetze und Anordnungen des Staats in Ansehung des ihnen untergebenen Schulwesens halten, auf die zweckmäßigste und den Lokalverhältnissen angemessenste Art sie auszuführen suchen, darauf sehen, daß das Personal derer, die am Schulwesen arbeiten, seine Pflicht thut, und dasselbe dazu anhalten, daß sie das Streben zum Bessern in demselben anfachen, und endlich einen regelmäßigen und ordentlichen Schulbesuch sämtlicher schulfähigen Kinder des Orts zu bewirken und zu befördern suchen. Sie haben deswegen nicht nur die Befugnis, den Prüfungen und Censuren der Schulen beizuwohnen, sondern sind auch verpflichtet, diese von Zeit zu Zeit außerordentlich zu besuchen und sich aufs genaueste in ununterbrochener Kenntnis ihres ganzen inneren und äußeren Zustandes zu erhalten. Vorzüglich liegt dies den sachkundigen Mitgliedern der Schuldeputation ob.

§ 12. In Beziehung auf die Rektoren der größeren Schulen müssen aber die Deputationen den Gesichtspunkt fassen, daß diesen innerhalb des durch die Gesetze und Vorschriften des Staats gezogenen und noch zu bestimmenden Geschäftskreises die freieste Wirksamkeit zu lassen sei, und haben sich daher einer positiven Einmischung in deren amtlichen Wirkungskreis gänzlich zu enthalten.

§ 13. Die Spezialaufsicht, welche Prediger und Schulvorsteher außer den Deputationen ausüben, wird übrigens durch die Einrichtung der letzteren nicht aufgehoben, sondern nur mit der allgemeinen Oberaufsicht in Verbindung gesetzt.

§ 14. Bei der Aufsicht über die Töchterschulen werden Schuldeputationen die verständigsten und achtbarsten Frauen aus den verschiedensten Ständen zu Rate ziehen, ihnen wesentlichen Anteil an Schulbesuchen, Prüfungen und Beurteilung der Arbeiten, der Erziehung und Unterweisung geben, und die Hausmütter des Orts auf alle Weise für die Verbesserung der weiblichen Erziehung zu interessieren suchen. Sie dürfen deshalb zu den Schulbesuchen nicht immer dieselben Frauen einladen, sondern auch darin abwechseln. Die Spezialaufsicht über einzelne Mädchenschulen dürfen sie Frauen, welche vorzüglich Sinn und Eifer für Förderung einer guten Erziehung an den Tag legen, übertragen und sie zu Mitvorsteherinnen derselben ernennen.

§ 15. Ebensosehr aber, wie auf Thätigkeit der Schuldeputationen in der Aufsicht über das Schulwesen, wird auf ihren Eifer in der Fürsorge für dasselbe, um es in einen guten Zustand zu bringen und darin zu erhalten, gerechnet. Sie haben daher dafür zu sorgen, daß jeder Ort die seiner Bevölkerung und seiner Bedeutsamkeit angemessene Anzahl und Art von Schulen erhalten, daß das Vermögen, die Gebäude und sonstigen Pertinenzien der Schule ungeschmälert in guter Verfassung und in Verlegenheiten ihrer Städte möglichst geschont bleiben, auch daß sie nach den Bedürfnissen vermehrt, verbessert, zweckmäßiger eingerichtet und verwaltet werden. Nach den Bedürfnissen der Schulen in Ansehung des Unterrichts und seiner Hilfsmittel, haben sie sich sorfältig zu erkundigen, und so oft sie dergleichen wahrnehmen, oder sie ihnen angezeigt werden, ihnen nach Möglichkeit entweder selbst abzuhelfen, oder den kompetenten Behörden darüber Anträge zu machen.

§ 16. Das Ansehen der Schulen und ihrer Lehrer haben sie aufrecht zu erhalten und dahin zu streben, daß diesen durch eine sorgenfreie Lage die zur Erfüllung der Pflichten ihres verdienstlichen und schweren Berufs nötige Heiterkeit und Muße erhalten werde. Das Interesse ihrer Mitbürger für das Schulwesen sollen sie zu beleben und dasselbe zu einem der wichtigsten Gegenstände ihrer Aufmerksamkeit und Pflege zu machen sich bemühen.

§ 17. Mit der Fürsorge für die Schulen hängt zusammen die Aufsicht über die Verwaltung ihres Vermögens, welche den Schuldeputationen in betreff der ihnen uneingeschränkt (§ 10) übergebenen Schulen zusteht. Wo ein gemeinschaftlicher Schulfonds in den Städten schon existiert oder noch gebildet wird, da steht dieser unter der unmittelbaren Administration der Schuldeputationen. Sowie diese das Maß des Schulgeldes für diejenigen Schulen, welche ihnen uneingeschränkt anvertraut worden, nach den Lokalverhältnissen der geistlichen und Schuldeputationen der Regierung vorschlagen und darauf antragen können, welcher Teil desselben zum allgemeinen Schulfonds zu ziehen, und welcher den Lehrern einer jeden Schule zur Verteilung nach gewissen Verhältnissen zu lassen sei; so sorgen sie auch andererseits für die pünktliche Ausführung der höheren Orts hierüber etwa schon getroffenen oder noch zu treffenden Festsetzungen.

§ 18. Auch haben sie die Einrichtung zu treffen, daß das Schulgeld nicht durch die Lehrer, sondern durch die Vorsteher der einzelnen Schulen erhoben und der Schuldeputation nach den in jeder Stadt angenommenen Grundsätzen verrechnet werden.

§ 19. Jede Schule behält aber ihr eigenes Vermögen, und nur die Etats sämtlicher Schulen werden den Deputierten jährlich vorgelegt, von ihnen revidiert und der geistlichen und Schuldeputation der Regierung zur Vollziehung eingesandt. Auch die sämtlichen Jahresrechnungen werden den Deputationen vorgelegt, welche sich nach § 183 der Städteordnung von dem Stadtverordnetenkollegium dechargieren lassen. Im allgemeinen aber finden auf die Absicht des von den Schuldeputationen zu verwaltenden Vermögens die §§ 2, 183, 184 und 186 der Städteordnung vom 19. November 1808 Anwendung.

§ 20. Jährlich vor dem Jahresschlusse erstatten sie ausführlichen Bericht über die in dem Schulwesen vorgegangenen Veränderungen und über den gegenwärtigen inneren und äußeren Zustand desselben an die vorgesetzte geistliche und Schuldeputation der Regierung.

§ 21. Die Lehrerwahlen bleiben bei den Schulen, die rein städtischen Patronats sind, noch bei den Magistraten, nur daß das Gutachten der sachverständigen Mitglieder der Schuldeputation (§ 1, Nr. 3) jedesmal eingezogen werden muß. An Schulen gemischten Patronats werden die Lehrer für Stellen, zu denen die Wahl bisher nicht städtischen Behörden zustand, ferner von diesen gewählt, ohne Konkurrenz des Magistrats und der Schuldeputation.

§ 22. Die Mitglieder der Schuldeputation halten ihre ordentlichen Zusammenkünfte alle 14 Tage auf dem Rathause des Orts. Außerdem aber versammeln sie sich, so oft es nötig ist. Es steht ihnen frei, Geistliche oder andere sachverständige Männer außer den Deputationen in vorkommenden Fällen zuzuziehen, auch bei außerordentlichen Veranlassungen größere Versammlungen der Prediger, Lehrer oder Schulvorsteher eines Orts zu veranstalten.

§ 318. Geschäftskreis der Schuldeputation.

In der Schuldeputationssache von ꝛc. erwidere ich .... Es ist bisher festgehalten, und kann auch jetzt nicht in Zweifel gezogen werden, daß die Vorschriften der Städteordnung über den Geschäftskreis der städtischen Deputationen auf die Schuldeputationen nur insoweit zur Anwendung kommen, als es sich lediglich um städtische Interessen handelt, die mit der von der Schuldeputation im Auftrage der Regierung wahrgenommenen Schulaufsicht nicht in Kollision treten.

Das innere Wesen der Schule, also auch vor allen Dingen die Handhabung der Disziplin über die Lehrer, gehört aber unbedenklich zu denjenigen Angelegenheiten, welche nicht ausschließlich städtische Interessen umfassen, und die daher als interner Natur nur von der Aufsichtsinstanz wahrgenommen werden dürfen.

Einen Urlaub hatte somit der Lehrer N. im vorliegenden Falle, insbesondere da die Schule in N. keinen Rektor hat, unbedenklich bei der Schuldeputation nachzusuchen, resp. hatte er ebendahin von seiner Behinderung wegen Erkrankung Anzeige zu erstatten ꝛc.

M.-Erl. v. 14. November 1871 (Ctrbl. 1872, S. 38).

§ 319. Geschäftsverteilung in den Schuldeputationen.

Auf den Bericht ꝛc.

Wenn die unter Nr. 3 der Nachtragsinstruktion vom 17. Februar 1812 ergangene Bestimmung in der Weise im dortigen Bezirk in Übung sein sollte, daß das sachverständige Mitglied der Schuldeputation über die inneren Angelegenheiten der Schule selbständig und ohne Vorberatung in der Deputation resp. ohne Mitteilung an dieselbe befindet, so kann ich diese Praxis als den Bestimmungen der Instruktion vom 26. Juni 1811 entsprechend nicht erachten. Daß bei der Geschäftsverteilung die interna dem sachkundigen Mitgliede zur Bearbeitung zugewiesen werden, entspricht allerdings der Natur der Sache. Erledigt aber das technische Mitglied diese Geschäfte allein und ohne Beteiligung der andern, so werden dieselben der Verwaltung der Schuldeputation, welcher sie nach der Instruktion von 1811 und auch in dem Nachtrag dazu sub Nr. 2 zugewiesen sind, entzogen und es entsteht eine Zwiespaltigkeit, welche gerade durch die Einrichtung der Schuldeputation als einer einheitlichen Behörde sowohl für die innere als für die äußere Angelegenheit des städtischen Schulwesens hat vermieden werden sollen. Es ist daher erforderlich, daß das technische Mitglied über alle interna von einiger Bedeutung der Deputation Mitteilung macht. Sofern aber über die bezüglichen Maßnahmen Differenz zu Tage tritt, ist die Entscheidung der vorgesetzten Aufsichtsbehörde einzuholen ꝛc.

M.-Erl. v. 25. Juni 1873 (Ctrbl. 1873, S. 494).

§ 320. Stellung der städtischen Schuldeputation zu Staat und Gemeinde.

(Auszug.) Die nach der Instruktion vom 26. Juni 1811 gebildeten städtischen Schuldeputationen sind keineswegs, wie andere Kommissionen für besondere Zweige der städtischen Verwaltung, nur als Beauftragte des Magistrats anzunehmen, sondern, wie dies in meinem in Gemeinschaft mit dem Herrn Minister des Innern erlassenen Reskript vom 21. Dezember 1864 (Ctrbl. 1865, S. 5 ff.) dargelegt ist, als eine besondere, in sich geschlossene, mit der Komunalverwaltung zwar zusammenhängende, ihrem Zwecke nach aber der Unterrichtsverwaltung angehörige Institution, weshalb auch ihre Mitglieder der staatlichen Bestätigung bedürfen, was bei den Mitgliedern anderer Kommissionen nicht der Fall ist. Stellen sie sich hiernach als Organe der staatlichen Aufsichtsbehörde dar, und ist die Schuldeputation nach § 9 der allegierten Instruktion die einzige Behörde für die inneren und äußeren Angelegenheiten des Schulwesens ihrer Stadt, so folgt daraus, daß nicht auch der Magistrat als solche betrachtet und behandelt werden kann.

M.=Erl. v. 19. Oktober 1868 (Ctrbl. 1869, S. 60).

(Vergl. M.=Erl. v. 2. April 1869 (Ctrbl. 1869, S. 243).

§ 321. **Stellung des Bürgermeisters zur städtischen Schuldeputation.**

(Auszug.) Der Bürgermeister hat die Befugnis, an den Sitzungen der städtischen Deputation als Vorsitzender mit Stimmrecht teilzunehmen. Diese Befugnis entspricht der Stellung des Bürgermeisters und erscheint auch mit den Bestimmungen der Instruktion vom 26. Juni 1811 nicht unverträglich. Einer besonderen Bestätigung der Aufsichtsbehörde bedarf der Bürgermeister zur Teilnahme an den Schuldeputationssitzungen mit Stimmrecht nicht, und als selbstverständlich ist es zu erachten, daß, wenn auch der Beigeordnete N. nicht ausdrücklich als Stellvertreter des Bürgermeisters der Schuldeputation angehört und ohne Vorbehalt mit dem Vorsitze für die Sitzungen der Schuldeputation berufen ist, der Vorsitz des N. während der Teilnahme des Bürgermeisters an diesen Sitzungen ruht.

M.=Erl. v. 31. Oktober 1878 (Ctrbl. 1878, S. 687)

§ 321a. **Besuch der Schule seitens einzelner Mitglieder der Schuldeputation.**

Ew. Wohlgeboren ꝛc., daß es bei der Verfügung der Kgl. Regierung in N. vom 12. Dezember v. J., nach welcher den einzelnen Mitgliedern der Schuldeputation die Befugnis zum Besuche der Schule nur insoweit zusteht, als sie hierzu von der Schuldeputation beauftragt worden sind, sein Bewenden behalten muß.

M.=Erl. v. 15. Juni 1883 (Ctrbl. 1883, S. 511).

E. Der Schulvorstand.

§ 322. **Geschäftskreis des Schulvorstandes.***)

1.

Zum Geschäftskreise des Schulvorstandes gehören nur die äußeren Angelegenheiten der Schule. Insbesondere soll er auf Verbesserung des Diensteinkommens des Lehrers, auf die Instandhaltung, Ausbesserung und Erweiterung der Schulgebäude, auf die Ordnung und Reinlichkeit in der Schulstube, auf den regelmäßigen Schulbesuch und was sonst noch zur Ordnung des Schulwesens im Äußern gerechnet werden kann, fortwährend sehen und hinwirken.

2.

Die Mitglieder des Schulvorstandes haben die Eigenschaft öffentlicher Beamten und sind nach dem Reskript vom 28. Oktbr. 1812 (Rönne, Schulwesen I. S. 321) sowohl dem Lehrer als auch der Schulgemeinde die nächsten Vorgesetzten. Gerichtliche Verfolgung derselben wegen Äußerungen über das Verhalten des Lehrers ist deshalb ausgeschlossen. Entscheidung des Oberverwaltungsgerichts v. 12. April 1882 (Ctrbl. 1882, S. 571).

---

*) Mit Genehmigung des Herrn Ministers sind Geschäftsanweisungen für die Schulvorstände erlassen worden im Regb. Königsberg unterm 28 September 1856, Gumbinnen 21. April 1858, Danzig 1. Mai 1858, Marienwerder 4. Nov. 1858.

§ 323. Ausschluß einer Mitwirkung des Schulvorstandes auf die inneren Schulangelegenheiten.

Um den Befürchtungen, welche seitens des Lokalschulinspektors ausgesprochen sind, zu begegnen, wird es genügen, dem Schulvorstande bei Gewährung seines Antrages bestimmt zu eröffnen, daß ihm eine Einwirkung auf die inneren Schulangelegenheiten nicht zustehe und er etwaige Wünsche und Bemerkungen lediglich an die Schulaufsichtsbehörden zu richten habe.

M.=Erl. v. 9. Februar 1878 (Ctrbl. 1878, S. 243).

§ 324. Jüdische Hausväter als Mitglieder eines Schulvorstandes.

Auf den Bericht vom 23. v. Mts. 2c. eröffne ich der Königlichen Regierung, daß ich es nicht für gerechtfertigt erachten kann, den Gutsbesitzer N. in N., welcher bereits seit einigen Jahren als Mitglied des Schulvorstandes der dortigen Schule fungierte und sich nach dem Anerkenntnisse des Lokalschulinspektors Pfarrer N. im Interesse der Schule stets eifrig gezeigt hat, seines jüdischen Glaubens wegen aus dem Schulvorstande zu entfernen.

Ob der Erlaß meines Amtsvorgängers vom 21. November 1871, welcher den Grundsatz ausspricht, daß ein Jude zwar Mitglied der städtischen Schuldeputation, nicht aber Mitglied des Vorstandes einer christlichen Schule sein könne, nach Lage der damaligen Gesetzgebung, insbesondere auch für den Geltungsbereich der Schulordnung vom 11. Dezember 1845 ausreichend begründet ist, mag dahin gestellt bleiben. Aus den Bestimmungen des inzwischen ergangenen Gesetzes über die Schulaufsicht vom 11. März 1872 in Verbindung mit dem Bundesgesetze vom 3. Juli 1869 folgt, daß die jüdischen Mitglieder der Schulgemeinde allein ihres Glaubensbekenntnisses wegen von der Mitgliedschaft im Schulvorstande nicht mehr ausgeschlossen werden können.

M.=Erl. v. 10. März 1876 (Ctrbl. 1876, S. 264).

§ 325. Die einzelnen Mitglieder des Schulvorstandes sind berechtigt, das Schullokal zu betreten und dem Unterrichte beizuwohnen.*)

1.

Erkenntnis des Gerichtshofs zur Entscheidung der Kompetenz=Konflikte vom 13. September 1879.

Im Namen des Königs.

Auf den von der Königlichen Regierung zu C. erhobenen Konflikt in der bei dem Königlichen Kreisgericht zu L. anhängigen Untersuchungssache wider den Rittergutspächter v. V. zu D., betreffend Hausfriedensbruch, erkennt der Königliche Gerichtshof zur Entscheidung der Kompetenz=Konflikte für Recht:

daß der Rechtsweg in dieser Sache für unzulässig und der erhobene Konflikt daher für begründet zu erachten.

Von Rechts Wegen.

Gründe.

Der Angeklagte wollte in hergebrachter Weise zum Weihnachtsfeste 1878 die Schulkinder des Orts beschenken und zu diesem Behufe am ersten

---

*) Nach dem Erk. des Obertribunals v. 11. Dezember 1878 ist das Betreten eines Schulzimmers einer öffentl. Schule zu einem bewußt widerrechtlichen Zwecke, selbst wenn der mit der Handhabung der Ordnung und der Wahrung des Hausrechts zunächst betraute Lehrer gegen dieses Betreten nichts einwendet, als Hausfriedensbruch zu bestrafen. Dies gilt auch für den Fall, daß der Eintretende ein Schulvorsteher oder ein sonstiger Schulbeamter ist.

Feiertage nachmittags 5 Uhr auf dem Gutshofe versammeln. Durch einen Diener ließ er den Lehrer ersuchen, die Kinder demgemäß zu bestellen. Der Lehrer lehnte dies auf zweimalige Aufforderung ab, weil er zu derselben Zeit eine Schulfeier veranstaltet habe, er ließ den Angeklagten zu letzterer einladen und ihm sagen, er könne ja den Kindern bei dieser Gelegenheit bescheren. Hierauf begab sich dieser selbst zur Schule, rief den Lehrer aus der Schulstube heraus, begab sich, als er bei Wiederholung seines Ansinnens auf fortgesetzte Weigerung stieß, selbst in die Klasse und teilte den Kindern die Einladung mit. Das Eintreten in die Klasse geschah, obgleich der Lehrer dem Angeklagten gesagt hatte, er habe nicht das Recht dazu. Angeklagter hatte darauf erwidert: das werde er vertreten. Hierauf wegen Hausfriedensbruchs zur Untersuchung gezogen, ist er durch Erkenntnis des Königlichen Kreisgerichts zu L. vom 27. März 1879 zu 20 Mark Geldstrafe eventuell 2 Tagen Gefängnis verurteilt. Nachdem gegen das Erkenntnis Appellation eingelegt und gerechtfertigt war, hat die Königliche Regierung zu C. unter dem 22. April den Konflikt auf Grund des Gesetzes vom 13. Februar 1854 erhoben. Das erkennende Gericht und das Königliche Apellationsgericht zu C. halten denselben für unbegründet, der Angeklagte für begründet.

Die Entscheidung hängt von dem Befinden über die beiden streitigen Fragen ab:

ob dem Angeklagten bezüglich der Schule zu D. die Eigenschaft eines Beamten beiwohnte,

und ob das Eintreten in die Schule in Ausübung oder aus Veranlassung der Ausübung eines Amtes erfolgte.

In erster Beziehung hat der Angeklagte die Eigenschaft eines Mitgliedes des Schulvorstandes in Anspruch genommen, und der Konfliktsbeschluß geht von derselben Annahme aus. Nach § 12, Teil II., Titel 12 A.-L.-R. stehen die Volksschulen unter der Direktion der Gerichtsobrigkeit eines jeden Ortes, welche dabei die Geistlichkeit des Orts zuziehen muß, nach § 13 sind die Kirchenvorsteher, bezüglich die Schulzen und Gerichte verpflichtet, unter der Direktion der Obrigkeit und der Geistlichen die Aufsicht über die äußere Verfassung der Schulanstalt und über die Aufrechterhaltung der dabei eingeführten Ordnung zu übernehmen. Ihre weitere Ausführung und Durchbildung haben die Bestimmungen durch das Reskript des Departements für den Kultus und öffentlichen Unterricht vom 28. Oktober 1812 (v. Rönne, Unterrichtswesen Teil I., Seite 321) und des weiteren für den hier in Rede stehenden Bezirk durch die Verordnung der Königlichen Regierung zu C. vom 30. Mai 1848 (Amtsblatt Seite 108) gefunden. Namentlich werden hierdurch die Schulvorstände des näheren organisiert, es werden ihre Befugnisse und Pflichten genau festgestellt. Mitglied des Schulvorstandes ist in ritterschaftlichen Dörfern stets die Gutsherrschaft (der Patron); der Gutsherr führt, wenn er persönlich zugegen ist, den Vorsitz. Die Aufgabe der Schulvorstände ist im wesentlichen die in § 13 a. a. O. bezeichnete. Hiernach kann es nicht füglich einem Zweifel unterliegen und ist auch schon in der Vorentscheidung vom 30. Januar 1858 (Just.-M.-Bl. Seite 282 — vergl. Entscheidung des Ober-Tribunals vom 13. April 1866, Archiv für Rechtsfälle Band 62, Seite 284) angenommen, daß den Mitgliedern des Schulvorstandes, insonderheit dem Gutsherrn in dieser Stellung die Eigenschaft eines öffentlichen Beamten beiwohnt. Der Angeklagte ist nun aber nicht Eigentümer des Gutes D., sondern nur Pächter, und daraus leiten die begutachtenden Gerichte ab, daß er — in Mangel einer besonderen Bestallung — nicht als Mitglied des

Schulvorstandes erachtet werden könne. Indessen — abgesehen davon, daß nach Anführen der Regierung und Behaupten des Angeklagten letzterer von dem Eigentümer des Gutes mit einer Generalvollmacht versehen sein soll, und dahingestellt, ob durch eine solche Vollmacht auch die amtliche Stellung als Mitglied des Schulvorstandes ohne weiteres übertragen werden kann, — ist der Angeklagte bereits am 1. Februar 1876 von dem Landrate des Kreises St. als Gutsvorsteher bestätigt und verpflichtet, eine Thatsache, die für die vorliegende Frage von Wichtigkeit ist, da der § 12 Titel 12 a. a. O. den Gerichtsobrigkeiten als solchen auch die Direktion der Schule überträgt. Nach Bezeugung der Regierung hat Angeklagter aber auch thatsächlich seither die Berechtigung des Gutsherrn gegenüber der Schule in D. ausgeübt, namentlich unter dem 13. November 1878 eine Vokation für den Lehramtskandidaten Sch. ausgestellt, der Lehrer hat sich auf Anordnung der Regierung bei ihm gemeldet. Die thatsächliche Funktion im Amte, mit Wissen und Zulassung der vorgesetzten Dienstbehörde muß aber als hinreichend angesehen werden, um die amtliche Eigenschaft im Sinne des Gesetzes vom 13. Februar 1854 festzustellen; es kann diesen Thatsachen gegenüber nicht in eine Untersuchung darüber eingetreten werden, ob die Zulassung etwa auf unrichtigen Voraussetzungen beruhte.

Bezüglich des zweiten oben erwähnten Punktes ist festzuhalten, daß nach § 1 des Gesetzes vom 13. Februar 1854 ein Konflikt nur dann erhoben, bezüglich begründet befunden werden soll, wenn gegen einen Beamten wegen einer in Ausübung oder in Veranlassung der Ausübung seines Amtes vorgenommenen Handlung eine gerichtliche Verfolgung eingeleitet worden ist. Angesichts dieser Vorschrift heben die beteiligten Gerichte hervor, daß zu den Rechten und Pflichten eines Schulvorstehers nur die Sorge für die äußeren Bedürfnisse der Schule, insbesondere des Schullokals gehöre, und daß eine Weihnachtsbescherung an Schulkinder ein Akt bloßer Privatwohlthätigkeit sei, welcher nicht einmal mit Rücksicht auf die Stellung als Mitglied des Schulvorstandes zu geschehen brauche. Es ist jedoch zu beachten, daß die gerichtliche Verfolgung wegen Betretens des Schullokals eingeleitet ist, die Frage der Weihnachtsbescherung kommt erst in zweiter Linie in Betracht. Nun ist aber der Schulvorstand in Schulsachen die nächste Behörde für den Schullehrer und die Schulgemeinde, insbesondere liegt dem Gutsherrn — hier dessen Stellvertreter — mit Zuziehung des Geistlichen die Leitung des Ortsschulwesens im ganzen ob, der Schulvorstand soll auch darauf sehen, daß in dem Schulzimmer die nötige Ordnung, Pünktlichkeit und Reinlichkeit herrsche, die Mitglieder des Schulvorstandes sind ausdrücklich verpflichtet, gemeinschaftlich oder einzeln, öfter die Schule zu besuchen (Nr. 8, 9, 11 der Regierungsverordnung vom 30. Mai 1843). Erscheint also ein Mitglied des Schulvorstandes in dem Schullokal, so spricht mindestens die Vermutung dafür, daß dies in amtlicher Eigenschaft geschehe; nicht kann dies wie das Königliche Kreisgericht zu L. zu meinen scheint, von der jedesmaligen ausdrücklichen Erklärung, daß das betreffende Mitglied als solches erscheine, abhängig sein. Allenfalls könnte auch im vorliegenden Falle die Entgegnung des Angeklagten auf den Protest des Lehrers, das werde er vertreten, als eine Berufung auf seine amtliche Stellung aufgefaßt werden. Auch in der Person des Lehrers handelt es sich bezüglich des Schulzimmers nicht um eigene persönliche Gerechtsame, auch er vertritt nur die Gerechtsame der Schule, und in dieser Beziehung ist ihm der Schulvorstand bezw. der Gutsherr oder dessen Stellvertreter als Vorsitzender des Schulvorstandes übergeordnet. Auch wenn die Führung oder Geltendmachung der besonderen

Legitimation im angegebenen Falle als ein Erfordernis bezeichnet werden könnte, um das Erscheinen eines Mitgliedes des Schulvorstandes in der Schule als Ausübung eines Amtes zu charakterisieren, so läßt sich den konkreten Fall angesehen, keinesfalls sagen, daß das Eintreten des Angeklagten gegensätzlich zu seiner Amtsstellung oder ohne Beziehung zu derselben erfolgte. Die Obacht — wenn auch nicht die Dispositionsbefugnis — des Schulvorstandes ist in der mehrerwähnten, hier maßgebenden Verordnung vom 30. Mai 1843 auch auf das Innere der Schule, die Sittlichkeit, Zucht, den Unterricht u. s. w. gelenkt, und nicht mit Unrecht hebt die Königliche Regierung hervor, daß die Gutsherrlichkeit nicht allein privatrechtliche Befugnisse und Verpflichtungen, sondern auch ähnlich dem Verhältnis zwischen Herrschaft und Gesinde, der Gemeinde und ihren Gliedern, sociale und moralische involviert; daß deshalb auch §§ 122 ff. Tit. 7 Teil II. A.-L.-R. bestimmten, der Gutsherr solle sich seiner Unterthanen in Notfällen annehmen nnd besonders für eine gute und fleißige Erziehung ihrer Kinder Sorge tragen; daß es ganz im Geiste dieser Vorschriften und nicht lediglich ein Akt privater Wohlthätigkeit sei, wenn der Angeklagte die Kinder seiner Gutsangehörigen zum Christfest einlade; und daß es sich gleicher Weise verhalte, wie wenn eine Gemeinde aus Kommunalmitteln eine Bescherung veranstalte. Was von dem Gutsherrn in dieser Beziehung gilt, muß auch von dem Schulvorstande gelten, insbesondere von dem Gutsherrn, welcher als solcher und ohne daß sich beide Eigenschaften trennen lassen, dem Schulvorstande angehört. Gerade auch der Umstand, daß Angeklagter die Vermittelung des Lehrers in Anspruch nahm und daß er sich an die Kinder der Schule als solcher wendete, nötigt zu der Annahme, daß er in Verbindung und aus Anlaß seiner obrigkeitlichen Stellung die Einladung ergehen ließ, wogegen die Sachlage für die Vermutung des Königlichen Kreisgerichts zu L., daß es sich nur um eine Beschenkung der Kinder der auf dem Pachtgute beschäftigten Arbeiter gehandelt habe, keinen genügenden Anhalt giebt. Der Auffassung des genannten Gerichtes, welches die Vermutung darauf stützt, daß der Angeklagte sich auf seine amtliche Stellung als Vorsteher des Schulvorstandes nicht ausdrücklich bezogen habe, daß er das Ersuchen an den Lehrer „in der durchaus nicht amtlichen Weise einer Bestellung durch seinen Bedienten" habe gelangen lassen, und daß er das Schullokal begleitet von einem Hunde betreten habe, hat der unterzeichnete Gerichtshof nicht folgen können.

Allerdings dürfen die Mitglieder des Schulvorstandes nicht in das Geschäft des Lehrers eingreifen oder den Lehrer vor der Schule tadeln (Nr. 11 a. a. O.), und auch abgesehen von dieser Bestimmung läßt sich zweifeln, ob der Angeklagte formell berechtigt war oder sachlich richtig handelte, indem er den Widerspruch des Lehrers in der geschehenen Weise zu beseitigen suchte; dies fällt aber der Beurteilung der dienstvorgesetzten Behörde anheim, ist nicht Gegenstand der Anklage und berührt nicht den entscheidenden Punkt, daß der Verklagte, indem er das Schullokal betrat, sich in Ausübung seines Amtes befand, und sich hierbei einer zur gerichtlichen Verfolgung geeigneten Überschreitung seiner Amtsbefugnisse nicht schuldig machte.

(Ctrbl. 1879, S. 698—703.)

2.

Verfgg. der Kgl. Reg. zu Düsseldorf v. 12. Februar 1880. II. A. 654.

Auf den Bericht vom 21. v. Mts. eröffnen wir, daß wie der Vorstand einer Schule als Körperschaft so auch die einzelnen Mitglieder desselben in dieser Eigenschaft, vermöge ihres Amtes, als befugt anzusehen sind, die Schulräume während des Unterrichts zu betreten und letzterem beizuwohnen, und daß es dazu einer Ermächtigung seitens des Lokalschulinspektors nicht bedarf. Dieselben haben sich aber jeder Thätigkeit, welche als Ausfluß der Schulaufsicht allein diesem zuständig ist, also namentlich des Eingreifens in den Unterricht, wie des revisorischen Auftretens überhaupt zu enthalten. Sollten sie daher bei ihrer Anwesenheit in der Schule Anlaß zu einschlagenden Bemerkungen und Ausstellungen finden, so ist von ihnen hierüber dem Gesamtschulvorstande bezw. dem Lokalschulinspektor Mitteilung zu machen und durch diese mittelbar die erforderliche Veranlassung herbeizuführen, während jedes unmittelbare Einschreiten, im besondern ein Rektifizieren der Lehrerpersonen ausgeschlossen bleibt.

F. Die Stadtverordnetenversammlung.

§ 326. Stellung der Stadtverordnetenversammlung zu den städtischen Schulangelegenheiten.

1.

Die Leitung und Beaufsichtigung des Schulwesens gehört nicht zu den Gemeindeangelegenheiten, und ist daher die Stadtverordnetenversammlung durch kein Gesetz berufen oder ermächtigt, jene zu ihrem Geschäftskreis zu ziehen. Insbesondere steht derselben die Wahl der technischen Mitglieder der Schuldeputation nach der hierbei allein maßgebenden Instruktion vom 26. Juni 1811 nicht zu.

M.-Erl. v. 30. Juni 1862 (Ctrbl. 1862, S. 436).

2.

Die Stadtverordneten zu N. sind gegen die Verfügungen der Königlichen Regierung zu N. vom 3. Februar und 2. Mai d. J., wonach das Eintreten der dortigen Elementarlehrer in die nach der Skala normierte höhere Gehaltsstufe nicht von der jedesmaligen Zustimmung der Stadtverordneten abhängig gemacht werden soll, unterm 13. Juni d. J. bei dem Herrn Oberpräsidenten vorstellig geworden, welcher die Differenz, als eine nicht die Kommunal-, sondern die Schulverwaltung betreffende Angelegenheit mir zur Entscheidung vorgelegt hat.

Die Königliche Regierung hat ihre Entscheidung in der Verfügung ... mit den zutreffenden Gründen motiviert, und muß ich ihr insonderheit darin beipflichten, daß bei Prüfung der Frage, ob der einzelne Lehrer der planmäßigen Gehaltserhöhung würdig sei, unter den Organen der städtischen Verwaltung nur der Magistrat und die Schuldeputation zu einer amtlichen Mitwirkung berufen sind. Abgesehen davon, daß die Stadtverordneten keinen Versuch gemacht haben, diese, auf bestimmte gesetzliche Vorschriften gegründete Auffassung zu widerlegen, kann auch nicht wohl in Abrede gestellt werden, daß der berechtigte Einfluß der Stadt auf das städtische Schulwesen hierin voll zum Ausdruck gelangt, und die Zwecke, welche die Stadtverordneten mit ihrem Antrag anstreben, vollständig erreicht werden.

M.-Erl. v. 31. August 1866 (Ctrbl. 1866, S. 565).

G. Die Landräte.*)

§ 327. Beteiligung der Landräte an den Schulrevisionen.

1.

Zur Vereinfachung des Geschäftsganges bestimmen wir, daß sowohl die Reisepläne, als auch die Berichte über den Ausfall der Schulrevisionen

*) Die Landräte sind nicht Dienstvorgesetzte der Lehrer im Sinne des Disziplinargesetzes vom 21. Juli 1852 und daher auch zur Strafe, Warnungen, Verweisen und Tadel

durch Vermittelung der Herren Landräte an uns eingereicht werden. Eine gleiche Einrichtung wird in den anderen Verwaltungszweigen mit Nutzen beobachtet und wird sich auch in den Schulangelegenheiten, die vielfach der Beurteilung der Herren Landräte unterworfen sind, förderlich erweisen. Denn letztere erhalten dadurch nicht nur Gelegenheit, ihre besondern Wünsche auf etwaige Teilnahme an den Schulrevisionen auszusprechen, sondern werden auch auf eine einfache Weise in ununterbrochener Kenntnis von den Leistungen der Lehrer und dem Zustande der Schulen erhalten.

Verfgg. der Königl. Reg. zu Danzig vom 17. März 1872 (Ctrbl. 1872, S. 205).

2.

(Auszug.) Die amtliche Wirksamkeit der Kreis-Landräte, als unserer ständigen Kommissarien, umfaßt alle Gegenstände unseres Ressorts, sie erstreckt sich auch auf das Elementarschulwesen. Wir sehen uns deshalb bestimmt, die Herren Landräte zu beauftragen, insoweit ihre sonstigen Dienstgeschäfte dies zulassen, namentlich bei Gelegenheit ihrer Dienstreisen, die ländlichen Elementarschulen zu inspizieren, um sowohl von den äußern Verhältnissen der Schulen, als auch von dem Stande des Unterrichtswesens und von den Leistungen der Lehrer und Schüler Kenntnis zu nehmen. Die Lehrer werden hierin eine wohlwollende Fürsorge der Staatsbehörden erkennen und die Mitwirkung der Herren Landräte wird, wie wir vertrauen, wesentlich dazu beitragen, die Lehrer in ihrer, dem Vaterlande gewidmeten, Berufsthätigkeit zu ermuntern und zu unterstützen.

Verfgg. der Königl. Reg. zu Oppeln v. 12. April 1872 (Ctrbl. 1872, S. 258).

H. Hauptlehrer und Rektoren.

§ 328. Das Verhältnis der Klassenlehrer zum Hauptlehrer.

Mehrklassige Schulen sollen ihrer ganzen Bedeutung nach einen einheitlichen, in sich gegliederten Schulorganismus mit einem Haupt an der Spitze darbieten. Der Leiter der Schule (Hauptlehrer, Rektor, Schulvorsteher) hat nach einer speziell ihm erteilten Instruktion über die inneren und äußeren Angelegenheiten der Schule zu wachen. Die übrigen Lehrer der betreffenden Schulen sind verpflichtet, den Anordnungen des Dirigenten stets Folge zu geben, wobei ihnen bei Meinungsverschiedenheiten der Beschwerdeweg offen steht.

Wir lassen hier als Beispiel einer solchen Instruktion die der Königl. Regierung zu Kassel vom 25. Mai 1875 (Ctrbl. 1875, S. 425) folgen.

§ 329. Instruktion für den Rektor der Stadtschule zu .....

§ 1. Der Rektor der Stadtschule zu N. ist der nächste Vorgesetzte dieser Schule. Als solcher ist er verpflichtet, das Gedeihen der ihm anvertrauten Anstalt in jeder Beziehung und mit allen seinen Kräften zu fördern und dahin zu streben, daß die Schuljugend fleißig und sorgfältig unterrichtet und zu wahrer Gottesfurcht, sittlichem Wandel und vaterländischer Gesinnung treulich erzogen werde. Seine Befugnisse und Pflichten erstrecken sich über die äußeren und inneren Angelegenheiten der Schule nach Maßgabe der nachstehenden Dienstinstruktion.

---

dem Lehrer gegenüber nicht befugt. Wohl aber sind sie berechtigt und verpflichtet, die Schulen hier und da zu besuchen und sich von dem Zustande derselben, jedoch ohne Einmischung in die Interna, zu unterrichten. (V. Schulz, die Schulordnung.)

Vergl. auch § 279 u. 280.

§ 2. Das Verhältnis des Rektors zu den vorgesetzten Behörden erleidet durch diese Instruktion keine Veränderung. Die demselben zunächst vorgesetzte Königliche Behörde, deren Aufsicht derselbe hinsichtlich der ganzen Verwaltung seines Amtes untergeben ist, ist der unterzeichnete Königliche Schulvorstand. Wie er von diesem die auf die Schule bezüglichen Verfügungen erhält, so hat er auch an denselben die vorgeschriebenen regelmäßigen und die außerordentlich geforderten oder nötig werdenden Berichte zu erstatten.

§ 3. Unter der Aufsicht des Rektors steht: a) das **Schulgebäude**. Er hat darüber zu wachen, daß sowohl in den sämtlichen Klassen, als auch in den für den gemeinsamen Gebrauch bestimmten Räumlichkeiten Reinlichkeit und Ordnung herrsche und alles in gutem Stande erhalten werde. Von allen in dem Gebäude vorhandenen oder entstehenden Mängeln oder ihm zugefügten Beschädigungen hat er den Schulvorstand sofort in Kenntnis zu setzen.

b) **Die Inventarien der Schulen** an Utensilien, Büchern, Lehr- und Lernmitteln, Klassen- und Stoffbüchern, Versäumnislisten und dergl. Er hat das Verzeichnis aller dieser Gegenstände zu führen und neu hinzukommende pünktlich nachzutragen; wenn einzelnes unbrauchbar wird, dem Schulvorstande Anzeige zu machen und den Abgang im Verzeichnisse anzumerken. Durch öftere Revision hat er sich von dem Vorhandensein der einzelnen zum Eigentum der Schule gehörenden Gegenstände zu überzeugen, auch die den Lehrern zum Gebrauch in ihren Klassen, resp. zur Aufbewahrung übergebenen Bücher und Lehrmittel genau zu notieren und darüber zu wachen, daß dieselben in gutem Zustande erhalten werden.

§ 4. Der Rektor nimmt die Anmeldung der neuen Schüler an und bewirkt ihre Annahme. Sofern diese bereits Unterricht genossen haben, verteilt er dieselben nach dem Ergebnis einer Prüfung, zu welcher die betr. Lehrer zuzuziehen sind, in die verschiedenen Klassen. Auch nimmt er die Abmeldungen der aus der Schule scheidenden Kinder entgegen und berichtigt danach das von ihm zu führende Schülerverzeichnis. Das den ausscheidenden Kindern über Betragen, Fleiß und Leistungen zu erteilende Zeugnis ist von den betreffenden Klassenlehrern auszufertigen und von dem Rektor mit zu vollziehen. Die Entlassung der Schüler nach vollständig beendigtem Lehrkursus hat der Rektor durch eine angemessene, doch stille Feierlichkeit, zu welcher auch die Eltern oder sonstige Angehörige der Kinder eingeladen werden können, auszuzeichnen.

§ 5. Der Rektor ist der nächste Vorgesetzte der an der Schule fungierenden Lehrer und Unterbeamten, welche ihn in allen amtlichen Beziehungen als solchen zu erkennen und seinen Anordnungen Folge zu leisten haben. Es liegt ihm ob, die neuangestellten Lehrer in ihr Amt einzuführen, sie mit dem Umfange ihrer Obliegenheiten genau bekannt zu machen und ihnen in der Erfüllung derselben nach bestem Wissen mit Rat und That beizustehen. Er hat darüber zu wachen, daß sie ihren Pflichten gewissenhaft nachkommen und sich durch ihr Verhalten sowohl in als außer dem Amte der Achtung, des Ansehens und des Vertrauens, die ihr Beruf erfordert, würdig zeigen. Dabei wird der Rektor nicht außer acht lassen, daß die Lehrer der Schule seine Mitarbeiter an einem gemeinsamen Werke sind, und er ihnen daher mit gebührender Achtung zu begegnen hat. Wo er ihnen über wahrgenommene Unordnungen und Pflichtwidrigkeiten Vorstellungen zu machen hat, wird er dies zwar mit Ernst und Nachdruck, aber immer in dem Geiste kollegialischen Wohlwollens thun.

Zwischen den vorgesetzten Behörden und den Lehrern ist der Rektor das vermittelnde Organ. Er kommuniziert den Lehrern die Verfügungen der Behörden, und die Eingaben der erstern gehen, soweit dieselben deren Amt und Stellung betreffen, durch seine Hand, und sind mit seinem Gutachten zu begleiten.

§ 6. Der Rektor hat unter Zuziehung der Lehrer den Unterrichts- und Lektionsplan aufzustellen und zur Genehmigung vorzulegen. Auch hat er in geeigneten Zeiträumen die Revision dieser Pläne zu bewirken und die dabei als notwendig erkannten Abänderungen zu beantragen.

§ 7. Es ist ferner die Pflicht des Rektors den Unterrichtsbetrieb der Schule sorgfältig zu überwachen und darauf zu halten, daß der Lektionsplan pünktlich eingehalten, der Unterricht in sämtlichen Klassen regelmäßig begonnen und geschlossen, die Freizeit zwischen den Lektionen nicht ungebührlich verlängert und die Schüler weder in den Klassen noch auf dem Spielplatz ohne Aufsicht gelassen werden.

Von dem Vorhandensein der Schülerverzeichnisse und sonstiger Klassenbücher, sowie von der regelmäßigen Führung der Versäumnislisten hat er sich zu überzeugen. Auf die etwa wahrgenommenen Nachlässigkeiten und Ungehörigkeiten hat er aufmerksam zu machen und die Abstellung anzuordnen.

§ 8. Um in steter Kenntnis von dem Zustande der Klassen und dem Verfahren der Lehrer, wie in unterrichtlicher, so in erziehlicher Hinsicht sich zu erhalten, ist der Rektor ebenso berechtigt als verpflichtet, die Lehrstunden anderer Lehrer zu besuchen. Die Bemerkungen, zu welchen ihm die gemachten Beobachtungen Veranlassung geben, hat er dem betreffenden Lehrer nach Beendigung der Lektionen und unter vier Augen mitzuteilen.

§ 9. In Krankheits- oder anderen Fällen, welche die Vertretung eines Lehrers nötig machen, ordnet diese der Rektor unter Rücksprache mit denjenigen Lehrern an, welche sie am füglichsten übernehmen können.

Dauert die Notwendigkeit der Vertretung länger als eine Woche, so ist dem Schulvorstande Anzeige zu machen.

§ 10. Dispensationen der Schulkinder vom Schulbesuch kann der Rektor, nachdem er sich von der Notwendigkeit überzeugt und mit dem betreffenden Lehrer Rücksprache genommen hat, bis auf die Dauer von 8 Tagen erteilen. Bei längerer Dauer der Dispensation ist bei dem Schulvorstande Anzeige zu machen.

§ 11. Zur Förderung des gesamten Zwecks der Schule, und insbesondere zur Befestigung der pädagogischen und kollegialischen Einheit unter den Lehrern, ist der Rektor verpflichtet, regelmäßige Konferenzen mit den Lehrern zu halten, und die Lehrer sind verpflichtet, sich zu denselben pünktlich einzufinden. Sie werden außer den Schulstunden ein- bis zweimal im Monat gehalten. Bei besonderen Veranlassungen kann der Rektor auch außerordentliche Konferenzen berufen.

Gegenstand der Beratung ist alles, was zur Erhaltung guter Zucht, zur Beförderung des Fleißes und der Fortschritte der Schüler, überhaupt zur zweckmäßigen Ausführung des aufgestellten Lehrplans eine gemeinsame Besprechung wünschenswert macht, kurz alles, was den Unterricht und die Erziehung der Schule, die Unterrichtsgegenstände, das Unterrichtsverfahren, die Unterrichtsmittel und sonstige Schulbedürfnisse, die Disziplin, die Schulstrafen, die Prüfungen, die Versetzungen u. s. w. betrifft. Auch werden in den Konferenzen die die Schule betreffenden Verfügungen der Behörden mitgeteilt, falls ihr Inhalt nicht eine sofortige Mitteilung im Wege des Umlaufs erforderlich macht.

Der Rektor führt in der Konferenz den Vorsitz und leitet die Verhandlungen. Über den Hauptinhalt der letzteren wird von einem dazu bestimmten Lehrer ein kurzes Protokoll aufgenommen.

§ 330. **Stundenzahl.**

Die Zahl der von einem Hauptlehrer wöchentlich zu erteilenden Unterrichtsstunden setzt die Königliche Regierung zu Kassel auf den Maximalsatz von 24 (Ctrbl. 1874, S. 425), die Schuldeputation von Berlin durch die Instruktion vom 22. Februar 1875 (Ctrbl. 1875, Seite 582 ff.) § 5 auf 12 Stunden fest.

VII. Schulverwaltung.*)

A. Die Gesundheitspflege.

§ 331. **Impfgesetz. Vom 8. April 1874.**

§ 1. Der Impfung mit Schutzpocken soll unterzogen werden:

1) jedes Kind vor dem Ablauf des auf sein Geburtsjahr folgenden Kalenderjahres, sofern es nicht nach ärztlichem Zeugnis die natürlichen Blattern überstanden hat,
2) jeder Zögling einer öffentlichen Lehranstalt oder einer Privatschule mit Ausnahme der Sonntags- und Abendschulen innerhalb des Jahres, in welchem der Zögling das zwölfte Lebensjahr zurücklegt, sofern er nicht nach ärztlichem Zeugnis in den letzten fünf Jahren die natürlichen Blattern überstanden hat oder mit Erfolg geimpft worden ist.

§ 3. Ist eine Impfung nach dem Urteile des Arztes erfolglos geblieben, so muß sie spätestens im nächsten Jahre und, falls sie auch dann erfolglos bleibt, im dritten Jahre wiederholt werden.

§ 5. Jeder Impfling muß frühestens am sechsten, spätestens am achten Tage nach der Impfung dem impfenden Arzte vorgestellt werden.

§ 6. In jedem Bundesstaate werden Impfbezirke gebildet, deren jeder einem Impfarzte unterstellt wird.

Der Impfarzt nimmt in der Zeit von Anfang Mai bis Ende September jeden Jahres an den vorher bekannt zu machenden Orten und Tagen für die Bewohner des Impfbezirks Impfungen unentgeltlich vor.

§ 7. Für jeden Impfbezirk wird vor Beginn der Impfzeit eine Liste der nach § 1 Ziffer 1 der Impfung unterliegenden Kinder von der zuständigen Behörde aufgestellt. Über die auf Grund des § 1 Ziffer 2 zur Impfung gelangenden Kinder haben die Vorsteher der betreffenden Lehranstalten eine Liste anzufertigen.

Die Impfärzte vermerken in den Listen, ob die Impfung mit oder ohne Erfolg vollzogen oder ob und weshalb sie ganz oder vorläufig unterblieben ist.

Nach dem Schlusse des Kalenderjahres sind die Listen der Behörde einzureichen.

Die Einrichtung der Liste wird durch den Bundesrat festgestellt.

§ 10. Über jede Impfung wird nach Feststellung ihrer Wirkung von dem Arzte ein Impfschein ausgestellt. In dem Impfschein wird, unter Angabe des Vor- und Zunamens des Impflings, sowie des Jahres und Tages seiner Geburt, bescheinigt, entweder, daß durch die Impfung der gesetzlichen Pflicht genügt ist, oder, daß die Impfung im nächsten Jahre wiederholt werden muß.

---

*) **Hier verweise ich auf das von mir im Jahre 1884 im Verlage von J. J. Heine, Berlin, herausgegebene Werk „Die Schulverwaltung", welches sich mit dem einschlagenden Material eingehend und ausführlich beschäftigt. D. H.**

§ 13. Der Vorsteher derjenigen Schulanstalten, deren Zöglinge dem Impfzwang unterliegen (§ 1, Ziffer 2), haben bei der Aufnahme von Schülern durch Einfordern der vorgeschriebenen Bescheinigungen festzustellen, ob die gesetzliche Impfung erfolgt ist.

Sie haben dafür zu sorgen, daß Zöglinge, welche während des Besuches der Anstalt nach § 1, Ziffer 2 impfpflichtig werden, dieser Verpflichtung genügen.

Ist eine Impfung ohne gesetzlichen Grund unterblieben, so haben sie auf deren Nachholung zu dringen.

Sie sind verpflichtet, vier Wochen vor Schluß des Schuljahres der zuständigen Behörde ein Verzeichnis derjenigen Schüler vorzulegen, für welche der Nachweis der Impfung nicht erbracht ist.

§ 15. Ärzte und Schulvorsteher, welche den durch § 8 Absatz 2, § 7 und durch § 13 ihnen auferlegten Verpflichtungen nicht nachkommen, werden mit Geldstrafe bis zu einhundert Mark bestraft.

§ 332. Verfahren bei ansteckenden Krankheiten.

Das Regulativ vom 8. August 1835 (Ges.-S. S. 242) enthält folgende sanitätspolizeiliche Vorschriften:

§ 14. Hinsichtlich der Schulen sollen zwar die gesetzlichen Bestimmungen, die den Schulbesuch befehlen, in einem von einer ansteckenden Epidemie heimgesuchten Orte zur strengen Anwendung kommen, doch soll auch die gänzliche Schließung der Schulen nicht ohne dringende Not erfolgen und nur von den Sanitätskommissionen besonders darauf gewacht werden, daß in den Schulzimmern stets reine Luft erhalten und Überfüllung vermieden werde.

An ansteckenden Krankheiten*) leidende Kinder müssen aus den Schulen, Fabriken und anderen Anstalten, in denen ein Zusammenfluß von Kindern stattfindet, entfernt werden, und sind nicht eher wieder zuzulassen, als bis ihre völlige Genesung und die Beseitigung der Ansteckungsfähigkeit ärztlich bescheinigt ist.

Ebenso ist aus Familien, in welchen jemand an Pocken, Scharlach, Masern u. a. besonders Kinder gefährdenden ansteckenden Krankheiten leidet, der Besuch der Schulen und ähnlicher Anstalten denjenigen Kindern nicht zu gestatten, welche mit dem Kranken in fortwährendem Verkehr stehen.

§ 333. Desinfektion.

Die Aborte der Schulen sind jederzeit, besonders in den Sommermonaten durch Eisenvitriol, Karbolsäure und Chlorkalk zu desinfizieren.

§ 333a. Gesundheitspflege in den Volksschulen.

Es ist zu unserer Kenntnis gekommen, daß nicht alle Lehrer der Gesundheitspflege ihrer Schüler, so weit es durch die Schule geschehen kann, die erforderliche Sorgfalt zuwenden.

Reinlichkeit und Ventilation lassen in manchen Schulen viel zu wünschen übrig.

Was insbesondere die Körperhaltung der Kinder in der Schule anlangt, so kann die Achtlosigkeit der Lehrer in diesem Punkte die Veranlassung

*) Bei ansteckenden Krankheiten dürfen Schulkinder zu Leichenbegleitungen nicht zugelassen werden.
Verfgg. des Konsistoriums zu Hannover v. 12. Januar 1884 (Ctrbl. 1884, S. 20).

sein, daß bei manchen Kindern Verkrümmungen der Wirbelsäule und Kurzsichtigkeit eintreten.

Die Kreisschulinspektoren werden darauf angewiesen, diesem Gegenstande ihre besondere Aufmerksamkeit zuzuwenden und im Revisionsprotokolle den hierauf bezüglichen Vermerk zu machen.

Verfgg. der Kgl. Reg. zu Oppeln v. 19. August 1882 (Ctrbl. 1882, S. 674).

B. Schulzwang.

§ 334. Vorschriften des Allg. Landrechts.

§ 43. Jeder Einwohner, welcher den nötigen Unterricht für seine Kinder in seinem Hause nicht besorgen kann oder will, ist schuldig, dieselben nach zurückgelegtem 5. Jahre zur Schule zu schicken.

§ 44. Nur unter Genehmigung der Obrigkeit und des geistlichen Schulvorstehers kann ein Kind länger von der Schule zurückgehalten, oder der Schulunterricht desselben wegen vorkommender Hindernisse für einige Zeit ausgesetzt werden.

§ 46. Der Schulunterricht muß so lange fortgesetzt werden, bis ein Kind, nach dem Befunde seines Seelsorgers, die einem jeden vernünftigen Menschen seines Standes notwendigen Kenntnisse gefaßt hat.

§ 48. Den Schulaufsehern liegt es ob, unter Beistand der Obrigkeit darauf zu sehen, daß alle schulpflichtigen Kinder nach obigen Bestimmungen, erforderlichen Falls durch Zwangsmittel und Bestrafung der nachlässigen Eltern, zur Besuchung der Lehrstunden angehalten werden.

§ 49. Der Prediger des Orts ist schuldig, nicht nur durch Aufsicht, sondern auch durch eigenen Unterricht des Schulmeisters sowohl als der Kinder zur Erreichung des Zweckes der Schulanstalten thätig mitzuwirken.

§ 335. Allerhöchste Kabinetsordre vom 14. Mai 1825.

Damit im ganzen Umfange der Monarchie nirgends der Schulbesuch vernachlässigt werde, wird in denjenigen Landesteilen, in welchen das Allg. Landrecht bisher nicht eingeführt ist, in Übereinstimmung mit den Vorschriften desselben festgesetzt:

1) Eltern, oder deren gesetzliche Vertreter, welche nicht nachweisen können, daß sie für den nötigen Unterricht der Kinder in ihrem Hause sorgen, sollen erforderlichen Falls durch Zwangsmittel und Strafen angehalten werden, jedes Kind nach zurückgelegtem 5. Jahre zur Schule zu schicken;

2) der regelmäßige Besuch der Lehrstunden muß so lange fortgesetzt werden, bis das Kind, nach dem Befund seines Seelsorgers, die einem jeden vernünftigen Menschen notwendigen Kenntnisse erworben hat;

3) nur unter Genehmigung der Obrigkeit und des geistlichen Schulvorstehers kann ein Kind länger von der Schule zurückgehalten, oder der Schulunterricht desselben, wegen vorkommender Hindernisse, auf einige Zeit ausgesetzt werden.

§ 336. Zwangsweises Gestellen zur Schule.

Die zwangsweise Sistierung eines Kindes zur Schule ist gestattet, doch ist von diesem Zwangsmittel nur in solchen Fällen Gebrauch zu machen, in denen sich die übrigen Maßnahmen der Behörden zur Erzwingung des Schulbesuchs als fruchtlos erwiesen haben.

M.-Erl. v. 24. September 1873 (Ctrbl. 1873, S. 726).

C. Beschäftigung der Kinder in Fabriken.*)

§ 337. Abänderung der Gewerbeordnungsgesetze vom 17. Juli 1878.

§ 135. Kinder unter 12 Jahren dürfen in Fabriken nicht beschäftigt werden. Die Beschäftigung der Kinder unter 14 Jahren darf die Dauer von 6 Stunden täglich nicht überschreiten.

Kinder, welche zum Besuche der Volksschulen verpflichtet sind, dürfen in Fabriken nur dann beschäftigt werden, wenn sie in der Volksschule oder in einer von der Schulaufsichtsbehörde genehmigten Schule und nach einem von ihr genehmigten Lehrplane einen regelmäßigen Unterricht von mindestens 3 Stunden täglich genießen.

Junge Leute zwischen 14 und 16 Jahren dürfen in Fabriken nicht länger als 10 Stunden täglich beschäftigt werden.

§ 136. Die Arbeitszeit der jugendlichen Arbeiter darf nicht vor $5\frac{1}{2}$ Uhr morgens beginnen und nicht über $8\frac{1}{2}$ Uhr abends dauern. Zwischen den Arbeitsstunden müssen an jedem Arbeitstage regelmäßige Pausen gewährt werden. Die Pausen müssen für Kinder $\frac{1}{2}$ Stunde, für junge Leute zwischen 14 und 16 Jahren mittags 1 Stunde, sowie vormittags und nachmittags je $\frac{1}{2}$ Stunde mindestens betragen.

Während der Pausen darf den jugendlichen Arbeitern eine Beschäftigung in dem Fabrikbetrieb überhaupt nicht und der Aufenthalt in den Arbeitsräumen nur dann gestattet werden, wenn in demselben diejenigen Teile des Betriebes, in welchem jugendliche Arbeiter beschäftigt sind, für die Zeit der Pause völlig eingestellt werden.

An Sonn- und Festtagen, sowie während der von dem ordentlichen Seelsorger für den Katechumenen- und Konfirmanden-, Beicht- und Kommunionunterricht bestimmten Stunden dürfen jugendliche Arbeiter nicht beschäftigt werden.

D. Das Hütewesen.

Große Schwierigkeiten, in betreff eines vollständigen und regelmäßigen Schulbesuchs entstehen während der Sommermonate bei einer großen Anzahl von Kindern auf dem platten Lande und, wenn auch in geringerem Grade, in den kleineren, ackerbautreibenden Städten, indem es sich erfahrungsmäßig nicht verhindern läßt, daß schulpflichtige Kinder zur Hilfeleistung bei den die Subsistenz der Eltern sichernden ländlichen Arbeiten, oder aber zum **Viehhüten** gebraucht werden. Schon das General-Landschulreglement**) vom 12. August 1763, wie auch das A.-L.-R. Teil II. Titel 12 § 45 gedenken dieses Umstandes und geben den Grund für die fast in allen Regierungsbezirken der Monarchie bestehenden sogenannten Sommerschulen.

§ 338. Bedingung zur Erteilung von Hütescheinen.

Die ausführlichen Vorschriften über die Voraussetzungen, unter denen Hütescheine zu gewähren sind, enthält die von dem Ministerio der geistlichen 2c.

*) Über diesen Gegenstand haben auch im deutschen Reichstage wiederholt Verhandlungen stattgefunden, ohne jedoch zu einem Resultate zu führen.

**) § 5 des genannten Reglements lautet: „Die Sommerschulen aber sollen nur des Vormittags oder nach den Umständen des Orts des Nachmittags in drei Stunden alle Tage der Woche gehalten werden. Um welche Stunden des Tages aber der Unterricht seinen Anfang nehmen soll, solches werden die Prediger, nach den Umständen ihres Orts bestens zu bestimmen und einzurichten wissen. Keine Ferien werden verstattet, sondern selbst in der Erndte müssen die Schulen auf vorbedachte Art gehalten werden: doch mit dem Unterschiede, daß im Winter auf jede Lektion eine ganze Stunde, dagegen im Sommer nur eine halbe Stunde darauf gewendet werden soll."

Angelegenheiten unterm 12. November 1857 mitgeteilte, diesen Gegenstand betreffende **Zusammenstellung aus dem Regierungsbezirke Gumbinnen.** Ihr wesentlicher Inhalt kommt darauf hinaus, daß kein schulpflichtiges Kind unter 10 Jahren zum Viehhüten verwendet werden soll, ein älteres nur nach vorgängiger schriftlicher Erlaubnis des Lokalschulinspektors. Diese Erlaubnis wird an die Bedingung eines bis dahin regelmäßig stattgehabten Schulbesuchs und der Armut der Kinder oder der Eltern geknüpft. Das desfallsige Armutsattest muß auf dem Lande von dem Landrate, in den Städten von den Magisträten ausgestellt sein. Der Erlaubnisschein verpflichtet zur weiteren Anzeige bei dem Lehrer. Wer diese Anzeige unterläßt oder ohne sich über die stattgehabte Erteilung eines Erlaubnisscheines durch Einsicht zu vergewissern, ein Kind zum Hüten verwendet, verfällt einer Strafe bis zu 10 Thalern. Der Erlaubnisschein kann nur für die Zeit vom 1. Mai bis 1. November erteilt werden. In dieser Zeit muß das Hütekind einen ganzen Tag (sechs Stunden) der Woche dem Schulunterrichte beiwohnen. Mit Einwilligung des Kreisschulinspektors können statt eines Tages auch zwei halbe Tage, oder bestimmte Stunden an gewissen Wochentagen gewählt werden. Behufs Kontrole fertigt der Lehrer ein Verzeichnis über diejenigen Kinder, welche bei ihm mit Erlaubnisscheinen gemeldet worden sind, und reicht solches dem Schulinspektor zum 20. Mai ein. Dieser stellt daraus eine Hauptübersicht zusammen und übermacht solche dem Kreislandrat und abschriftlich dem Kreisschulinspektor. Ebenso haben zum 20. Mai die Ortsvorstände ein Verzeichnis der im Orte vorhandenen Hütekinder aufzustellen und dem Landrate zur Vergleichung einzureichen. Dem Schulinspektor wird die Anlegung eines besonderen Aktenstücks über diesen Gegenstand und dem Kreisschulinspektor zur Pflicht gemacht, die Hütekinder besonders bei der Schulvisitation zu prüfen.

Ähnliche Verordnungen sind für den Regierungsbezirk **Marienwerder** unterm 16. November 1852 (Amtsbl. S. 126), 14. März 1843 (Amtsbl. S. 63) und 11. Januar 1847 (Amtsbl. S. 28) und für **Minden** unterm 16. Juni 1819 (Ann. Bd. III., S. 528) erlassen worden. Die Regierung zu **Potsdam** hat außerdem auch durch Verfügung vom 15. März 1852 die Benutzung schulpflichtiger Kinder beim **Torfstechen** geregelt.

§ 339. Schulunterricht der Hütekinder.

1.

Nachdem infolge der Zunahme der Zahl schulpflichtiger Hütekinder die Klage darüber immer allgemeiner geworden ist, daß solche Kinder, welche zum Viehhüten in ein anderes Kirchspiel vermietet werden, großenteils der Schule und Beaufsichtigung entzogen bleiben, und da insbesondere auch die durch unsere Zusatzverordnung vom 1. März 1857 sub a. vorgeschriebene Kontrole **solcher** Hütekinder sich nicht als genügend dazu erwiesen hat, diese Schulkinder der Schule zuzuführen und vor Verwahrlosung zu schützen, so verordnen wir hiermit:

> **daß fortan für schulpflichtige Kinder zum Hütedienst in einem anderen Kirchspiele, als in welchem sie nach dem Wohnorte ihrer Eltern oder Pfleger schulpflichtig sind, Erlaubnisscheine überall nicht erteilt werden sollen.**

Zugleich bestimmen wir unter Verweisung auf die Amtsblattverordnung vom 27. März 1862 wiederholt,

> daß die Amtsblattverordnungen vom 9. März 1853 und 2. März 1857 über die Bedingungen der Erteilung von Hüteerlaubnisscheinen während der Monate Februar, März, April und Mai d. J.

monatlich in den Gemeindeversammlungen besonders bekannt gemacht werden sollen.

Verfgg. der Kgl. Reg. zu Gumbinnen vom 25. Januar 1863 (Ctrbl. 1863, S. 187).

2.

(Auszug.) Wir haben bereits mittels Cirk.-Verf. vom 29. Januar 1855 angeordnet, daß den **Sommerschulen**, auch **Hüteschulen** genannt, eine größere Sorgfalt zugewendet werden sollte, als dies bis dahin geschehen war; dennoch herrscht in Bezug auf diese Schulen immer noch eine so große Verschiedenheit, daß wir uns veranlaßt finden, nachstehendes zur Nachachtung anzuordnen.

Das Schulreglement vom 18. Mai 1801 gestattet zwar, daß der Schulunterricht auf dem platten Lande in der Zeit von Georgi bis Martini auf den Vormittag beschränkt werden darf; damit ist aber keineswegs ausgesprochen, daß er nicht auch Nachmittags erteilt werden dürfte. Von dieser Auffassung, wir erwähnen dies gern zum Lobe pflichtgetreuer und berufsfreudiger Lehrer, haben alle diejenigen Lehrer sich leiten lassen, welche den halbtägigen Unterricht auf die größeren Kinder, deren die Eltern im Sommer zu den verschiedenen Hilfeleistungen im Haushalte und in der Landwirtschaft bedürfen, erst dann beschränkt haben, nachdem die untere Abteilung bereits in den Morgenstunden den erforderlichen Unterricht erhalten hatte. Diese Einrichtung empfiehlt sich als die zweckmäßigste und wird in Zukunft an allen Schulorten dergestalt zur Ausführung zu bringen sein, daß bei einklassigen Schulen die kleineren Kinder getrennt von den größeren in zwei Abteilungen, nicht **neben**- sondern **nacheinander** durch je 3 Stunden unterrichtet werden.

Die Ansetzung der Stunden wird sich selbstverständlich nach den örtlichen Verhältnissen und nach der Entfernung der zur Schule gehörigen Ortschaften richten.

In keinem Falle aber darf ferner gestattet werden, daß während der Sommermonate die Kinder aller Klassen nebeneinander zu gleicher Zeit unterrichtet werden. Wo etwa die für das Gedeihen der Schule höchst nachteilige Einrichtung noch bestehen sollte, nach welcher sowohl der Hauptlehrer, als auch der Hilfslehrer sämtliche Kinder während der Mittagszeit unterrichtet, so ist dieser Unfug sofort abzustellen und die Einrichtung wenigstens dahin zu treffen, daß der Hilfslehrer die untere Klasse in den Morgenstunden und der Hauptlehrer die obere Klasse in den späteren Stunden unterrichtet, je nachdem sie zur Sammlung möglichst sämtlicher größeren Kinder nach den örtlichen Verhältnissen am geeignetsten erscheinen.

Verfgg. der Kgl. Reg. zu Oppeln vom 25. April 1862 (Ctrbl. 1862, S. 367 ff.).

3.

(Auszug.) Überall da, wo zwei oder mehrere Lehrer an einer Schule angestellt sind, würde angeordnet werden können, daß den Kindern aller Klassen ein **dreistündlicher** Unterricht täglich von 7—10 Uhr vormittags erteilt wird, so daß jede Klasse wöchentlich 18 Stunden Unterricht empfangen würde. In den Schulen mit **einem** Lehrer würde die Einrichtung getroffen werden könen, daß die obere Abteilung dreimal in der Woche von 7—10 Uhr, dreimal aber von 7—9, also in 15 wöchentlichen Stunden, unterrichtet wird, während die übrigen 15 Vormittagsstunden für den Unterricht der jüngeren Kinder zu bestimmen sein würden.

Wir nehmen Abstand davon, diese Einrichtung von Aufsichtswegen überall schon jetzt anzuordnen, empfehlen aber den Herren Kreis- und Lokalschulinspektoren dringend, wenn und wo es die Umstände irgend gestatten, eine Änderung des Anfangs der Lehrstunden und der Stundenzahl in dem angedeuteten Sinne vorzunehmen.

Daß Schulkinder im Heimatsorte selbst vor dem vollendeten zwölften Lebensjahre zum Hüten des Viehes nicht vermietet werden, ist in hohem Maße wünschenswert. Geschieht es dennoch, so sind die Arbeitgeber gehalten, die gemieteten Kinder regelmäßig zur Schule zu senden. Entziehen sie sich dieser Pflicht, so verfallen sie nach Maßgabe der Polizeiverordnung vom 20. April 1866 in eine Strafe von 5 Thalern.

Daß ein häufiger Wechsel der Schule für die stetige Entwickelung namentlich jüngerer Kinder von großem Nachteile ist, bedarf keiner Auseinandersetzung. Um diese Nachteile möglichst zu beschränken, ordnen wir an, daß kein Kind vor vollendetem zwölften Lebensjahr **nach auswärts** vermietet werden darf, und auch dann nur, wenn wenigstens eine ausreichende Lesefertigkeit nachgewiesen wird.

Die nach auswärts zum Hüten vermieteten Kinder dürfen in die Schule desjenigen Ortes, wohin sie vermietet worden sind, nur gegen Vorzeigung eines von dem Lokalschulinspektor des Heimatsortes ausgestellten Erlaubnisscheins aufgenommen werden; um aber zu verhindern, daß sich Kinder der Schule überhaupt entziehen, hat der Lokalschulinspektor des Heimatsortes jedesmal demjenigen Revisor der bezüglichen Schule, wohin das Hütekind vermietet worden ist, schriftliche Anzeige von dem Thatbestande zu erstatten. — Nach Beendigung der Hütezeit ist dem Hütekinde ein von dem Ortslehrer ausgestelltes und von dem Revisor mitvollzogenes Zeugnis über den regelmäßigen Schulbesuch, den Fleiß und das Betragen desselben auszustellen, welches beim Wiedereintritt in die eigentliche Ortsschule vorzulegen ist. Wird ein unregelmäßiger Schulbesuch attestiert, so ist für den nächsten Sommer der Erlaubnisschein zu versagen.

Verfügung der Königlichen Regierung zu Frankfurt a. O. vom 1. März 1870 (Ctrbl. 1870, S. 367).

§ 340. Beschulung der Hütekinder.

Mit Rücksicht auf die infolge unserer Cirkularverfügung vom 16. Juni pr. eingegangenen Gutachten der Herren Kreisschulinspektoren über etwaige Modifikationen, welche eine zehnjährige Erfahrung in unseren, das Viehhüten der Schulkinder betreffenden, in ihren Hauptbestimmungen unter dem 26. Februar 1853 durch das Amtsblatt bekannt gemachten Verfügungen vom 9. Dezember 1832 als wünschenswert erscheinen lassen, sehen wir uns veranlaßt, folgendes für den ganzen Umfang des Bezirkes zu verordnen:

1) Es dürfen fortan keine Kinder mehr außerhalb des Kirchspiels, in welchem sie ihre Heimat haben, zum Viehhüten vermietet werden. Vor Erteilung der Genehmigung haben die Herren Lokalschulinspektoren sich daher zu vergewissern, bei welchem Wirte das betreffende Kind zum Hüten verwendet werden soll. Gehört derselbe nicht zu dem Kirchspiele des Kindes, so ist der Erlaubnisschein zu versagen.

2) Die Altersjahre, in welchen den Kindern **armer** Eltern event. die Erlaubnis zum Hüten erteilt werden darf, werden dahin festgestellt, daß vor vollendetem 10. Lebensjahre der Kinder das Vermieten derselben zum Hüten untersagt ist, und daß dasselbe auch mit demjenigen Jahre aufhören muß, in welchem das betreffende Kind von seinem Pfarrer zum Konfirmanden- oder Katechumenenunterrichte herangezogen wird. Hiernach ist das vierzehnte Lebensjahr jedenfalls ausgeschlossen.

3) Keinem Wirte oder Eigentümer dürfen mehr als **zwei** Kinder zum Hüten überlassen werden.
4) Als Termin für den Anfang des Hütens wird der 1. Mai jeden Jahres festgehalten und wird es den Herren Lokalschulinspektoren empfohlen, die Erlaubnisscheine nicht früher auszustellen, als es mit Rücksicht auf diesen Termin notwendig ist.
5) Als Bedingung für die Ausstellung eines Erlaubnisscheins in betreff der Lesefertigkeit ist die Bescheinigung des Lehrers beizubringen, daß das Kind nicht bloß notdürftig, sondern wenigstens **mechanisch fertig zu lesen** im stande ist.
6) Der Unterricht der Hütekinder darf **nicht** in die Mittagsstunde*) verlegt werden; entweder sind die Morgenstunden von 6 Uhr ab vorzugsweise zu wählen, oder zwei halbe Tage in jeder Woche festzusetzen, welche zum Unterrichte der betreffenden Kinder allein verwendet werden. Dabei machen wir, um die Überbürdung der Lehrer zu vermeiden, aufmerksam auf die Bestimmung der Geschäftsanweisung für die Schulvorstände (vom 28. September 1856) S. 9.
7) Die Wirte sind verpflichtet, den hütenden Kindern an Sonn- und Feiertagen diejenige Zeit frei zu lassen, welche sie zur Beteiligung an dem Gottesdienste ihrer Konfession nach den Ordnungen ihrer Kirche nötig haben.
8) Die Wirte sind verpflichtet, diejenigen Kinder, welche sie zum Hüten erhalten, welche aber ihre Heimat nicht im Schulbezirke haben, in welchem sie selbst wohnen, binnen 3 Tagen nach dem Eintritte der Kinder in den Dienst dem Lehrer des Ortes vorzustellen, damit derselbe Kenntnis von dem Vorhandensein der Kinder habe und ihren Schulbesuch während der festgesetzten Zeit kontrolieren kann.
9) Die Frage, ob namentlich bei verwaisten oder solchen Kindern, welche dem Betteln verfallen sind, dahin gewirkt werden soll, daß die betreffenden Wirte solche Kinder schon den Winter vorher in ihr Haus aufnehmen und sie von dort aus zur Schule senden sollen, empfehlen wir den Herren Lokalschulinspektoren zur sorgsamen Erwägung. Erscheint es wünschenswert und zweckmäßig, so wollen die Herren eine entsprechende Vermittelung eintreten lassen.

Insoweit in Vorstehendem nicht etwas anderes angeordnet ist, bleiben die bisherigen Bestimmungen, namentlich unsere Cirkularverfügung vom 9. Dezember 1852 und vom 20. Dezember 1855 in Kraft.

Die Herren Kreisschulinspektoren werden veranlaßt, bei Gelegenheit ihres nächsten Revisionsberichtes sich darüber zu äußern, ob es im Interesse der allgemeinen Sittlichkeit geboten ist, Mädchen überhaupt nicht zum Viehhüten zuzulassen und nur an Knaben die Erlaubnis zu erteilen.

Eine besondere Polizeiverordnung, welche die in betreff des Hütekinderwesens maßgebenden Polizeivorschriften und Strafbestimmungen enthält, wird in kurzem durch das Amtsblatt gemacht werden.

Verfgg. der Königl. Reg. zu **Königsberg** v. 29. Februar 1864 (Ctrbl. 1864, S. 204).

§ 341. Einrichtung von Halbtagsschulen aus Anlaß wirtschaftlicher Verhältnisse, insbesondere der Erteilung von Hütescheinen.

Nach den geltenden Vorschriften kann mit unserer Genehmigung die Halbtagsschule dort eingerichtet werden, wo die Anzahl der Kinder über

*) Vergl. § 339, 2.

achtzig gestiegen ist, oder das Schulzimmer auch für eine geringere Zahl nicht ausreicht und die Verhältnisse die Anstellung eines zweiten Lehrers nicht gestatten, so wie da, wo andere Umstände dies notwendig erscheinen lassen. Allerdings ist in allen Fällen die Halbtagsschule nur als ein Notbehelf anzusehen, dessen Beseitigung durch Anstellung vermehrter Lehrkräfte nach Möglichkeit erstrebt wird. Bis dahin jedoch, daß die letztere zu erreichen ist, wollen wir von der uns zustehenden Befugnis in den obengedachten Fällen, insbesondere für diejenigen Schulbezirke Gebrauch machen, in welchen die wirtschaftlichen Verhältnisse die den Lokalschulinspektoren unter gewissen Voraussetzungen zustehende Ausstellung von Hüteerlaubnisscheinen in größerem Umfange unbedingt erfordern, während dieselbe durch die Einrichtung der Halbtagsschule vollständig vermieden werden kann.

Voraussichtlich wird dies in zahlreichen Fällen möglich sein, da bei der Einrichtung der Halbtagsschule auch ohne Erteilung von Hütescheinen das vorhandene Bedürfnis nach Arbeitskräften für wirtschaftliche Zwecke erfüllt werden kann. Gerade mit Rücksicht hierauf wird sich vielfach die Einrichtung der Halbtagsschule empfehlen.

Die Herren Kreisschulinspektoren haben von dieser Verfügung sämtlichen Herren Lokalschulinspektoren ihres Bezirks Kenntnis zu geben und dieselben aufzufordern, in allen Fällen obiger Art, in welchen die letzteren durch Einführung der Halbtagsschule die fernere Erteilung von Hüteerlaubnisscheinen für nötig erachten, unsere Genehmigung zu dieser Maßregel schleunigst zu beantragen.

Verfgg. der Königl. Regierung zu Danzig vom 23. Mai 1877 (Ctrbl. 1877, S. 524).

§ 342. Erlaubnisscheine zum Dienen oder Hüten rc. dürfen an schulpflichtige Kinder nicht erteilt werden.

Nach Einsicht der erforderlichen Berichte der Herren Landräte und Kreisschulinspektoren finden wir uns veranlaßt, für den ganzen Umfang unseres Bezirks anzuordnen, was folgt:

1. Vom 1. Januar 1885 ab sind Erlaubnisscheine für schulpflichtige Kinder zum Dienen, Hüten oder zur Verwendung bei ländlichen Arbeiten überhaupt nicht mehr zu erteilen.
2. Mit diesem Tage treten auch die Verfügungen vom 29. Januar 1869 (Nr. 277/12 II) und vom 8. Mai 1874 (Nr. 425. 4. II) außer Kraft.
3. Eltern und Pfleger von schulpflichtigen Kindern, welche letztere zum Dienen, Viehhüten oder andere ländliche Arbeiten während der Schulunterrichtszeit verwenden oder vermieten, verfallen gemäß § 4 der Schulordnung in Schulversäumnisstrafen.
4. Wer schulpflichtige Kinder zu ländlichen Arbeiten, wozu auch das Viehhüten gehört, während der Schulunterrichtszeit verwendet, verfällt in die in unserer Polizeiordnung vom 17. Mai 1858 (Sammlung S. 48) vorgesehene Strafe.

Verfgg. der Königl. Regierung zu Königsberg v. 17. Juli 1884. Nr. 1560. 3. II.

(Volksschulfreund Nr. 20. vom 27. September 1884.)

Anhang.

1) Schulordnung für die Elementarschulen der Provinz Preußen von 1845.

Wir Friedrich Wilhelm ꝛc. haben die in der Provinz Preußen bestehenden Vorschriften über das Elementarschulwesen einer Revision unterwerfen lassen und verordnen auf Anhörung unserer getreuen Stände dieser Provinz und auf den Antrag unseres Staatsministeriums über das Elementarschulwesen in den genannten Provinzen, was folgt:

I. Von dem Besuche der Schulen überhaupt.

Allgemeine Schulpflicht. *)

§ 1. Jedes Kind, welchem seine Eltern oder Pfleger nicht den nötigen Unterricht im Hause verschaffen, **kann** schon nach vollendetem 5., **soll** aber nach vollendetem 6. Lebensjahre zur Schule geschickt werden.

Dauer des Schulunterrichts.

§ 2. Der Schulunterricht dauert bis zum vollendeten vierzehnten Lebensjahre. In besonderen Fällen kann der die Schule beaufsichtigende Pfarrer (§ 33), nach vorgängiger Rücksprache mit dem Schullehrer, die Entlassung des Kindes aus der Schule noch um ein bis zwei Jahre hinaussetzen.

Dispensation vom Schulbesuch.

§ 3. Die Erlaubnis, von der Schule wegen besonderer Hindernisse zurückzubleiben, erteilen bis zu 8 Tagen der Pfarrer, und wenn die Schule sich nicht am Wohnorte des Pfarrers befindet, der Schullehrer.

Über Gesuche um Befreiung vom Schulbesuche auf längere Zeit entscheidet der Schulvorstand.

Über die Ausübung dieser Befugnisse werden die Regierungen nähere Anweisung erhalten.

Schulversäumnisse.

§ 4. Die nicht gerechtfertigten Schulversäumnisse werden an den Eltern und Pflegern der schulpflichtigen Kinder, nach fruchtloser Ermahnung von Seiten des Schulvorstandes, durch eine für Zwecke der Schule zu verwendende Geldstrafe von 4 Pfennigen für jeden versäumten Tag geahndet. Erweist sich die Strafe nach wiederholter Anwendung als unwirksam, so kann dieselbe bis auf 5 Silbergroschen für den Tag verschärft werden.

Die Schulvorstände beantragen auf die von dem Schullehrer geführten Versäumnislisten, nach Anhörung der Entschuldigungsgründe oder nach vergeblicher Vorladung der Eltern oder Pfleger der Kinder, die Versäumnisstrafen bei der Orts-Polizeibehörde, welche dieselbe festsetzt und beitreibt. Die für den Fall des Unvermögens der Zahlungspflichtigen zu verhängende Gefängnisstrafe hat auf dem Lande der Landrat und in den Städten der Magistrat festzusetzen.

§ 5. Hinsichtlich der Schulzeugnisse, der Zahl der Unterrichtsstunden, der Gründe, aus denen Dispensation vom Schulbesuch oder eine Beschränkung und Verlegung der Unterrichtszeit, namentlich für Kinder ärmerer Eltern,

---

*) Vergl. §§ 334—336. — Siehe auch „M. Dangschat, die Schulverwaltung“, bei J. J. Heine-Berlin 1884.

zulässig ist, sowie hinsichtlich der Ferien und der Sonntagsschulen, bleiben die erforderlichen Anordnungen, mit Rücksicht auf Zeit- und Ortsverhältnisse besonderen Instruktionen oder Reglements vorbehalten.

II. Von der Berufung, dem Amte, der Besoldung und Entlassung der Schullehrer.

Berufung.*)

§ 6. Das Recht, den Schullehrer zu berufen, steht dem Gutsherrn des zur Schule gehörigen Bezirks und, wenn deren mehrere sind, diesen gemeinschaftlich, in den Städten aber den Magistraten zu, sofern nicht durch Herkommen oder besondere Rechtstitel ein anderer dazu befugt ist. Befindet sich kein Gutsherr im Schulbezirke, so hat der Schulvorstand den Schullehrer zu berufen.

Sind mehrere Gutsherren vorhanden, so gehört dem Gutsherrn des Schulorts die Leitung der gemeinschaftlichen Verhandlungen wegen Berufung des Schullehrers.

Hinsichtlich der Berufung der Lehrer an den Kirchenschulen behält es bei den Bestimmungen des ostpreußischen Provinzialrechts, nach welchen das Kirchenpatronat die Befugnis mit sich führt, an den Orten, wo Kirchen vorhanden sind, die Schullehrer der gemeinsamen Schulen zu berufen (Zusatz 218 § 1), und bei katholischen Kirchenschulen die Schulmeister, in der Regel vom Pfarrer und der Gemeinde gemeinschaftlich bestellt werden (Zusatz 218 § 4), an den Orten sein Bewenden, wo diese Bestimmungen bisher zur Anwendung gekommen sind.

Wird eine Schullehrerstelle nicht binnen drei Monaten nach der Erledigung wieder besetzt, so geht das Besetzungsrecht für diesen Fall auf die Regierung über.

§ 7. Zu Schullehrern dürfen nur solche Personen, welche sich untadelhaft geführt und von der Prüfungskommission ein Zeugnis der Anstellungsfähigkeit erhalten haben, berufen werden. Die Anstellung von Schulamtskandidaten erfolgt zunächst provisorisch, nach den hierüber bestehenden allgemeinen Vorschriften.

§ 8. Jede Berufung eines Schullehrers muß der Regierung zur Bestätigung vorgelegt werden.

Nebenbeschäftigungen.

§ 9. Die Schullehrer dürfen nur mit ausdrücklicher Genehmigung der Regierung ein Nebenamt übernehmen oder ein Gewerbe treiben.

Züchtigungsrecht.

§ 10. Die Bestrafung der Schulkinder durch den Lehrer darf die Grenzen einer mäßigen elterlichen Zucht nicht überschreiten. Wo der Lehrer mittels derselben die Schuldisziplin nicht zu erhalten vermag, hat er dem Pfarrer Anzeige zu machen, welcher allein oder in schwierigen Fällen in Gemeinschaft mit dem Schulvorstande die nötigen Maßregeln trifft.

Wegen Überschreitung des Züchtigungsrechtes bleibt der Schullehrer nach den gesetzlichen Bestimmungen verantwortlich.

---

*) Siehe §§ 43—73. — Kein Lehrer darf definitiv angestellt werden, welcher nicht die deutsche Sprache in Wort und Schrift beherrscht. M.-Erl. v. 11. Februar 1886 (Ctrbl. 1886, S. 375). — Wenn mehr als ein Jahr nach der Ablegung der zweiten Prüfung verflossen und die definitive Anstellung nicht erfolgt ist, so tritt Entlassung ein. M.-Erl. v. 6. März 1886 (Ctrbl. 1886, S. 403).

Urlaub.

§ 11. Die Schullehrer dürfen außer der Ferienzeit ohne Urlaub nicht verreisen. Dieser ist zu Reisen von nicht länger als drei Tagen bei dem Pfarrer, zu Reisen von nicht länger als vierzehn Tagen bei dem Kreisschulinspektor und zu Reisen von längerer Dauer in einer dem Kreisschulinspektor zu überreichenden Eingabe bei der Regierung nachzusuchen, wobei wegen ihrer Vertretung gleichzeitig Anzeige zu machen ist. Von dem erteilten Urlaub hat der Pfarrer die Mitglieder des Schulvorstandes in Kenntnis zu setzen.

In den Städten wird ein Urlaub von 3 bis 14 Tagen durch die städtische Schuldeputation erteilt.

Bei Reisen während der Ferien genügt eine bloße Anzeige an den Kreisschulinspektor.

Besoldung. *)

Erster Lehrer auf dem Lande 2c.

§ 12. Der erste Lehrer an einer Schule auf dem Lande, sowie derjenige, welcher einer Schule allein vorsteht, soll an Gehalt und anderen Amtsnutzungen erhalten: **)

1) freie Wohnung;
2) den nötigen Brennbedarf zur Heizung der Schulstuben und Wohnung, sowie zu den Wirtschaftsbedürfnissen;
3) ein Ackerstück, möglichst in der Nähe der Wohnung, von einem Morgen kulmisch oder 2 Morgen 47 Qu.-R. preußisch. Die Bestellungs- und Düngungsarbeiten auf diesem Ackerstücke hat die Gemeinde zu verrichten;
4) ein Küchengarten hinter dem Hause von $\frac{1}{2}$ bis 1 Morgen preußisch und einen Platz zur Obstbaumzucht; die Gemeinde erhält, sowie es notwendig ist, den Garten im Gehege;
5) die nötigen Wirtschaftslokale ***);
6) freie Sommerweide für wenigstens 2 Stück Rindvieh;
7) zwölf Scheffel Roggen, zwei Fuder Heu, jedes zu 16 Zentner, und zwei Fuder Stroh, oder 120 Bund zu 20 Pfunden;
8) fünfzig Thaler bar Geld.

§ 13. Kann dem Schullehrer das Ackerstück oder der Gartenplatz nicht in Natur gewährt werden, so ist demselben dafür eine von der Regierung zu bestimmende, dem Ertrage des Landes gleichkommende Rente in Naturalien oder in Geld anzuweisen. Können die übrigen Naturalien oder die freie Sommerweide ganz oder teilweise nicht in Natur gewährt werden, so ist dafür eine von der Regierung festzusetzende Entschädigung in Geld anzuweisen. Wenn bei den bereits bestehenden Schulen die Lehrerdotation in einzelnen

---

*) cfr. § 74 ff.

**) Den Lehrern steht ein unwiderrufliches Recht auf die Nutzung einer bestimmten Dienstwohnung nicht zu, sie müssen sich vielmehr die Überweisung einer anderen geeigneten Wohnung oder Gewährung einer Mietsentschädigung gefallen lassen. M.-Erl. v. 3. März 1886 (Ctrbl. 1886, S. 401).

***) Zu den Wirtschaftsgebäuden gehört auch ein Holzstall.

Resolut der Königl. Regierung zu Königsberg d. d. 6. November 74, betreffend den Neubau eines Holzstalles zu Assaunen:

Sowohl der Organist gemäß Paragraph 200 des ostpreußischen Prov.-Rechts, als auch der Lehrer (§ 12 ad 5 der Prov.-Schulordnung v. 11. Dezember 1845) ist berechtigt die nötigen Wirtschaftslokalien zu fordern. Zu diesen Räumen gehört unbedenklich auch ein Stallgebäude zur Aufbewahrung des Dep.-Brennholzes, indem ohne ein solches Gebäude das Holz nicht nur dem Verderben ausgesetzt sein, sondern auch vor Entwendung nicht geschützt, der Nutznießer also in seinem Einkommen gekürzt werden würde. Hiernach muß die Herstellung eines Holzstalles als ein unentbehrliches Pertinenz der Schule als notwendig anerkannt werden.

Bestandteilen oder in dem Gesamtwerte die im § 12 normierten Natural- oder Geldbeiträge übersteigt, so soll es zulässig sein, den Überschuß der Naturaldotation auf die Gelddotation, und umgekehrt nach Ausgleichungssätzen anzurechnen, welche die Regierung zu bestimmen hat.

Zweiter Lehrer auf dem Lande.

§ 14. Der zweite, dritte u. s. w. Lehrer an einer Landschule soll erhalten:

1) freie Wohnung;
2) das nötige Brennmaterial zur Heizung derselben;
3) sechzig Thaler bar Geld. Die Hälfte dieses baren Einkommens kann mit Genehmigung der Regierung in Naturalien angewiesen werden.

Lehrer in den Städten.

§ 15. Die Schullehrer in den Städten sollen erhalten:

1) freie Wohnung und freien Brennbedarf, oder statt derselben eine den Ortsbedürfnissen angemessene, mit Genehmigung der Regierung festzusetzende Geldentschädigung;
2) der erste Lehrer mindestens 150 Thlr., und die übrigen Lehrer mindestens 100 Thlr. bar Geld. Die Hälfte dieses baren Einkommens kann in Naturalien angewiesen werden.

Freiheiten der Lehrer.

§ 16. Sämtliche Lehrer sind in betreff ihres dotationsmäßigen Einkommens von der Entrichtung der direkten Staats-*) und Kommunalsteuern,**) des Hirtenlohnes für ihr Vieh und des Schornsteinfegergeldes für ihre Wohnung befreit.

Die Grundsteuer ihrer steuerpflichtigen Dotationsländereien, das Hirtenlohn und das Schornsteinfegergeld ist von den zur Unterhaltung der Schule Verpflichteten zu entrichten.***)

Festsetzung der Lehrergehalte.

§ 17. Die in den §§ 12—16 festgestellten Sätze sind als die geringsten welche zulässig sind, zu betrachten. Wo das jetzige Einkommen der Lehrer diese Sätze bereits übersteigt, darf dasselbe ohne Genehmigung des Min. der g., U. und M.-A. nicht verringert werden; wo aber nach den örtlichen Verhältnissen eine Erhöhung des Lehrergehaltes notwendig und ausführbar ist, sind die Regierungen ermächtigt, die Gemeinden zu einer Erhöhung desselben zu veranlassen.

Unbestimmte Geldeinnahmen an Schulgeld, Konfirmandengeld u. s. w. werden auf das bare Gehalt nach einem sechsjährigen Durchschnitte angerechnet.

Eine Herabsetzung des von der Gemeinde zu gewährenden Lehrergehaltes wegen Zunahme der sonstigen Einnahmen, namentlich wegen vermehrten Ertrages des Schulgeldes oder wegen Zuwendungen dritter Personen findet nur mit Genehmigung der Regierung und nur dann statt, wenn die ersparten Mittel anderweit zum Besten derselben Schule verwendet werden oder die Gemeinde einer Erleichterung bedürftig ist.

---

*) Die Klassensteuerexemtion ist durch das Gesetz vom 7. Dezbr. 1849 (Ges. S. S. 436) aufgehoben.

**) Lehrer an Mittelschulen, höheren und mittleren Mädchenschulen können zur Kommunalsteuer herangezogen werden.

***) cfr. § 242 u. 243.

Gehaltsnachweisung.

§ 18. Jeder Schullehrer erhält bei seiner Anstellung von dem Schulpatron eine von der Regierung bestätigte genaue Nachweisung seiner sämtlichen Einnahmen und Berechtigungen.

Anzugskosten. *)

§ 19. Die Gemeinden sind verpflichtet, den neu anziehenden Lehrern bis an eine Entfernung von 10 Meilen vom Schulorte für die Fortschaffung ihrer Familien und ihrer Effekten (A.-L.-R. Teil II. Tit. 12 § 40) nach Wahl der Gemeinde, entweder Fuhrwerk zu gestellen oder die Fahrkosten, deren Höhe den Betrag von 20 Thaler nicht übersteigen darf, nach einer mäßigen Taxe zu vergüten.

§ 20. Verläßt der Schullehrer seine Stelle vor Ablauf von 5 Jahren, so ist er auf Verlangen gehalten, der Gemeinde die Anzugskosten zu erstatten.

Kündigung. **)

§ 21. Wird ein Lehrer versetzt, oder legt er sein Amt freiwillig nieder, so muß er dasselbe drei Monate vorher kündigen.

Auseinandersetzung. ***)

§ 22. Der abziehende Lehrer oder die Erben des verstorbenen Lehrers haben sich mit dem neu anziehenden Lehrer nach Vorschrift des A.-L.-R. Teil II. Tit. 11 §§ 822—831 und des ostpreußischen Provinzialrechts Zusatz 205 auseinanderzusetzen.

Witwen- und Waisenkasse. †)

§ 23. Jeder Schullehrer ist verpflichtet, der Witwen- und Waisenkasse nach dem darüber für den Schulbezirk bestehenden Reglement beizutreten.

Sterbequartal. Gnadenmonat. ††)

§ 24. a) Stirbt ein Schullehrer in dem letzten Monate des Kalenderquartals, so erhalten seine Witwe, seine Kinder und Enkel außer den Einkünften des ganzen Sterbequartals noch einen einmonatlichen Betrag des Lehrergehalts.

b) Erfolgt das Ableben des Lehrers in dem ersten und zweiten Monat des Kalenderquartals, so fallen die Einkünfte dieses ganzen Quartals den Erben des Lehrers zu; es findet aber eine weitere Gnadenzeit nicht statt.

Diejenigen Einkünfte, welche nicht monatlich oder vierteljährlich zur Erhebung kommen, werden zwischen den Erben oder den Gnadenberechtigten des verstorbenen Lehrers und dem neuanziehenden Lehrer nach Maßgabe der in § 22 angeführten Vorschriften geteilt.

§ 25. Wird der neue Lehrer noch innerhalb der Gnadenzeit oder des Sterbequartals eingeführt, so haben die zur Unterhaltung der Schule Verpflichteten für die Remuneration des neuen Lehrers in dieser Zeit besonders zu sorgen.

Die Wohnung im Schulhause teilen die Erben oder Gnadenberechtigten während dieser Zeit mit dem neuen Lehrer oder haben, wenn sie dieselben

---

*) cfr. § 163.
**) cfr. §§ 233—240.
***) cfr. §§ 164—168.
†) cfr. §§ 284—291.
††) cfr. §§ 172—174. — Lehrer an zweiklassigen Schulen sind nach Entscheidung des Ministers nicht Mitglieder eines Kollegiums im Sinne der Allerh. Kabinetsordre v. 27. April 1816.

auf dessen Verlangen früher räumen sollen, eine billige Entschädigung von ihm zu fordern.

Pensionierung.

§ 26.*) Ein ohne sein Verschulden dienstunfähig gewordener Lehrer erhält ein Drittel seines bisherigen Einkommens als Pension, welche zum Teil in Naturalien entrichtet werden kann. Dieselbe darf nicht weniger als 50 Thlr. betragen, wenn die Emeritierung erst nach vollendetem 20. Dienstjahre erfolgt. Die Pension wird zunächst aus den Einkünften der Stelle entnommen, soweit dies möglich ist, ohne dem neuen Lehrer das in den §§ 12—15 festgesetzte geringste Einkommen zu schmälern; das Fehlende ist in derselben Weise wie die übrigen zur Unterhaltung der Schule erforderlichen Mittel aufzubringen. Doch soll die Pensionierung nur in dem Falle eintreten, wenn dem Schulbedürfnis durch Bestellung eines Adjunkten nicht genügt werden kann. Wird ein solcher angestellt, wozu die Genehmigung der Regierung erforderlich ist, so behält derselbe auf dem Lande die im § 14, in Städten die im § 15 festgesetzte Besoldung. In welchem Verhältnisse hierzu der alte Lehrer und die Gemeinde beizutragen haben, bleibt der freien Einigung derselben überlassen, in deren Ermangelung von der Regierung hierüber bestimmt wird.

Amtsentsetzung.)**

§ 27. Wegen der Amtsentsetzung, unfreiwilligen Versetzung und unfreiwilligen Pensionierung der Lehrer behält es bei den allgemeinen gesetzlichen Vorschriften sein Bewenden.

III. Von der Aufsicht über die Elementarschulen.

a. Auf dem Lande.

§ 28. Die nächste Aufsicht über die Elementarschulen ***) auf dem Lande führen der Schulpatron und der betreffende Pfarrer mit dem Schulvorstande.

Schulpatron.

§ 29. Dem Schulpatron steht die Direktion des Schulvorstandes und die Befugnis zu, dessen Versammlungen mit vollem Stimmrecht und bei Stimmengleichheit mit entscheidender Stimme beizuwohnen und darin den Vorsitz zu führen.

§ 30. Sind mehrere Schulpatrone vorhanden, so sind die ihnen nach §§ 28 und 29 zustehenden Rechte durch einen aus ihrer Mitte auszuüben, dessen Bestimmung ihrer freien Einigung überlassen bleibt. Kommt binnen drei Monaten nach erlassener Aufforderung eine Einigung hierüber nicht zustande, so wechselt die Ausübung nach einer von der Regierung mit Rücksicht auf die Beteiligung der einzelnen Gutsherren über die Reihenfolge und die Dauer der Ausübung zu erlassenden Bestimmung. Zu den öffentlichen Schulprüfungen und Schulfeierlichkeiten, welche am Sonntage vorher von dem Pfarrer verkündigt werden müssen, sind jederzeit sämtliche Gutsherren des Schulbezirks durch den Schulvorstand besonders einzuladen.

Schulvorstand. †)

§ 31. Der Schulvorstand besteht:

1) Aus dem Pfarrer des Kirchspiels (Lokalinspektor der Schule), welcher in Abwesenheit des Schulpatrons den Vorsitz führt;

---

*) cfr. das Gesetz vom 6. Juli 1885.
**) cfr. § 210 ff.
***) cfr. §§ 308—330.
†) cfr. §§ 322—325.

2) aus den Ortsvorstehern der Gemeinden des Schulbezirks;
3) aus zwei bis vier Familienvätern der zur Schule gehörigen Gemeinden. Diese Familienväter werden von den zur Schule gehörigen Gemeinden gewählt und vom Landrate bestätigt. Dem die Aufsicht führenden Gutsherrn bleibt jedoch das Recht vorbehalten, wenn er den Gewählten zur Übernahme dieses Ehrenamtes nicht für geeignet hält, die Einführung desselben auszusetzen und die Entscheidung des Landrats einzuholen. Wird die Wahl in demselben Erledigungsfalle von dem Landrate zum zweiten Male verworfen, so verliert die Gemeinde für diesen Fall das Wahlrecht und erfolgt die Erledigung der besetzten Stelle im Schulvorstande unmittelbar durch den Landrat.

Die gewählten Gemeindeglieder sind verpflichtet, die Stelle eines Schulvorstandes auf sechs Jahre anzunehmen.

Gehören mehrere Gemeinden zur Schule, so muß aus jeder Gemeinde mindestens ein Familienvater Mitglied des Schulvorstandes sein.

§ 32. Der Schulvorstand hat für die Handhabung der äußeren Ordnung im Schulwesen und für genaue Befolgung der dahin einschlagenden Verordnungen zu sorgen, auch alles dasjenige, wodurch das Gedeihen der Schule gehemmt wird, zu beachten und der Behörde zur weiteren Veranlassung vorzutragen. Derselbe hat namentlich den Pfarrer in Beförderung der Teilnahme der Gemeinde für das Schulwesen, in der Beaufsichtigung des sittlichen Verhaltens der Kinder außer der Schule und in der Beförderung eines regelmäßigen Schulbesuches zu unterstützen. Auch liegt ihm ob:
1) bei allen Schulprüfungen, bei Einführung neuer Lehrer und bei sonstigen Schulfeierlichkeiten zugegen zu sein;
2) das Vermögen der Schule und die Schulkasse, wo eine solche noch neben der Kommunalkasse besteht, in derselben Weise wie die Kirchenvorsteher das Kirchenvermögen, unter Aufsicht des Schulpatronats zu verwalten;
3) die Schule in Prozessen und sonstigen Rechtsangelegenheiten unter Teilnahme des Schulpatrons zu vertreten. Zur Anstellung von Klagen ist die Autorisation der Regierung erforderlich.

Pfarrer. *)

§ 33. Die Anordnungen über das Innere des Schulwesens (Unterweisung, Lehrmethode, Befolgung des Lehrplans u. s. w.) und die Aufsicht über die Amtsführung der Lehrer gehören zu den Obliegenheiten des Pfarrers als Lokalschulinspektors der Schule.

Kreisschulinspektoren. **)

§ 34. Die Kreisvorstände und die Pfarrer als Lokalschulinspektoren stehen auf dem Lande unter der Aufsicht von Kreisschulinspektoren, welchen obliegt, die Schulen ihres Bezirks zu besuchen, die Schüler und Lehrer dabei zu prüfen, über den Befund der Revision, sowie über die Thätigkeit der Pfarrer bei Beaufsichtigung der Schulen und über die Wirksamkeit der Schulvorstände an die Regierung zu berichten, eingetretene Vakanzen der Regierung anzuzeigen, die vorläufige Vertretung erkrankter und abgehender Lehrer anzuordnen und überhaupt die zur Befriedigung der Bedürfnisse des Schulunterrichts nötigen Einleitungen zu treffen.

---

*) cfr. §§ 314—316.
**) cfr. § 312.

§ 35. In der Regel haben die Superintendenten, Erzpriester und Dekane das Amt eines Schulinspektors zu verwalten. In besonderen Fällen können jedoch die vorgesetzten Behörden auch einen andern Geistlichen damit beauftragen. Hinsichtlich der Verpflichtung der Gemeinden, den Schulinspektoren bei ihren Geschäftsreisen entweder die Fuhre zu gestellen oder die Reisekosten zu vergüten, behält es bei der Bestimmung des ostpreußischen Provinzialrechts, Zusatz 216, § 6 und der bisherigen Observanz vorläufig sein Bewenden.

b. Schulaufsicht in den Städten.*)

§ 36. Hinsichtlich der Aufsicht in den Elementarschulen in den Städten bleibt es bis auf weiteres bei den Bestimmungen der Städteordnung und der Instruktion vom 26. Juni 1811.

c. Regierungen.**)

§ 37. Der Regierung gebührt die Oberaufsicht und Leitung sämtlicher Elementarschulen ihres Bezirks, bei deren Ausübung sie sich der Landräte und Kreisschulinspektoren als ihrem Organe zu bedienen hat. Ihr steht insbesondere zu:

1) die Anstellung der Lehrer an den dem landesherrlichen Besetzungsrechte unterworfenen Schulen, sowie die Bestätigung der von anderen Personen berufenen Lehrer;
2) die Oberaufsicht über die Verwaltung des Schulvermögens, namentlich die Erteilung der Genehmigung in allen denjenigen Fällen, in welchen bei Verwaltung des Kirchenvermögens die Genehmigung der geistlichen Obern gesetzlich notwendig ist;
3) die Befugnis, der Schule von Amts wegen einen Mandatar zu bestellen, wenn sich die gesetzlichen Vertreter weigern, die Rechte derselben im Wege des Prozesses wahrzunehmen oder selbst bei einem Prozesse der Schule beteiligt sind;
4) die Prüfung der Notwendigkeit und der Art der Ausführung eines Schulbaues nach den darüber bestehenden allgemeinen Verordnungen, sowie die Befugnis, die Beiträge zum Bau mit Vorbehalt des den Beteiligten unter sich freistehenden Rechtsweges festzusetzen und einzuziehen.

IV. Von der Unterhaltung der Elementarschulen.

Besondere Stiftungen und Leistungen.

§ 38. Wo die Unterhaltung der Elementarschulen und der Lehrer an denselben auf besonderen Stiftungen beruht, oder wo einzelne Personen oder Korporationen durch besondere Rechtstitel zu gewissen Leistungen für die Elementarschulen verpflichtet sind, behält es dabei auch fernerhin sein Bewenden. Insbesondere verbleiben die Kirchschulen, die Kirch- und Dorfschullehrer im Besitze der Einkünfte und Leistungen, welche sie bisher aus dem Kirchenvermögen oder von dem Kirchenpatron und den Eingepfarrten empfangen haben.

§ 39. Sind keine besonderen Stiftungen und keine durch besondere Rechtsperiode zur Unterhaltung der Schulen und der Lehrer verpflichteten Personen vorhanden, oder reichen die Beiträge derselben nicht aus, so haben die Ortsgemeinden und die sonst zur Schule gehörigen Ortschaften die Mittel

*) cfr. §§ 317—321.
**) cfr. § 311.

zur Unterhaltung der Schule in derselben Weise, wie die übrigen Kommunalbedürfnisse, aufzubringen.

Ist dazu eine besondere Kommunalumlage erforderlich, so erfolgt die Verteilung, sofern nicht eine andere Art der Aufbringung der Kommunalbedürfnisse bereits üblich ist, nach Verhältnis der von den Einzelnen zu entrichtenden Grund- und Klassensteuerbeträge, und wird die Grundsteuer da, wo sie nicht besteht, nach dem Besitzstande ergänzt.

§ 40. Gehören mehrere Gemeinden zu derselben Schule, so wird, wenn nicht Verträge oder andere besondere Rechtstitel ein Anderes bestimmen, der Anteil der einzelnen Gemeinden nach der Zahl der Haushaltungen festgesetzt und in jeder Gemeinde für sich nach § 39 aufgebracht. Bei Regulierung der Beiträge derjenigen Personen, welche auf Vorwerken oder sonst außerhalb des Gemeindebezirks wohnen, kommen die Vorschriften der §§ 55 bis 62 zur Anwendung.

§ 41. Die Ortschaft, wo die Schule liegt, ist verpflichtet, den nötigen Bauplatz für die zur Schule gehörigen Gebäude und deren Erweiterungen allein und ohne Mitbeteiligung der anderen Ortschaften zu beschaffen, dagegen ist sie für die dem Lehrer zu gewährende Sommerweide oder für das in deren Stelle zu gewährende Futter zur Sommerstallfütterung für das Vieh, sowie für den Platz zum Garten und zur Baumschule von den übrigen zur Unterhaltung der Schule Verpflichteten nach Maßgabe des § 39 zu entschädigen.

§ 42. Zu Abgaben und Leistungen, welche nach Verhältnis des Grundbesitzers in der Gemeinde verteilt werden, müssen auch die Gutsherrschaften und auswärts wohnenden Eigentümer von den in ihrem Besitze befindlichen bäuerlichen Grundstücken beitragen. Dagegen verbleibt es in Ansehung der bei Gelegenheit der Regulierung der gutsherrlichen und bäuerlichen Verhältnisse den Gutsherren als Entschädigung abgetretenen bäuerlichen Grundstücke bei der Bestimmung der Ordre vom 14. Juli 1836 (Gesetzsammlung pro 1836, S. 208), nach welcher von diesen Grundstücken in Ermangelung ausdrücklicher Verträge oder rechtskräftiger Entscheidungen keine Beiträge zum Bau und zur Unterhaltung der Schulmeistergebäude zu entrichten sind.

Schulgeld.

§ 43. Ohne ausdrückliche Genehmigung der Regierung darf kein Schulgeld neu eingeführt und das bestehende nicht erhöht werden. Wo ein Schulgeld herkömmlich ist, behält es bei demselben, sowie dort, wo eine von den Konfirmanden zu entrichtende Gebühr für den Schullehrer üblich ist, bei dieser sein Bewenden. Für die Kinder armer Eltern muß derjenige, welchem gesetzlich die Verpflichtung der Armenpflege obliegt, das Schulgeld entrichten.

Leistungen der Gutsherren.

§ 44. Bei Bauten und Reparaturen der zur Schule gehörigen Gebäude sind die Gutsherren des Schulbezirks, sofern nicht Verträge oder Herkommen ein anderes bestimmen, verpflichtet, das zum Bau erforderliche Bauholz unentgeltlich herzugeben, auch zur Feuerversicherung der Gebäude, wenn dieselbe zugleich den Wert des Bauholzes umfassen soll, einen verhältnismäßigen Beitrag zu leisten. Kann das Bauholz nicht innerhalb dreier Meilen vom Bauplatze angewiesen oder wegen Massivbaues nicht in Natur verwendet werden, so ist der Geldwert desselben nach der Taxe der nächsten Königlichen Forsten zu entrichten.

§ 45. In betreff der Schulen in den Domainendörfern, auf welche der § 44 ebenfalls Anwendung findet, gelten außerdem folgende besonderen Bestimmungen:

1) Die Gemeinden, welche die zur Schule gehörigen Gebäude massiv errichten, erhalten außer dem dazu anschlagsmäßig erforderlichen Holze und dem Taxwert des Holzes, welcher bei dem Massivbau gegen den Bau in Fachwerk erspart wird, eine Bauprämie von 40 Thlr. aus Unseren Forst- und Domänenkassen.

2) Sind die Schulgebäude durch Feuer oder anderen Zufall zerstört, so giebt der Fiskus zu deren Wiederaufbauung das freie Bauholz nur dann ganz oder teilweise her, wenn die Schulgemeinde nicht selbst eine Waldung besitzt, aus welcher solches bei forstwirtschaftlicher Benutzung ganz oder teilweise entnommen werden kann. Diese Verpflichtung des Fiskus erstreckt sich jedoch nicht auf das zu Thüren und Fenstern erforderliche Bauholz.

3) Der Bauplatz für die zur Schule gehörigen Gebäude und deren Erweiterung wird aus den Domänenländereien unentgeltlich angewiesen, insofern dergleichen geeignete Grundstücke an dem Orte der Schule vorhanden sind.

4) Der erste Lehrer an der Schule erhält einen kulmischen Morgen Ackerland steuerfrei zu seiner Benutzung oder statt dessen eine dem Ertrage derselben entsprechende Geld- und Naturalrente aus Unserer Forst- und Domänenkasse.

5) Das zur Heizung der Schulstuben und der Lehrerwohnungen, sowie zum Wirtschaftsbedarf der Lehrer erforderliche Brennmaterial wird aus Unseren Forsten frei von Anweisegeld gewährt und ist durch die Gemeinden anzufahren. Der Betrag des zu bewilligenden Brennholzes darf jedoch für keine Schulklasse mehr als 15 Klafter weiches Klobenholz betragen.

6) Wo Torf oder Knüppel angewiesen werden, sind angemessene Verhältnisse gegen das Klobenholz festzusetzen.

§ 46. Wo die in § 45 erwähnten Leistungen ganz oder teilweise herkömmlich auch von anderen Gutsherren gewährt werden, behält es dabei sowohl in betreff der bestehenden, als auch der neu zu errichtenden Schulen sein Bewenden. Jedoch sollen die Bestimmungen im § 45 unter 5 und 6 für alle zur Gewährung von Deputatbrennholz verpflichteten Gutsherren verbindlich sein.

§ 47. Wenn Hintersassen mehrerer Gutsherren zu einem Schulbezirke gehören, so gilt die Regel, daß die den Gutsherren nach §§ 44 und 45 obliegenden Verpflichtungen, sofern nicht durch Herkommen oder besondere Rechtstitel ein anderes festgestellt ist, von den Gutsherren nach der Zahl der Haushaltungen ihrer Hintersassen gemeinschaftlich zu tragen sind.

§ 48. Hinsichtlich der Unterhaltung der Schulhäuser, welche zugleich Küster- oder Organistenwohnungen sind, finden die allgemeinen gesetzlichen Vorschriften Anwendung.

Schulen der Juden.

§ 49. Wenn die jüdischen Einwohner mit Genehmigung der Regierung eine besondere öffentliche Schule unterhalten, so sind sie frei von direkten Beiträgen zur Unterhaltung der Gemeindeschulen.

Trennung mehrerer zu einer Schule vereinigten Gemeinden.

§ 50. Sind zwei oder mehrere Gemeinden zu einer gemeinschaftlichen Schule vereinigt, so kann die Trennung derselben sowohl auf einseitigen Antrag einer Gemeinde als von Amts wegen durch die Regierung angeordnet werden:

1) wenn eine solche Überfüllung der Schule eingetreten ist, welcher nicht auf leichtere und zweckmäßigere Weise, z. B. durch Anlegung einer zweiten Schulklasse, abgeholfen werden kann;
2) oder wenn die abzutrennende Gemeinde von der Schule zu entfernt oder aus jener Gemeinde nur auf beschwerlichen oder gefahrvollen Wegen zu der Schule zu gelangen ist.

§ 51. Wird die Trennung für zweckmäßig erachtet, so sind über deren Ausführung und rechtliche Folgen zunächst die beteiligten Gemeinden, die Schulpatrone und die sonstigen Interessenten zu hören und womöglich in der Güte über den Plan der Trennung zu vereinigen. Ist eine gütliche Vereinigung nicht zu erzielen, so ist die Regierung befugt, die Trennung unter nachstehenden Bedingungen anzuordnen:

1) Der im Amte befindliche Lehrer behält das Einkommen, welches ihm bei seiner Anstellung zugesichert ist. Der Ausfall, welchen derselbe durch die Trennung an seinem Einkommen erleidet, sowie die übrigen durch dieselbe entstehenden Kosten werden von sämtlichen Gemeinden gemeinschaftlich getragen.
2) Nach erfolgter Auseinandersetzung hat jede Gemeinde für den Unterhalt ihrer Schule und Lehrer allein zu sorgen; insbesondere hat die abgetrennte Gemeinde die Kosten zu den baulichen Einrichtungen der neuen Schule allein, jedoch unter Beihilfe ihres Gutsherrn aufzubringen.
3) Die Lehrerstelle an der alten Schule muß auch nach der Trennung und bei der neuen Regulierung des Lehrergehalts die in den §§ 12 und folgenden festgesetzte geringste Einnahme behalten.
4) Für das Schulbedürfnis der abgetrennten Gemeinde muß durch Errichtung einer eigenen Schule oder durch Anschluß an eine andere benachbarte Schule genügend gesorgt werden.
5) Der alten Schule verbleibt ihr bisheriges Stiftungs-, Grund- und Kapitalvermögen ungeteilt, sofern nicht besondere Rechtstitel eine Ausnahme begründen.

Gegen diese Festsetzungen steht den Beteiligten der Rechtsweg nur insoweit offen, als die Fortdauer gewisser Leistungen zu der alten Schule nach der Trennung oder die Teilung des vorhandenen Schulvermögens auf Grund spezieller Rechtstitel gefordert wird.

Anschluß einer Gemeinde an eine bestehende Schule.

§ 52. Der Anschluß einer Gemeinde an eine bereits bestehende Schule kann, außer dem Falle des § 53, nur durch einen von der Regierung bestätigten Vertrag der beteiligten Gemeinden und Interessenten erfolgen.

§ 53. Kann aber das Schulbedürfnis einer Gemeinde nicht anders als durch Anschluß an eine andere bereits bestehende Schule befriedigt werden, so ist die Regierung befugt, diesen Anschluß unter der Bedingung zu verordnen:

1) daß die hinzugetretene Gemeinde alle durch ihren Beitritt veranlaßten neuen Einrichtungen allein übernehme, und
2) daß die zur Unterhaltung der Schule und der Lehrer erforderlichen Beiträge für die Zukunft auf alle Gemeinden nach den im § 40 bestimmten Verhältnissen verteilt werden.

Errichtung neuer Schulen.

§ 54. Die Errichtung neuer Schulen kann nur nach Anhörung aller Beteiligten auf Anordnung oder unter Genehmigung der Regierung erfolgen, wenn eine hinreichende Anzahl von Kindern vorhanden ist. Die Regierung stellt in diesem Falle die Bedürfnisse der neuen Schule und die Leistungen der Verpflichteten fest, insbesondere auch der zum Schulbezirke gehörigen Gutsherren. Hat sich in einem Schulbezirk durch Vertrag oder Herkommen hinsichtlich der Leistungen der Gutsherren eine von den Grundsätzen der gegenwärtigen Schulordnung abweichende Norm gebildet, so behält es dabei zwar sein Bewenden. Wenn jedoch in einem solchen Schulbezirke die Errichtung einer neuen oder die Erweiterung der schon bestehenden Schule nicht durch den Beitritt benachbarter Grundherren oder Ortseingesessenen, sondern durch die wachsende Einwohnerschaft der Schulgemeinde selbst notwendig wird, so treten für das erweiterte Bedürfnis die Vorschriften der gegenwärtigen Schulordnung dergestalt ein, daß der Gutsherr, oder wenn die Hintersassen mehrerer Gutsherren zu dem Schulbezirke gehören, diese Gutsherren gemeinschaftlich nach den näheren Bestimmungen der §§ 44—47 für das erweiterte Bedürfnis zu sorgen haben.

Anwohner auf gutsherrlichem Lande.

§ 55. Für das Schulbedürfnis der außerhalb eines Kommunalbezirks auf gutsherrlichem Vorwerkslande wohnenden Dienstboten, Tagelöhner, Ansiedler und herrschaftlichen Beamten muß entweder durch Anschluß an eine benachbarte Schule oder durch Errichtung einer eigenen Schule gesorgt werden.

§ 56. Der Grundherr ist verbunden, die hierzu erforderlichen Kosten, soweit die Anwohner zu deren Aufbringung nicht im stande sind, ebenso wie die Kosten der Armenpflege zu bestreiten.

§ 57. Der Anschluß an eine benachbarte Schule erfolgt in der Regel durch einen zwischen der Gemeinde und dem Schulpatron einerseits und dem Grundherrn als Vertreter der auf seinem Grund und Boden befindlichen Anwohner andererseits abgeschlossenen und von der Regierung bestätigten Vertrag, welcher die Leistungen des sich anschließenden Teiles genau festsetzt.

§ 58. Kann ein Anschluß im Wege des Vertrages nicht bewirkt werden, und ist die Zahl der außerhalb des Gemeindebezirks befindlichen Anwohner zur Errichtung einer eigenen Schule nicht groß genug, so sind die Regierungen befugt, den Anschluß an eine benachbarte Schule auf eine bestimmte Reihe von Jahren, in der Regel auf 10 Jahre, anzuordnen und zugleich nach Maßgabe des § 53 den Umfang der Leistungen festzusetzen, welche von den Anwohnern und bei deren Unvermögen von dem Grundherrn an die Ortsschule zu entrichten sind.

§ 59. Ist bei Ablauf der bestimmten Frist ein dauernder Vereinigungsvertrag nicht zustande gekommen, und wird auch die Errichtung einer eigenen Schule für die Kinder der Anwohner noch nicht als Bedürfnis anerkannt, so wird der zeitweise Anschluß und das Beitragsverhältnis auf eine neue Reihe von Jahren reguliert.

§ 60. Die Regierung bestimmt nach vorgängiger Ermittelung des Nahrungsstandes der Anwohner, wieviel ein jeder derselben zu den Beiträgen für den Anschluß an eine benachbarte Gemeindeschule oder für die Errichtung einer eigenen Schule beizusteuern hat, den Ausfall trägt der Grundherr.

Die von dem Gutsherrn zu leistenden Beiträge genießen die Vorrechte der öffentlichen Abgaben.

§ 61. In Ansehung derjenigen, außerhalb des Gemeindebezirks angesiedelten Personen, welche sich bisher, ohne daß darüber eine Vereinigung getroffen worden ist, zu einer benachbarten Schule gehalten haben, verbleibt es einstweilen bei dem bisherigen Verhältnisse, wenn nicht ein Antrag auf Regulierung erfolgt.

§ 62. Tritt aber der Fall einer Erweiterung oder einer größeren Reparatur der Schulgebäude ein, oder bedarf es einer Vermehrung der Lehrer oder einer neuen Regulierung der Lehrergehalte, so soll über das Verhältnis der Anwohner zu der Schule nach Maßgabe der §§ 59—60 nähere Bestimmung getroffen werden.

Kolonieen, neue Gemeinden.

§ 63. In neu angelegten Kolonieen oder in neu gebildeten Gemeinden ist für das Schulbedürfnis in der Regel durch Errichtung einer eigenen Schule zu sorgen.

§ 64. Ist jedoch die Zahl der schulpflichtigen Kinder nur gering, und befindet sich eine zu deren Aufnahme geeignete Schule in zugänglicher Nähe, so kann der zeitweise oder dauernde Anschluß der neuen Kolonie oder Gemeinde an diese Schule durch freiwillige Einigung und in deren Ermangelung durch Verfügung der Regierung bewirkt werden.

§ 65. Der Grundherr, auf dessen Grund und Boden die neue Kolonie oder Gemeinde errichtet ist, hat ohne Rücksicht auf den Inhalt der besonderen Ansetzungsverträge die Verpflichtung nach Maßgabe der §§ 56 und folgende den Ausfall zu decken, welchen die Kolonisten und Gemeindeglieder zur Errichtung einer eigenen oder zum Anschluß an eine benachbarte Schule aufzubringen außer stande sind.

Schul-Matrikeln.

§ 66. Die Landräte haben für jede einzelne Schule unter Zuziehung der Gutsherren, des Schulvorstandes, der Gemeinden und der sonst beteiligten Personen eine Matrikel, welche den Umfang des Schulbezirks, das Vermögen und die Einkünfte der Schule und die Gerechtsame und Verpflichtungen der Beteiligten vollständig umfaßt, aufzunehmen und der Regierung zur Bestätigung vorzulegen.

Ortsschulkassen.

§ 67. Die Abgaben und Leistungen der Verpflichteten, sowie auch die Schulgelder sind an die Kommunalkasse oder besondere Ortsschulkasse abzuführen, welche von dem Schulvorstande und einem besonders verpflichteten Rendanten aus dessen Mitte, unter Aufsicht des Landrats, verwaltet wird. Der Schullehrer darf nur die ihm zustehenden Naturalleistungen von den Verpflichteten unmittelbar erheben.

§ 68. Die Überschüsse der Schulkasse werden zur Erleichterung armer Schulkinder oder zur Beschaffung von Schulbedürfnissen verwendet oder für künftige größere Ausgaben aufgespart.

Wo die Verhältnisse es gestatten, soll durch besondere kleine Beiträge auf die Bildung eines Baufonds für die Schule Bedacht genommen werden.

Kirchspielsschulkassen.

§ 69. Die vorhandenen Kirchspielsschulkassen sollen unter der Aufsicht des Kreisschulinspektors mit ihren herkömmlichen Einkünften fortbestehen, welche zur Unterstützung bedürftiger Gemeinden und Ortschaften desselben Kirchspiels in ihren Schuleinrichtungen zu verwenden sind. Über die Art und das Maß der Verwendung bestimmt das Kirchenkollegium unter Zustimmuug des Patrons, der auch die Rechnungen zu revidieren hat.

§ 70. Den Schulen verbleiben in Bezug auf ihr Vermögen die ihnen in den §§ 18—20 Teil II., Tit. 12 des A.=L.=R. beigelegten Rechte.

§ 71. Hinsichtlich des Schulunterrichts der Kinder von Militärpersonen behält es bei den Bestimmungen der Militärkirchenordnung vom 12. Februar 1832 und der Garnison-Schulinstruktion vom 27. September 1834, sowie hinsichtlich der Bestrafung der Schulversäumnisse der Soldatenkinder bei der Bestimmung des Kriegsministeriums vom 26. Dezember 1832 sein Bewenden.

Schlußbestimmung.

§ 72. Unsere Regierungen werden mit der Ausführung des gegenwärtigen Gesetzes beauftragt. Nach Vollendung der erforderlichen Vorbereitungen haben dieselben durch das Amtsblatt den Zeitpunkt bekannt zu machen, mit welchem die Bestimmungen des Gesetzes zur Anwendung kommen. Mit diesem Zeitpunkte treten auch die Vorschriften des A.-L.-R. Teil II. Tit. 12, §§ 12 bis 53 (von gemeinen Schulen) des ostpreußischen Provinzialrechts, Zusatz 215 bis 224 und des westpreußischen Provinzialrechts, §§ 62 bis 67, sowie der Principia regulativa vom 30. Juli 1736 und der Verordnung vom 30. November 1840 über die fortwährende Anwendbarkeit der gedachten Principia regulativa (Gesetzsammlung von 1841, S. 11 und 12), sowie auf dieselben in dem gegenwärtigen Gesetze nicht ausdrücklich Bezug genommen worden ist, für die Provinz Preußen außer Kraft.

Urkundlich unter Unserer Höchsteigenhändigen Unterschrift und beigedrucktem Königlichen Insiegel.

Gegeben Berlin, den 11. Dezember 1845.

Friedrich Wilhelm.

Prinz von Preußen.

v. Boyen. Mühler. v. Nagler. Rother. Eichhorn. v. Thiele. v. Savigny. v. Bodelschwingh. Graf zu Stolberg. Flottwell. Uhden. Freiherr v. Canitz.

---

2) Schulreglement für die niederen katholischen Schulen in den Städten und auf dem platten Lande von Schlesien und der Grafschaft Glatz.

Wir Friedrich Wilhelm 2c. 2c. haben Uns seit dem Anfange Unserer Regierung unablässig bemüht 2c.

1) Wahl und Präsentation der Schullehrer. Wir wiederholen daher nochmals zuvörderst die Vorschrift des Schulreglements vom 26. Juli v. J. § 18, daß kein katholischer Schullehrer in Städten und auf dem Lande angesetzt werden soll, welcher nicht in einem der angeordneten Seminarien durch die bestimmte Zeit den Unterricht genossen und ein Zeugnis seiner Fähigkeit erhalten hat. Kein Gutsherr und keine Korporation soll das Recht haben, einen andern zu einem Landschuldienste zu präsentieren, und Wir beschränken dieses ihr Präsentationsrecht hiermit nur auf diejenigen, welche sich in den Seminarien gebildet haben. Dagegen hat aber auch Unsre Schuldirektion, welcher wir die Einrichtung dieser Seminarien und die Bekanntmachung derselben hiermit auftragen, dafür zu sorgen, daß immer eine hinlängliche Anzahl solcher Kandidaten zum Lehramte vorhanden sei.

2) Es kann daher jeder, welcher das Recht hat, zu einer Schulstelle zu präsentieren, wenn er selbst keine qualificierte Subjekte kennt, sich an die Schuldirektion wenden, welche ihm einige vorschlagen wird, aus denen ihm alsdann die Wahl frei steht.

3) Da jedoch die Seminarien zum Teil erst jetzo eingerichtet werden, und dermalen noch nicht eine hinlängliche Anzahl solcher fähiger Subjekte vorhanden sein dürfte, so soll diese Vorschrift nur vom 1. Januar künftigen Jahres an gelten.

4) Religion der Schullehrer. Was die Religion der Schullehrer betrifft, so setzen Wir hiermit fest, daß in der Regel jede Religionspartei einen eigenen Schullehrer ihres Glaubens haben solle, daß daher in katholischen Dörfern der Schullehrer katholisch, sowie in protestantischen protestantisch sein müsse.

5) Für ganz katholisch oder ganz protestantisch soll auch ein Dorf gehalten werden, wenngleich zur Zeit der Publikation dieses Reglements der sechste Teil der Stellenbesitzer zur andern Religionspartei gehörte. Auf nachmalige Religions-Veränderungen der Stellenbesitzer soll hierbei nicht geachtet werden, und ist das Datum der Publikation dieses Edikts zum Normaltermin für die Religion des Schullehrers anzunehmen.

6) In Dörfern vermischter Religion, wo nämlich die Religionsverschiedenheit der Stellenbesitzer größer ist, als das § 5 angegebene Verhältnis, soll der Schullehrer von der Religionspartei sein, von welcher derselbe bisher gewesen, und entscheidet hier wieder der bemeldete Normaltermin. Es steht zwar der andern Religionspartei frei, sich einen eigenen Schullehrer ihrer Religion zu wählen, doch müssen deshalb die dem alten Schullehrer ausgemittelten, oder einem neuen dieser Religion nach § 12 auszumittelnden Emolumente nicht geschmälert werden, eben so wenig, als die andere Partei nötig hat, zum Bau und Unterhaltung des neuen Schulhauses zu konkurrieren.

7) In solchen gemischten Dörfern erteilt der Schullehrer allen Kindern, ohne Unterschied der Religion, den Unterricht im Lesen, Schreiben und allen solchen Kenntnissen, die nicht zur Religion gehören. Zu Lesebüchern sollen solche gewählt werden, die nichts von den Unterscheidungslehren einer oder der andern Religion enthalten. Desgleichen müssen sich alle Kinder zu dem gemeinschaftlichen Gebete oder Gesange bei dem Anfange oder dem Ende der Schule vereinigen, wie solches hergebracht ist, doch muß dieses Gebet oder Gesang nichts Einseitiges einer Religionspartei enthalten. In der Religion erteilt der Schullehrer, aber nur den Kindern seines Glaubens, Unterricht; die Kinder der andern Partei bleiben in den dazu bestimmten Tagen oder Stunden weg. Für den Unterricht dieser Kinder muß der Pfarrer oder Seelsorger ihrer eigenen Religion, wo sie eingepfarrt sind, oder sich als Gäste hinhalten, sorgen. Seine Pflicht als Volkslehrer verbindet ihn dazu, und diese Pflicht ist nicht auf den Unterricht der Erwachsenen von der Kanzel eingeschränkt. Er selbst oder sein Kaplan müssen daher wöchentlich wenigstens drei Stunden, entweder im Schul- oder Pfarrhause, Religionsunterricht erteilen, und zwar so, daß die ganz kleinen von denen, die schon erwachsener sind, getrennt werden.

8) Um die angehenden Pfarrer zu diesem Geschäft vorzubereiten, setzen Wir hiermit fest, wie solches schon in dem Reglement 1765 § 10 geschehen ist, daß alle Kandidaten zum geistlichen Stande, auch die, welche aus anderen Diöcesen sind, und dort ihre Beförderung suchen, als welche ohnehin in Breslau studieren müssen, das Breslauer Schullehrerseminar besuchen, und von dessen Direktor teils theoretischen, teils praktischen Unterricht in der Pädagogik und allen zu der Ausübung der Pflichten eines Jugendlehrers erforderlichen Wissenschaften nehmen müssen. Über ihren dabei bewiesenen Fleiß und über ihre Fähigkeit, teils selbst Unterricht in Religionssachen zu erteilen, teils den von den Schullehrern erteilten gehörig zu prüfen, hat ihnen der Seminariendirektor nach Pflicht und Gewissen ein Zeugnis zu geben, welches sie dem schlesischen Finanzministerio, bei dem Gesuch um Erlaubnis, in den geistlichen Stand zu treten, oder um ein Benefizium vorzuzeigen haben.

9) Da es auch in Schlesien viel Stifter und Klöster giebt, wo Klosterschulen sind, oder welche Güter mit Kirchen und Landschulen besitzen, auf welche die Ordensgeistlichen als Pfarrer gesetzt werden, müssen sich alle, welche in solche Klöster sich begeben wollen, dieser Verordnung auch unterwerfen. Um entweder als Lehrer in Klosterschulen, oder als Pfarrer ihre Pflichten der Oberaufsicht der ihnen untergebenen Stadt- und Landschulen erfüllen zu können, müssen sie entweder eines der bestellten Schullehrer-Seminarien durch die bestimmte Zeit besuchen, und sich theoretisch und praktisch mit der Pädagogik beschäftigen, oder wenigstens dem auf der Breslauer Universität zu lesenden Collegio pädagogico beiwohnen, und das Zeugnis über ihren Fleiß und Fähigkeit entweder von dem Seminariendirektor oder dem Professor der Pädagogik muß dem Gesuch um die Erlaubnis, in den geistlichen Stand zu treten, beigelegt werden.

Was die Unterhaltung*) der Schullehrer betrifft, so setzen wir hiermit fest:

10) Daß alle die bis zur Publikation dieses Reglements bereits angesetzten Schullehrer bei ihren bisherigen Emolumenten, wie sie ihnen durch Kontrakte mit den Gemeinden und den Herrschaften, oder durch Observanz und mündliche Übereinkunft festgesetzt sind, verbleiben, und kein Recht haben sollen, auf die unten folgenden höheren Emolumente Anspruch zu machen. Die bereits bestimmten Emolumente sollen ihnen aber ohne Weigerung an den festgesetzten Terminen und unverkürzt gereicht werden. Geschieht dieses nicht, so haben sie sich bei dem Landrat des Kreises zu melden, und dieser sowohl als Unsere 2c. Kammern sind schuldig, den Schullehrern sofort allenfalls durch exekutivische Zwangsmittel von den Säumigen ihre Forderung beizutreiben.

11) Sollte indessen einer der jetzigen jungen Schullehrer entweder bei einer anzustellenden Prüfung schon hinlängliche Fähigkeit zu einem bessern Unterricht zeigen, oder

*) cfr. §§ 74 ff.

durch Besuchung des Seminarii sich dieselbe erwerben wollen, ihm auch in Absicht des moralischen Betragens kein Vorwurf gemacht werden können, so wollen Wir ihm die Aussicht auf einen auskömmlicheren Unterhalt nicht verschränken, vielmehr es gerne sehen, wenn Gutsherrschaften und Unterthanen ihm, in Absicht seiner mehreren Fähigkeit, die unten folgenden Emolumente schon jetzo angedeihen lassen. Wären diese aber hierzu nicht zu vermögen: so steht ihm frei, auf eine Versetzung an einen besseren Posten bei der Direktion anzutragen; und diese hat die Pflicht, sich die bessere Versorgung solcher Leute besonders angelegen sein zu lassen, welche nur das Unglück gehabt haben, zu früh in das Amt zu kommen. In Absicht der neu anzusetzenden Schullehrer bestimmen Wir in folgenden nur diejenigen Emolumente, welche er wenigstens haben muß. An Örtern, wo derselbe mehrere hat, verbleibt es bei dem Alten, und Wir sind nicht gemeint, dieselben hierdurch zu schmälern.

12) Ein Schullehrer auf dem Lande muß daher wenigstens haben:

a. ein gutes beständiges Haus.

Bei Anlage neuer Schulhäuser ist dahin zu sehen, daß die Wohnstube von der Schulstube separiert, daß letztere für die Anzahl der Kinder geräumig genug, und gehörig gelüftet sei, auch daß dem Hause die nötige Stallung und Platz zu Futter und Getreide in Körnern beigefügt sei. Auch sind die erforderlichen Schulgerätschaften an Tischen, Bänken 2c. anzuschaffen.

b. Einen Gartenfleck von wenigstens einem Scheffel Aussaat. In Ermangelung dessen müssen ihm drei Beete durch ein ganzes Gewende zu Grünzeug unentgeltlich abgereicht und die nötige Gräserei abgewiesen werden.

c. An Holz: jährlich neun Klaftern Scheitholz, oder nach Beschaffenheit des Orts, die Hälfte in Gebundholz, zwei Schock auf eine Klafter gerechnet. Wo Torf oder Steinkohlen vorhanden sind, wird nach Verhältnis dieses Brennmaterials dem Schullehrer gegeben. Solches ist ihm aber frei bis zu dem Schulhause anzufahren, über welche Verpflichtung unten das mehrere erfolgt. Dagegen soll der Schullehrer nicht mehr, wie bisher, freies Raff- und Leseholz haben, weil ihn dessen Einsammlung von den Schulstunden abhält.

d. An Deputat: Fünfzehn Scheffel Roggen, wie ihn die Garbe giebt, und zu Kuchelspeise drei Scheffel an Gerste, Erbsen und Hirse zusammen.

e. Die Freiheit, unter das Gemeinvieh zwei Stück Rindvieh und ein Schwein unentgeltlich zu treiben.

f. Fünfzig Reichsthaler bar Geld.

13) Wenn der Schullehrer zugleich Organist und Küster ist, so sind ihm auf diese Emolumente alle fixierte Einnahmen, die er an Deputat oder bar von der Herrschaft oder der Gemeine, oder aus dem Kirchenvermögen erhält, anzurechnen. Alle unfixierte Einnahmen an Offertorien, Umgängen und Stolaccidenzien aber nicht.

Wo der Schullehrer aber zugleich Gemeinschreiber ist, wird ihm das für diese Bemühung ausgemachte Fixum oder Sporteln nicht auf obige § 12 bestimmte Emolumente angerechnet, weil Versäumnis und mehrere Arbeit auch eine höhere Belohnung verdienen.

14) Mit eigentlichem Ackerbau soll sich daher der Schullehrer nicht befassen, weil ihn dieser von seinen Pflichten abhalten und oft in Geschäfte verwickeln würde, die mit dem Ansehen seines Amtes unverträglich sind. Hat er an irgend einem Orte nach der bisherigen Observanz eigenen Ackerbau, so muß solcher entweder an die Gemeine, oder an einen einzelnen verpachtet werden und das Pachtgeld wird ihm auf seine bare Emolumente angerechnet.

15) Wenn einem Landschullehrer bei seiner Ansetzung die § 12 verzeichneten Emolumente angesetzt werden, so fällt in der Regel das Schulgeld gänzlich weg, und diejenigen, welche eine Stelle besitzen, schicken ihre Kinder unentgeltlich in die Schule. Einlieger, die nichts Eigentümliches haben, so wie auch das Dienstgesinde, entrichten nichts. Den Einliegern aber liegt die Pflicht ob, das dem Schullehrer angefahrene Holz zu hauen.

16) An Örtern, wo die bisherigen Emolumente des Schullehrers mit Inbegriff des dort üblichen Schulgeldes größer waren, als die § 12 befindliche Bestimmung, kann es zwar bei Ansetzung eines neuen Schullehrers in der bisherigen Verfassung bleiben; doch steht es auch der Herrschaft und den Gemeinen frei, statt des unbestimmten Schulgeldes auf den Grund der Verordnung vom 31. Dezember 1768 dasselbe dahin zu bestimmen, daß der Bauer 1 Rthlr., der Gärtner 12 Ggr., der Häusler 8 Ggr. und der Einlieger 4 Ggr. bezahle.

17) In den Stadtschulen bleibt es bei dem in jedem Orte gewöhnlichen Schulgelde. Sind aber zu einer Stadtschule auch Dörfer geschlagen, so muß ein jeder Wirt, er mag Kinder haben, oder nicht, zum Unterhalt des Schullehrers und zwar nach der oben angeführten Verordnung vom 31. Dezember 1768, jährlich beitragen; dieser Beitrag ist nach geschehener Repartition monatlich, so wie unten näher bestimmt werden soll, abzutragen, von dem Steuereinnehmer zu sammeln und an den Schullehrer zu zahlen.

18) Aufbringung der Emolumente der Schullehrer von den Interessenten. Bei dem Abgange oder dem Tode eines Schullehrers ist vorerst auszumitteln, wieviel derselbe an bisherigen Emolumenten genossen hat; das Deputatgetreide ist hierbei nach den landschaftlichen Abschätzungs-Grundsätzen, das Brennmaterial nach den Preisen des Orts anzuschlagen.

Findet sich, daß der Schullehrer mehr gehabt hat, als die Festsetzungen § 12 und 13 besagen, so soll sein Nachfolger nicht verkürzt werden, wie bereits oben erwähnt worden. Auch verbleibt es bei der bisherigen observanzmäßigen Aufbringung dieser Emolumente zwischen Herrschaften und Gemeinen. Hat er aber weniger gehabt, so tritt alsdann der Fall ein, daß er verbessert werden muß, und die Verteilung soll in folgender Art geschehen.

19) a. Zu dem Brennmaterial und dem baren Gelde muß die Herrschaft, von welcher Religion sie sei, ein Drittel beitragen und zwei Drittel zahlen die Stellenbesitzer oder die Gemeine. Giebt die Herrschaft das Brennmaterial in natura, so hat die Gemeine zwei Drittel des Preises davon mehr an Gelde zu geben. Sind mehrere Dörfer zu einer Schule geschlagen, so ist das Drittel unter die Herrschaften dieser Güter nach dem katastrierten Ertrage derselben zu verteilen. Eben dieses findet auch in Absicht der von den Gemeinen beizutragenden zwei Drittel statt, wenn mehrere zu einer Schule geschlagen sind.

b. Das Deputat an Getreide tragen die wirklichen Ackerbesitzer zusammen, und zwar nach der katastrierten Größe ihrer Aussaat. Wo daher die Herrschaft gar kein Feld hat, wird dieses Deputat von denen, welche Acker im Felde haben, so wie im entgegengesetzen Falle von der Herrschaft allein gegeben.

c. Die von der oder den Gemeinen zu entrichtende bare Summe wird unter alle Stellenbesitzer, so viel deren zu einer Schule geschlagen sind, gleich verteilt.

d. Das Brennmaterial ist dem Schullehrer von den zur Schule geschlagenen bespannten Wirten, oder wenn dergleichen im Dorfe nicht vorhanden sind, von der Herrschaft anzufahren. Das Holzschlagen verrichten die Einlieger.

20) Diese Emolumente sollen auf folgende Art entrichtet werden. Um den Schullehrer durch ungerechte Verweigerungen und Verzögerungen nicht in Verlegenheit zu setzen, auch um ihn nicht zu nötigen, daß er durch Demütigungen sein Auskommen zu erhalten suchen müsse, und sich dadurch in den Augen der Gemeine herab zu würdigen, setzen Wir hiermit folgendes fest:

a. Das Deputat wird da, wo ein herrschaftliches Vorwerk ist, von sämtlichen Interessenten acht Tage vor Martini zusammen gebracht, und an diesem Tage holt es der Schullehrer dort ab. Wo kein herrschaftliches Vorwerk ist, wird dieses Deputat bei dem Gerichtsscholzen oder einem Gerichtsmanne in eben dieser Art gesammelt und abgeholt.

b. Die Repartition des Geldbeitrags wird nach den obigen Grundsätzen von dem Kreissteueramte gemacht, und bei Abführung der Steuern monatlich oder vierteljährlich von den Interessenten dort bezahlt. Hier erhebt der Schullehrer diesen seinen Gehalt vierteljährlich. Für diese Bemühung wollen wir nachgeben, daß jährlich ein Rthr. mehr von den Interessenten bei jeder Schule kollegiert werde, welchen der Steuereinnehmer für sich behält.

21) Da die Zahl der Possessionierten sich durch mehreren Anbau vermehret, so soll diese Repartition alle fünf Jahre erneuert werden.

22) Wenn in einem Dorfe unter fünfzig Besitzungen zwei Schullehrer verschiedener Religion schon jetzt sind, so ist das von der Herrschaft zu entrichtende Drittel an Holz, Deputat und Geld unter beide zu teilen. Ist aber jetzo nur eine Schule dort vorhanden, so hat die Herrschaft ihren Beitrag nur dem Schullehrer der Religionspartei zu entrichten, welcher bei Publikation dieses Reglements dort befindlich war. Will die andere Religionspartei sich einen eigenen Schullehrer wählen, so steht ihr dieses ganz frei, doch ohne die Einkünfte des Schullehrers der andern Partei zu schmälern, als welcher ein gegründetes Recht darauf hat.

23) Sind zwei Schullehrer jetzo schon an einem Orte von mehr als fünfzig Besitzungen, so muß die Herrschaft zum Unterhalte eines jeden ein Drittel beitragen.

24) Sollten bei dem Abgange oder Tode des einen Schullehrers seine Glaubensgenossen zu arm sein, einem Schullehrer die oben festgesetzen Emolumente zu geben, so steht ihnen frei, entweder sich zu einer benachbarten Schule zu halten, oder ihre Kinder in die Schule der andern Religionspartei nach den oben § 7 festgesetzten Einschränkungen zu schicken, indem von einem schlecht besoldeten Schullehrer ohnehin nichts Nützliches für die Erziehung zu erwarten ist.

25) Um nun die zu schlecht dotirten Schullehrerstellen nach und nach zu verbessern, hat der Landrat des Kreises von jedem sich ereignenden Abgange eines Schullehrers an Unsre 2c. Kammer des Departements Bericht zu erstatten, und demselben ein

genaues Verzeichnis der Emolumente beizufügen, welche bishero mit dieser Stelle, es sei an fixiertem oder unfixiertem Schulgelde, Naturaldeputat, Organistenbesoldung, Acker, Garten, oder sonst verbunden waren. Desgleichen sind die Dorfschaften, die zu der Schule geschlagen, ihre Entfernung von der Schule und die Zahl der schulfähigen Kinder genau aufzuführen. Unsere 2c. Kammern werden hiernach beurteilen, ob der Fall eintritt, daß und wie der neue Schullehrer die reglementsmäßigen Emolumente erhalten soll, und der Landrat hat die Befehle der 2c. Kammer wegen deren Ausmittelung genau zu befolgen. Wenn diese Emolumente einmal an einem Orte vorschriftsmäßig bestimmt sind, so bedarf es keiner fernern Anzeige mehr bei jeder künftigen Vakanz; der Landrat wird nur verpflichtet, bei jeder Beschwerde des Schullehrers über die Vorenthaltung seiner Emolumente die Säumigen an ihre Pflicht zu erinnern, und auf wiederholte Beschwerde sie sofort durch Exekution anzuhalten.

Sollte ein Landrat aus Nachlässigkeit oder Parteilichkeit dieser Pflicht nicht genügen, so hat der Schullehrer sich an den vorgesetzten Schulinspektor zu wenden, welcher, nachdem er sich von dem Grund der Beschwerde vergewissert hat, deshalb an die Kammer berichten muß. Der notdürftige Unterhalt eines zur Bildung Unserer Unterthanen so wesentlichen Mannes, als ein tüchtiger Schullehrer ist, muß durchaus nicht mehr von der ungerechten Laune und Verzögerungen der Gutsbesitzer oder der Gemeine abhängen.

26) Neue Schulen und Schullehrer. Das Schulreglement von 1765 schreibt § 1 vor, daß ein zu einer andern Schule geschlagenes Dorf im platten Lande nicht über eine halbe Meile, und im Gebirge nicht über eine Viertelmeile von der Schule entfernt sein soll, weil die Kinder im Winter und bei schlechtem Wege die Schule alsdaun nicht ohne Gefahr besuchen können. Diese Bestimmung ist nach der gewöhnlichen preußischen Polizeimeile, und der im allgemeinen Gesetzbuch vorgeschriebenen Ausmessung zu verstehen. Wenn daher an einem solchen entfernten Orte die Gemeine die Ansetzung eines eigenen Schullehrers verlangt, so muß ihr darin gewillfahrt werden, ohne daß der Schullehrer des Dorfes, wo die Schule ist, oder die Gemeine dagegen widersprechen können. Ist die Gemeine des Dorfs, welches einen andern Schulunterricht verlangt, zu arm, eine eigne Schule für sich anzulegen, so muß wenigstens bei der alten Schule auf ihre Kosten ein Adjuvant oder Präzeptor mit halber Besoldung angestellt werden, welcher die Pflicht hat, an diesem Orte die Schule an einem von der Gemeine dazu auszumittelnden schicklichen Orte zu halten, da es leichter ist, daß ein einzelner erwachsener Mensch einen entfernteren Weg mache, als Kinder.

27) Die Ansetzung eines Adjuvanten soll auch dann stattfinden, weun in einem Dorfe die Zahl der schulfähigen Kinder auf 100 gestiegen ist.

28) Wenn außer dem § 26 erwähnten Falle eine bisher zu einer andern Schule geschlagene Gemeine einen eigenen Schullehrer verlangt, so soll ihr dieses nur alsdann freistehen, wenn sie dem alten Schullehrer nichts von seinen Emolumenten entzieht, und ihren eigenen Schullehrer auf eigene Kosten nach dieser Vorschrift unterhält. Es bleibt daher in diesem Falle den Behörden vorbehalten, bei dem Abgange des alten Schullehrers das Nötige wegen der Besoldung eines eigenen Schullehrers oder Anstellung eines Adjuvanten zu regulieren.

29) So die Ansetzung eines Adjuvanten bei einer alten Schule notwendig ist, es sei wegen Vermehrung der Kinder oder wegen Entfernung der Dörfer von der Schule, oder wegen Alter und Krankheit des Schullehrers selbst, soll dieser Adjuvant bei dem alten Schullehrer Wohnung und Kost, überdem aber die halbe Besoldung an Geld erhalten, und sollen hierzu vorzüglich diejenigen genommen werden, welche in den Seminarien gebildet, aber noch nicht wirklich angestellt sind. Wenn die Ansetzung des Adjuvanten wegen der Größe der Gemeine, oder wegen der Entfernung nötig ist, so tragen die Kosten davon die interessierten Herrschaften und Gemeinen. Hat diese Notwendigkeit aber ihren Grund in der Beschaffenheit des alten Schullehrers, so muß dieser für seinen Unterhalt sorgen.

30) Verhalten des Schullehrers. Der Schullehrer muß sich in seinem Amte treu und fleißig verhalten, die festgesetzten Lehrstunden abwarten und unter keinem Vorwande aussetzen; er muß nüchtern sein, und sich eines guten moralischen Wandels befleißigen, alle Streitigkeiten und Zänkereien teils selbst vermeiden, teils seine Hausgenossen davon abhalten, damit er durch Beispiel sowie durch seinen Unterricht Nutzen stifte.

31) Gegen die Herrschaft muß er Achtung, und gegen die Gemeine Bescheidenheit und Sanftmut gebrauchen. Wenn er sich über etwas zu beschweren Ursache hat, so wendet er sich an den Landrat des Kreises, falls es seine Verhältnisse mit der Herrschaft oder der Gemeine betrifft; wenn es aber Schulsachen angeht, an den Schulinspektor des Kreises.

32) Da der Schulmann sich nur mit dem Unterrichte seiner Zöglinge beschäftigen und sich darauf vorbereiten soll, so muß er alles meiden, was ihn zerstreuen, von den Schulverrichtungen abhalten und ihn in den Augen der Gemeine herabwürdigen kann. In

Hinsicht dessen werden ihm alle und jede Gewerbe nachdrücklich verboten, besonders der Bier- und Branntweinschank, das Handeln und Musikmachen in Wirtshäusern und bei Hochzeiten. Handelt einer gegen dieses Verbot, so wird er das erstemal mit einer Strafe von einem Rthlr. belegt, das zweitemal wird diese Strafe verdoppelt, und wagt er es zum drittenmal, so wird er seines Amtes entlassen. Der Pfarrer hat genau darauf zu achten, die Strafe einzuziehen und sie den Schulvorstehern zur Schulkasse zu zahlen. Wenn der Kreisschulinspektor oder Pfarrer einen Fall dieser Art verschweigt, so bezahlt er die festgesetzte Strafe doppelt, davon dem Denunzianten eine Hälfte, die andere aber der Schulkasse zufällt.

33) Die Herrschaften so wenig als die Gemeine müssen den Schullehrer als einen Lohndiener betrachten und behandeln, sondern als einen Mann, der es zur Pflicht hat, der Herrschaft gute Unterthanen uud den Eltern gute Kinder zu bilden. Herrschaften und Pfarrer müssen ihn nie zu ihren Privatgeschäften während der Schulstunden gebrauchen. Während der Schulzeit soll der Schullehrer zu keinem Gerichtsschreibergeschäft abgerufen werden, auch soll er den Pfarrer zu keinem Kranken begleiten oder sonst eine Verrichtung in der Kirche unternehmen. Dies muß einer der größten Knaben verrichten; denn es ist besser, daß ein Schulknabe den Unterricht versäumt, als daß der Lehrer all seine Zöglinge vernachlässigt. In derselben Absicht, um ihn nicht durch seine Entfernung von dem Schulunterricht abzuhalten, dispensieren Wir ihn von dem Abtragen der Erzpriesterlichen Kurrenden in die benachbarten Pfarren und erneuern die Verordnung vom 9. März 1780, nach welcher den Gemeinen es obliegt, sie durch Zechboten von einer Gemeine zur andern, ohne Unterschied der Religion, weiter zu befördern. Die Landräte müssen daher die Gemeinen anhalten, daß sie diesem Befehle pünktlich nachkommen.

34) Den Pfarrern machen Wir besonders zur Pflicht, den Schullehrer wie einen Mann zu behandeln, der ihnen in der moralischen Verbesserung des Menschen vorarbeitet, und also nichts vorzunehmen, was ihn in den Augen der Gemeine oder der Schulkinder herabsetzen könnte: besonders in Gegenwart der letzteren ihn nicht pöbelhaft behandeln, sonderu alles, was er an ihn zu tadeln findet, ihm allein und unter vier Augen mit Sanftmut zu sagen. Helfen seine Erinnerungen nichts, so hat er sich an den Schulinspektor zu wenden.

35) Übrigens versteht es sich von selbst, daß weder Herrschaft noch Gemeine befugt sind, einen angesetzten Schullehrer eigenmächtig seines Amtes, es sei unter welchem Vorwande es wolle, zu entsetzen; seine Amtsvergehungen sind dem Schulinspektor anzuzeigen, welcher nach vorgängiger Untersuchung davon an die Schul-Direktion berichtet, die allein das Recht hat, seine Entsetzung zu verfügen, und wollen Wir nicht, daß hierüber förmliche Prozesse stattfinden, indem die Untauglichkeit eines Schullehrers, es sei wegen seines moralischen Verhaltens, oder wegen seiner Unfähigkeit zum Unterricht, nie ein Gegenstand rechtlicher Entscheidung sein kann, sondern unter Beobachtung der wesentlichen Formalitäten nur von einem pädagogischen Kollegio zu beurteilen ist.

36) In Civilsachen ist der Schullehrer der Gerichtsbarkeit seiner Herrschaft und in Kriminalsachen demjenigen Gerichtsstande unterworfen, dem die Obergerichte über das Dorf zustehen. Landes-Polizei-Vergehungen gehören zur Kognition des Landrats des Kreises und Vernachlässigung in Schulsachen für den Schulinspektor. In keinem Falle haben also die Dorfgerichte das Recht, den Schullehrer zu bestrafen oder zur Verantwortung zu ziehen; nur dann können sie sich seiner Person versichern, wenn er sich soweit vergessen sollte, ein Verbrechen zu begehen, und zu besorgen ist, daß er durch die Flucht sich der Strafe entziehen würde.

37) Die Eltern oder Vormünder der Kinder haben sich auf keinerlei Art in den Unterricht und die Klassenversetzung der Schüler zu mischen. Nur alsdann, wenn sie der Schullehrer für ihre körperliche Beschaffenheit zu streng behandelt oder sie zu häuslichen Arbeiten braucht, können die Eltern sich bei dem Pfarrer oder Schulinspektor beklagen.

38) Ebenso, wie der Schullehrer von dem Pfarrer und der Gemeine behandelt werden soll, muß auch dessen Adjuvant oder Präceptor behandelt werden, indem auch dieser eine untergeordnete Aufsicht über die Schule hat und dem Schullehrer an der Seite steht. Auch hat der Schullehrer diesen seinen Gehilfen zu keinem Privatgeschäft, sondern nur zum Schulhalten zu brauchen.

39) Besuchung der Schule. In Absicht der Besuchung der Schule beziehen Wir Uns hiermit auf die Bestimmungen des Schulreglements von 1765 §§ 25, 26, 27, 28, 29, 30, 35 und 36 mit folgenden Beisätzen:

a) Daß Eltern oder Vormünder, welche die ihnen untergebenen Kinder eine ganze Woche lang ohne Not aus der Schule zurückhalten, mit einer Strafe von 4 Sgr. zur Schulkasse zu belegen sind. Können sie diesen Armuts halber nicht entrichten, so leisten sie einen Tag Gemeinarbeit. Nur Krankheit oder notwendige Reisen sollen von Besuchung der Schule entschuldigen.

b) Auch haben die Eltern diejenigen Kinder, welche mit ansteckenden und ekelhaften äußerlichen Krankheiten behaftet sind, bis zur Heilung zu Hause zu halten und der Schullehrer ist schuldig, sie ihrer Mitschüler wegen wegzuweisen, wenn sie sich auch einstellen sollten.

c) Während der Ernte soll die Schule auf dem platten Land durch vier Wochen wegen der dringenden Geschäfte geschlossen sein. In Städten hingegen, wo kein Feldbau betrieben wird, wird das ganze Jahr durch Schule gehalten.

d) Die Aufnahme der schulfähigen Kinder soll immer nur um Ostern geschehen, damit die Kinder immer gleichen Grad der Kenntnisse haben, und gleichen Vorteil vom Unterricht ziehen können.

40) Die sonntäglichen Wiederholungsstunden, welche das Schulreglement von 1765 § 28 besonders vorschreibt, sollen auch von den Kindern, welche bereits aus der Schule entlassen sind, bis zu ihrem 16ten Jahre besucht werden. In Städten müssen die Lehrburschen der Handwerker diese Wiederholungsstunden an den Sonntagen ebenfalls besuchen, und keiner dieser Lehrlinge, katholischer Religion, soll bei 3 Rthlr. Strafe zur Schulkasse, welche aus der Mittelslade zu bezahlen sind, freigesprochen werden, der sich nicht durch das Zeugnis legitimirt hat, daß er die Wiederholungsstunden oder die Sonntagsschule frequentiert hat.

In Breslau oder in Städten, wo mehrere Schulen existieren, muß der Lehrling den Wiederholungsstunden in derjenigen Schule beiwohnen, zu der das Haus gehört, in dem er wohnt.

41) Das in vielen Gegenden, besonders Oberschlesiens, aller Verbote ohngeachtet, noch übliche einzelne Viehhüten ist in mehr als einer Rücksicht äußerst nachteilig. Es hindert die Kultur, es giebt zu häufigen Waldbeschädigungen oder Hütungsbeeinträchtigungen Anlaß. Jeder einzelne Besitzer, oder auch ein paar Nachbarn, die ihr Vieh zusammen hüten, überlassen es ihren Kindern, welche dieses Geschäfts wegen ganze Tage von den Eltern und von aller Aufsicht entfernt leben. Sie verwildern dadurch völlig, vernachlässigen den Schulunterricht; Einsamkeit, oder auch Gesellschafter ihres Alters verleiten sie zu früher Immoralität, und Wir sind überzeugt, das der niedrige Grad der Kultur, auf dem die Gemeinden, wo dieses Einzelhüten üblich ist, stehen, vorzüglich den Grund in dieser Sitte haben.

Wir befehlen daher hiermit nachdrücklich Unsern schlesischen 2c. Kammern, Landräten und Gutsbesitzern, alles anzuwenden, um dieses Einzelhüten an allen Orten, wo es nach der Lokalbeschaffenheit möglich ist, abzuschaffen und die Gemeinen zu Haltung eines oder mehrerer Gemeinhirten anzuhalten.

Die Landräte haben daher jährlich den Kammern ein Verzeichnis der Dörfer ihres Kreises über die Art der Viehhütung in denselben einzureichen, und dabei zu bemerken, wo noch Einzelhütung existiert, und wo gemeinschaftlich gehütet wird. In diesem Verzeichnisse sind genau und nur nach vorgängiger Prüfung die Ursachen anzuführen, warum an einem oder dem andern Orte die Einführung der gemeinschaftlichen Hütung nicht ausführbar ist. Unsere 2c. Kammern haben diese Ursachen zu beurteilen, denselben, so viel es sich thun läßt, abzuhelfen und durch Androhung und Vollstreckung zweckmäßiger Strafen die Widerspenstigen zu der gemeinschaftlichen Hütung anzuhalten.

42) Unterricht in der Schule. Über die bei dem Unterricht in der Schule zu wählenden Lehrbücher kann hier keine Vorschrift erteilt werden, da von Jahr zu Jahr neuere und bessere zum Vorschein kommen. Doch haben wir zu Unserer Schuldirektion das Zutrauen, daß sie jedesmal die besten und zweckmäßigsten auswählen, auch dabei auf den niedern Preis Rücksicht nehmen, und die schicklichste Lehrmethode, jedoch ohne unnötige Neuerungssucht, vorschreiben werde. Im allgemeinen wird also bloß noch folgendes darüber festgesetzt.

43) Der Schullerer ist gehalten, auf dem platten Lande im Winter von Martini bis Georgi vor- und nachmittags Schule zu halten, nämlich vormittags drei und nachmittags zwei Stunden. Sonnabend und Mittwoch nachmittags wird ihm jedoch zur Erholung gelassen. Im Sommer von Georgi bis Martini fällt die Nachmittagsschule weg, und wird nur vormittags Schule gehalten.

44) die Kinder werden in drei Klassen geteilt. Die erste ist für die kleinsten Kinder, welche die Buchstaben kennen und buchstabieren lernen; die zweite für diejenigen Kinder, welche das Lesen und Schreiben anfangen; die dritte für die größern, die mit Wohlklang und Ausdruck lesen, schreiben und rechnen, bestimmt.

45) Da Kinder in der Schule nie unthätig sein sollen, ein Lehrer aber nicht im stande ist, alle Klassen stets zu beschäftigen, so ist es genug, wenn die kleinsten Kinder in dem ersten Jahre täglich nur eine Stunde in der Schule verweilen; dadurch wird ihnen die Schule angenehmer bleiben, als wenn sie mehrere Stunden gedankenlos ohne Beschäftigung und Unterhaltung mit der Fibel in der Hand dasitzen müssen. Nach und nach steigt die

Summe der Stunden, je nachdem die Kinder verständiger und des Unterrichts der Größern empfänglicher werden.

46) Beim Sitzen, sowohl in den Stadt- als Landschulen, müssen die Mädchen von den Knaben abgesondert werden; der Unterricht wird aber an beide Geschlechter gemeinschaftlich erteilt, wie es die Ordnung der Klassen mit sich bringt.

47) Jährlich soll eine öffentliche Schulprüfung kurz vor Ostern, im Beisein des Pfarrers, des Schullehrers und der Schulvorsteher, in den Städten zweier Magistratsglieder, auf dem Lande im Beisein des Grundherrn oder seines Stellvertreters und der Dorfgerichte gehalten werden. Auch ist der Schulinspektor von dem Tage, dessen Bestimmung von dem Kirchenpatron und dem Pfarrer abhängt, zu benachrichtigen. Bei dieser Prüfung examiniert der Schullehrer, der Pfarrer und die anwesenden Honorationen die Kinder nach ihren verschiedenen Klassen; sie werden dann nach Maßgabe ihrer Fähigkeit aus einer Klasse in die andere versetzt, und diejenigen, welche durch Fleiß und Sittlichkeit in dem verflossenen Jahre sich ausgezeichnet haben, erhalten die aus der Schulkasse angeschafften Prämien an Schulbüchern.

48) In Absicht der Pflichten des Pfarrers wegen der Schule wiederholen Wir dasjenige, was das Reglement von 1765 § 43 bis 50 inclusive hierüber verordnet, und machen es den Pfarrern und ihren Kaplänen zur angelegentlichsten Pflicht, diesen wichtigen Gegenstand nicht außer acht zu lassen, sondern den Schullehrer zu leiten, seinem Unterricht oft beizuwohnen, auf Ordnung in der Schule und auf das Ansehen des Schullehrers zu halten. Bei der wöchentlichen Besuchung der Schule muß der Pfarrer oder sein Kaplan jedesmal über eine Religionsmaterie selbst Unterricht erteilen, und die Kinder befragen, teils um dem Schullehrer ein Beispiel zu geben, teils um sich von den Fortschritten der Kinder selbst zu überzeugen. Ferner wiederholen Wir die nach § 38 des Reglements von 1765 vorgeschriebenen jährlichen Schulpredigten zu halten, und dabei für die Schule eine Kollekte zu sammeln, welches letztere auch bei allen Hochzeiten und Kindtaufen geschehen soll.

49) Schulvorsteher. In jedem Dorfe, wo eine katholische Schule vorhanden, sollen von der Gemeine zwei Schulvorsteher, gute ordentliche Wirte, gewählt werden. Man kann hierzu die Kirchväter, oder auch andere nehmen. Ihre Pflicht besteht darin:

a. die nachlässigen Kinder zur Schule anzuhalten;
b. die Strafgelder von den Eltern, die ihre Kinder nicht in die Schule oder Wiederholungsstunden schicken, durch die Obrigkeit des Orts einzufordern;
c. wenigstens alle 14 Tage einmal die Schule zu besuchen, und nachzusehen, ob die Schulgeräte in gutem Stande; ob eine Reparatur bei den Schulgebäuden notwendig ist; ob die armen Schulkinder mit Büchern versehen sind, und die nötigen Anstalten gemeinschaftlich mit dem Pfarrer für dieses zu treffen;
d. dem Schullehrer in allen seinen Verhandlungen mit der Gemeine zu assistieren.

50) Die Pflicht der Vorsteher ist auch, nebst dem Schullehrer, eine Rechnung über die in diesem Reglement angedrohten und diktirten Strafgelder, desgleichen die Kollektengelder bei den Schulpredigten, Hochzeiten und Kindtaufen zu führen. Diese Schulkasse ist für unvermögende und fleißige Schüler bestimmt, und sollen aus derselben Schulbücher für ganz Unvermögende und Belohnungen für vorzüglich Fleißige, die bei der Prüfung zu verteilen sind, angeschafft werden. Die Rechnung über diese Schulkasse ist jährlich der Kirchenrechnung als Beilage beizufügen.

51) Zu Schulinspektoren sind bisher immer die Erzpriester genommen worden; allein da beide Ämter sehr füglich getrennt werden können und der Schulinspektor vorzüglich ein munterer, thätiger, in der Pädagogik erfahrener Mann sein muß; so soll die Vereinigung beider Posten in einer Person nicht mehr notwendig sein. Vielmehr überlassen Wir dem Fürstbischof zu Breslau als Ordinario, und in den auswärtigen Diözesen den Dekanis, diese Kreisschuleninspektores zu ernennen und anzustellen, doch müssen sie der Schuldirektion angezeigt werden. Es scheint am zweckmäßigsten zu sein, sich hierbei nach der landrätlichen Kreiseinteilung zu richten.

Der Schuldirektion wird es auch zur Pflicht gemacht, wenn sie bei der Geschäftsführung des Inspektors Ausstellungen zu machen für nötig findet, dem Ordinario davon Anzeige zu machen, der nach Befund die Anstellung eines andern Inspektoris zu besorgen hat; indem diese Schulinspektion nicht als ein Officium perpetuum betrachtet werden soll.

52) Pflichten der Schulinspektoren. Die Pflichten eines Schulinspektoris bestehen im allgemeinen darin:

a. daß er wenigstens jährlich einmal die seinem Inspektorat unterworfenen Schulen besuche. Diese Visitation muß, soviel sich thun läßt, unerwartet, wenigstens ohne lange vorhergehende Ankündigung, und am besten im Winter, wenn alle Kinder beisammen sind, geschehen. Dabei muß
b. der Inspektor selbst dem Unterricht beiwohnen;
c. sich nach der Beschaffenheit des Schulhauses, der Gerätschaft und der Schulklasse erkundigen;

d. die Schulkataloge prüfen;
e. über den Fleiß, die Geschicklichkeit, und besonders den Lebenswandel des Schullehrers, teils bei der Gerichtsobrigkeit, teils bei dem Pfarrer, teils bei den Schulvorstehern, die nötigen Erkundigungen einziehen und auch
f. ob der Pfarrer den nach diesem Reglement ihm obliegenden Pflichten in Absicht der Schule genüge.
g. Er muß sich die Schulkassen-Rechnung vorlegen lassen, und endlich
h. über den Befund ein Protokoll aufnehmen, mit Beifügung seiner Vorschläge, wie einem vorgefundenen Mangel am füglichsten abgeholfen werden könne.
Dieses Protokoll ist sodann mit den in dem Reglement von 1765 vorgeschriebenen Beilagen an diejenige Behörde einzuschicken, an welche der Ordinarius die allgemeine Leitung und Aufsicht der Schulsachen verweiset.

53) In Absicht der besondern Pflichten haben sich die Schulinspektores vor der Hand, bis der Ordinarius etwa andere Einrichtungen vorschreibt, nach dem Schulreglement von 1765 §§ 52 bis 72 inclusive zu achten, und die darin befindliche, den Erzpriestern und Schulinspektoren vorgeschriebene Verfahrungsart zu befolgen, indem Wir zwar die Erzpriester nicht ganz von der Aufsicht über die Schulen ihres Archipresbiteriats entbinden, vielmehr ihnen die Besuchung der Schulen bei den kanonischen Visitationen anempfehlen; aber doch von den anzuordnenden Schulinspektoren diese Pflicht in ihrem ganzen Umfange fordern.

54) Mit der Schuldirektion, welche nach dem Reglement vom 26. Juli v. J. die Mitaufsicht über das sittliche und pädagogische Benehmen der Schullehrer hat, stehen die Schulinspektores in der Verbindung, daß sie derselben

1) jährlich einen allgemeinen tabellarischen Bericht über die Beschaffenheit der Schulen ihrer Inspektion, in Absicht des Verhaltens der Schullehrer, der Anzahl der Kinder, und ob diesem Reglement durchgehends von jedem darin Verpflichteten nachgelebt werde, erstatten.
2) Haben sie der Schuldirektion über jede einzelne Schule besondere Berichte zu erstatten, wenn sie bei ihren Schulvisitationen oder auch sonst finden, daß bei dem Lebenswandel des Schullehrers etwas zu erinnern, oder daß er ein unerlaubtes Gewerbe treibt, oder, es sei aus Faulheit oder Unwissenheit, die vorgeschriebene Lehrmethode nicht befolgt, die Schulstunden nicht inne hält, nicht für Ordnung in der Schule besorgt ist, überhaupt, wenn er seinen Pflichten als Lehrer der Jugend nicht gehörig nachkommt. In allen solchen Sachen ist auch die Schuldirektion befugt, den Schulinspektoren Aufträge zu machen. Was hingegen den Bau der Schulhäuser, die Anlage neuer Schulen, Anstellung von Adjuvanten, die Emolumente der Schullehrer, die Pflichten des Pfarrers bei der Schule, und die Besuchung der Schule betrifft; so haben die Schulinspektors sich an den Ordinarium oder die von ihm zu bestimmende Behörde zu wenden, welche die Sache entweder selbst abgemacht, oder dahin gelangen läßt, wohin sie ressortmäßig gehört.

55) Es wird auch hiermit die Verordnung vom 26. Juni 1766 erneuert, nach welcher jede Gemeine, wo Schulen sind, mit Zuziehung der dazu geschlagenen Dörfer, die Pferde zur Bereisung des Visitatores unentgeltlich hergeben soll; dergestalt, daß, wenn der Kreisschulinspektor reisen muß, dasjenige Dorf, wo er die erste Visitation hält, ihn abholen, und nach gehaltener Visitation auf das folgende Dorf, wo er visitiert, führen, dieses ihn auf das nächste Schuldorf, und das letzte Dorf an seinen Wohnort zurückbringen muß.

56) Zu Reisekosten und zu einer Belohnung für seine Mühe erhält er jährlich von jeder Schule 1 Thlr., welcher zugleich unter dem § 8 und 12 für den Schullehrer ausgeworfenen, und von dem Kreissteueramte einzuhebenden Schullehrergehalt mit kolligiert werden soll, so, daß also zusammen 52 Thlr. jährlich von den Interessenten nach den oben bestimmten Verhältnissen zusammen zu bringen sind. Außerdem soll er von jeder vermögenden Kirche, bei welcher eine Schule ist, aus dem Kirchenvermögen einen Beitrag nach folgenden Verhältnissen erhalten: Kirchen, die nur bis 500 Thlr. Vermögen haben, sind davon befreit. Eine Kirche, welche 500 bis 1000 Thlr. besitzt, giebt 1 Thlr., von 1000 bis 1500 Thlr. 1 Thlr. 12 Ggr., von 1500 bis 2000 Thlr. 2 Thlr. und so fort.

57) Hauslehrer und Privat-Erziehungsinstitute. In Absicht der Hauslehrer und Privat-Erziehungsanstalten beziehen Wir Uns auf dasjenige, was im Allgemeinen Landrecht P. II. Tit. XII. § 2 bis 8 inclusive vorgeschrieben ist.

58) Industrieschulen. Bisher haben Wir Vorschriften für die eigentliche Schule erteilt, worin der Jugend Kenntnisse beigebracht werden. Von nicht mindrer Wichtigkeit aber sind die sogenannten Industrieschulen, in welchen mechanische Fertigkeiten, vorzüglich weibliche Arbeiten, als Spinnen, Stricken und Nähen den Kindern gelehrt werden. Solche Etablissements sind von der größten Wichtigkeit, teils um die Jugend zu beschäftigen, teils um sie zu guten Hausmüttern zu bilden. Der Unterricht in solchen

Sachen kann freilich nicht in der Schule erteilt werden; indessen ließen sich doch auf dem Lande Einrichtungen treffen, daß entweder die Schullehrerin, oder eine andere unbescholtene Frau darin Unterricht erteile. In Städten wird dieses viel leichter angehen, wo mehrere Personen dieser Art vorhanden sind und es an einer Stube dazu nicht fehlen kann. Die Kosten eines solchen Etablissements können auch nur mäßig sein, nämlich eine kleine angemessene Belohnung für die Lehrmeisterin, welche teils in einem Fixo, teils in einem mäßigen Lehrgelde bestehen kann. Sollte in Städten nicht bereits eine Stube hierzu vorhanden sein, so muß für eine Stube und Beheizung gesorgt werden. Die Materialien zur Arbeit bringen die Schülerinnen entweder mit, oder erhalten sie auf Vorschuß. Dagegen müssen sie aber auch den kleinen Vorteil, welcher etwa aus dem Verkauf ihrer Arbeit erhalten wird, unverkürzt zur Aufmunterung erhalten. In eben der Art ist es sehr heilsam, wenn der Schullehrer selbst oder ein anderer in der Gärtnerei erfahrener Mann der männlichen Jugend Anweisung und praktischen Unterricht in der Gärtnerei, und besonders der Baumzucht erteilt. Diese Arbeit ist Erholung für den Lehrer und für die Schüler; sie nützt jedem Einzelnen, wenn er selbst Grundbesitzer wird; sie vermehrt die Summe der Nationalindustrie und wird dadurch eine Quelle des erhöhteren allgemeinen Wohlstandes. Es wird nicht leicht ein Dorf oder eine Stadt sein, wo nicht zu dieser nützlichen Beschäftigung ein Stück bis dahin unbenutzten Bodens von der Herrschaft oder der Gemeine eingeräumt werden könnte. Nur muß hier, sowie bei den weiblichen Industrieschulen, der Nutzen nach Abzug der Kosten auf Pflanzen und Gerätschaften den Knaben verbleiben.

Wir befehlen daher allen Krieges- und Steuerräten und den Magisträten in den Städten, auf dem platten Lande aber den Grundherren, den Pfarrern und Schulinspektoren, so viel es möglich, auf Einrichtung solcher Anstalten bedacht zu sein. Die Krieges- und Steuerräte haben von dem Erfolge ihrer Bemühungen jährlich an die ꝛc. Kammern Anzeige zu machen, und die Schulinspektoren haben in ihren Berichten auch mit zu bemerken, ob und an welchen Orten ihres Inspektorats dergleichen zu stande gekommen sind.

59) Wir hegen das gegründete Zutrauen zu dem Fürstbischof zu Breslau, als Ordinario dieser Diözes, sowie auch zu den Dekanis der Prager, Olmützer und Krakauer Diözes, daß sie sowohl alle nach diesem Reglement ihnen selbst obliegenden Pflichten genau erfüllen, als auch ihre Untergebenen dazu anhalten, und dadurch Unsere große und wichtige Absicht, durch zweckmäßigen Unterricht dem Staate gute Bürger und für die häuslichen Verhältnisse gute Hausväter und Hausmütter zu bilden, nach Möglichkeit befördern werden. Dem Fürstbischof zu Breslau überlassen Wir die Bestimmung, welcher seiner Unterbehörden und in welcher Art er die Bearbeitung des Schulfachs unter seiner Oberaufsicht übertragen wolle. Diese hat alsdann in allen Sachen, die das sittliche Betragen der Schullehrer und den Unterricht betreffen, mit der Schuldirektion zu konzertieren; in anderen Sachen aber nach Beschaffenheit der Umstände entweder selbst zu verfügen oder das Weitere an die ressortmäßige Instanz gelangen zu lassen.

In den anderen Diözesen tritt an die Stelle der bischöflichen Behörde der Dekanus unter gleichmäßiger Mitwirkung der Schuldirektion.

60) Unseren schlesischen Landes-Kollegiis und höheren und niederen Offizianten befehlen Wir die genaue Befolgung dieses Reglements bei allen an sie gelangenden Sachen.

Den Krieges- und Domänenkammern besonders liegt es ob, teils selbst, teils durch die Landräte und Steuerämter für die Ausmittelung der den neu anzusetzenden Schullehrern auf Anzeige der fürstbischöflichen Behörde reglementmäßig zukommenden Emolumente zu sorgen, den Beschwerden über Vorenthaltung derselben schleunigst abzuhelfen, wegen des Baues der Schulhäuser die nötigen Verfügungen zu treffen, auf Erfordern die in diesem Reglement angedrohten Strafen allenfalls exekutive beitreiben, und sich die Abschaffung der Einzelhütung, sowie auch die Anlegung von Industrieschulen, wenigstens in den Städten, angelegen sein zu lassen.

Bei Anlagen neuer Schulen auf dem Lande gilt zwar in der Regel die oben § 26 gegebene Vorschrift, daß nämlich nur dann eine neue Schule angelegt werden müsse, wenn die alte eine halbe, und im Gebirge eine Viertelmeile von der alten entfernt ist, und daß alsdann jedes Dorf für die Erhaltung seines Schullehrers ohne Beitritt des andern zu sorgen habe; doch wollen Wir die Befugnis der ꝛc. Kammern nicht so enge beschränken, und ist auf die Größe, die Wohlhabenheit der Döfer und die Menge der schulfähigen Kinder billige Rücksicht zu nehmen, wenn auch das alte Schuldorf durch die Trennung des andern in einzelnen Fällen mehr als bisher beitragen müßte.

Der Schuldirektion schärfen Wir hiermit nochmals die Pflichten in Absicht der Anordnung guter Schullehrer, Seminaristen und des sittlichen und pädagogischen Betragens der Schullehrer ein, und überlassen es ihr, deshalb besondere Instruktionen über das moralische Benehmen der Lehrer und über die Wahl der Lehrbücher und der Lehrmethode zu entwerfen. Unseren schlesischen Gutsbesitzern und Gemeinen aber legen Wir besonders die Pflicht an das Herz, für die Erziehung ihrer Unterthanen und Kinder zu sorgen. Wir sind überzeugt, daß der bei weitem größere Teil der Edeldenkenden und Gutgesinnten sich vergewissern werde, daß man nur von gut erzogenen Menschen treue Befolgung der Pflichten des Unterthans und des Hausvaters erwarten könne, und daß selbst Privateigennutz erfordern, Folgsamkeit, Ruhe und Ordnung durch kleine Aufopferungen zu erkaufen.

Wir befehlen daher sämtlichen Gutsbesitzern und Unterthanen, den Schullehrern die in diesem Reglement bestimmten Emolumente unweigerlich und prompt zu entrichten, und die den Schulsachen vorgesetzten Behörden bei ihren Bemühungen kräftig zu unterstützen.

Urkundlich unter Unsrer Höchsteigenhändigen Unterschrift und beigedrucktem Königlichen Insiegel.

Gegeben Potsdam, den 18. Mai 1801.

Friedrich Wilhelm.
Graf v. Hoym.

3. Vereins-Gesetz vom 11. März 1850.

§ 1. Von allen Versammlungen, in welchen öffentliche Angelegenheiten erörtert oder beraten werden sollen, hat der Unternehmer mindestens 24 Stunden, vor dem Beginne der Versammlung, unter Angabe des Ortes und der Zeit derselben Anzeige bei der Ortspolizei-Behörde zu machen. Diese Behörde hat darüber sofort eine Bescheinigung zu erteilen. Beginnt die Versammlung nicht spätestens eine Stunde nach der in der Anzeige angegebenen Zeit, so ist die später beginnende Versammlung als vorschriftsmäßig angezeigt nicht anzusehen. Dasselbe gilt, wenn eine Versammlung, die länger als eine Stunde ausgesetzten Verhandlungen wieder aufnimmt.

§ 2. Die Vorsteher von Vereinen, welche eine Einwirkung auf öffentliche Angelegenheiten bezwecken, sind verpflichtet, Statuten des Vereins und das Verzeichnis der Mitglieder binnen drei Tagen nach der Stiftung des Vereins, und jede Änderung der Statuten oder der Vereinsmitglieder binnen drei Tagen, nachdem sie eingetreten ist, der Ortspolizei-Behörde zur Kenntnisnahme einzureichen, derselben auch auf Erfordern jede darauf bezügliche Auskunft zu erteilen.

Die Ortspolizei-Behörde hat über die erfolgte Einreichung der Statuten und der Verzeichnisse, oder der Abänderung derselben, sofort eine Bescheinigung zu erteilen.

Die Bestimmungen dieses und des vorhergehenden Paragraphen beziehen sich nicht auf kirchliche und religiöse Vereine und deren Versammlungen, wenn diese Vereine Korporationsrecht haben.

§ 8. Für Vereine, welche bezwecken, politische Gegenstände in Versammlungen zu erörtern, gelten außer vorstehenden Bestimmungen nachstehende Beschränkungen:

a. sie dürfen keine Frauenspersonen, Schüler und Lehrlinge als Mitglieder aufnehmen,

b. sie dürfen nicht mit anderen Vereinen gleicher Art zu gemeinsamen Zwecken in Verbindung treten, insbesondere nicht durch Komitees, Ausschüsse, Central-Organe oder ähnliche Einrichtungen oder durch gegenseitigen Schriftwechsel.

Werden diese Beschränkungen überschritten, so ist die Ortspolizei-Behörde berechtigt, vorbehaltlich des gegen die Beteiligten gesetzlich einzuleitenden Strafverfahrens, den Verein bis zur ergehenden richterlichen Entscheidung (§ 16) zu schließen.

Frauenspersonen, Schüler und Lehrlinge dürfen den Versammlungen und Sitzungen solcher politischer Vereine nicht beiwohnen. Werden dieselben auf die Aufforderung des anwesenden Abgeordneten der Obrigkeit nicht entfernt, so ist Grund zur Auflösung der Versamlmung oder der Sitzung (§§ 2, 6) vorhanden.

4) Gesetz betreffend die Anstellung und das Dienstverhältnis der Lehrer und Lehrerinnen an den öffentlichen Volksschulen im Gebiet der Provinzen Posen und Westpreußen.

(Vom 15. Juli 1886.)

Artikel I.

Wir **Wilhelm** zc.

§ 1. Die Anstellung der Lehrer und Lehrerinnen an den öffentlichen Volksschulen erfolgt, insoweit dieselbe seither nicht durch den Staat stattfindet, mit der Maßgabe durch den Staat, daß vor der Anstellung

1. in den Städten der Magistrat und die Schuldeputation, sofern aber die Schulunterhaltungspflicht nicht der Stadtgemeinde, sondern einer oder mehreren Schulgemeinden (Schulsocietäten) obliegt, statt des Magistrats der Vorstand der beteiligten Schulgemeinde (Schulvorstand),

2. auf dem Lande bei Gemeindeschulen der Gemeinde-Guts-Vorstand, bei Societätsschulen der Schulvorstand darüber zu hören ist, ob Einwendungen gegen die Person des für die betreffende Stelle Bestimmten zu erheben sind. Auf Beschwerden der Anzuhörenden entscheidet der Unterrichtsminister.

Alle hinsichtlich des Ernennungs-, Berufungs-, Wahl- und Vorschlagsrechts bei Besetzung von Lehrer- und Lehrerinnenstellen an Volksschulen den vorstehenden Vorschriften entgegenstehenden Bestimmungen treten außer Kraft.

§ 2. Die Bestimmungen des § 1 finden auf Stadtkreise und auf die Landkreise Deutsch-Krone, Marienburg, Rosenberg und Elbing, sowie auf die in der Provinz Westpreußen belegenen Städte mit mehr als 10000 Einwohnern auf Antrag der städtischen Vertretung keine Anwendung.

§ 3. Der Artikel 112 der Verfassungsurkunde wird, insoweit er den vorstehenden Bestimmungen entgegensteht, für den Geltungsbereich dieses Gesetzes aufgehoben.

Artikel II.

Gegen Lehrer und Lehrerinnen an öffentlichen Volksschulen kann die in § 16 Ziffer 1 des Gesetzes, betreffend die Dienstvergehen der nicht richterlichen Beamten, vom 21. Juli 1852 (Gesetz-Samml. S. 465) bestimmte Disziplinarstrafe verhängt werden.

Artikel III.

Bei Versetzungen im Interesse des Dienstes oder in Vollstreckung einer die Strafversetzung ohne Verlust des Anspruchs auf Umzugskosten verhängenden Entscheidung der Disziplinarbehörde ist eine Vergütung für Umzugskosten aus der Staatskasse zu gewähren, unter Wegfall der in den §§ 19 u. 20 der Schulordnung für die Elementarschulen der Provinz Preußen vom 11. Dezember 1845 (Gesetz-Samml. 1846 S. 1) und in den §§ 39 bis 42, Titel 12, Teil II des Allgemeinen Landrechts bestimmten Anzugs- oder Herbeiholungskosten.

Die näheren Bestimmungen über die Höhe der Vergütung für Umzugskosten werden durch ein von dem Unterrichtsminister in Gemeinschaft mit dem Finanzminister zu erlassendes Regulativ getroffen.

Artikel IV.

Dieses Gesetz tritt mit dem Tage der Verkündigung in Kraft.

Urkundlich unter Unserer Höchsteigenhändigen Unterschrift und beigedrucktem Königlichen Insiegel. Gegeben Schloß Mainau, den 15. Juli 1886.

(gez.) **Wilhelm.**

v. Bismarck. v. Puttkamer. Maybach. Lucius.
Friedberg. v. Bötticher. v. Goßler. v. Scholz.

Sachregister.

A.

Abgang von der Stelle 239.
Abgehende Lehrer Anh. 1, § 34.
Abgrenzung der Schulaufsichtsbezirke 308.
Abhebung der Zulagen 152.
Abiturientenprüfung 7.
Ableistung des Diensteides 274.
Abschaffung der Singumgänge 95.
Ärztliche Praxis durch Lehrer 201.
Ärztliches Attest 184, 270.
Äußere Angelegenheiten der Schule 317,9, 322.
Agenturen 195.
Agitationen 224, 225.
Agitatorisches Verhalten bei Abhaltung von Kirchenvisitationen 260.
Alter der Seminaraspiranten 2, 3.
Alterszulagen 129—140.
Amtsaustritt 39.
Amtsentsetzung 286; Anh. 1, § 27.
Amtsführung der Lehrer Anh. 1, § 34.
Amtsjubiläum 258.
Amtssekretär 206.
Amtssuspension 226—232.
Anfuhr von Brennholz 117.
Annahme der Vokation 72.
Annahme dienstlicher Bescheide 283.
Ansehen der Lehrer 317,16.
Anschluß an eine bestehende Schule Anh. 1, §§ 52 und 53.
Ansteckende Krankheiten 332.
Anstellung der Lehrer 43; provisorische 49; definitive 49; kommissarische 50; Dauer provisorischer Anstellung 51; nicht geprüfter Seminaristen 54; an städt. Schulen 70; Rechtsverbindlichkeit 72.
Anstellungsberechtigung 43.
Anzugskosten 168; Anh. 1, §§ 19 und 20.
Ascension 28.
Aufbesserung der Gehälter, Notwendigk. fortschreitender Aufbesserung 79; Aufbesserung in Städten 81; Anh. 1, § 17.
Aufsicht (s. Schulaufsicht).
Aufsichtsrecht 297,3.
Aufsicht über die Externa des Schulwesens 317,9, 322; Anh. 1, § 32.
Aufsicht über das Inventar der Schule 329; über suspendierte Lehrer 227.
Ausbildung in der Musik 40; im Turnen 41.
Auseinandersetzung 164—166; Anh. 1, § 22.
Ausfertigung der Vokation 69 b.
Aushilfe im Amte 267.
Auskömmliche Besoldung 75—88.
Ausschluß der Lehrer vom pass. kommun. Wahlrecht 205.
Ausschluß der Pension 286,11.
Austritt aus dem Seminar 4.
Ausübung der Jagd 209.
Auswanderungsgeschäfte 202.

B.

Bare Auslagen 222, 286,13.
Bargehalt (s. Besoldung).
Backenstreiche 299 h.
Bauplatz Anh. 1, § 41.
Bauprämie Anh. 1, § 45.
Beaufsichtung der Kinder Anh. 1, § 32.
Befreiung von Einquartierungslasten 242. 243; von Kommunalabgaben 252, Anh. 1, § 16; von Schulabgaben 246.
Befugnis des Hauptlehrers (Rektors) 329.
Beheizung der Schulstube 175—179.
Benutzung des Schullokals 276.
Beratende Stimmen 263.
Berufung durch einen Privatpatron 58; an mehrklass. Schulen 67; zu einer bestimmten Klasse 66, 70; an königl. Anstalten 68, 69; im Disziplinarverfahren 210,42—45, 221.
Berufungsberechtigte Anh. 1, §§ 6 u. 8.
Berufungsfrist 210,42, 220.
Berufungsrecht Anh. 1, § 6.
Berufungsurkunde 43, 69 b (s. Vokation).
Beschädigung gemeinnütziger Anstalten 305.
Beschäftigung der Kinder in Fabriken 337.
Beschlagnahme des Gehalts 186.
Beschwerde über den Rektor 328.
Besoldung, feste, 74; auskömmliche 75, 78; standesgemäße 75a, 82; Erhöhung derselben 77; Verbesserung 79, 81; Festsetzung durch die Regierung 83—85; Anrechnung der auswärtigen Dienstzeit 86; in Verbindung mit kirchlichen Nebenämtern 89—94; während des Kriegsdienstes 96—99; bei geringer Schülerzahl 100; während der Amtssuspension 156 bis 161; Anh. 1, §§ 12—15; Bargehalt Anh. 1, §§ 12—15; bei der Trennung der Gemeinden Anh. 1, § 51. Bezüge aus Nebenämtern 94 a.
Bestallungsurkunde (s. Vokation).

Bestätigung Anh. 1, § 31.
Bestellung von Lehrern zu Standesbeamten 207.
Bestrafung der Kinder 300, 303.
Betreibung der Jagd 209.
Beurlaubung (s. Urlaub).
Bezirksregierung (s. Regierung).
Bittumgänge 95.
Blaue Flecken 298,$_{8}$.
Blutrünstige Flecke 297,$_{2}$, 298,$_{9}$.
Blutunterlaufungen der cutis 298,$_{8}$.
Brennholz (s. Deputatholz.
Brunnen 128.
Bürgermeister 321.

C.

Censuren 317,$_{11}$.

D.

Dauer der provisorischen Anstellung 49, 51.
Dekane Anh. 1, § 35.
Definitive Anstellung 43, 49.
Deputatholz. Quantum 109, 111, 113, 118; Anh. 1, § 12; Qualität 110, 114, 119; Verwendung 112, 115, 116; Anfuhr 117, 119a.
Deutsche Wehrordnung 187.
Desinfektion 333.
Dienstalterszulagen 129—140.
Dienstantritt 72.
Diensteinkommen (s. Besoldung).
Dienstentlassung 43.
Dienstenthebung 210,$_{48}$ ff.
Dienstinstruktion, Kreisschulinspektor, 312; Hauptlehrer 329.
Dienstjubiläum 258.
Dienstunfähigkeit 53.
Dienstwohnung, freie, Anh. 1 § 12,$_{1}$; Notwendigkeit derselben 101; Vollständigkeit 102; Heizbarmachung 103; Benutzung 104, 269; Anrechnung auf das Einkommen 105 und 106.
Dispensation Anh. 1, § 3.
Disziplinarbehörde 210,$_{24}$, 213.
Disziplinargewalt des Magistrats. 170, Privatpatrons 212; der Landräte 279, 280.
Disziplinarverfahren 210,$_{18-47}$, 211, 214—219, 223.
Disziplinaruntersuchungskosten 222.
Domänendörfer Anh. 1, § 45.
Dotation (s. Besoldung).
Düngungsarbeiten 126; Anh. 1, § 12.

E.

Einführung des Lehrers 69b; Anh. 1, § 32; neuer Bücher 272—273.
Eingaben 282.
Einquartierungslast 242, 243.
Einrichtung neuer Schulen Anh. 1, § 54.
Eintrittsgeld 286,$_{7}$.
Elementarlehrer-Witwenkasse 284 — 291.
Emeritierung. Pensionsgesetz 181; Verfahren bei unfreiwilliger Pens. 182; Entscheidung 183; ärztl. Attest 184; Beschlagnahme der Pension 186; Verzichtleistung darauf 62; Anhang 1, § 26.
Entfernung vom Amtssitze 159.
Entlassung aus dem Amte 43, 64, 71, 210,$_{16}$; Anh. 1, § 27.
Epidemie 332.
Erben Anh. 1, § 24.
Erhöhung des Gehalts 129—140.
Erkrankter Lehrer 170, Anh. 1, § 34.
Ermahnung der Lehrer 281.
Ernennungsrecht 308.
Ersatz barer Auslagen 222.
Erteilung des Religionsunterrichts 265.
Erteilung von Privatunterricht 192—194.
Ertragswert der Ländereien 121.

F.

Fabriken, Beschäftigung der Kinder 337.
Faustschläge 297,$_{4}$.
Fixierte Besoldung 91.
Freie Wohnung 106; Anh. 1, § 12.
Freiheiten der Lehrer Anh. 1, § 16.
Freilassung von Gemeindeabgaben 252; von Schulbeiträgen 244.
Funktionen als Amtssekretär 206.
Fuhrlöhne 119a.

G.

Geburtstag des Lehrers 275.
Geburtstagsgeschenke 275.
Gehaltserhöhung (s. Alterszulagen).
Gehaltsnachweisung Anh. 1, § 18.
Gehaltszahlung an suspend. Lehrer 226 u. 227 (s. Zahlungstermin).
Geige, Anschaffung derselben, 271.
Geldbuße 210,$_{14}$ und $_{15}$.
Geldsammlungen 275.
Gemeindeabgaben 252.
Gemeindekirchenrat, Lehrer als Mitglied desselben 208.
Genehmigung zur Einführung von Schulbüchern 272, 273.
Geschäftskreis der Regierung 311; des Kreisschulinspektors 312; der Schuldeputation 317 und 318; des Schulvorstandes 322.
Gesundheitspflege 331 und 332.
Gewerbebetrieb 196.
Gewerbeordnungsgesetz 337.
Gnadenmonat Anh. 1, §§ 24, 173.
Gnadenzeit 172—174; Anh. 1, § 25.
Gutsherren 325; Anh. 1, § 6,$_{41-48}$.

H.

Halbtagsschulen 341.
Hagelversicherungsgesellschaften 195.
Hauerlöhne 119a.
Hautabschälung 297,$_{5}$, 299a, 299i.
Hauptlehrer 328—330.
Heizung 175—178.
Heizungsanlagen 180
Heranziehung der Lehrer zu Schullasten 246, 247.

Herbeiholung des Lehrers 163; Anh. 1, §§ 19, 20.
Herbeischaffung des Holzes 117; Anh. 1, § 45.
Hinterbliebene des Lehrers 172—174.
Hintersassen Anh. 1, § 47.
Hirtenlohn Anh. 1, § 16.
Holzdiebstahl 303.
Holzquantum 109, 113, 118.
Hüteschulen 339—341.
Hütewesen VII. D.
Hüteschein 338.

J.

Impfgeschäft 276.
Impfgesetz 331.
Inventarium 329.
Jagd 209.

K.

Kirchenpatron Anh. 1, § 38.
Kirchensteuer 245.
Kirchenvisitation 260.
Kirchliche Nebenämter 89—91.
Kirchspielsschulkassen Anh. 1, §§ 69—71.
Kleinmachen des Holzes 175,3.
Kollektiveingaben 282.
Kommissarische Anstellung 50.
Kommunalabgaben 252 und 253; Anh. 1, § 16.
Kommunalumlagen Anh. 1, § 39.
Kommunales Wahlrecht 205.
Kontusionsanschwellung 297,1 und 299 i.
Körperliche Züchtigung, 292—299.
Kosten bei Vertretungen 169, 170.
Krankheit 53; ansteckende 332.
Kreisausschuß, Festsetzung des Ertragswerts 121; Lehrer als Mitglieder 204.
Kreislehrerbibliothek 20.
Kreisschulinspektor 312 und 313; Anh. 1, §§ 34, 35.
Kreistagsabgeordneter 203.
Küchengarten Anh. 1, § 12.
Kündigungsfrist 233—239; Kompetenzverhältnis bei Kündigung 240.

L.

Landdotation 120—128.
Landräte. Kompetenz 279—281; Beteiligung an den Schulrevisionen 327.
Lehrerprüfung (s. Prüfung).
Lehrerwitwenkasse (s. Witwenkasse).
Lehrerwohnung (s. Dienstwohnung).
Lehrmittel 271 und 272.
Lesebücher 272.
Lieferung von Brennmaterial (s. Deputatholz).
Lektüre, politische 256.
Lokalschulinspektor 315 und 316.
Lügenhafte Aussagen 299 ff.

M.

Magistrat 170, 212.
Matrikel Anh. 1, § 66.
Medizinische Pfuscherei 201.
Mehrbelastung der Lehrer 171.
Mehrklassige Schulen 65, 67, 69, 169.
Militärverhältnisse 187—190, Besoldung während des Militärdienstes 96—100.
Mitglied des Schulvorstandes 261.
Mitglied des Kreistages 203.
Musik 40.

N.

Naturalien Anh. 1, § 13, 14 und 15.
Naturalrente Anh. 1, § 45.
Nebenämter. Begriff 191; Privatunterricht 192 u. 193; Agenturen 195; Gewerbebetrieb 196; Kompetenz bei Gestattung 197; Schiedsmann; 199 Schulzenamt 201; ärztliche Praxis 201; Auswanderungsgeschäft 202; Kreistagsabgeordneter 203; Kreisausschußmitglied 204; kommunales Wahlrecht 205; Amtssekretär 206; Standesbeamter 207; Gemeindekirchenrat 208; Ausübung der Jagd 209; Anh. 1, § 9.
Nebenverdienst 198.
Neue Gemeinden Anh. 1, §§ 63—65.
Neue Schulen Anh. 1, § 54.
Nutzung der Obstbäume 167; der Grundstücke 168.

O.

Obliegenheiten der Schulvorstände 322—324; Anh. 1, §§ 31 und 32.
Öffentliche Schaustellung 306.
Ohrfeigen 297.
Ordnungsstrafe 210,14 und 15, 281.
Ortsschulkassen Anh. 1, §§ 67—68.
Ortsvorstand Anh. 1, § 13.

P.

Patronat 58, 59; Anh. 1, §§ 29—30.
Pensionierung (s. Emeritierung).
Persönliche Zulagen 149.
Pfarrer Anh. 1, § 33.
Pflichtstunden 259, 330.
Politische Lektüre 256.
Polizeivorschriften 340.
Privatunterricht 192, 193, 198.
Präparanden 146—147, 267.
Präses des Schulvorstandes Anh. 1, §§ 29—31.
Provisorische Anstellung 43, 49; Dauer derselben 51; bereits defin. angestellter Lehrer 52.
Prüfung der Lehrer 6—10, 54; zweite Prüfung 11—17; Ausschluß von derselben 18; der Mittelschullehrer 21—31; der Rektoren 32—38; der Seminarlehrer 39; pro fac. doc. 259; Prüfungsgebühren 31.

R.

Rechte der Lehrerberufung Anh. 1, §§ 6—8.
Rechtsmittel der Berufung 210,40 ff.
Rechtstitel Anh. 1, § 38.
Rechtsweg bei Gehaltserhöhung 87.

Regierung 76, 88, 311; Anh. 1, §§ 17, 42, 75; Anh. 1, § 37.
Reglement für die Prüfung der Turnlehrer 42.
Rektor. Zuziehung zu den Sitzungen der Schuldeputation 263; Mitglied der Schuldeputation 262; Verhältnis zu den Klassenlehrern 328; Instruktion 329; Stundenzahl 330; Titel 258.
Reißen an den Ohren 295.
Religionsunterricht 265.
Remuneration für Vertretung 169; für Mehrleistung 171; während der Gnadenzeit Anh. 1, § 25.
Revers für Seminaristen 4; Präparanden 5.
Ruhegehalt 181 ff.
Rückfrage 73.
Rückzahlung durch Seminaristen 56.

S.

Sachverständiger bei gerichtl. Vorladung 241.
Sachverständige Mitglieder der Schuldeputation 317 und 319.
Schaustellung 306.
Schiedsmänner 199.
Schlägerlohn 119 a.
Schläge ins Gesicht 299 b.
Schornsteinfegerlohn 162; Anh. 1, § 16.
Schriftliche Arbeiten seitens der Lehrer 19.
Schreibmaterialien 254.
Schulaufseher 314.
Schulaufsichtsgesetz 305.
Schulaufsicht 308—330; Anhang 1, § 28—37.
Schulbeiträge 244.
Schulbesuch der Hütekinder 339—340.
Schulbrunnen 128.
Schulbücher, Verkauf derselben 255.
Schuldeputation. Stellung des Rektors 262, 263; Organisation 317; Geschäftskreis 318; Geschäftsverteilung 319; Stellung 320; Stellung des Bürgermeisters 321.
Schulen der Juden Anh. 1, § 49.
Schuldisziplin, Eingriffe 279.
Schulgebäude 329,3.
Schulgeld 246 und 250; Anh. 1, §43.
Schulgemeinde Anh. 1, §§ 50—54, 63—65.
Schulinspektor, Kompetenz 280—281.
Schulmorgen 120—126.
Schulordnung für die Provinz. Preußen Anh. 1.
Schulpatron Anh. 1, §§ 18 und 29.
Schulreglement für katholische Schulen in Schlesien Anh. 2.
Schulsocietätslasten 246—250.
Schulvermögen 317,15; Anh. 1. §§ 37 und 51.
Schulversäumnisse Anh. 1, § 4.
Schulverwaltung VIII.
Schulvorstand. Zuziehung des Lehrers zu den Sitzungen 264; Geschäftskreis 322; Ausschluß von der innern Angelegenheit der Schule 323; Anh. 1, §§ 28, 31—32.
Schulvorsteher. Lehrer als Mitglied 261; jüdische Hausväter 324; Befugnisse der einzelnen Mitglieder 325.
Schulzucht 292—299.
Schulzwang 334—336; Anh. 1, § 1.
Schutz nützlicher Anstalten 305.
Seminaristen 3—5.
Stellenbeiträge 286,8.
Sterbemonat 172 und 173.
Societätsschulen 246 und 247.
Staatsdiener 71.
Staatsministerium 210,45.
Staatszuschüsse 141—148.
Standesbeamte 207.
Stadtgemeinde 80.
Stadtschulinspektion 315; Anh. 1, § 36.
Stadtverordnetenversammlung 197, 326.
Städteordnung 205.
Städtische Schulen 70.
Stellenkündigung 233—240.
Stellenzulage 129—140.
Stellvertretungskosten während des Militärdienstes 97, 99; während der Amtssuspension 161, 195, 228.
Stempel der Vokation 63.
Sterbequartal 172—174; Anh. 1, § 24.
Stiftungen Anh. 1, § 38.
Stockschläge 297,4.
Störung des Unterrichts 278.
Strafausschluß 301.
Strafgesetzbuch 294, 301.
Strafliche Verfolgung der Schulkinder 300, 301, 303.
Stundenzahl 259, 330.
Sugillationen 297,4—297,5; 299 c. u. d.
Superintendenten 317; Anh. 1, § 35.
Suspendierte Lehrer 316, 228.
Suspension 226—229.

T.

Teile der Dienstwohnung 104, 268.
Teilnahme an den Kirchenvisitationen 260; an gewissen Vereinen 224.
Titel 258.
Torf Anh. 1, §§ 45—113 und 114.
Trennung des Schulbezirks Anh. 1, § 50 und 51.
Turnlehrer, Ausbildung 41 und 42.

U.

Übernahme eines andern Amts 158.
Übertritt der Seminarzöglinge 44.
Umzugskosten 163; Anh. 1, §§ 19 u. 20.
Unabkömmlichkeitserklärung 188, 189.
Unbefugtes Betreten des Schulzimmers 277.
Unentgeltliche Vertretung 170.
Unterbeamte 210,15.
Unterhaltung der Schule 77, 79; Anh. 1, §§ 38—71.
Unterstützungsgesuche 266.
Urlaub 270; Anh. 1, § 11.

V.

Vakanzen, Stellvertretung 169, 170.

Veränderungen der Schulbezirke Anh. 1, §§ 50—65.
Veräußerung von Heizmaterial 116.
Verbesserung der Lehrerstellen (siehe Alterszulagen).
Verbotene Vereine 224.
Verbrechen 300, 301.
Vereidigung der Lehrer 274.
Vereinsgesetz Anh. 3.
Vergehen von Kindern 300, 301.
Verheiratete Lehrer 103.
Verletzung, körperliche 292, 299.
Vermietung der Schulkinder 339; der Dienstwohnung 268, 269.
Verpflichtung der Schulamts-Kandidaten 46.
Versetzung des Lehrers 230, 231; Strafversetzung 232.
Vertretung in der Gnadenzeit 173; während der Erkrankung 170; während der Vakanz 170.
Verwaltung zeitweise erledigter Stellen 69 a; der innern Schulangelegenheit 317, 318, 323.
Verwarnung der Lehrer 279.
Verweise 210,18, 279.
Verzichtleistung auf Pension 62.
Viehhüten 338—341.
Vokation 43, 63; unbedingte 59, 61; Bedeutung derselben 60; an mehrklassigen Schulen 65 (s. Berufungsurkunde).
Verwahrloste Kinder 304.

W.

Wahlagitation ist verboten 224.
Wahlrecht, kommunales 205.
Waisenpension 286,12.
Warnung gegen Lehrer 279.
Wehrordnung 187.
Weide Anh. 1, § 41; Beschaffenheit 127.
Widerruflichkeit der Staatszuschüsse 141; der Schulinspektoren 309, 310.
Wiederanstellung 43, 84.
Wirkungskreis der Schuldeputation 317 u. 318; des Schulvorstandes 322.
Wirtschaftsräume 107, 108.
Witwenkasse. Mitgliedschaft 286 II.; Mitgliedschaft prov. angest. Lehrer 289; Eintrittsgeld 286 III.; Gehaltsverbesserungsgelder 286,76; Witwenpension 286 IV,11; Kassenkuratoren 286,15, 291; Nichtgewährung der Pension 286,12 b, 288.
Witwenpensionsgesetz 284, 285.
Witwenversorgung derj. Lehrer, die in anderweite Stellung treten 290; Anh. 1, § 23.
Wohnung, Vermietung derselben 104, 268, 269.

Z.

Zahlungstermin für Gehälter 149 bis 155.
Zerkleinerung des Holzes 175,3.
Zeugenvorladung 241.
Zeugnisse 310 a.
Zulassung aus dem Seminar verwiesener Zöglinge zum Schuldienst 45; zur Lehrerprüfung 7,2.
Zurechtweisung der Lehrer 281.
Züchtigung. Vorschriften 295; Entziehung des Züchtigungsrechts 296; Züchtigung durch den Lokalschulinspektor 298.
Züchtigungsrecht 292—299, 302; Anh. 1, § 10.
Zwangserziehung 304.
Zwangsmaßregeln 78, 88.
Zwangsmittel 334,48.
Zwangsweise Gestellung zur Schule 336.

G. Pätz'sche Buchdruckerei (Otto Hauthal) in Naumburg a/S.

FSC
www.fsc.org
MIX
Papier | Fördert
gute Waldnutzung
FSC® C083411

Kolibri 360 GmbH
Ferdinand-Jühlke-Straße 7
99095 Erfurt, Deutschland
produktsicherheit@kolibri360.de